Thomas A. Müller

Von Troja bis PSYOPS

Facetten der psychologischen Kriegsführung

Mit einem Geleitwort von Brigade-Gen. a. D. Dieter Farwick

Thomas A. Müller

VON TROJA BIS PSYOPS

Facetten der psychologischen Kriegsführung

Mit einem Geleitwort von
Brigade-Gen. a. D. Dieter Farwick

ibidem-Verlag
Stuttgart

Bibliografische Information der Deutschen Nationalbibliothek
Die Deutsche Nationalbibliothek verzeichnet diese Publikation in der Deutschen Nationalbibliografie; detaillierte bibliografische Daten sind im Internet über http://dnb.d-nb.de abrufbar.

Bibliographic information published by the Deutsche Nationalbibliothek
Die Deutsche Nationalbibliothek lists this publication in the Deutsche Nationalbibliografie; detailed bibliographic data are available in the Internet at http://dnb.d-nb.de.

Coverabbildung: Deutsches Flugblatt vom Frühjahr 1945. Quelle: http://www.psywarrior.com/malingering.html. Abdruck mit freundlicher Genehmigung.

Gedruckt auf alterungsbeständigem, säurefreien Papier
gemäß DIN EN ISO 9706
Printed on acid-free paper (DIN EN ISO 9706)

ISBN-13: 978-3-8382-0233-4

© *ibidem*-Verlag
Stuttgart 2011

Alle Rechte vorbehalten

Das Werk einschließlich aller seiner Teile ist urheberrechtlich geschützt. Jede Verwertung außerhalb der engen Grenzen des Urheberrechtsgesetzes ist ohne Zustimmung des Verlages unzulässig und strafbar. Dies gilt insbesondere für Vervielfältigungen, Übersetzungen, Mikroverfilmungen und elektronische Speicherformen sowie die Einspeicherung und Verarbeitung in elektronischen Systemen.

All rights reserved. No part of this publication may be reproduced, stored in or introduced into a retrieval system, or transmitted, in any form, or by any means (electronical, mechanical, photocopying, recording or otherwise) without the prior written permission of the publisher. Any person who does any unauthorized act in relation to this publication may be liable to criminal prosecution and civil claims for damages.

Printed in Germany

Psychologische Operationen waren eine große Bedrohung für die Moral der Truppe, übertroffen einzig von den Bombardements der Koalition.

ein irakischer General nach der Operation »*Desert Storm*« (1991)[1]

Im Krieg verhält sich die Moral der Truppe zum Material wie drei zu eins.

Napoleon (1769–1821)[2]

Wir realisierten, dass das Schlüsselgelände das menschliche Terrain war.

General David Petraeus (*1952, *Commanding General* der US-Streitkräfte und der *International Security Assistance Force* ISAF in Afghanistan)[3]

---

[1] http://www.psywarrior.com/quotes.html
[2] ebenda
[3] BARNES

Inhalt

Zum Geleit: PSYOPS – integraler Bestandteil moderner Operationsführung   11
Brigadegeneral a. D. Dieter Farwick, Chief Operations im Nato-Hauptquartier AFCENT (Allied Forces Central Europe) 1994–1998

Vorwort   15

Einführung   19
I   Propaganda, psychologische Kriegsführung, PSYOPS: Begriffsgeschichte   20
II   Psychologische Kriegsführung: Mythos und Realität   30
III   Ein Kommunikationsmodell für psychologische Kriegsführung   36
IV   PSYOPS-Truppen: Organisation und Einsatz   43
V   Das strategische Umfeld   55

1 Zugang finden   65
1.1   Stimmt der Code?   65
1.2   Abstand von alten Vorstellungen: der *cultural turn*   70

2 Herzen und Köpfe gewinnen   79
2.1   Das Handwerk des Überzeugens   80
2.2   Vom Kochrezept bis zum Brückenbau: Die Anfänge in Vietnam   86
2.3   Interkulturelle Finessen oder: Wie John den Krieg gewinnen will   88
2.4   Humanismus und Widerstand: Thomas Mann und Ignazio Silone   92
2.5   Nationalkomitees oder: Seitenwechsel   101
2.6   PSYOPS nach einem Konflikt   105

3	**Verführen**	**129**
3.1	Kohärenz: Der Soldat als Mängelwesen	129
3.2	*Sex sells* – tatsächlich?	139
3.3	Immunisierungsstrategien	143
4	**Täuschen und manipulieren**	**157**
4.1	Weiße, graue und schwarze psychologische Kriegsführung	158
4.2	Das Gerücht	162
4.3	Manipulation und Medien	169
4.4	*Embedded journalism*	175
4.5	Sag es einfacher, als es ist	182
4.6	Unter falscher Flagge	200
4.7	Was nicht sein darf, kann nicht sein	203
4.8	Alexanders Riesen oder: Die Finte	213
4.9	Kriegsvölkerrecht und ethische Aspekte	219
5	**Verängstigen und demoralisieren**	**225**
5.1	Die Totenkopf-Flagge oder: Die Kunst der Einschüchterung	226
5.2	Manöver oder: Das große Säbelrasseln	233
5.3	Die Posaunen von Jericho	238
5.4	*Moral bombing*	241
5.5	Wehe den Besiegten	250
5.6	Gesichter des Terrors	255
6	**Aufhetzen und schlecht machen**	**283**
6.1	*Self-fulfilling prophecy* oder: Die Bombe in Mohammeds Turban	284
6.2	»Schurken« schaffen	287
6.3	Die Spirale der Eskalation	293

7	**Demütigen und verspotten**	**299**
7.1	Von Donald Duck bis zur Pornografie: Hitler, Mussolini und andere	300
7.2	McArthur's Hemdkragen oder: Inszenieren und Demütigen	303
7.3	Das Vorführen von Gefangenen	306
8	**Ausblick**	**311**
Tafeln		**323**
Abkürzungen		**325**
Personen- und Sachregister		**331**
Literatur / Links / Filmografie		**335**

Zum Geleit

Brigadegeneral a. D. Dieter Farwick, Chief Operations im Nato-Hauptquartier AFCENT (Allied Forces Central Europe) 1994–1998

PSYOPS – integraler Bestandteil moderner Operationsführung

Die asymmetrische Kriegsführung[4], ein Charakteristikum moderner Kriege wie in Afghanistan, hat die Bedeutung von *psychological operations* (PSYOPS) weiter gesteigert. Diese sind ein Teil der umfassenderen *information operations* (Info Ops). Sie wenden sich nicht an die eigene Bevölkerung oder Angehörige der eigenen Armee, sondern an die gegnerische Truppe und die Zivilbevölkerung im Einsatzraum. Flankiert werden sie oft mit Kommunikationsmaßnahmen zuhanden Dritter, z. B. anderer Staaten.

Während in »klassischen« Kriegen die gegnerischen Streitkräfte im Mittelpunkt der eigenen Überlegungen und Anstrengungen standen, ist das Bild moderner Kriege vielschichtiger und komplexer. Noch stärker, als es der chinesische Militärstratege und Philosoph Sun Tzu bereits vor 2500 Jahren geschrieben hat, ist neben den Waffen – *hard power* – die Beeinflussung mit weichen Faktoren – *soft power* – von Anfang an in alle Planungen für militärische Operationen einzubeziehen. In meiner Zeit als *Chief Operations* im damaligen Nato-Hauptquartier AFCENT (*Allied Forces Central Europe*)[5] haben wir Vorstellungen und Verfahren entwickelt, wie beide Elemente zu einer *smart power* vereint werden können. Diese Harmonisierung erfordert in den Stäben einen frühzeitigen und hohen Zeitaufwand zum Erreichen einer effizienten *jointness* (gemeinsame Operationen von mindestens zwei Teilstreitkräften) oder des häufig zitierten *comprehensive approach* (der Vernetzung aller Beteiligten wie Nato, UN, EU, NGOs). Die Verfahren haben Eingang gefunden in die Operationsplanung der NATO im ehemaligen Jugoslawien und in Afghanistan.

Wir haben dabei schnell festgestellt, dass die Arbeit schon weit vor einem militärischen Konflikt beginnt. Durch eine geschickte *public diplomacy* muss das Ansehen des eigenen Landes oder eines Bündnisses permanent zu Hause und im Ausland positiv beeinflusst werden. Einem Land mit positivem Ansehen fällt es deutlich

---

[4] Auseinandersetzung zwischen zahlenmäßig, waffentechnisch und taktisch / strategisch stark unterschiedlichen Akteuren. [T.M.]

[5] Das Aufgabenfeld des *Chief Operations* umfasst die Führungsgrundgebiete Operationen (J3) und Planung (J5) sowie das Transportwesen. Die offizielle Bezeichnung dieser Funktion ist »AcosOps« (*Assistant Chief of Staff Operations*). Gen. Farwick zeichnete für diesen Bereich in der Zeit verantwortlich, als die Nato-Einsätze *out of area* begannen. [T.M.]

leichter, in der internationalen Staatenwelt Unterstützung für die eigene Politik zu erhalten. Beispiele für diese These sind in jüngster Zeit Haiti mit seiner Erdbeben- und Pakistan mit seiner Hochwasserkatastrophe. Während die Hilfsbereitschaft für Haiti – mit positivem Image – enorm war, war sie für Pakistan – mit negativem Image – mehr als bescheiden.

Die Imagepflege muss auch nach innen auf die eigene Bevölkerung ausgerichtet werden. Diese muss davon überzeugt sein, dass die Politik des eigenen Landes Vertrauen und Unterstützung verdient: Bevor eine Regierung nach außen wirken kann, muss sie den Verstand und die Herzen der eigenen Bevölkerung gewinnen.

In früheren »klassischen Kriegen« galt es, das *center of gravity* – in der Regel die feindlichen Streitkräfte – zu zerstören. In einer *peace support operation* wird das *center of gravity* bei jenen Personenkreisen gesehen, mit denen eine Zusammenarbeit und ein ziviler Wiederaufbau möglich sind. Diese Bevölkerungsgruppen – seien es ethnische oder religiöse – müssen durch Info Ops, dem Oberbegriff für alle auf die Beeinflussung der »Außenwelt« ausgerichteten Maßnahmen, intelligent angesprochen werden. Das setzt voraus, dass man deren Wertvorstellungen und Interessen kennt. Daher ist die *cultural awareness* für alle Beteiligten – von den Politikern über die Planer bis hin zu den eingesetzten Soldaten – von herausragender Bedeutung. Leider werden in diesem Bereich die meisten Sünden begangen. So ist z. B. das Durchsuchen eines moslemischen Hauses mit Hilfe eines Hundes eine Beleidigung.

In der Operationsplanung müssen beide Aspekte – die Bekämpfung der feindlichen Akteure und die positive Beeinflussung der Bevölkerung – von Beginn an harmonisiert werden, denn die klassische psychologische Kriegsführung hat ja nicht ausgedient. So ist z. B. zu verhindern, dass bei der Einweihung einer wiedererrichteten Schule drei Kampfjets im Tiefflug über die Gemeinde hinwegdonnern. In der ersten Phase einer *peace support operation* kommt es darauf an, in der Bevölkerung Vertrauen in die eigenen nationalen und die internationalen Streitkräfte und in die Ziele der Operation zu gewinnen. Der Bevölkerung des Einsatzlandes muss klar gemacht werden, dass sich die Operation nicht gegen sie richtet. Dazu gehören auch sprachkundige Vermittler.

Eine entscheidende Rolle spielen die Soldaten, die in den Städten und Gemeinden patrouillieren – zu Fuß oder in einem (hoffentlich gepanzerten) Fahrzeug. Für diesen Aspekt gibt es den Begriff des »strategischen Soldaten« oder des *strategic corporal*. Das Fehlverhalten eines einzigen Soldaten – z. B. sexuelle Belästigung von Minderjährigen – kann strategische Auswirkungen haben und das Ansehen der »Friedenstruppe« zerstören. Die Kunst einer solchen komplexen Operation besteht ferner darin, militärische und zivile Maßnahmen auf ein gemeinsames Ziel auszurichten. Militärische Führer und zivile Verantwortliche müssen in täglichem Kontakt gemeinsame Operationspläne erarbeiten. Hier gibt es in der Führung der zivilen Seite häufig noch Defizite in der Planung und Koordinierung, die es erschweren, dass den Ankündigungen und Versprechungen zur Hilfe rasch Taten folgen. Solche negativen Erfahrungen der Einheimischen schwächen die Glaubwürdigkeit der Operationsführung.

Eine weitere Schwierigkeit besteht darin, dass die gegnerische Seite alles tun wird, die eigenen Bemühungen zu konterkarieren – im sogenannten *propanda warfare*. Wer ist als erster in den Medien? Mit welcher Story? Wer sind die »Bösen«? Wer sind die »Guten«? Im Irak, in Afghanistan und im Gazastreifen haben wir es heute auf der »Gegenseite« mit Experten der Mediennutzung zu tun. Internet und TV bringen blitzschnell die Meldungen, die für deren Sache sprechen. Während westliche Streitkräfte zunächst den Sachverhalt abklären wollen, ist die andere Seite bereits präsent – häufig mit »Horrormeldungen«, die sich später als übertrieben oder falsch herausstellen. Aber sie haben zunächst die gewünschte Wirkung erzielt.

In der frühzeitigen Information zum Schutz der zivilen Bevölkerung muss ein Aspekt betrachtet werden: *operation security*. Es darf nicht geschehen, dass eigene Soldaten ein höheres Risiko eingehen müssen, weil man die Bevölkerung warnen und schützen wollte. Es ist eine Gratwanderung zwischen *operation security* auf der einen Seite und Information bzw. Transparenz auf der anderen. Für den Soldaten gibt es ein weiteres Problem: die Täuschung. Während diese im militärischen Einsatz in Verbindung mit der Überraschung notwendig ist, darf es sie gegenüber der Bevölkerung nicht geben, da sie die eigene Glaubwürdigkeit zerstört.

Aus meiner Erfahrung und Beobachtung weiß ich, dass es auf der zivilen Seite und bei den Kommandeuren aller Ebenen noch Schwierigkeiten gibt, Info Ops, und damit auch PSYOPS, als integralen Bestandteil der Operationsführung zu sehen.

Daher ist dieses Buch eine wichtige Lektüre für alle militärischen und zivilen Verantwortlichen, die für gemeinsame Operationen bereits in der Planung Verantwortung tragen. Zudem lässt es den militär- und zeitgeschichtlich interessierten Leser nachvollziehen, wie sich PSYOPS aus der klassischen psychologischen Kriegsführung heraus entwickelt haben und in welchen Spannungsfeldern sie sich heute bewegen.

D. F., November 2010
Global editor www.worldsecuritynetwork.com

Vorwort

Die psychologische Kriegsführung ist wohl so alt wie der Krieg selbst. Und es lässt sich sagen, bereits im Kampf zweier Menschen spiele sich ab, was dann zwischen Gruppen, Parteien, Ethnien, Kulturen, Staaten oder Staatenbündnissen geschieht. Kriege werden nicht nur in physischen Waffengängen gewonnen oder verloren, sondern auch in den Köpfen und Herzen der involvierten Menschen – der Kämpfenden auf der einen wie auf der anderen Seite, der Zivilbevölkerung in beiden Lagern, im Rahmen der internationalen Staatenwelt, mit und vor dem jeweiligen Gott. Das psychologische Moment wird ausgespielt in Finten und Drohgebärden, in Kampagnen und verdeckten Operationen. Man verführt, täuscht, manipuliert, man verängstigt, macht schlecht, demütigt und verspottet. Es wird umworben und gut zugeredet, es wird bestärkt und vereinnahmt. Es wird aber auch demonstrativ gefoltert und zerbombt nicht primär zur Gewinnung von Informationen bzw. zur physischen Vernichtung, sondern mit dem Hauptziel, auf die Psyche der Gegenseite einzuwirken.

In meiner Beschäftigung mit Fragen der Zeitgeschichte, aber auch aufgrund meines militärischen Werdegangs hat sich für mich mehr und mehr herauskristallisiert, welch enorme Bedeutung dem psychologischen Moment zukommt – vor allem in Bezug auf die Kommunikation. Dafür spricht im militärischen Kontext auch, wie bewaffnete Konflikte seit den 60er Jahren bezeichnet worden sind: der Vietnamkrieg als der erste »Fernsehkrieg«, der dritte Golfkrieg als der erste »Echtzeitkrieg«, der »Kosov@krieg« als der erste »Internetkrieg«. Alle drei Bezeichnungen haben mit Kommunikation zu tun, mit Medien, mit Psychologie. In diesen Zusammenhang gehören auch die *think tanks*, die – interdisziplinär zusammengesetzt – eine höchst elaborierte, aber auch höchst manipulative Kommunikation erarbeiten. Ohne all die *spin doctors*, Psychologen, PR-Berater und Kulturwissenschafter wird heute kein Krieg mehr angefangen, immerhin nicht von den USA. Selbst terroristische Akteure, die mit vergleichsweise bescheidenen Ressourcen auskommen müssen, bringen es fertig, die Welt in ihrem Bann zu halten. Auch sie kommunizieren, ja hängen vital von der Kommunikation ab. Oder man nehme die Taliban: Einst hatten sie das Fernsehen verteufelt, und heute betreiben sie in Afghanistan und über dieses hinaus raffiniertes *perception shaping* mittels einer wahren Propagandamaschinerie.

Sicher hat der ungeheure Bedeutungszuwachs der Medien und innerhalb dieser der elektronischen Formen einen Quantensprung in der psychologischen Kriegsführung bewirkt. Das darf aber nicht darüber hinwegtäuschen, dass sich viele Facetten heutiger psychologischer Operationen (PSYOPS) bereits Jahrhunderte, wenn nicht Jahrtausende früher wiederfinden. Schon beim altgriechischen Dichter Homer aus dem 8. Jh. v. Chr. oder beim chinesischen General und Philosophen Sun Zi aus dem 4. Jh v. Chr. begegnen Überlegungen, Anleitungen und Beispiele, wie der Kampf auf der psychologischen Ebene gewonnen oder immerhin unterstützt werden kann. Oder man denke ans Flugblatt, das von der Antike über die frühe Neuzeit bis heute eine wichtige Rolle spielt. Was sich sicher geändert hat, sind die quantitativen Größenordnungen: Vor dem ersten Angriff der USA auf den Irak am 20. März 2003 wurden 20–40 Mio. US-Flugblätter abgeworfen, während der folgenden Kriegshandlungen weitere 40 Mio. Und im ersten Jahr des Afghanistankriegs brachte es die westliche Seite ebenfalls auf über 80 Mio. Exemplare. Aber am Medium selbst hat sich nichts verändert – ob wir vom dritten Golfkrieg sprechen, von den auf Pfeile gespießten Flugblättern des römischen Feldherrn Mark Anton (86/83–30 v. Chr.) oder vom deutschen Kaiser Maximilian (1459–1519). Dieser ließ bei günstigem Wind agitatorische Flugblätter an Ballons hinter die feindlichen Linien treiben und dann von seinen Bogenschützen abschießen.

Zwei Tatsachen sind mir im Lauf meiner Untersuchungen besonders deutlich geworden. Einerseits begegnet spätestens im Vietnamkrieg (1964–1975) ein *cultural turn*, eine Wende weg vom rein militärischen Denken hin zum *human terrain*, zu den *hearts and minds* auch der Zivilbevölkerung, die es zu gewinnen gilt. Das stellt die Truppe vor ganz neue Herausforderungen, die mit ihren angestammten Kernkompetenzen nichts zu tun haben, und verlangt einen Mentalitätswandel, der nicht leicht zu vollziehen ist. Andererseits ist es ernüchternd zu sehen, dass die Militärs diesen *cultural turn* zwar begrüßen, es aber häufig bei Lippenbekenntnissen belassen. Sie erkennen in PSYOPS zwar gern einen *force multiplier*, der die Wirkung ihrer Operationen verstärkt. Ob sie sie aber, wie es kürzlich ein chinesischer General formuliert hat, tatsächlich als »die vierte Art der Kriegführung« verstehen, »nach Land, See und Luft«[6], ist fraglich. Im 2007 erschienenen »*Counterinsurgency Field Manual*« von US-*Army* und *Marine Corps* gehen die beiden Generäle David H. Petraeus und James F. Amos in ihrem Vorwort zwar auf die neue Aufgabenstellung der Truppe, ja jedes einzelnen Soldaten ein. Auch weist der Index mehrere Verweise auf den Begriff der Propaganda auf. Die PSYOPS aber haben es auf eine einzige Stelle gebracht.[7]

---

[6] MURRAY 19
[7] COUNTERINSURGENCY FM 415

Dieses Verhältnis gibt zu denken, ebenso wie der Begriff des *psychological fire*, der die Dominanz des herkömmlichen militärischen Denkens unschön auf den Punkt bringt. Es wird aber im Rahmen meiner Darstellung deutlich werden, dass trotz – oder gerade wegen – solcher Mankos viel in die neue Richtung gearbeitet wird. Mit welchem Erfolg, wird sich weisen. Die Verhältnisse im Irak und in Afghanistan legen beredtes Zeugnis ab, wie bitter nötig eine Erweiterung des herkömmlichen militärischen Repertoires ist, denn mit ihm allein lassen sich die dortigen Konflikte nicht beilegen. Erfahrungen, wie sie die Nato in Bosnien und im Kosovo im Zuge der *peace keeping*-Operationen gemacht hat, sind hingegen richtungweisend für den künftigen Einsatz von PSYOPS.

Ich werde im vorliegenden Buch sieben grundsätzliche Facetten psychologischer Kriegführung beleuchten, und dies stets unter zwei Hauptaspekten. Der eine wird ihre Geschichtlichkeit sein; es werden Beispiele aus unterschiedlichen Zeiten und Räumen begegnen. Den andern Aspekt bilden die heutigen Verhältnisse mit Fokus auf die Geschehnisse im Nahen und Mittleren Osten. Sie sind dank der Nachrichtenlage und der Vielzahl von Untersuchungen und Reflexionen bestens dokumentiert und zeigen beispielhaft Möglichkeiten und Grenzen psychologischer Kriegführung auf. Dieser doppelte Ansatz – Geschichtlichkeit und Aktualität –, gepaart mit der Gliederung nach einzelnen Facetten, soll es dem Leser erlauben, einen fundierten Einblick in das Phänomen der psychologischen Kriegführung zu gewinnen. Wenn dies zu einem spannenden, aufschlussreichen Prozess wird, hat die vorliegende Darstellung ihren Zweck erfüllt.

Th. M.
Erlenbach b. Zürich, im Januar 2011

Einführung

> *Ich wusste in der Theorie, wozu* PSYOPS *da sind – das hatte ich in der Schule gelernt. Aber als ich* PSYOPS *aus erster Hand erlebte, erkannte ich ihren Wert, der weit größer ist, als ich angenommen hatte. In Zukunft werde ich mich vor jeder Operation um PSYOPS kümmern.*
> General H. Norman Schwarzkopf III (*1934, Kommandeur der Koalitionskräfte 1991)[8]

In diesem Kapitel
Beispiele psychologischer Kriegsführung reichen zurück bis ins 8. Jh. v. Chr. Die Begriffsgeschichte zeigt verschiedene Neu- und Umprägungen. Zu ihnen zählen »Propaganda«, »PSYOPS«, »InfoOps«, »OpInfo«. Angesichts dieser Vielfalt tut eine Systematik not. Im Gegensatz zu anderen Lesarten wird in der vorliegenden Darstellung ein relativ breit gefasstes Verständnis vertreten: Die eingesetzten Mittel werden als sekundär erachtet, das Prinzip der Beeinflussung steht im Zentrum.

Den Informationsraum zu dominieren ist eines der Hauptziele der psychologischen Kriegsführung. Im Folgenden wird auf ein bewährtes Kommunikationsmodell aus der Werbepsychologie zurückgegriffen, das sich gut zur Beschreibung der entsprechenden Prozesse eignet.

Für die Planung und Durchführung psychologischer Operationen (PSYOPS) verfügen mittlerweile alle weltpolitisch maßgeblichen staatlichen Akteure über entsprechende Truppen. Allerdings können sich diese in Aufstellung und Doktrin unterscheiden. PSYOPS bewegen sich heute in einem strategischen Umfeld, das von unterschiedlichen neuen Faktoren geprägt ist: dem Bedeutungsverlust des Nationalstaats,

---

[8] http://www.psywarrior.com/quotes.html

der Überzahl asymmetrischer Kriege mit ihren eigenen Gesetzlichkeiten, den Revolutionen im Bereich der technischen Einsatzmittel.

Bevölkerung, Medien oder Belletristik verbinden mit der psychologischen Kriegsführung gern Verschwörungstheorien und übersinnliche Phänomene – weitgehend fälschlicherweise. Der genaue Blick zeigt: Es gibt hier sehr wohl erstaunliche Möglichkeiten, aber auch ernüchternde Grenzen.

I Propaganda, psychologische Kriegsführung, PSYOPS: Begriffsgeschichte

Frühe Zeugnisse • Propaganda: Kirchlicher Ursprung • Von der psychologischen Kriegsführung zu PSYOPS • Definition der psychologischen Kriegsführung • Sprachregelung • PSYOPS: Know-how

Ein Diktum Napoleons besagt, es seien im Krieg immer zwei Kräfte am Wirken: das Schwert und der Geist, und letzterer sei es, der am Schluss gewinne. So war es nur folgerichtig, dass sich 1798 auf den Schiffen der französischen Ägyptenexpedition neben 36'000 Soldaten auch Druckerpressen befanden. In der Tat verläuft durch die Kriegsgeschichte ein roter Faden, der im Lauf der Zeit zwar unterschiedliche Namen erhalten hat, aber immer für das Gleiche steht: die Einflussnahme auf die jeweiligen Akteure, auf ihr Denken, Fühlen und Verhalten. Es gilt die Formel des deutschen Generals und Kriegstheoretikers Carl Philipp Gottlieb von Clausewitz (1780–1831), Krieg sei »ein Akt der Gewalt, um den Gegner zur Erfüllung unseres Willens zu zwingen.«[9] Diesem Zweck dienen, neben dem physischen Agieren, auch alle Formen psychologischer Kriegsführung. Clausewitz spricht in diesem Zusammenhang immer wieder von der »Moral« als dem psychologischen Faktor.

Frühe Zeugnisse
Bereits im 4. Jh. v. Chr. formuliert der chinesische General und Philosoph Sun Zi wegweisende Lehrsätze zur psychologischen Kriegsführung:

- »Es ist besser, über eine ganze Armee Einfluss zu gewinnen als sie zu vernichten; ein Bataillon, eine Kompanie oder einen Fünfmanntrupp einzunehmen, ist besser als diese zu vernichten. [...] Denn in hundert Schlachten hundert Siege zu errin-

---

[9] CLAUSEWITZ 29

gen, ist nicht der Inbegriff des Könnens. Der Inbegriff des Könnens ist, den Feind ohne Gefecht zu unterwerfen.«[10]

- »Daher unterwerfen Kriegskundige das feindliche Heer ohne Schlacht, nehmen seine Städte ein, ohne sie zu belagern, und stürzen seinen Staat ohne langwierige Gefechte.«[11]
- »Es gibt fünf Eigenschaften, die im Charakter eines Generals gefährlich sind. [...] Ist er unachtsam, so kann er getötet werden; [...] Ist er feige, so kann er in Gefangenschaft geraten; [...] Ist er ein Hitzkopf, mache einen Narren aus ihm; [...] Ist sein Ehrgefühl übermäßig ausgeprägt, dann kannst du ihn verleumden; [...] Hat er ein leidenschaftliches Wesen, so kannst du ihn belästigen.«[12]
- »Bittet der Feind ohne vorherige Absprache um Waffenstillstand, so plant er eine Verschwörung.«[13]
- »Zahlen allein bringen im Krieg noch keinen Vorteil. Verlass dich beim Angriff nicht auf reine Militärgewalt.«[14]

Sun Zi vertritt ein Denken, das über die Jahrhunderte hinweg so unterschiedliche Strategen wie Napoleon oder Mao Zedung mitgeprägt hat. Psychologische Kriegsführung ist ein Kontinuum in der Lehre vom Krieg und keine Errungenschaft des 20. oder gar des 21. Jahrhunderts, auch wenn sie heute mehr im Vordergrund steht. Historisch betrachtet gehen der Begriff der Propaganda und jener der psychologischen Kriegsführung ineinander über. Das gleiche gilt für die psychologische Kriegsführung und PSYOPS. Entsprechend tut eine Systematik in den Bezeichnungen not. Sie wird im Folgenden vorgenommen.

Propaganda: Kirchlicher Ursprung
Geht man von der Beeinflussung der Gegenseite als Hauptziel aus, so kommt man zurück bis ins 17. Jahrhundert. 1622 gründete Papst Gregor XV.. im Zuge der Gegenreformation die »*Congregatio de Propaganda Fide*«. 13 Kardinäle und zwei Prälaten hatten die Aufgabe, unter Heiden und Protestanten für den katholischen Glauben zu

---

[10] SUN ZI 115
[11] a. a. O. 118
[12] a. a. O. 178f.
[13] a. a. O. 187
[14] a. a. O. 192

werben und das Missionswesen zu organisieren. Gregor formulierte in seiner Bulle 58 wie folgt:

»Durch den unerforschlichen Ratschluss der göttlichen Vorsehung ohne Unser Verdienst zur Leitung der Kirche Christi berufen, sehen wir es als Hauptaufgabe Unseres Hirtenamtes an, sorgfältig darüber zu wachen und, soweit es Uns durch Gottes Gnade verliehen wird, Uns eifrig darum zu bemühen, die elende verirrten Schafe zum Schafstall Christi zu führen und zur Anerkennung des Herrn und Hirten der Herde zu bewegen.«[15]

Bis ins 20. Jahrhundert hinein bedeutete »Propaganda« schlicht politische, religiöse oder wirtschaftliche Werbung. Es wurde Propaganda für revolutionäre Ideen betrieben, es wurde missioniert und für Produkte geworben. Propaganda im heutigen Sinn des Worts betrieben erstmals die Briten: Sie führten im Ersten Weltkrieg ein »*Ministry of Information*« mit dem Ziel, US-amerikanische Intellektuelle und andere Multiplikatoren für einen Kriegseintritt der Vereinigten Staaten zu gewinnen. Erfolg hatte das Unterfangen nicht zuletzt dank des vom US-Präsidenten Woodrow Wilson (1856–1924) ins Leben gerufenen »*Committee on Public Information*«, das antideutsche Propaganda *pro domo* betrieb. Diese führte u. a. dazu, dass sich das *Boston Symphony Orchestra* außerstande sah, Bach zu spielen, und die Bevölkerung sich klar für einen Kriegseintritt aussprach.[16] Obgleich dieser erst 1917 erfolgte, bedeutete er einen entschiedenen Bruch mit der amerikanischen Monroe-Doktrin. Sie hatte seit 1823 jegliche Einmischung in ausländische, also auch die europäischen Verhältnisse strikt ausgeschlossen.

Von der Psychologischen Kriegsführung zu PSYOPS
Der erst nach und nach geächtete Begriff der Propaganda machte 1920 jenem des *Psychological Warfare* Platz (im Folgenden: psychologische Kriegsführung). Der englische Militärwissenschafter J.F.C. Fuller (1878–1966) brachte ihn ins Spiel. Er verfasste ein Grundsatzpapier über die Lehren aus dem Ersten Weltkrieg. Im Kapitel über die erstmals eingesetzten Panzer prophezeite er, dass »die sogenannten traditionellen Mittel der Kriegsführung ersetzt werden könnten durch rein psychologische Kriegsführung, wo keine Waffen verwendet werden [...], sondern wo es vielmehr um den menschlichen Intellekt geht, um die Zersetzung der Moral und des geistigen Lebens einer Nation durch den willentlichen Einfluss einer andern.«[17]

---

[15] Zitiert in MERTEN
[16] vgl. http://www.gegeninformationsbuero.de/frameset.html?/krieg/propaganda.html
[17] NARULA 178

Dieser Terminus der psychologischen Kriegsführung hat sich bis heute zwar halten können, doch hat sich seit 1945 *Psychological Operations* (PSYOPS) – immerhin in der Fachwelt – an seiner Seite etabliert. Eingeführt hat ihn der damalige *Captain* und spätere *Rear Admiral* Ellis M. Zacharias (1890–1961) von der *US-Navy*, im Zusammenhang mit der Operationsplanung zum rascheren Herbeiführen von Japans Kapitulation. Im Gegensatz zur Propaganda, die sich an die eigene Seite ebenso wendet wie an die Gegenseite, sind psychologische Kriegsführung bzw. PSYOPS ausschließlich auf die zivile und die militärische Gegenseite hin angelegt, oft flankiert von Kommunikationsmaßnahmen zuhanden Dritter, z. B. neutraler oder verbündeter Staaten. Die US-Doktrin verbietet sogar ausdrücklich die Anwendung von PSYOPS auf eigene Truppen und die eigene Bevölkerung; das gleiche gilt für die mehr oder minder bedeutungsgleiche »Operative Information« (OpInfo) des heutigen Deutschland.

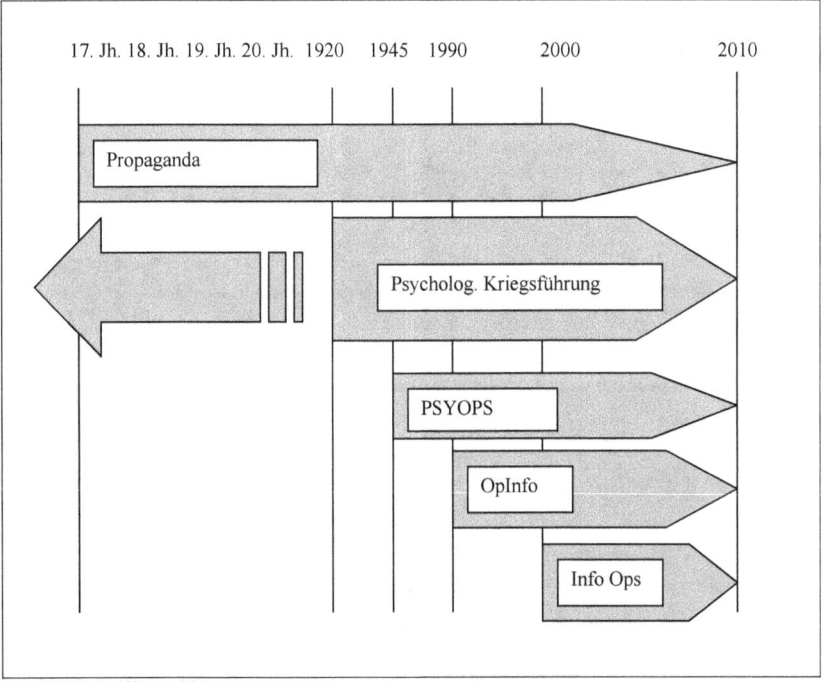

Tafel 1: Begriffsgeschichte

Definition der psychologischen Kriegsführung

Es gilt im Folgenden:

> Psychologische Kriegsführung umfasst
> - für sich stehende oder flankierende Maßnahmen
> - mit militärischem oder zivilem Zielpublikum auf der Seite des Gegners oder der Zivilbevölkerung im Einsatzraum,
> - die Verhalten, Denken und Fühlen des Adressaten in eine Richtung lenken, die der Absicht des Senders entspricht,
> - mit oder ohne Gewalt,
> - taktisch, operativ, strategisch oder politisch von konkretem Nutzen, z. B. indem sie als *force multiplier* die Wirkung von Operationen vergrößern, Verluste auf der eigenen Seite zu vermeiden helfen oder zur Legitimierung des eigenen Handelns beitragen.

Tafel 2: Definition der psychologischen Kriegsführung

Sprachregelung

Es wird in diesem Buch eine Sprachregelung vorgenommen, die eine gewisse Ordnung in die historisch gewachsene, mitunter verwirrliche Begriffsvielfalt bringen soll. Es werden bezeichnet

> - als »Propaganda« die Operationen ab dem 17. Jahrhundert, welche gleichermaßen die eigene Truppe bzw. Bevölkerung, die gegnerische Truppe bzw. Bevölkerung sowie Dritte als Zielpublikum haben;
> - als »psychologische Kriegsführung« von den Anfängen im Altertum bis 1945 alle entsprechenden Operationen, die auf die militärische und zivile Gegenseite abzielen, sowie als Oberbegriff bei zeitunabhängigen, allgemeingültigen Aussagen;
> - als »PSYOPS« alle Operationen, die sich seit 1945 abgespielt haben und abgesehen von der zeitlichen Einordnung semantisch der psychologischen Kriegsführung entsprechen;
> - als »OpInfo« und »Info Ops« die wenigen Ausnahmen, die sich auf Deutschland seit 1990 bzw. die Schweiz ab ca. 2000 sowie neueste Entwicklungen beziehen.

Tafel 3: Sprachregelung

PSYOPS

Dass sich der Begriff der PSYOPS durchgesetzt hat, ist auf vier Gründe zurückzuführen. Zum ersten können im Zusammenhang mit einem Konflikt auch Entwicklungshilfe, *peace enforcement, peace keeping*[18] und andere Vorgehensweisen begegnen. Sie werden unter dem Begriff der OOTW zusammengefasst, der *Operations Other*

---

[18] Vgl. HEINZEL / YANNI

Than War. Gegenüber dem klassischen Waffengang haben sie heute an Bedeutung gewonnen, z. B. im Rahmen von UN-Missionen (vgl. Tafel 4) und von Projekten im Zeichen der *Civil Military Cooperation* (CIMIC). Die PSYOPS-Doktrin der Vereinten Nationen unterscheidet sich denn auch von der – klar martialisch ausgerichteten – der USA (vgl. Kap. IV). Als ein Kernelement der UN-eigenen Info Ops tragen PSYOPS dazu bei,

> »den Erfolg einer Friedensmission zu verwirklichen. [...] Zu den Zielen dieser Operationen gehören: Das Berichtigen von Gerüchten, die eine gegnerische Partei gestreut hat (beispielsweise über anstehende Unruhen und Ausschreitungen). Die Zivilbevölkerung über den Zweck der UN-Mission aufzuklären und falschen Annahmen entgegenzuwirken. Zudem positive Entwicklungen (wie Truppenabzüge oder Entwaffnung) betonen und vermitteln. Lokalen Parteien zu zeigen, wie Wahlen durchgeführt werden oder wie sie anderweitig in der Gesellschaft helfen können.«[19]

Auch in der heutigen *counterinsurgency*-Doktrin, wie sie der US-General David H. Petreaus (*1952) 2006 im »*Counterinsurgency Manual*« formuliert hat, zeigt sich der Übergang vom Militärischen in die Aufbauarbeit: »*clear, hold and build*« – »von Aufständischen säubern, mit ausreichenden Sicherheitskräften halten und administrative, politische, rechtliche und wirtschaftliche Strukturen aufbauen«.[20]

Auftrags-Typus	Prinzip	Merkmale
Konfliktverhütung (*conflict prevention / preventive diplomacy*)	Initiative / Aktivitäten auf diplomatischer Basis / vorbeugende Stationierung von Truppen (demonstrativer Einsatz)	Einsatz zur Lagefeststellung vor Ort; gemeinsame Beratungen; Ankündigung / Androhung von Maßnahmen; Inspektionen; Überwachungsmaßnahmen
Friedensschaffung (*peace making*)	diplomatische Maßnahmen nach Konfliktausbruch, die eine friedliche Lösung anstreben	Anbieten von Diensten; Vermittlung; Schlichtung; politische / diplomatische Isolierung; Sanktionen etc.

---

[19] »Y – Das Magazin der Bundeswehr«, http://www.ypunkt.de/portal/a/ypunkt/archiv/2007?yw_contentURL=/01DB131000000001/W272NDE5639INFODE/content.jsp
[20] RUDOLF 139f.

Friedenserhaltung (*peace keeping*)	unparteiischer Dritter, Zustimmung der Konfliktparteien, Eingrenzung, Abschwächung und / oder Beendigung von Feindseligkeiten	Überwachung von Demarkationslinien; Überwachung der Einhaltung von Waffenstillstandsvereinbarungen; Kontrolle von Pufferzonen; Entwaffnung und Demobilisierung kriegsführender Parteien / bewaffneter Kräfte: Schutz von Hilfeleistungen und Maßnahmen im Rahmen der Flüchtlingshilfe; Unterstützung ziviler Polizeikräfte; Wahlbeobachter oder Menschenrechtskommissionen (Einsatz ohne Kampfauftrag, Ausnahme Selbstverteidigung)
Friedenserzwingung (*peace enforcement*)	Wiederherstellung des Friedens in einer Konfliktregion zur Verhinderung eines weiteren Gewaltausbruchs (zwischenstaatlich / innerstaatlich)	bei unabwendbar notwendiger humanitärer Hilfeleistung; beim Zusammenbruch der eigentlichen staatlichen Ordnung
Friedenskonsolidierung (*peace building*)	Maßnahmen nach Konfliktbeendigung zur Verhinderung eines weiteren Konfliktausbruchs	Aufbau von Vertrauen; Bereitstellung medizinischer Versorgung; Unterstützung des wirtschaftlichen Wiederaufbaus
humanitäre Hilfeleistung (*humanitarian aid assistance / disaster relief assistance*)	Friedensunterstützende Maßnahmen, eigenständiger Einsatz	Katastrophen aller Art; Unterstützungsleistung bei besonders schweren Unglücksfällen, Hungersnöten, Flüchtlingsbewegungen, Evakuierung von Zivilbevölkerung

Tafel 4: Die Bandbreite möglicher UN-Aufträge[21]

Zum zweiten hat sich auch im militärischen Sprachgebrauch der Euphemismus, die Beschönigung, breit gemacht – man denke nur an Formulierungen wie

---

[21] OESTMANN 3133

collateral damage oder *surgical warfare*.²² Im Fall der PSYOPS wird dieser Effekt erst noch durch das gängig gewordene Akronym verstärkt. PSYOPS beinhalten bis heute vieles, was im allgemeinen Sprachgebrauch noch immer als Propaganda bezeichnet wird. Letzten Endes kann der Begriff PSYOPS auf sich selbst angewendet werden: Er begünstigt Lesarten, die vom martialischen Hintergrund und dem englischen Synonym *mind control* ablenken.

Von *psychological operations* ist drittens auch deshalb die Rede, weil das psychologische Know-how verglichen mit früher weit umfangreicher und raffinierter geworden ist und in der Aufstellung eigenständiger PSYOPS-Truppen seine Niederschlag findet. Insofern ist eine Zäsur in der Benennung gar nicht schlecht. In jeder militärischen Organisation braucht es bekanntlich seine Zeit, bis eine bestimmte Funktion Selbständigkeit erlangt, eine eigene Truppengattung begründet und als solche anerkannt wird. Dies letzte wird mit dem gängigen militärischen Begriff der *operations* verdeutlicht, die PSYOPS dem Führungsgrundgebiet 3 (Operationen) zuordnet. Zu den Eigengesetzlichkeiten der PSYOPS gehört der mehr oder weniger ausgeprägte Beizug ziviler Ressourcen.

Es ließe sich viertens von einem *ethical turn* sprechen, der den Wahrheitsgehalt von PSYOPS als oberste Richtschnur nimmt und damit in Abgrenzung zur Kriegsräson gelangt. Im Gegensatz zur Kriegsräson, in welcher der Zweck alle Mittel heiligt, also auch Manipulation und Lüge, kann sich ein Akteur im *theatre of war*²³ zum alleinigen Kriterium der Wahrheit verpflichten. Er verzichtet so bewusst auf die »Kunst der wirksamen Wahrheitsbeugung«²⁴. Die deutsche Bundeswehr schuf 1990 den Begriff der Operativen Information (OpInfo), um diesen Doktrinwandel auch sprachlich zu vollziehen. Es folgten verschiedene unterstützende OpInfo-Einsätze im Rahmen von UN- und Nato-Missionen in Somalia (1993/94), auf dem Balkan (1995–2000), insbesondere in Bosnien-Herzegowina (1997) und im Kosovo (1999/2000),

---

²² Es ist in diesem beschönigenden Jargon nicht mehr von zivilen Opfern die Rede, wenn ein Angriff auf militärische Ziele über diese hinausgehende Schäden und Verluste verursacht. Heute führt man den Begriff des Begleit- oder Kollateralschadens an (*collateral damage*). Oder man spricht von chirurgischer Kriegsführung (*surgical warfare* bzw. *surgery strike*), in der ausschließlich militärische Ziele angegriffen werden sollen. Das kann mit »intelligenten Waffen« und Laserbomben geschehen und wurde das erste Mal 1991 in der Operation »*Desert Storm*« propagiert. Erfahrungsgemäß kann die medizinische Terminologie aber nicht darüber hinwegtäuschen, dass auch zivile Opfer zu beklagen sind.

²³ Mit »*theatre of war*« bzw. »Kriegstheater« wird in der militärischen Fachsprache der Kriegsschauplatz auf der operativen Ebene benannt.

²⁴ SCHÄFER

sowie in Afghanistan (2001) und im Kongo (2006).[25] Allerdings ist die Philosophie der OpInfo – mit Blick auf die Praxis – nicht unumstritten (vgl. Kap. 8).

Der Begriff der PSYOPS kann enger oder weiter gefasst werden. Während amerikanische Autoren viele Aspekte miteinbeziehen und so zu einer »beinah epischen Breite«[26] gelangen, definieren andere Autoren den Begriff unter Ausschluss aller politischen, strategischen und operativen Ebenen einzig in Bezug auf konkrete taktische Gegebenheiten im Dispositiv eines Bataillons oder einer Kompanie, also beispielsweise in dem Fall, wo Megaphone eingesetzt werden, um den Gegner mit einer immer wiederkehrenden Botschaft zur Niederlegung der Waffen zu bewegen.[27] Hier geht es letztlich um »ein rein militärisches Einsatzmittel«[28]. In diesem Buch wird vom amerikanischen Ansatz ausgegangen, ja er wird erweitert auch auf Operationen, die mit Gewalt verbunden sind, aber nicht die physische Vernichtung des Gegners zum Hauptziel haben, sondern die Einflussnahme auf dessen Intellekt und Emotionen. Dieses Vorgehen wird gewählt, weil sich alles um die Dimension der psychologischen Beeinflussung dreht. Der taktische Einsatz von Lautsprechern, über die der Gegner zur Aufgabe des Kampfs bewegt werden soll, steht letztlich für das Gleiche wie die Strategie von *shock and awe*, der Einschüchterung durch massives Feuer. Der strategische Abwurf von einer Million Flugblättern oder das luftgestützte Betreiben einer Radiostation, die zuhanden der Zivilbevölkerung in einer Kriegszone sendet, dienen demselben Ziel wie *moral bombing* (vgl. Kap. 5.4). Anstatt die verschiedenen Formen psychologischer Operationen auseinander zu dividieren, soll der gemeinsame Nenner betont werden. Dieser besteht primär nicht in der Wahl der Mittel, sondern im genannten Zweck. Grenzen zu benachbarten Disziplinen sind dabei fließend.[29]

In der Welt der Wirtschaft wie in der operativen und taktischen Führung des Militärs wird ein immer direkteres *alignment* von Strategie und konkretem Vorgehen

---

[25] Vgl. http://de.wikipedia.org/wiki/Operative_Information
[26] CARL 221
[27] Es gelten als taktisch die Ebene bis Bataillon, operativ jene der Brigaden bzw. Divisionen, strategisch die alle Teilstreitkräfte umfassende militärische Ebene. Über allen drei Ebenen steht die politische.
[28] CARL 221
[29] Anknüpfungspunkte bestehen zu Werbung / PR, Publizistik, Kommunikationstechnik und -technologie, Militärwissenschaften, Grafik, Geisteswissenschaften, Diplomatie, Terrorismusbekämpfung, Geheimdienste. Benachbarte militärische Disziplinen sind *special operations, effect-based operations, counterinsurgency, cyber warfare, information warfare, non-lethal weapon systems*.

postuliert. Es scheint wenig sinnvoll, diese Ebenen künstlich voneinander zu trennen. Schließlich zeugen die C4ISTAR-Entwicklungen der Operationsführung auf dem Gefechtsfeld[30] von deren immer engeren Verbindung: Vom *handhield* des Soldaten zum *Ops Center* und umgekehrt braucht es nur einen Klick. Zum Kampf der verbundenen Waffen und zur integrierten Kommunikation gehört auch die Waffe des Worts und des Bilds. PSYOPS sind Teil von *Command and Control*.

PSYOPS: Know-how
Was heute – repräsentativ für die meisten Staaten – von einem US-Soldaten der PSYOPS-Truppe verlangt wird, spiegelt sich in dessen Ausbildung. Diese soll ihn nach neun Wochen befähigen,

- Methoden zur Beeinflussung fremder Bevölkerungen zu finden und zu analysieren, ausgehend von einer Zahl unterschiedlicher Informationsquellen
- Marketing- und Medienprodukte herzustellen: Handzettel, Folder, Broschüren, Flugblätter, Poster, TV-Spots, Web-Inhalte, Radioskripts
- PSYOPS-Ausrüstung zu bedienen und zu warten, beispielsweise taktische Fahrzeuge und Schutzsysteme, Lautsprecher, *state of the art* Computer, analoges und digitales Gerät zum Aufnehmen und Abspielen sowie Kommunikationssysteme
- Produkte zu streuen, die Entwicklung, Produktion und Sendung von relevanter Information entsprechen (TV, Radio, Internet und Printmedien)
- in Frieden, Krise und Konflikt in Drittländer zu reisen, um amerikanische und fremde Regierungen, Militärs und Zivilbevölkerungen zu unterstützen.[31]

---

[30] C4ISTAR steht für die zukunftsweisende Operationsführung: C4 (Command, Control, Communications, Computers), I (military intelligence) und STAR (Surveillance, Target Acquisition and Reconnaissance); zu deutsch: Befehlsgebung, Kontrolle, Kommunikation, Informatik – militärischer Nachrichtendienst – Überwachung, Zielerfassung und Aufklärung.
[31] Vgl. http://www.goarmy.com/JobDetail.do?id=7

II Psychologische Kriegsführung: Mythos und Realität

U-Boote, Verschwörungen, Übersinnliches • *Möglichkeiten und Grenzen*

Die psychologische Kriegsführung widerspiegelt fünf Trends der Gegenwart, die sie ihrerseits auch verstärkt:

- die Omnipräsenz und Macht der Medien, der PR, der Kommunikation und mit diesen den *perception warfare,* den Krieg um Wahrnehmungen
- das erweiterte Einsatzspektrum von Streitkräften, wie es etwa in der Losung der deutschen Bundeswehr benannt wird: »Im Einsatz für den Frieden – Schützen. Helfen. Vermitteln. Kämpfen«[32]
- die zunehmende politische Sensibilität gegenüber eigenen Verlusten (mitunter gepaart mit Blindheit gegenüber denjenigen der Gegenseite bzw. Dritter); die »New York Times« führt eine täglich erscheinende Statistik mit namentlicher Nennung der im Irak und in Afghanistan gefallenen Amerikanerinnen und Amerikaner[33]
- die Bedeutung der Information auf dem modernen Gefechtsfeld (*Command – Control – Communications, Computers – Information – Surveillance – Reconnaissance* C4ISR[34]); PSYOPS spielen mit in der umfassenden Vernetzung, Komplexität und Verdichtung
- den asymmetrischen Krieg, in dem PSYOPS auch für kleine Gruppierungen mit bescheidenem Budget möglich sind – in der Regel in Verbindung mit medialer Verbreitung – und von den großen Parteien mit Millionenbeträgen gefördert werden. *High-Tech* begegnet ebenso wie *Low-Tech*, die durchkonzertierte, auf Hoch-

---

[32] http://www.bundeswehr.de
[33] Ein Beispiel: »Names of the Dead. Published: May 20, 2010. The Department of Defense has identified 1,064 American service members who have died as a part of the Afghan war and related operations. It confirmed the deaths of the following Americans this week: BARTZ, Paul R., 43, Lt. Col., Army; Waterloo, Wis.; 10th Mountain Division. BELKOFER, Thomas P., 44, Lt. Col., Army; Perrysburg, Ohio; 10th Mountain Division. McHUGH, John M., 46, Col., Army; of New Jersey; U.S. Army Battle Command Training Program. PERKINS, Adam L., 27, Staff Sgt., Marines; Antelope, Calif.; Seventh Engineer Support Battalion, First Marine Logistics Group. TIEMAN, Richard J. Tieman, 28, Staff Sgt., Army; Waynesboro, Pa.; Special Troops Battalion, V Corps. TOMLINSON, Joshua A., 24, Specialist, Army; Dubberly, La.; Special Troops Battalion, V Corps.« (In: http://www.nytimes.com/2010/05/21/us/21list.html?emc=tnt&tntemail1=y)
[34] vgl. http://www.armyteamc4isr.army.mil/

glanz getrimmte PR-Kampagne ebenso wie die verwackelte Video-Aufnahme eines Vermummten, der eine Proklamation verliest oder gar jemanden köpft.

U-Boote, Verschwörungen, Übersinnliches
Wie um alles, was mit dem Nimbus des Geheimen und Psychologisch-Manipulativen verbunden wird, ranken sich auch um die psychologische Kriegsführung mitunter abenteuerliche Legenden. Diese lassen sich in zwei Hauptgruppen aufteilen; obskur sind beide. Zum einen wird immer wieder eine Verschwörung oder die verdeckte Agenda einer Macht oder Organisation vermutet; zum andern kommen übersinnliche Phänomene und undurchschaubare Manipulationen zur Sprache. Genährt werden die ersten von tatsächlichen Geschehnissen. Von diesen aber auf eine Omnipräsenz und eine Ominipotenz von psychologischer Kriegsführung zu schließen, ist gewagt.

Ein Beispiel für einen effektiven Sachverhalt ist die schwedische U-Boot-Affäre aus den Zeiten des Kalten Kriegs:

> »Die angeblich sowjetischen U-Boote, die Anfang der 80er Jahre erfolglos von den Skandinaviern gejagt wurden, waren in Wirklichkeit Teil der psychologischen Kriegsführung der Amerikaner. Das Kernstück der größten Operation der psychologischen Kriegführung in den Jahren des Kalten Krieges. Das gemeinsame Ziel einiger sehr hoher schwedischer Offiziere, der Thatcher- und Reagan-Regierung sei die Diskreditierung der Regierung Olof Palme und ihrer Initiative für ein nuklearwaffenfreies Nordeuropa gewesen.«[35]

Viel Phantasie erfordern hingegen Verschwörungstheorien wie die, *9/11* sei ein *inside job,* ein Coup der amerikanischen Geheimdienste gewesen. Blogs wie http://alles-schallundrauch.blogspot.com bieten einschlägige »Beweisführungen«. Eine *website*, die sich ausführlich weltweiten Verschwörungen widmet, vermerkt zu den Anthrax-Briefen von 2001 u. a. folgende mögliche Hintergründe:

> »Bush-Verschwörung
> Nicht selten werden die Anthrax-Briefe, im Zusammenhang mit der Theorie, dass die Bush-Regierung hinter den Anschlägen vom 11. September steckt, als Ablenkungsmanöver gesehen. Die Briefe kamen genau zu einer Zeit, in der sich der erste Schock legte und die Untersuchungen anfingen.
> Zum Teil werden die Anthrax-Briefe auch als weiterer Beleg gesehen, dass die USA hinter den Anschlägen steckt, denn die Vorbereitungen für die Anthrax-Briefe hätten, so wird vermutet, weit mehr Zeit gebraucht als eine Woche. Da die Briefe aber eindeutig auf das Datum des 11.9. hinweisen, muss der Vorbereitende bzw. derjenige, der die Vorbereitung in Auftrag gab, ein Vorwissen zum 11. September besessen haben. Kritiker halten hier

---

[35] http://www.heise.de/tp/r4/artikel/20/20257/1.htmll

allerdings entgegen, dass es zwar der Vorbereitung bedarf, aber dass das Verfassen der Briefe zu den letzten Arbeitsschritten eines solchen Anschlags gehört und so der 11. September einfach als eine passende Gelegenheit genutzt werden konnte.

al-Quaida
Eine eher selten anzutreffende Theorie ist, dass al-Quaida hinter den Anthrax-Briefen steckt. Dieser Theorie wird sowohl von der Bush-Regierung wie auch von den selbsternannten Skeptikern zu 9/11 energisch widersprochen.

Denkbar wäre es, dass der Ames-Anthrax-Stamm mit Biowaffenlieferungen der USA an den Irak gegangen sein könnte. Mit der Einstellung von ABC-Waffenprojekten waren vermutlich auch Gehaltskürzungen und Entlassungen von Wissenschaftlern im Irak verbunden, woraus für diese wiederum ein finanzielles Motiv zum Weiterverkauf von Anthrax an Terroristengruppen resultierte, wo gleichzeitig der Täter zu finden ist.«[36]

Auch ein High-Tech-Arsenal von Manipulationsverfahren wird immer wieder diskutiert. Den Briten wird nachgesagt, sie hätten Horoskope gegen den sterngläubigen Hitler eingesetzt.[37] Und schließlich fehlt es nicht an parapsychologischen »Waffen« wie Psychokinese und Telepathie, deren Entwicklung während des Kalten Kriegs auf beiden Seiten vorangetrieben und mit horrenden Summen unterstützt wurde.[38] Der US-Regisseur Grant Heslov hat solche Bestrebungen in seiner Militärsatire »*The Men Who Stare at Goats*« (2009) verulkt, und Donald P. Bellisario widmete in »*JAG – Defending His Honor*«, einer der langlebigsten und erfolgreichsten Serien im US-amerikanischen Fernsehen (1995–2005), Phänomenen wie »Fernwahrnehmung« und »Telekinese« eine Folge.[39] Man sieht: Das Thema taucht immer wieder auf.

---

[36] http://www.verschwoerungen.info/index.php/Anthrax-Briefe_2001
[37] http://www.spiegel.de/panorama/0,1518,332507,00.html
[38] Ein Beispiel aus den USA: »In der heißen Phase des Kalten Krieges spionierten sechs ASW-Begabte [Außersinnliche Wahrnehmung. T.M.] im Rahmen der ›Operation Stargate‹ für die CIA sowie für das Pentagon. Ihre Aufgabe war es, befürchtete Psi-Attacken des KGB zu kontern, aber auch eigene Aktionen zu unterstützen – wie den Bombenangriff auf Libyens Staatschef Gaddafi. Präsident Reagan befahl die Attacke 1986 als Vergeltung für mutmaßlich von Libyen inszenierte Terroranschläge. Die Stargate-Brigade sollte Gaddafis Aufenthaltsort herausfinden. Er kam nur knapp davon. Heute arbeiten noch drei Psi-Spione in Fort Meade im US-Staat Maryland. [...]
[Es wurde. T.M.] nach 23jähriger Geheimhaltung das Projekt publik, als die CIA beschloß, die Truppe aufzulösen. Die Psi-Späher, besagte ein vom US-Kongreß angefordertes Gutachten, hätten in 80 Prozent aller Fälle versagt. Umgekehrt aber bedeutet dies eine Trefferquote von 20 Prozent – zuviel für ein reines Zufallsergebnis. ›Wenn wir die für andere Fachgebiete gültigen Maßstäbe anlegen‹, sagt die Statistikprofessorin Jessica Utts von der University of California in Davis, ›ist damit wissenschaftlich bewiesen, daß die übersinnliche Wahrnehmung funktioniert.‹« (DRÖSSER)
[39] Season 5.1, disc 2: Psychic Warrior.

Möglichkeiten und Grenzen

Festhalten lässt sich sicher, was psychologische Kriegsführung zu leisten vermag und wo ihre Grenzen liegen. Sie ist gut dazu geeignet,

- die Wirkung militärischer Operationen zu steigern (*force-multiplier*)
- Zielgruppen in abgeschnittenen Zonen zu erreichen
- Zensur, Analphabetismus oder unterbrochene Kommunikationssysteme zu umgehen
- isolierten, desorganisierten Zielgruppen Anleitung und Unterstützung zu geben
- die gegnerische Seite in ihrer Moral oder Widerstandskraft zu schwächen
- die Moral von Widerstandskämpfern zu heben
- ethnische, kulturelle, religiöse oder wirtschaftliche Differenzen zu überbrücken
- den Parteien eine Alternative zum kriegerischen Konflikt aufzuzeigen
- die lokale Unterstützung Aufständischer zu verstärken
- Täuschungsmanöver zu unterstützen
- der eigenen Seite zu einem guten Image zu verhelfen
- Zielgruppen in Militär, Wirtschaft und Diplomatie anzusprechen
- alle zur Verfügung stehenden Mittel zu nutzen, um das Verhalten der Zielgruppe zu beeinflussen
- über die gesamte Eskalation Frieden–Konflikt–Krieg eingesetzt zu werden.

In strategischer Hinsicht kann psychologische Kriegsführung auf die folgenden Schwerpunkte ausgerichtet werden:

Schwerpunkt (*center of gravity*)	Aspekt	Kriterien
die Regierung	in ihrer Wahrnehmung	Wie beurteilt sie die Lage? Worauf ist sie fokussiert? Weist ihre Wahrnehmung blinde Flecken auf? Welches Selbstbild hat sie?
	in ihrer Moral	Wie steht es um ihr Durchhaltevermögen? Tritt sie konsistent auf? Was für ein Führungsverhalten legt sie an den Tag? Ist sie entscheidungsfreudig?

die Bevölkerung	in ihrer Kultur	Welches ist ihr Selbstverständnis? Von welchen Traditionen ist sie geprägt? Worin bestehen ihre bekundeten Werte, worin unausgesprochene Grundhaltungen?
	in ihrer Religion	Worin besteht ihre religiöse Werthaltung? Wofür ist sie empfänglich? Worauf reagiert sie empfindlich?
	in der öffentlichen Meinung	Worin besteht der Grundtenor? Wie stabil ist sie? Welchen Einflüssen ist sie ausgesetzt?
	in ihrer Moral	Wie steht es um ihr Durchhaltevermögen? Welche Überzeugungen bestehen? Wie ist die Loyalität einzuschätzen?
das Militär	in seiner Wahrnehmung	Wie beurteilt es die Lage: Wie versteht es seinen Auftrag, die Zeitverhältnisse, die Umwelt, die feindlichen und die eigenen Möglichkeiten? Worauf ist es fokussiert? Weist seine Wahrnehmung blinde Flecken auf? Welches Selbstbild hat es?
	Moral der Truppe	Wie steht es um ihr Durchhaltevermögen? Welche Überzeugungen bestehen? Wie ist die Loyalität einzuschätzen?

Tafel 5: Strategische Schwerpunkte der psychologischen Kriegsführung

Ihre Grenzen hat psychologische Kriegsführung aber unter den folgenden Aspekten:

- hoher Zeitaufwand für Vorbereitung und Durchführung
- unvollständige Informationen durch die Nachrichtendienste

- schwierige Koordination zwischen militärischen Einheiten und den zivilen Informationsstellen – was Gelegenheit zur Gegenpropaganda gibt
- Mangel an qualifiziertem Personal – Sprachwissenschaftlern, Personal mit Verständnis der kulturellen, politischen, wirtschaftlichen, sozialen und ideologischen Gegebenheiten
- Unwägbarkeiten des Kriegs (was Clausewitz unter den Begriff der »Friktion«, »diesen unsichtbaren und überall wirksamen Faktor« fasst[40])
- Erreichbarkeit potentieller Zielgruppen[41]
- Führbarkeit im taktischen Rahmen, gerade bei multinationalen Einsätzen[42].

Allgemein lässt sich sagen, dass Befürworter von psychologischer Kriegsführung ihre Erhebungen und Statistiken anführen und Leute, die ihr ablehnend gegenüberstehen, wiederum ihre. Zugunsten der Befürworter sprechen allerdings mehrere Fakten. Selbst als *hardliner* bekannte US-Militärs wie der Vietnam-General William C. Westmoreland (1914–2005) oder H. Norman Schwarzkopf junior (»*Stormin' Norman*«, *1934) ergriffen klar Partei für psychologische Kriegsführung, ja forderten ihren Ausbau. Unzimperlich und ohne jeglichen Individualismus agierende Kräfte wie der Vietcong legten großen Wert darauf, den psychologischen Einfluss der Gegenseite einzudämmen. Dabei waren Desertionen, Selbstmorde und Selbstverstümmelungen in den eigenen Reihen Kennzahlen, die äußerst ernst genommen wurden.[43] Ausschlaggebend, aber z. T. schwer messbar sind Erhebungen über den Einfluss auf Überläufer, auf das Erleben der eigenen Situation und die Einschätzung des Kräfteverhältnisses zwischen der eigenen Seite und jener des Gegners. Während des Vietnamkriegs wurde ein Modell erarbeitet, das Auskunft geben sollte über das Zusammengehörigkeitsgefühl in den Dörfern, Hoffnungen und Wünsche der Zivilbevölkerung betreffend die eigene Zukunft sowie den Frustrationsgrad im Hinblick auf die Lebensumstände.[44] Es wurde aber nie in die Praxis umgesetzt.

Noch immer aussagekräftig sind die Motive malaysischer Überläufer aus den Jahren 1949–1954, den Kampf aufzugeben und sich den Briten zu stellen:

---

[40] VON OETINGER et al. 95 / CLAUSEWITZ 97ff.
[41] vgl. BOWDISH 30
[42] PLATZER
[43] WATSON 382
[44] WATSON 385

Zeitraum	Flugblätter gelesen	Propaganda-Sendungen gehört	Versprechungen geglaubt	andere Gründe
1949–51	63	0	42	26
1952	70	0	42	27
Jan.-Juni 1953	77	10	59	52
Juli-Dez. 1953	84	53	55	37
1. Quartal 1954	88	48	58	47
2. " "	96	61	61	50
3. " "	97	73	63	47
4. " "	95	77	36	33

Tafel 6: Motive übergelaufener malaysischer Untergrundkämpfer (in %)[45]

III Ein Kommunikationsmodell für psychologische Kriegsführung

Der Gesamtrahmen: der Informationsraum • *Sender, Empfänger, Code* • *Botschaft, Medium, Kontext*

Jegliche militärische Kommunikation im Rahmen eines Konflikt-, Vor- oder Nachkonfliktszenarios bewegt sich im sogenannten Informationsraum. Diesen zu dominieren ist das allen Kommunikationsoperationen gemeinsame Ziel. *Information superiority* zählt zu den kritischen Erfolgsfaktoren. Sie kann wie folgt dargestellt werden:

Kommunikationsoperationen; Σ = Einwirkungsverfahren auf den Informationsraum	Zielpublikum; Σ = Adressaten im Informationsraum	Medien; Σ = Distributionskanäle im Informationsraum
Presse- und Öffentlichkeitsarbeit, Propaganda	eigene Bevölkerung	- TV - Radio
Truppeninformation, Propaganda	eigene Truppe	- Flugblatt - Print
PSYOPS	Bevölkerung im Einsatzraum; gegnerische Streitkräfte; Konfliktparteien; dazu im Rahmen flankierender Kommunikationsmaßnahmen Dritte	- Cyber - persönlicher Austausch - andere (z. B. Gerüchteküche)

Tafel 7: Kommunikationsoperationen im Informationsraum

---

[45] a. a. O. 384

Der Informationsraum lässt sich dahingehend definieren: Raum physischer oder elektronischer Art, in dem Informationen generiert, eingespiesen, ausgespiesen, ausgetauscht, manipuliert, gestört oder vernichtet werden. Die involvierten Parteien streben die Oberhand im Informationsraum an. Die mehr oder minder erfolgreichen Versuche staatlicher und anderer Organisationen bzw. Unternehmen vom Dezember 2010, die investigative Internet-Plattform *wikileaks* mundtot zu machen, zeigen auch in einem nicht genuin militärischen Zusammenhang, für wie wichtig die Dominanz im Informationsraum erachtet wird. Technische, juristische, ökonomische und politische Strategien illustrieren das entsprechende Bemühen. Das Pariser Industrieministerium suchte nach Möglichkeiten, *wikileaks* von französischen Servern zu verdrängen; Amazon, bei der *wikileaks* Serverkapazitäten eingekauft hatte, kündigte den Vertrag mit der Begründung, der Kunde habe gegen die Nutzungsbestimmungen verstossen; *mastercard* und *visa* weigerten sich, Spenden an *wikileaks* weiterzuleiten. Und gegen den *wikileaks*-Sprecher Julian Assange wurde in Schweden ein Verfahren wegen versuchten Vergewaltigungen angestrengt. Handkehrum unternahmen *wikileaks*-Sympathisanten hoch effiziente Hackerangriffe auf ihre Gegner. – Eine *never-ending story,* die vor allem eines aufzeigt: die ungeheure Flexibilität der *wikileaks*-Leute, aber auch des Unternehmensmodells als solchen, derartigen Zugriffen immer aufs neue ein Schnipplein zu schlagen. Es war zu Recht die Rede von einem »Katz-und Maus-Spiel im Internet. Die Webserver von Wikileaks werden geschlossen, nur um anderswo wieder aufzutauchen«[46].

Ein einfaches Kommunikationsmodell kann hilfreich sein, die komplexe Thematik der psychologischen Kriegsführung auszuformulieren. Dieses Kommunikationsmodell entspricht jenem, das der amerikanische Politologe und Kommunikationstheoretiker Harold D. Lasswell (1902–1978) für die Psychologie der Propaganda entwickelt hat und das sich als die sog. Lasswell-Formel in einem Satz zusammenfassen lässt: *Who says what to whom in which channel with which effect?*[47]

- »wer sagt«
Das bezieht sich auf den Sender bzw. Kommunikator. In den Massenmedien handelt es sich in der Regel um ein ganzes Team von Personen.

---

[46] BETSCHON
[47] http://de.wikipedia.org/wiki/Lasswell-Formel

- »was«
  Um welchen Inhalt geht es? Was ist die Botschaft?
- »zu wem«
  Wer ist der Empfänger bzw. Rezipient?
- »in welchem Kanal«
  Welches sind die Medien und Distributionskanäle?
- »mit welchem Effekt?«
  Was ist die Wirkung?

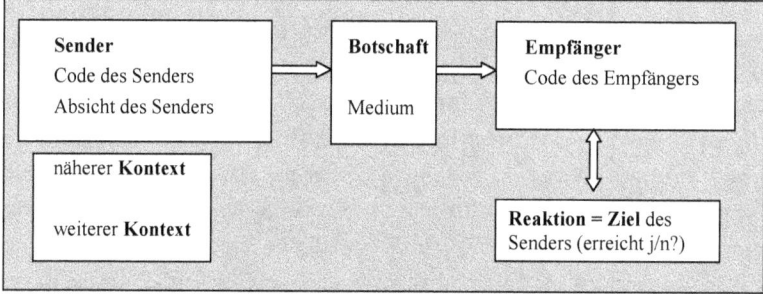

Tafel 8: Kommunikationsmodell der psychologischen Kriegsführung

Sender, Empfänger, Code

(1) Sender und Empfänger sind nicht auf staatliche Akteure beschränkt. Es können sein

- hoch gerüstete staatliche Akteure wie die USA
- politisch breit abgestützte Akteure wie die UN
- Bündnisse wie die Nato
- NGOs (nicht-staatliche Organisationen) mit großer Unabhängigkeit und kritischer Grundhaltung, z. B. *Médecins sans frontiers*, *Greenpeace*
- polyfunktionale Gruppierungen wie die *Hamas*[48]

---

[48] Die Hamas, eine bedeutende palästinensische sunnitisch-islamistische paramilitärische Terrororganisation, ist zugleich eine politische Partei und ein soziales Netzwerk. (http://de.wikipedia.org/wiki/Hamas)

- agile, häufig in Zellen organisierte Guerillabewegungen wie die Muslimbruderschaft
- lose oder kaum organisierte Terrornetzwerke wie *Al-Kaida*
- Öffentlichkeiten / Teilöffentlichkeiten mit ihren Kulturen und Subkulturen
- Einzelne (vom Exponenten über den Mitläufer bis zum Unbeteiligten, vom Direktbetroffenen bis zum Medienkonsumenten im entferntesten Ausland).

Auf der Seite des Empfängers kann zwischen mehreren Grundhaltungen unterschieden werden. Sie sind mit Farben symbolisiert worden:

»Die rote Gruppe besteht aus jenen Individuen, die – was immer man unternimmt – niemals ihre Meinung ändern wird. Die grüne Gruppe hasst im Allgemeinen die rote, und was immer man tun wird, sie wird sie weiterhin hassen und mit einiger Wahrscheinlichkeit deine freundliche Botschaft glauben. So musst du etwas Einfühlungsvermögen aufbringen, um sie in diesem Glauben zu bestärken. Die Gruppe mit dem größten Potential ist orange oder gelb, sie gehört irgendwohin in der Mitte. Diese Leute sind es, die wirklich beeinflusst werden müssen.«[49]

(2) Der Code des Senders bzw. des Empfängers besteht in einer bestimmten Sprache / bestimmten Sprachen, einer bestimmten Kultur sowie einer bestimmten Mentalität.

(3) Die Absicht des Senders kann sein

- Information, z. B. über laufende oder bevorstehende Aktionen
- Verängstigung
- Täuschung
- Demoralisierung
- Motivieren zu Desertion oder Kapitulation
- u. a.

(4) Der Code des Senders und jener des Empfängers müssen im großen Ganzen übereinstimmen, damit der Sender seine Botschaft platzieren und seine Absicht erreichen kann. In der Regel passt sich der Sender im Code dem Empfänger an.

---

[49] NAEF

Botschaft, Medium, Kontext und Wirkung

(5) Die Botschaft ist auf Unmissverständlichkeit, Redundanz und häufig auch Emotionalität hin angelegt. Im Irak, wo mit 11 US-Kompanien und über 1000 Armeeangehörigen die bislang größte PSYOPS-Truppe im Einsatz steht, ist die Botschaft

- während des Kriegs: »Geben Sie Bericht von Blindgängern!«, »Räumen Sie ein Gebäude!«, »Unterstützen Sie die US-Truppen!«, »Ergeben Sie sich bei der erstbesten Gelegenheit!«
- in der Stabilisierungsphase: »Nennen Sie uns Ihre täglichen Probleme!«, »Geben Sie Acht vor Blindgängern!«, »So bewegen wir uns auf eine neue Regierung zu«, »So werden Lebensmittel verteilt«.[50]

(6) Das richtige Medium zu wählen ist so wichtig wie die Botschaft selbst. Medium können sein

- Gespräche
- TV, Video
- Rundfunk
- kleine Rundfunkgeräte mit voreingestelltem Kanal
- Lautsprecher
- Flugblätter
- Falschgeld
- Fußbälle
- Zeitungen, z. B. *Sada-e-Azadi* (»Stimme der Freiheit«) in Afghanistan
- Bücher
- Zeitschriften, z. B. die Jugendzeitschrift *For you* im Kosovo
- Poster
- E-Mails
- Websites
- Telefonanrufe
- SMS
- Blogs

---

[50] KRANE

- bedrucktes Zigarettenpapier
- Podcasts
- Ballons
- Computerspiele
- Veranstaltungen / Sponsoring
- *give-aways* wie Wasserflaschen oder Spielzeug
- u. a. m.

Das zurzeit modernste Medium ist das *remote controlled electronic paper* (»ferngesteuertes elektronisches Papier«). Es kann als Weiterentwicklung der musikalischen Grußkarten betrachtet werden, einfach mit zusätzlicher Video-Funktion, die Programme bis 40 Minuten Umfang wiederzugeben erlaubt. Es ist ferngesteuert – das bedeutet, dass je nach Bedarf neue Botschaften oder Videos aufgeschaltet werden können. Als hoch attraktives *gadget* hat es eine große Chance, vom Boden aufgenommen, behalten und herumgezeigt zu werden. Voraussetzung dafür ist aber, dass die Herstellungskosten tief genug sind, um es in angemessener Zahl zu streuen.

Zu beachten ist allgemein, ob Medium und Rahmenbedingungen aufeinander passen. So kann das Fehlen von TV-Apparaten oder von Strom den Einsatz von audiovisuellen Medien sinnlos machen. Hat man es – wie beispielsweise in Afghanistan – mehrheitlich mit Analphabeten zu tun, kommen nicht selbsterklärende Flugblätter oder Poster sowie Zeitungen nicht in Frage. Und Hochglanzbroschüren können kontraproduktiv wirken, wenn es dem Zielpublikum am Nötigsten fehlt.

Zum Medium ist weiterhin festzuhalten, dass entsprechende Errungenschaften wie Holzschnitt, Kupferstich und Buchdruck im 15. Jh., das Hochdruckverfahren mit dem Holzstich im 18. Jh. oder das Internet gegen Ende des 20. Jh. wahre Quantensprünge in den psychologischen Kriegsführung bewirkt haben.[51] Oder man denke an die steile Karriere des Mediums Fotografie, das seit den frühen Fliegerkameras und den Hobbyaufnahmen durch Soldaten im Ersten Weltkrieg aufs engste mit der technischen Entwicklung verbunden war.[52]

---

[51] Vgl. den Ausstellungsführer »Bilderschlachten« unter http://www.bilderschlachten.de/20.html sowie NOERING / SCHNEIDER / SPILKER

[52] »Jene medialen Neuerungen, die in den Kriegen der Jahrhundertwende ausprobiert und verbessert worden waren, etwa der Druck von fotografischen Bildern in der illustrierten Presse, der Einsatz des Films am Kriegsschauplatz, die enge Verzahnung von Militär- und Medienapparat, Akkreditierung und Zensur, all diese Praktiken wurden im Laufe des Ersten Weltkriegs ausgebaut, verfeinert und systematisiert. Auch wenn zu Beginn des Krieges in manchen Stäben noch die Skepsis gegenüber den neuen Medien überwog, setzte sich ab 1915/16 der moderne Medienkrieg flächendeckend durch.« (NÖRING / SCHNEIDER / SPILKER 231)

(7) näherer Kontext : operative und taktische Verhältnisse
(8) weiterer Kontext: (geo)strategische Gegebenheiten
(9) Das Ziel des Senders ist dann erreicht, wenn der Empfänger in seinem Sinn denkt, fühlt, handelt. Ein Controlling der psychologischen Kriegsführung, also messbare Ziele im strengen Sinn, gibt es nicht, hingegen Formen der Evaluation, z. B. die Befragung von Kriegsgefangenen, Beobachtung des gegnerischen Verhaltens u. a. (vgl. Kap. 2.5).

Ein Medium mit langer Tradition ist das Flugblatt, das abgeworfen oder, in den Anfängen, dem Wind übergeben wird. Auf einen Pfeil gespießt, begegnet es in einer frühen antiken Version:

> »Als er Pelusium betreffend unterrichtet worden war, kehrte Marc Anton von Paraetonium zurück und stellte sich Cäsar vor Alexandria. Er griff ihn mit seiner Kavallerie an, und Cäsars Truppen, vom Marsch erschöpft, wurden besiegt. Der Erfolg beflügelte ihn, und er hatte zuvor Pfeile in Cäsars Lager schießen lassen mit einem aufgespießten Flugblatt, das jedem Mann fürs Überlaufen 6000 Sesterzen versprach. Deshalb warf er auch seine Infanterie in die Schlacht. Aber er verlor. Cäsar nämlich hatte das Flugblatt eigenhändig vor seiner Truppe vorgelesen, und damit stellte er Mark Anton in ein schlechtes Licht und versuchte, die Männer zu beschämen mit dem vorgeschlagenen Verrat und sie zugleich für sich zu begeistern.«[53]

Und aus der frühen Neuzeit ist das Vorgehen des deutschen Kaisers Maximilian (1459-1519) überliefert: Er

> »ließ aber nicht nur im Innern des Reiches durch gedruckte Flugblätter die politische Meinung beeinflussen, er war auch der Schöpfer einer besonderen Form von psychologischer Kriegführung. In seinen Auseinandersetzungen mit der Republik Venedig setzte er in den Jahren 1509 bis 1511 propagandistische Flugschriften in italienischer Sprache ein, die die Untertanen Venedigs gegen die Herrschaft aufwiegeln sollten. Er ließ bei günstigem Wind diese agitatorischen Flugblätter an Ballons hinter die feindlichen Linien treiben und dann von eigenen Bogenschützen abschießen. In wohlformulierter Sprache verspricht er darin Freiheit und Gleichheit und muntert die Bevölkerung auf, sich gegen die ›Tyrannen‹ zu erheben.«[54]

---

[53] BARTELS
[54] FÜSSEL 129f.

Flugblätter können von großer Kreativität zeugen. Es begegnen eingängiges *wording*, überraschende Pointen, ungeahnte Respektlosigkeit und mitunter ein fast philosophischer oder lyrischer *touch*.

IV PSYOPS-Truppen: Organisation und Einsatz

USA • Russland • Deutschland • Frankreich • Großbritannien • Israel • China

Wer sich über Organisation, Einsatz, Mittel und Unterstellung bzw. Zuweisung der PSYOPS-Truppen militärisch maßgeblicher Staaten bzw. Bündnisse einen Überblick verschaffen will, stößt schnell an Grenzen. Die folgende Zusammenstellung verdankt sich einerseits klaßifizierten Quellen, andrerseits einlässlichen Internet-Recherchen. Von großer Transparenz wie bei den USA bis zu höchst defensiv gehaltenen Informationen wie im Fall Russlands spannt sich ein ganzer Bogen. Lücken müssen bewusst in Kauf genommen werden. Dass den PSYOPS aber – den eigenen wie jenen anderer Staaten – mittlerweile großes Gewicht beigemessen wird, ist bei allen Unterschieden klar erkennbar.

USA

Die Anfänge reichen hier zurück in die Zeit des Ersten Weltkriegs. Die USA haben über alle Jahrzehnte hinweg die Vorreiterrolle in der psychologischen Kriegsführung behalten.[55] In ihrer Doktrin bilden PSYOPS einen Bestandteil der Info Ops (Informa-

---

[55] Die *Propaganda Sub-Section* wurde 1918 aufgestellt und zeichnete verantwortlich für die großangelegte Streuung von Flugblättern. Im Zweiten Weltkrieg erfuhren die Propaganda-Truppen eine qualitative und quantitative Aufwertung, allerdings gab es viele Reibungsverluste zwischen den beteiligten Dienstzweigen. Im September 1944 wurde das erste Mal elektronisch Krieg geführt: Radio-Interviews mit Kriegsgefangenen sollten die gegnerische Moral beeinträchtigen, und die künstlichen Geräusche von Panzerverbänden hatten das Ziel, den deutschen Nachrichtendienst irrezuführen.
Der Beeinflussung erst der gegnerischen Truppe, dann aber auch der Zivilbevölkerung galten ab Ende 1944 die sogenannten »Heeresgruppenzeitungen« der Alliierten. Im sowjetischen Machtbereich lautete die Bezeichnung »Frontzeitung«. In der jeweiligen Landessprache – Deutsch, Italienisch, Französisch und Japanisch – Ging es vorerst darum, die Bevölkerung zu informieren, Vertrauen zu schaffen und den Widerstandswillen zu brechen. In einer späteren Phase, unter der Ägide der Militärverwaltungen, lautete der Auftrag: die politische Umerziehung unterstützen, zum Wiederaufbau auffordern, während der NS-Zeit verfemte Literaten wieder zu Wort kommen lassen und NS-Gesetze aufheben.

tion Operations). Diese umfassen außerdem

- *Military Deception* (MILDEC), Täuschung
- *Electronic Warfare* (EW), elektronische Kriegsführung
- *Computer Network Operations* (CNO), *cyberwar*
- *Operations Security* (OPSEC), defensive Sicherung der Informationen über Operationen und Entscheidungen der eigenen Streitkräfte.

Ziele der Info Ops nach US-Verständnis sind

- »Abschreckung, Entmutigung, Abhaltung und Steuerung eines Gegners bei Beschädigung seiner Kommandostrukturen und Erhaltung der eigenen
- Gegnerische Pläne in die Irre führen, eigene schützen, die Effizienz der eigenen Truppen steigern, während der Gegner seine Ressourcen mit geringem Effekt verbraucht, also vergeudet

---

Verantwortlich für diese Operationen waren eigens aufgestellte Abteilungen für Propaganda bzw. die Propagandakompanien (PK), die sich auch mit Rundfunk, Buchwesen und Theater befassten. Verschafft man sich einen Überblick über die zahlreichen Publikationen, wird deutlich, welcher Wert diesem Zweig beigemessen und mit welcher Professionalität gearbeitet wurde.
Im Korea-Krieg wurde eng mit Südkorea zusammengearbeitet, um die Propaganda sprachlich und kulturell auf das nordkoreanische Zielpublikum zuzuschneiden. Der Erfolg ließ sich ausweisen: 58% der Kriegsgefangenen gaben an, gegnerische Radiosendungen gehört zu haben, und 46% waren der Überzeugung, die entsprechenden Inhalte seien wahr, obschon sie vom Feind kamen.
Die CIA-Operation in Guatemala von 1954 bestärkte die amerikanischen Stellen in ihrem Glauben an verdeckte Operationen. Diese könnten, so die Überlegung, kostengünstig den Einsatz regulärer Streikräfte ersetzen. In Vietnam war schon 1964 das *Joint United States Public Affairs Office* (JUSPAO) verantwortlich für die psychologische Kriegsführung, der General William C. Westmoreland große Bedeutung beimaß. Die bis heute bestehende *4th Psychological Operations Group* war entsprechend aktiv. Im Nicaragua der 80er Jahre verfasste die CIA für die Contras ein Handbuch mit dem Titel »*Psychological Operations in Guerilla Warfare*«. Ebenfalls in den 80er Jahren, während des Kampfs gegen Noriega in Panama, wurden neue Erkenntnisse in der psychologischen Kriegsführung gewonnen. Berühmt wurde das System »*Ma Bell*«: Spanischsprachige Spezialisten riefen panamasche Kommandanten an und forderten sie zur Aufgabe auf; bei Zuwiderhandlung müssten sie mit dem Tod rechnen. In den Bosnien- und Kosovo-Konflikten griffen die Koalitionskräfte bewusst auf Elemente der Alltagskultur zurück, z. B. auf »*Superman*«-Comics, um die Wirkung ihrer Maßnahmen zu erhöhen.

- Gegnerische Kommunikationsnetze kontrollieren und die eigenen schützen. Auf diese Weise eine gegnerische Verteidigung zunichte machen und das Kommando und die Kontrolle der eigenen Truppen sichern.«

In der »*Joint Publication* 3-13« werden PSYOPS wie folgt beschrieben:

> Sie »sollen die Meinung und das Verhalten eines ausgewählten Zielpublikums zum eigenen Nutzen beeinflussen. Das können gegnerische Soldaten, aber auch die Zivilbevölkerung einer Region sein. Teil von PSYOP kann Medieneinsatz sein. PSYOP richten sich ausdrücklich nicht gegen das eigene Volk, noch gegen die Bevölkerung verbündeter Staaten.«[56]

Es bestehen heute in den US-Streitkräften drei PSYOPS-Verbände: die *4th Psychological Operations Group (Airborne)* sowie die *2nd* und die *7th* PSYOPS *Group*. Sie sind dem *U.S. Army Civil Affairs and Psychological Operations Command* (USACAPOC) unterstellt.

Die *4th* stellt rund 1500 Soldaten und 30–40 Zivilisten und ist wie folgt gegliedert:

- eine HQ-Kompanie
- vier *Regional Support Battalions* (*Psychological Operations Battalions*, POB), jeweils bestehend aus
    . einer HQ Support Company
    . einer PSYOP Development Company;
  eingesetzt sind
    . *1st* POB für die südliche Hemisphäre (dort zuständig ist das *Southern Command*,   SOUTHCOM)
    . *5th* POB für den Pazifik (PACOM)
    . *6th* POB für Europa (EUCOM) und Afrika (AFRICOM)
    . *8th* POB für den Mittleren Osten (CENTCOM) und das Horn von Afrika
- ein *Media Dissemination Battallion,* bei dessen vier Kompanien die Mittel für Druck, Radio und TV sowie für audiovisuelle Produktionen liegen und das stationär von Fort Bragg aus oder mobil in der ganzen Welt aktiv sein kann. Das entsprechende *media center* braucht den Vergleich mit ähnlichen zivilen Einrichtun-

---

[56] Vgl. »Y – Das Magazin der Bundeswehr«, http://www.y-punkt.de/portal/a/ypunkt/archiv/2007?yw_contentURL=/01DB131000000001/W272NDE5639INFODE/content.jsp

gen nicht zu scheuen.[57]
- ein *Tactical Battalion*.

Die *2nd* und die *7th* PSYOP *Group* sind Reserveverbände.

Das 1998 gegründete *4th Psychological Operations Regiment*, das v. a. repräsentativen Zwecken dient, hat zum Motto die Trias von »*persuade change influence*«. Das Emblem trägt die Farben Weiß, Grau und Schwarz für die unterschiedlichen Operationsarten (sh. Kap. 4.1). Das trojanische Pferd stellt die Fähigkeit dar, in unerwarteter Weise zu agieren und alle möglichen Konfliktformen zu beeinflussen. Der Blitzpfeil und das Schwert versinnbildlichen Raschheit und die Fähigkeit, überall zuzuschlagen.

Folgende Mittel stehen den Teilstreitkräften auf der taktischen Ebene zur Verfügung:

- 10- und 50-kW- Radio- sowie TV-Sendeanlagen
- Druckgeräte
- Lautsprecher

---

[57] »Am Montag war Tag der offenen Tür. Man bekam Einblick in das Media Center, das 8.1 Mio. $ gekostet hatte. Es war eine seltene Gelegenheit, die zentralen Produktionsanlagen für Flyer, Poster, TV- und Radiosendungen anzuschauen, die allesamt darauf abzielen, die Herzen und Köpfe jener Leute zu erreichen, welche die Militärs überzeugen wollen.
Seit 9/11 gehören die Zivilisten und die gegnerischen Truppen in Afghanistan und im Irak dazu. Mehr als 150 Mio. Flyer sind hier in Fort Bragg konzipiert und gedruckt worden, alle für den Einsatz in diesen beiden Ländern, sagt Col. James Treadwell, der Kommandeur der 4th POG. Über 12'000 Stunden Radio seien hier für Afghanistan produziert worden, und weitere 4000 für den Irak.
Die PSYOPS-Kampagne in Irak kostet mehrere zehntausend Dollar und soll die teuerste seit Beginn sein. Es beinhaltete arabischsprachige Flugblätter sowie Radio- und TV-Sendungen, die einerseits zur Aufgabe des Kampfes überzeugen und andererseits die Unterstützung für Saddam Hussein schwächen sollten.
[...] Wie in einer Marketingfirma machen die PSYOPS-Soldaten häufig Marktstudien, bevor sie Produkte konzipieren. Sie führen ebenfalls detaillierte Analysen zu den Resultaten durch. Es soll, so heisst es von offizieller Seite, noch einige Monate dauern, bis der Bericht über den Irak-Einsatz fertiggestellt ist. Zivile Experten sagen der Kampagne gemischte Resultate voraus. Sicher ist aber, dass sie tausende von Leben auf beiden Seiten gerettet hat, indem sie die Männer aus dem Kampfgeschehen nahm.
PSYOPS waren es viele an der Zahl in letzter Zeit, und das nicht nur im Irak und in Afghanistan: Treadwell sagt, das Media Center unterstütze fast 900 Spezialisten, die über 13 Länder verstreut seien.« (PRICE)

- Vans mit audiovisuellen Medien
- 4 *Commando Solo* Flugzeuge für Radio- und TV-Sender
- MC-130 *Combat Talon* Flugzeuge für den Abwurf von Flugblättern
- ein Host für audiovisuelle Produktionen
- ein Van-gestützter 10.6-kW-AM-Radiosender
- landgestützte Lautsprechersysteme
- Möglichkeit, luft- und artilleriegestützt Flugblätter zu verbreiten
- audiovisuelle Ausrüstung.[58]

Russland
Über eigentliche PSYOPS-Truppen ist so gut wie nichts bekannt.[59] In Bezug auf die Doktrin lassen sich aber gewisse Grundsätze eruieren. Waren zu Zeiten der Sowjetunion Schulsystem und Armee mit Propagandakräften wie Politkommissaren und -offizieren durchsetzt, so besteht heute hierin ein großes Manko. Es werden deshalb schädliche Auswirkungen gegnerischer PSYOPS auf die eigene Truppe befürchtet; diese Angst bildet ein Prinzip russischen Kriegsverständnisses. Entsprechend ist von »informations-psychologischer Sicherheit« die Rede, die den PSYOPS neben der Funktion als *force multiplier* jene der *force protection* zuweist. Diese Dimension einer »reflexiven Kontrolle« ist z. B. dem amerikanischen Verständnis von PSYOPS völlig fremd.[60]

Den Begriff der PSYOPS wendet die russische Doktrin auf die eigenen Operationen nicht an, obgleich das semantisch auf weite Strecken hinginge. Hauptsächlicher Bestandteil der russischen »informations-psychologischen Aktionen« sind

im Sinn von proaktiven PSYOPS
- Vorbereitung der Kräfte und Mittel zum Führen eines »informations-psychologischen« Kriegs
- Ausführen »informations-psychologischer« Operationen, um die Moral und den psychologischen Zustand der Streitkräfte und der Bevölkerung des Gegners zu beeinträchtigen, sie zu demoralisieren und Falschinformationen auszusetzen
- Anwendung »psycho-energetischer« und anderer »nichttraditioneller« Einfluss-

---
[58] Vgl. http://www.psywarrior.com
[59] klassifizierte Quelle
[60] THOMAS, Timothy L.: Russian Information-Psychological Actions

methoden, um auf das Bewusstsein und den mentalen Zustand des Gegners einzuwirken[61];

im Sinn einer reaktiven *force protection*
- Voraussagen der möglichen Art gegnerischer PSYOPS und deren möglicher Wirkung auf die Streitkräfte und die Bevölkerung Russlands
- Gegenmaßnahmen gegen die propagandistischen und »informationspsychologischen« Einflüsse auf die Streitkräfte und die Bevölkerung Russlands.

Auffällig war während des Georgienkonflikts der äußerst schwache Auftritt Russlands im internationalen Rahmen (sh. Kap. 4.6). Die Dominanz im innerstaatlichen Informationsraum wird hingegen mit großem Aufwand angestrebt und wirkt im Vergleich weit professioneller.[62]

Deutschland

Von »psychologischer Kriegsführung« war bereits an der Strategischen Schule der 1921 gegründeten deutschen Reichswehr die Rede. Unter der NS-Herrschaft wurde die psychologische Kriegsführung konsequent ausgebaut, und es wurde ihr während des Zweiten Weltkriegs großes Gewicht beigemessen.[63] Die Weiterentwicklung nach 1945 lässt sich wie folgt zusammenfassen:

---

[61] ebenda

[62] Neben der Hauptmilitärzeitung »Roter Stern« existieren acht Zeitschriften, elf Flotten- und Militärbezirkszeitungen sowie rund 50 weitere Organe. Russland verfügt über eigene Hochschulen für Militärjournalisten, die jetzt jedoch, im Rahmen der Militärreform, abgeschafft werden sollen.
Wladimir Putin erließ 2000 eine »Doktrin zur Informationssicherheit«, die *de facto* einer Abschaffung der Medienfreiheit gleichkam. Ins gleiche Jahr fiel die Übernahme des unabhängigen Privat-TV-Senders NTV durch Gasprom, das weltweit größte Gasförderungsunternehmen, das wiederum mehrheitlich in Staatsbesitz ist. 2002 wurde mit *TV6* der letzte landesweit zu empfangende, unabhängige TV-Sender geschlossen. Beide Male wurden finanzielle Unregelmäßigkeit vorgeschützt und die Besitzer, erfolgreiche Oligarchen, belangt. Die Schließungen fallen um so mehr ins Gewicht, als das Fernsehen in Russland im Vergleich zu den Printprodukten das weitaus einflussreichere Medium darstellt (vgl. BANNER / KISSLER 3f.). Putins Vorgehen entspricht seiner Doktrin der »gelenkten Demokratie«, die auch schon Anlass zum Wortspiel der »Demokratur« gegeben hat.

[63] Die deutschen Propagandakompanien während des Zweiten Weltkriegs waren zunächst dem Nachrichtendienst unterstellt, wurden aber 1942 zu einer eigenständigen Truppengattung – den »Lichtblauen«. Ihr Aufgabenbereich umfasste Aufträge *pro domo* wie die positive Beeinflussung der eigenen Truppen, speziell der nicht-deutschen Heeresteile, und die Kriegsberichterstattung in

»Bereits kurz nach Gründung der Bundeswehr 1955 befasste man sich schon 1957 damit, eigene Kräfte für die sogenannte ›Psychologische Kriegführung‹ (PSK) aufzustellen. Die konkrete Planung dazu fand ab 1958 statt und 1959 wurde die PSK-Truppe letztlich aufgestellt. Am Standort Andernach wurden unter anderem eine Radiokompanie mit technischer Unterstützung des Südwestfunks sowie ein Druckereizug, der 1966 nach Adenau ausgelagert wurde, betrieben. Ab 1970 erfolgte die Umbenennung in ›Psychologische Verteidigung‹ und 1971 die Gründung eines Schwesterbataillons in Clausthal-Zellerfeld. Noch bis 1972 wurden in erster Linie von dort aus echte Einsätze insbesondere mit Wasserstoffballons an der innerdeutschen Grenze gefahren. Nach Einstellung dieser Einsätze entstand 1974 ›Radio Andernach‹ als Betreuungssender für deutsche Soldaten im Ausland. Die Druckereizüge wurden nun vermehrt wie zivile Druckereien eingesetzt und produzierten nur noch bei größeren Übungen Flugblätter und Plakate für den virtuellen Ernstfall. Nach Anpassung an die Heeresstruktur 4 im Jahr 1981 gehörten die Bataillone 800 (CLZ), 850 (Andernach) und 851 (Adenau) nun zur Fernmeldetruppe. 1986 erfolgte der Umzug der PSV-Schule nach Waldbröl. Im Jahr darauf wurde die Verlegung des PSV Bataillon 800 beschlossen, die 1989 angesichts des bevorstehenden Mauerfalls mit der Auflösung des Bataillons endete.

1990 wurden die verbleibenden Einheiten erneut umbenannt, diesmal in Operative Information, womit der Begriff der operativen Information erstmals offiziell benutzt wurde. Es folgten verschiedene unterstützende Einsätze im Rahmen von UN- und NATO-Missionen in Somalia (1993/94), auf dem Balkan (1995-2000) insbesondere in Bosnien-Herzegovina (1997), im Kosovo (1999/2000), sowie in Afghanistan (2001) und im Kongo (2006). Seit 2004 gehört zu den Aufgaben die so genannte NATO Response Force und im Jahr 2005 wurden unter Mitwirkung von ZOpInfo die so genannten EU Battle Groups aufgebaut. Nach dem Umstieg des Ballonzugs von Wasserstoff auf Helium im Jahre 2007 erfolgte 2008 die Schließung des Standortes Adenau.«[64]

Über die Truppe *Operative Information* geben Wikipedia und die Homepage der Bundeswehr Auskunft. Weitere Informationen sind nicht zu beschaffen.[65] OpInfo ist eine eigene Truppengattung der Bundeswehr. Sie besteht aus dem Zentrum Opera-

---

Schrift, Foto, Zeichnung und Film, nicht zuletzt für die Wochenschauen. Eine Propagandakompanie hatte auf den gesamten Kriegsverlauf gesehen einen Bestand von 154 bis 209 Mann und umfasste »die Abteilungen Wort, Bild, Film, Rundfunk, Kriegsmaler, Aktiv-Propaganda sowie Druck«. Für Ende 1940 ist ein Gesamtbestand von 14'000 Mann ausgewiesen.

Im Sinne der heutigen PSYOPS waren die folgenden Tätigkeiten: Beeinflussung des Feindes und der Bevölkerung in den besetzten Gebieten durch Lautsprecherbeschallung, Druck und Verteilung von Flugblättern, Informationsschriften, Film, Errichtung von Radiosendern; Bekämpfung der gegnerischen Propaganda; Tarnung der eigenen operativen Maßnahmen durch gezielte Fehlinformationen (Ablenkungsmanöver).

»Die Propagandatruppen der Wehrmacht«, hielt NS-Propagandaminister Joseph Goebbels fest, »stellen das Zusammenwirken zwischen Propaganda- und Waffenkrieg im Operationsgebiet sicher.« (de.wikipedia.org/Propagandakompanie)

[64] http://de.wikipedia.org/wiki/Operative_Information
[65] http://de.wikipedia.org/Propagandakompanie

tive Information (ZOpInfo) in Mayen und dem unterstellten Bataillon für Operative Information 950 (OpInfoBtl 950) in Koblenz. Zur OpInfo-Truppe gehört auch das Betreuungsradio der Bundeswehr, *Radio Andernach*, das aber die eigene Truppe anvisiert und damit keine PSYOPS-Tätigkeiten wahrnimmt. Gleiches gilt für die Einsatz-Kamera-Trupps (EKT), die live vom Einsatzort nach Deutschland senden und damit eine bessere Lagebeurteilung und Einsatzdokumentierung ermöglichen.

Das sog. Zielgruppenradio strahlt Programme in der Landessprache des Einsatzraumes aus. Es werden einheimische Redakteure engagiert. Hier kann zu Recht von PSYOPS die Rede sein.[66]

Frankreich
In Frankreich wird anstelle von PSYOPS der Begriff der OMI verwendet: *Opérations militaires d'influence*. Die entsprechenden Truppen unterstehen dem *Commandement des Forces Terrestres* und bilden in der *division préparation opérationelle* den GIO, *Groupement d'information opérationelle*. Geführt werden sie von einem Oberstleutnant.

Die Equipe hat einen Bestand von 28 Mann: 7 Offiziere, 12 Unteroffiziere, acht Freiwillige, ein Zivilist. Hinzu kommen rund 20 Reservisten. Die EMF *(Etatsmajor des Forces)* und die Brigaden verfügen im besten Fall über einen OMI-Offizier. Zur Verstärkung auf dem Gefechtsfeld verfügt der Chef OMI über den Pool der Reservisten. Diese neu geschaffene Funktion ist kürzlich von den anderen Elementen des COMOPS (*Commandement des Opérations*) getrennt worden. Sie findet aber nach wie vor Eingang in die PSYOPS der Nato und

- verfügt über zahlreiche Informationen zu Kultur, Soziologie und Psychologie der Bevölkerung auf dem Gefechtsfeld
- führt Meinungsumfragen durch
- evaluiert die Wirkung ihrer Produkte
- sammelt unterschiedliche Informationen über Personen, Gruppen, Strukturen sowie über die Wahrnehmung der Streitkräfte bei der Bevölkerung und den lokalen Führungspersönlichkeiten der Gegenseite oder von Drittparteien.

---

[66] Vgl. http://de.wikipedia.org/wiki/Operative_Information

Großbritannien

Die *15 (UK) Psychological Operations Group* ist der *Defence Intelligence* unterstellt und steht unter dem Kommando eines Oberstleutnants. Sie besteht aus regulären Dienstleistenden sowie aus Reservisten. Ihrer Homepage[67] ist zu entnehmen, dass sie 1991, in der Folge des Golfkriegs, gegründet worden ist, zunächst als Schattenorganisation (*»shadow«*) bestand, dann als regulärer Truppenkörper. Ihre Kernkompetenz liegt in der *Target Audience Analysis* (TAA) und, von dieser ausgehend, dem Einsatz von *Tactical PSYOPS Teams* (TPTs). Diese befähigen den taktischen Kommandanten, mit dem Zielpublikum direkt zu kommunizieren, Informationen einzuholen und PSYOPS-Mittel einzusetzen.

Die Truppe unterzieht sich regelmäßigen internen Trainings in den Bereichen

- körperliche Fitness
- Persönlichkeitsentwicklung
- Führungsverhalten
- Fahrtrainings
- Projektmanagement
- Kommando- und Stabstrainings
- *»all kinds of adventurous training«* wie Tauchen oder Bergsteigen.

Im Rahmen externer Ausbildungen finden statt der *Military* PSYOPS *Planners Course* (MPOC), der *Target Audience Analysists* Course (TAAC) sowie das *Tactical* PSYOPS *Team Training* (TPTT).

Seit den 90er Jahren hat die britische PSYOPS-Truppe an maßgeblichen Operationen mitgewirkt.[68]

Israel

Nationale und internationale Medien billigen Israel einen Quantensprung in seinen PSYOPS zu, der sich mit dem Libanonkonflikt von 2006 eingestellt habe. In der Tat

---

[67] http://www.psywar.org/psywar/reproductions/15POG_Annual_Report_2008.pdf
[68] Befreiung Kuwaits: *»Desert Shield«*, *»Desert Storm«*. Ex-Jugoslawien:*»Palatine«* (Bosnien), *»Joint Endeavor«* (Bosnien), *»Lodestar«* (Bosnien), *»Agricola«* (Kosovo), *»Occulus«* (Albanien). Sierra Leone: *»Silkman«*. Afghanistan / Pakistan: Operation *»Veritas«*. Irak: *»Telic«*. Afghanistan: *»Enduring Freedom«*, *»Herrick«*.

lassen sich die heutigen Maßnahmen sehen. Neben klassischen Mitteln wie Flugblatt und Poster kommen zum Einsatz:

- gut konzertierte, international ausgerichtete PR-Aktionen wie die Kampagne gegen Iran
- allgemeine Doppelstrategie aus bewusster Konfrontation und gleichzeitiger Imagebildung als kleines Land, das ringsum von großen Feinden umgeben ist
- Demonstrationen militärischer Kompetenz
  . kompromissloses, selbstbewusstes, kämpferisches Auftreten auch nach der Libanon-Schlappe
  . mehrere umfassende Bereitschaftsübungen pro Jahr
  . Rüstungsausstellungen
  . Feier der 60jährigen Unabhängigkeit (2008)
- »Krieg der Radiostationen«
  . Reaktivierung
  . Störung
  . Übernahme
  . physische Zerstörung
  . Etablierung eines arabischsprachigen Senders (»*Voice of Israel*«)
- *goodwill*-Aktionen gegenüber Journalisten
- www-Kampagnen (z. B. »*All4Lebanon*«)
- Ernstnehmen der gegnerischen PSYOPS (vgl. z. B. *youtube*, »*gaza bombing*«)
- Anwerben von Informanten.[69]

Zu den Anwerbungsaktionen: Über SMS oder Anrufe auf Handys, über e-Mails und *websites* wird eine große Zahl von Adressaten angesprochen, z. B. Bewohner des Gaza-Streifens. Man fordert sie auf Arabisch, Englisch und Französisch auf, Informationen zu gegnerischen Gruppen, z. B. der Hisbollah, weiterzugeben. »Wer immer«, so ein einschlägiger Appell aus dem Kontext des Libanon, »fähig und willens ist, Libanon dabei zu helfen, das Übel der Hisbollah auszumerzen und zurück zu Unabhängigkeit, Freiheit und Wohlstand zu gelangen, ist eingeladen, mit uns in

---

[69] Vgl. FEUILHERADE, OPALL-ROME, VERNEZ

Verbindung zu treten.« Und ganz pragmatisch wird hinzugefügt: »Für Ihre Sicherheit ist es gut, wenn Sie von einem Ort aus anrufen, wo man Sie nicht kennt!«[70]

Die Ziele, die Israel mit seinen PSYOPS gegen die Palästinenser verfolgt, sind die folgenden:

- »die Moral der palästinensischen Bevölkerung vermindern
- die Moral der Mitglieder von palästinensische Organisationen und von deren Führern vermindern
- Fraktionen gegeneinander aufhetzen
- Personen in den Organisationen gegeneinander aufhetzen
- Aktivisten gegen ihre Führer aufhetzen
- das Image der israelischen Sicherheitskräfte betonen«.[71]

Gegenüber *der global community* geht es um zwei Akzente:

- »den Fortbestand politischer Unterstützung im internationalen Rahmen sicherstellen
- versichern, dass Israel fähig war, die strittigen Gebiete zu regieren«.[72]

Was die Bestände und *ordres de bataille* der israelischen PSYOPS-Truppen betrifft, konnte auch über klassifizierte Quellen nichts in Erfahrung gebracht werden. Es steht aber fest, dass sich neben den *Israel Defense Forces* (IDF) das Pressebüro der Regierung und das Außenministerium stark engagieren. Ebenso gibt es mehrere Hinweise darauf, dass auch der Geheimdienst, der *Mossad*, mittels PSYOPS von seiner Seite mitwirkt.[73]

China
Über die PSYOPS-Truppen der chinesischen Streitkräfte, ihre Organisation, ihre Mittel und Einsätze konnte selbst über klassifizierte Quellen so gut wie nichts eruiert werden. Besser sieht es im Hinblick auf die Doktrin aus. Tatsache ist, dass PSYOPS

---

[70] FEUILHERADE
[71] SCHLEIFER 185f.
[72] ebenda
[73] a. a. O. 105

in den Überlegungen der politischen und militärischen Elite Chinas eine zentrale Rolle spielen. Der chinesische General Liu Yichao, Kommandant der 65. Armeegruppe der *People's Liberation Army* (PLA), hat die psychologische Kriegführung jüngst als »die vierte Art der Kriegführung« bezeichnet, »nach Land, See und Luft«[74]. Das rührt nicht zuletzt von einer reichen Tradition her, die mit Sun Zi im 5. Jh. v. Chr. beginnt und sich im Lauf der Zeit zu großem Reichtum entfaltet hat. Auch heutige Lehrmeinungen stützen sich auf den Grundsatz, es sei besser, den Geist des Gegners anzugreifen als seine befestigten Städte. Die Fähigkeit zur Täuschung – auch sie begegnet in vielen Abwandlungen bei Sun Zi – rechnen die Chinesen bis heute zu den Grundeigenschaften eines militärischen Führers.[75]

Liu nennt vier Ziele der psychologischen Kriegführung:

- die politischen Führer des Gegners angreifen und so beeinflussen, dass ihre Position schwach wird und sie eine Politik einschlagen, die ihnen zum Nachteil gereicht
- in der Psyche der gegnerischen Truppen Angst und Schrecken verbreiten, so dass sie ihr inneres Gleichgewicht verlieren
- bei der gegnerischen Zivilbevölkerung Panik auslösen sowie Angst vor dem Krieg, Kriegsmüdigkeit und Anti-Kriegs-Gefühle
- die Sympathie und die Unterstützung neutraler Staaten erlangen.[76]

Zu diesem Zweck ist geplant, ein Elitekader von Spezialisten zusammenzustellen, die auf der Stufe Armeegruppe und Division eingesetzt werden können. Damit wird China seiner seit 1999 bestehenden Doktrin gerecht, dass die psychologische Kriegführung wie angesprochen den gleichen Stellenwert hat wie die Boden-, See- oder Luftoperationen.[77] Geht es auf der strategischen Ebene um die massive Einschüchterung des Gegners durch Machtdemonstrationen und *shows of force*, so handelt es sich auf der taktischen Ebene darum, technisch auf dem neuesten Stand zu sein. Ein Beispiel sind *unmanned aerial vehicles* (UAV), die mit Lautsprechern ausgerüstet sind und von denen »tönende Flugblätter« abgeworfen werden können (vgl. Kap. III).

---

[74] MURRAY 19
[75] a. a. O. 14
[76] a. a. O. 19
[77] VERNEZ / BURKART 25

Für die Zukunft ihrer psychologischen Kriegsführung erachtet die chinesische Generalität die folgenden Punkte für wichtig:

- ein System der psychologischen Kriegsführung erarbeiten, in dem spezialisiertes und nicht-spezialisiertes Personal integriert sind und das die spezifisch chinesischen Gegebenheiten berücksichtigt
- auf oberster Ebene eine Stelle schaffen, welche die psychologische Kriegsführung führt und koordiniert
- ein Kommando für die psychologische Kriegsführung aufstellen, das der Zentralen Militärkommission und dem Parteikomitee untersteht
- Forschungsstätten zur psychologischen Kriegsführung einrichten
- ein spezialisiertes Corps für psychologische Kriegsführung etablieren, das als konsolidierte und effektive *Task Force* für Angriffe eingesetzt werden kann
- Grundlagen schaffen für modernes Material und moderne technische Ausrüstung
- eine auf psychologische Kriegsführung ausgerichtete Mentalität bei den Massen und bei allen Kommandeuren schaffen.[78]

V Das strategische Umfeld

Strukturelle Übersicht: Bedrohungsformen • Der »neue Krieg« • Der low intensity conflict • Die Revolution in Military Affairs (RMA) • Zwischenbilanz: Der Fourth Generation Warfare

Seit 11/9, dem Berliner Mauerfall im November 1989, ist aus dem bipolaren Spannungsverhältnis zwischen Ost und West, das sich für einfache Feindbilder und Lagebeurteilungen geradezu anbot, ein disparates, instabiles Gefüge geworden. Der Kalte Krieg war, was die Konfrontation der Supermächte betrifft, der relativ einfachen Psychologie der atomaren Abschreckung gefolgt. Das ist heute kaum mehr möglich. Daran hat auch der amerikanische Versuch nichts geändert, in der Folge von *9/11* eine »Koalition der Willigen« aufzustellen im *war on terrorism* bzw. eine *axis of the evil* heraufzubeschwören. Kriegerische Konflikte sind zunehmend von neuen, meist nichtstaatlichen Akteuren, asymmetrischen Kräfteverhältnissen und Konfliktentwick-

---

[78] THOMAS, Timothy L.: New Developments 9f.

lungen geprägt, die mit herkömmlichen Mitteln, Strategien und Denkmustern nicht beizulegen sind.

Im Folgenden werden in einer groben Übersicht die aktuellen geostrategischen Bedrohungsformen aufgezeigt. Dies deshalb, weil PSYOPS von ihrem konkreten militärischen und politischen Rahmen nie zu trennen sind. So müssen sich die PSYOPS-Verantwortlichen immer aufs Neue den Rahmenbedingungen anpassen, um mit den Entwicklungen Schritt zu halten. Als *force multipliers* sind PSYOPS aufs engste verknüpft mit den Vorgängen im Kriegstheater – und diese sind stets Zeichen ihrer Zeit. Entsprechend ist mit einem Überblick aufs Jahr 2010 das letzte Wort nicht gesprochen – zu schnell kann sich die Lage im Größeren oder Kleineren wieder ändern.

Strukturelle Übersicht: Bedrohungsformen

Die Bedrohungsformen haben im Zug der Globalisierung und Internationalisierung Ausmaße angenommen, die ein einzelner Staat nicht mehr zu bewältigen vermag. Sicherheit kann langfristig nur noch global und international gewährleistet werden. Dazu bedarf es rechtsstaatlicher Verhältnisse in den einzelnen Staaten und eines Völkerrechts, das sich mit Hilfe von Sanktionen durchsetzen lässt.

- Kriege zwischen einzelnen Staaten sowie Bürgerkriege innerhalb von Staaten wirken sich direkt auf den Weltfrieden, die globalen Finanzmärkte und die weltweite Bewegungsfreiheit aus. *Warlords*, Piraten und organisierte Kriminalität gewinnen an Einfluss. Letztere ist global vernetzt und kann daher nur im internationalen Rahmen bekämpft werden.
- Religiöser und politischer Fundamentalismus richtet sich mit seinen Anschlägen nicht mehr ausschließlich gegen bestimmte Länder wie den »Satan USA«. Vielmehr geraten »Andersgläubige«, ganze Gruppen von »Schurkenstaaten«, Ethnien oder Religionsgemeinschaften als Gesamtheiten in ihr Visier. Territoriale Grenzen sind dabei Nebensache geworden.
- Aufgrund des Zerfalls oder der Korrumpierung von Regierungen wie auch der Privatisierung und Ökonomisierung der Gewalt kommt es zu gewollten und ungewollten Verflechtungen zwischen Staaten, Wirtschaft, Rüstungslobby, organisierter Kriminalität und Hilfsorganisationen. Dies hat u. a. illegalen Drogen-, Rohstoff- und Menschenhandel zur Folge.

- Die Urbanisierung führt zur Bildung von Gangs, Slums und Ghettos und damit zu rechtsfreien Räumen, welche die Staaten von innen zersetzen.
- Die weltweiten Migrations- und Flüchtlingsströme machen an staatlichen Grenzen nicht Halt.
- Die Proliferation von ABC-Waffen sowie das Auftreten von Seuchen bedrohen ganze Regionen oder gar Kontinente.
- Aus den globalen klimatischen Veränderungen ergeben sich Hochwasser- und Dürrekatastrophen, und in den globalen Ballungsgebieten nimmt die Bevölkerungsdichte rapide zu. Aus diesen Entwicklungen heraus entstehen Probleme, die nur im internationalen Verbund gelöst werden können.
- Die ökologischen Verhältnisse (Verknappung der Ressource Erdöl, Verschmutzung von Wasser, Boden und Luft) bedürfen internationaler Entwicklungs- und Sicherheitskooperationen.[79]

Der »neue Krieg«

Der Nationalstaat, seit dem Dreißigjährigen Krieg die klassische Kriegsführungsmacht, hat in dieser Rolle weitgehend abgedankt. So sind die rund 250 Kriege, die weltweit seit 1945 geführt worden sind, in der Mehrzahl inner- oder zwischengesellschaftliche gewaltsame Auseinandersetzungen. Es nehmen an ihnen öffentliche und private, internationale und nationale, regionale und lokale Kriegsparteien teil. Die klassische trinitarische Struktur Regierung–Armee–Volk, wie sie Clausewitz postulierte, heben sie aus.[80] Entsprechend ist auch vom »postnationalen Krieg« die Rede oder vom »neo-hobbesschen Krieg«[81]. Diese Formulierung nimmt Bezug auf den englischen Staatsphilosophen Thomas Hobbes (1588–1679), der in seinem Buch »Leviathan« von 1651 die »Überwindung des von Furcht, Ruhmsucht und Unsicherheit geprägten gesellschaftlichen Naturzustands durch die Gründung des Staats, also der Übertragung der Macht auf einen Souverän«, postuliert: »Dies geschieht durch einen Gesellschaftsvertrag, in dem alle Menschen unwiderruflich ihr Selbstbestimmungs- und Selbstverteidigungsrecht auf den Souverän übertragen, der sie im Gegenzug voreinander schützt«.[82] Der Typus des »neuen Kriegs« vereint in sich

---

[79] Vgl. BAUMANN: Armeeaufträge 22f.
[80] Vgl. VAN CREVELD 284
[81] HOCH
[82] http://de.wikipedia.org/wiki/Thomas_Hobbes

Elemente des traditionellen Krieges, des organisierten Verbrechens und der weitreichenden Verletzung der Menschenrechte.

Geografisch lassen sich für die jüngere Zeit die folgenden Brennpunkte anführen:

- in Afrika: Sierra Leone, Kongo, Sudan
- in Lateinamerika: Kolumbien
- in Südostasien und im Pazifik: Philippinen, Indonesien, Fidschi und die Salomonen
- Naher und Mittlerer Osten: Israel mit seinen Randgebieten und benachbarten Staaten / Akteuren, Kurdenproblematik, Laizismus vs. Islamismus
- in Europa: Kosovo, Südserbien, Mazedonien.[83]

Die »Grammatik des Krieges« an den Rändern der Wohlstandszonen hat ganz neue Formen angenommen; die Auseinandersetzungen werden »mit billigen, tendenziell von jedermann und jedefrau zu bedienenden Waffen geführt: automatischen Gewehren, Landminen, leichten Raketenwerfern und schließlich Pick-ups als Gefechtsfahrzeug. [...] Diese Kriege sind für die, die sie führen, relativ billig, und dadurch hat sich der Kreis der kriegführungsfähigen Parteien dramatisch vergrößert.«[84] Zu den Merkmalen des »neuen Kriegs« gehören des Weiteren

- lokale Kriegsherren als Scharniere von Konflikt und Schattenwirtschaft
- Rolle der Spielverderber und Störenfriede von Friedensregelungen, die aus der Fortdauer des Kriegs einen materiellen Profit ziehen
- Konflikte brechen nicht einfach aus – sie werden bewusst entfesselt
- Aufhebung des Unterschieds zwischen Armee und Zivilbevölkerung; Zivilisten werden übergangslos zu Kombattanten, Wohnviertel zu Schlachtfeldern
- Ablösung des zwischenstaatlichen (Völker-)Rechts durch eine normative Grauzone zwischen inner- und zwischenstaatlichem Recht
- Die Schlachtfelder des »neuen Kriegs« werden bevölkert von Figuren, die Europa seit dem Absolutismus aus der Kriegführung verbannt hatte:

---

[83] Vgl. STRUTNYNSKI 5
[84] MÜNKLER, Die neuen Kriege. Kriege haben ihre Gestalt

. dem *warlord*, einem lokalen oder regionalen Kriegsherrn, der seine Anhänger unmittelbar aus dem Krieg, der Kriegsbeute und den Einkünften aus dem eroberten Territorium finanziert

. dem Söldner, einem Glücksritter, der in möglichst kurzer Zeit mit möglichst geringem Einsatz möglichst viel Geld verdienen will

. dem Kindersoldaten, dessen Beeinflussbarkeit und Folgebereitschaft ihn zu einem gefügigen Instrument des bewaffneten Terrors macht

. dem »Kriegschamäleon«, einem Angehörigen der Regierungstruppen, der nach Sonnenuntergang auf die Seite der irregulären Einheiten wechselt, weil er dort seine materiellen Bedürfnisse besser befriedigen kann, und sich bei Tagesanbruch wieder bei seiner angestammten Einheit einfindet.[85]

Ein Überblick über die Kriege zwischen 1945 und 2000 ergibt insgesamt 218 Konflikte (davon 27 % in Afrika, 27 % in Asien, 25 % im Nahen und Mittleren Osten, 14 % in Lateinamerika und 7 % in Europa). Der weltweite Trend verzeichnet eine markante Abnahme zwischenstaatlicher Kriege. In Kriegstypen aufgeschlüsselt ergibt sich das folgende Bild[86]:

Anteil in %	Kriegstyp
35	Anti-Regime-Kriege, in denen innerstaatlich um den Sturz von Regierungen oder um die Veränderung bzw. den Erhalt politischer Systeme bzw. der Gesellschaftsordnung gekämpft wurde
26	Autonomie- und Sezessionskriege, in denen innerstaatlich um größere regionale Autonomie innerhalb eines Staates bzw. Staatsverbandes oder um die Trennung davon gekämpft wurde
17	zwischenstaatliche Kriege, in denen Streitkräfte etablierter Regierungen mindestens zweier Staaten (Staatsvolk, Staatsgewalt, Staatsgebiet) einander gegenüberstanden
9	gleichzeitig inner- und zwischenstaatliche Kriege
7	innerstaatliche Mischkriege (keiner der ersten drei angeführten Kategorien zuordenbar)
6	Dekolonisationskriege, in denen um die Befreiung von einer Kolonialherrschaft gekämpft wurde

Tafel 9: Kriegstypen 1945–2000

---

[85] Vgl. u. a. http://www.uni-muenster.de/Politikwissenschaft/Doppeldiplom/docs/XXXLessons_Learned.ppt
[86] JUNG

Der *low intensity conflict*
Der in den 70er Jahren vom britischen General Sir Frank Kitson (*1926) geprägte Begriff des *low intensity conflict* (LIC) ist aufgegangen in jenem *der Military Operations Other Than War* (MOOTW). Im LIC ist in der Regel mindestens ein Gegner nicht-staatlicher Akteur. Er operiert mit kleineren Einheiten, reduzierter Ausrüstung und begrenztem Spielraum. Regeln des Kriegsvölkerrechts ignoriert er; Autobomben gegen Spitäler oder Selbstmordattentate auf unbeteiligte Zivilisten gehören durchaus zu seinem Repertoire. Es geht um »Einfluss, Beeinflussung und nicht primär die rasche Vernichtung des Gegners auf dem Schlachtfeld«.[87] Die mediale Aufmerksamkeit ist gering. LIC stehen immer unter politischem Primat.

> »›Ein low intensity conflict ist für die konventionelle Kriegsführung dasselbe wie das Weltbild Einsteins für Newton‹, charakterisiert van Creveld den Abschied vom Schlachtfeld. Und nimmt uns vorsorglich alle Illusionen, ein low intensity conflict könnte harmlos sein: ›Es wird ein Krieg der Abhörgeräte und Autobomben sein, Männer werden sich aus nächster Nähe gegenseitig umbringen und Frauen werden in ihren Handtaschen Sprengstoffe mit sich herumtragen mitsamt den nötigen Drogen, um sie zu bezahlen. Der Krieg wird langwierig, blutig und grauenvoll sein.‹«[88]

Für Parteien wie die USA bedeuten LIC

- *counterinsurgency*: Aufstandsbekämpfung; das Verhindern drohender Revolutionen, Bürgerkriege oder anderer (para)militärischer Konflikte
- *contra*-Operationen: das Herbeiführen von Umstürzen
- *counterterrorism*: Bekämpfung des Terrorismus
- »chirurgische« Operationen konventioneller Art, z. B. das Ausschalten von Ausbildungslagern, oder die gezielte Tötung von Schlüsselpersonen mit Abstandswaffen, sogenannten »kinetischen Wirkmitteln«[89]
- sonstige Operationen wie die Bekämpfung von Drogenanbau und -handel sowie die Durchführung von Rettungsaktionen oder *Peace keeping*-Missionen
- »asymmetrischer« Krieg, z. B. zwischen einem zahlen- und waffenmässig überlegenen Gegner und einer Terroristengruppierung mit je ganz unterschiedlicher Strategie und Taktik[90].

---

[87] ebenda
[88] BOEING
[89] http://www.freitag.de/community/blogs/eric-chauvistre/einsatz-kinetischer-wirkmittel
[90] Vgl. ZECHMEISTER 154

Des weitern müssen sich Akteure wie die USA auf eine lange Konfliktdauer und einen weltweiten Kriegszustand einstellen. Das Vorfeld und die Nachbearbeitung eines Konflikts, die traditionell Sache der Diplomatie gewesen sind, zählen nun auch zum Pflichtenheft des Militärs. Dieses breite – wenn nicht überdehnte – Aufgabenfeld führt zu einer »kollektiven physischen und psychischen Ermattung«. Und es gilt, dass »irreguläre Akteure schon durch das bloße Nicht-Verlieren in der kriegerischen Auseinandersetzung ›punkten‹ können, während die staatlichen Kriegsparteien auf einen eindeutigen (möglichst raschen) Sieg angewiesen sind. ›Der Partisan (Guerilla) gewinnt, wenn er nicht verliert. Der Soldat hingegen verliert, wenn er nicht gewinnt.‹«[91] Schließlich läuft der reguläre Akteur Gefahr, bei längerem Einsatz die Brutalität und den irregulären Charakter der gegnerischen Kampfweise zu übernehmen. Diese Dynamik kann nicht ernst genug genommen werden.

Die *Revolution in Military Affairs* (RMA)

Die Entwicklungen der Technik sowie der Informations- und anderer Technologien haben direkte Konsequenzen für das moderne und v.a. das künftige Gefechtsfeld. Es ist in diesem Zusammenhang auch von einem »Krieg 2.0« die Rede.[92]

- Luftoperationen und Lufttransportfähigkeit haben an Bedeutung zugenommen. Es wächst damit der Bedarf an leichten, lufttransportfähigen Waffen und Geräten.
- Die Technik erlaubt es, gleichzeitig mehrere, nahezu witterungsunabhängige Operationen durchzuführen.
- Die Waffensysteme zeichnen sich aus durch gestiegene Reichweite, Digitalisierung und gesteigerte Präzision (»intelligente Waffen«). Daraus resultieren eine geringere Truppendichte und die Chance, die eigenen Verluste zu minimieren (Operationen aus der Luft, große Entfernung bei der Bekämpfung des Gegners). Allerdings sind die Systeme sehr teuer; damit können sie nur in begrenzter Zahl und mit kaum möglicher Redundanz eingesetzt werden.
- Den hohen Kosten wird mit »gemischt-nationalen« und »arbeitsteilig-funktionalen« Kontingenten begegnet. Daraus ergibt sich die Notwendigkeit einer elaborierten Zusammenarbeit. Der Nato-Standardisierungsprozess kennt hierzu in

---

[91] JUNG
[92] http://diepresse.com/home/politik/aussenpolitik/456594/index.do?gal=456594&index=4&direct=&_vl_backlink=&popup=

aufsteigender Qualität die Stufen Kompatibilität (*compatibility*), Interoperabilität (*interoperatibility*), Austauschbarkeit (*interchangeability*) und Gleichartigkeit (*commonality*).[93]

- Die sowohl militärisch wie auch zivil genutzte Informations- und Kommunikationstechnologie erlaubt es, über die Medien Echtzeit-Informationen zum Gefechtsverlauf zu vermitteln und der Öffentlichkeit zugänglich zu machen. Die Ansprüche an die Informationsoperationen steigen stetig. Hinzu kommt, dass das Verhalten des einzelnen Soldaten zunehmend wichtiger wird (sh. Kap. 6.3).[94]

Zwischenbilanz: Der *Fourth Generation Warfare*
Der »neue Krieg«, der »Krieg 2.0«, der *low intensity conflict*: Es fehlt nicht an Begriffen, welche den fürs beginnende 21. Jahrhundert charakteristischen Konflikt bezeichnen. Sie lassen sich in jenem des *Fourth Generation Warfare* (4GW) zusammenfassen, der 1989 von einer amerikanischen Analystengruppe geprägt worden ist. Dieser erlaubt auch eine historische Einordnung. Seine Namensgebung verweist auf die erste Generation (Napoleon, nationale Massenaushebung und Feuerwaffen), die zweite (amerikanischer Bürgerkrieg sowie Erster Weltkrieg, Artilleriefeuer und nationalstaatliche Struktur) und die dritte (Zweiter Weltkrieg, Bewegung und Panzer). Der 4GW bildet für die großen staatlichen Akteure, allen voran die USA, eine nicht zu unterschätzende Bedrohung. Seine Treiber sind der Verlust des Gewaltmonopols auf Seiten der Nationalstaaten, die wachsende Bedeutung kultureller, ethnischer und religiöser Differenzen sowie die – v.a. technologisch bedingte – Globalisierung. Nicht alle Merkmale des 4GW sind neu, kennzeichnend aber sind die folgenden:

- Globalität
- Durchdringung der meisten Konflikte
- Partikularität (kleinste Gruppierungen, unterschiedlichste Motive für Konflikte)
- Verletzlichkeit offener Gesellschaften und Volkswirtschaften
- erhöhter Wirkungshebel kleiner Akteure dank Technologie
- große Manipulationsmöglichkeiten über die globalen Medien

---

[93] WENGER / MÄDER 93
[94] BAUMANN, Militärethik 444f.

- dank technologischer Vernetzung Verbesserung von Lern-, Überlebens- und Handlungsmöglichkeiten
- *cyberwar*.

Die eigentliche Kampfzone ist moralischer Natur. Es geht um die Zerstörung der moralischen Bande, die einen Staat oder ein Staatenbündnis kohärent machen. Zu diesem Zweck werden die folgenden Wirkungen angestrebt:

- Bedrohung elementarer menschlicher Sicherheitsbedürfnisse
- Zwistigkeiten zwischen Gruppierungen, z. B. zwischen den Konservativen und den Liberalen in den USA
- Ungewissheit nicht zuletzt ökonomischer Natur, die den Zukunftsglauben beeinträchtigt.[95]

---

[95] Vgl. ROBB

1 Zugang finden

> *Daher sage ich:* »*Kenne den Feind und dich selbst, und du wirst in hunderten Schlachten kein Risiko eingehen.*«
> Sun Zi (chinesischer Philosoph und General, ca. 534–ca. 453 v. Chr.)[96]

In diesem Kapitel
Mit der Fähigkeit, sich in die Gegenseite zu versetzen, steht und fällt jede Form der psychologischen Kriegsführung. Die Bedeutung des interkulturellen Verständnisses ist erkannt worden. Dieser cultural turn *zwingt dazu, den rein militärischen Fokus zu erweitern.*

1.1 Stimmt der Code?

Versetze dich in deinen Gegner • Analysen und bizarre Strategien • Die Macht der Stars

Als George W. Bush zu Beginn des Irakkriegs Saddam Hussein mit Hitler verglich, unterlief ihm ein kommunikativer Patzer, der in jedes Lehrbuch passen würde: Er ging von seinem westlichen Verständnis aus und bedachte nicht, dass der deutsche Diktator im arabischen Nahen Osten einen ganz anderen Ruf genießt. In diesem Raum gilt Hitler als der Mann, der sich mit der Judenverfolgung in Europa und dem zeitweisen Hinauswurf der Engländer und Franzosen vor Ort verdient gemacht hatte. Man ist versucht, auch an Hitlers Schnurrbart zu denken – Männer ohne dieses Attribut, wie beispielsweise Bush, wirken auf Araber unglaubwürdig und fremd.

---

[96] SUN ZI 125

Versetze dich in deinen Gegner
Es lässt sich allgemein sagen, dass psychologische Kriegsführung nur dann Erfolg haben kann, wenn sie dem Code der Zielgruppe (*target audience*) entspricht. Robert McNamara (1916–2009), der US-Verteidigungsminister von 1961 bis 1968, nannte als erste seiner elf Lektionen in »*The Fog of War*«: »*Emphatize with you enemy*« – »Versetze dich in deinen Gegner«[97]. Vom britischen Feldmarschall Bernard »Monty« Montgomery (1878–1976) ist bekannt, dass er in Nordafrika in seinem mobilen Gefechtsstand ein Bild seines deutschen Gegenspielers Rommel hängen hatte, um sich in ihn hineinzuversetzen – ein gutes Beispiel für die Besinnung auf die andere Partei.

Was in der Psychologie der Werbung oberstes Prinzip ist, findet in der psychologischen Kriegsführung allerdings nicht immer Anwendung, und entsprechend kläglich sind dann die – mitunter gar kontraproduktiven – Resultate. Lokale Traditionen, Religion, historische Heldengestalten, Feinheiten des Sprachgebrauchs, Gewohnheiten und Gebräuche, nicht zuletzt auch Hoffnungen, Ängste, Empfindlichkeiten, Aberglaube bilden einen komplexen Code, den man trifft oder eben nicht trifft. Aus diesem Grund arbeiteten während des Golfkriegs die Koalitionsmächte aufs engste mit den Saudis, den Kuwaitern und anderen Partnern zusammen, um den kulturellen und sprachlichen Dimensionen ihrer PSYOPS gerecht zu werden. Auch aus dem Führungsgrundgebiet (FFG) 2, dem Nachrichtendienst, können Schlüsselinformationen eingeholt werden über die feindliche Lage. Feldstudien, Nachforschungen an Ort und Stelle, Überläufer und Kriegsgefangene sind dabei relevante Quelle. Allgemein gilt, dass die PSYOPS-Verantwortlichen und die Zelle des FGG 2 mit großem Vorteil eng zusammenarbeiten.

Einen Fehlschlag mussten die US-Streitkräfte im August 2003 verzeichnen, als sie in der Gegend von Tikrit, dem Geburtsort Saddams, Poster anschlugen mit dessen Kopf, der u. a. auf die Körper verschiedener Hollywood-Größen montiert war. Neben Schönheiten wie Zsa Zsa Gabor oder Rita Hayworth wurde auch ein Konterfei des tanzenden Elvis Presley verwendet, auf der behaarten Brust ein Kruzifix. Anstatt den irakischen Herrscher und seine Gefolgsleute der Lächerlichkeit preiszugeben, erreichten diese Artefakte das Gegenteil: Die Bevölkerung sah sich in ihren tiefsten Überzeugungen beleidigt. Selbst wer nicht auf Saddams Linie eingeschworen war, fühlte sich vom baumelnden Kreuz brüskiert und dachte unweigerlich an die Kreuzfahrer

---

[97] Vgl. den Film von Errol Morris (2003)

alter und moderner Zeiten – die *crusaders*. Man empfand also nicht, wie es die westliche Agenda wollte, Belustigung und Befreiung, man empfand Demütigung. Es stellt sich immer wieder heraus, dass zwei gänzlich unterschiedliche Kulturen aufeinander treffen, zwischen denen es keinen Schnittbereich gibt. So können ehrlich und gut gemeinte Ansätze wie jener der *good governance* wirkungslos verpuffen:

»Dem *counterinsurgency*-Ansatz zufolge ist die amerikanische Truppenpräsenz [in Afghanistan. T.M.] jedoch nicht die eigentliche Ursache für das Problem [des Erstarkens der Taliban. T.M.]. Die *counterinsurgency*-Doktrin beruht generell auf der Annahme, über *good governance* lasse sich die Loyalität der Bevölkerung gewinnen. Die Möglichkeit, dass in einem Land, wie ein Kritiker süffisant schrieb, ›viele Leute die einheimische und religiöse Unterdrückung den Freiheiten vorziehen, die von fremden Invasoren angeboten werden‹, kommt in diesem Ansatz nicht vor.«[98]

Analysen und bizarre Strategien

Solche Kampagnen vom andern Ende, dem des Adressaten, her zu sehen entscheidet über Erfolg oder Misserfolg.[99] Wer das erkennt, müht keinen Aufwand, sich ein Bild seines Gegenübers zu machen. Ein Beispiel dafür ist die Analyse der US-Truppen an der West- und Italienfront durch die Deutsche Wehrmacht in den »Richtlinien für Kampfpropagandisten Nr. 3«:

»Der amerikanische Durchschnittssoldat ist in seinem Denken und Fühlen ausgesprochen primitiv. Gewöhnlich ist er politisch nicht geschult und auch völlig uninteressiert. Auch das amerikanische Offizierskorps ist zu einem großen Teil für Politik wenig aufgeschlossen und seiner äußeren Haltung nach mit britischen Offizieren nicht zu vergleichen. Die Propaganda in die amerikanische Truppe muss daher mit den einfachsten Mitteln arbeiten und darf keine besonders hohen Anforderungen in Bezug auf Bildung stellen. Den meisten amerikanischen Soldaten liegen die Fragen des persönlichen Wohlergehens am meisten am Herzen. Bei den seit längerem im Einsatz befindlichen Truppen bewegt den Soldaten am meisten die Frage, wie er am schnellsten wieder nach Hause kommt. [...] Auf die Frage, wofür die USA in Europa kämpfen, kann kaum ein Kriegsgefangener eine Antwort geben. Das Kriegsende wird im Allgemeinen stets in drei bis sechs Monaten erwartet. Hieraus ergibt sich die auffallende Erscheinung, dass viele amerikanische Soldaten nicht gewillt sind, ihr Leben zu riskieren. Keiner möchte kurz vor Toresschluss noch fallen. Die meisten amerikanischen Soldaten besitzen eine ausgeprägte Familienanhänglichkeit. Sie sind, wenn sie in Gefangenschaft geraten, dankbar für jede Möglichkeit, ihre Angehörigen bald über ihr Schicksal zu verständigen. Da es bei der amerikanischen Truppe nur in größeren Zeitab-

---

[98] RUDOLF 149
[99] Vgl. TAYLOR

ständen Urlaub gibt, spielen die Sorgen um die Treue der Braut oder Frau eine große Rolle.«[100]

Die auf den amerikanischen Gegner ausgerichtete deutsche Kommunikation fokussierte sich denn auf vier Hauptthemen:

- das Bedürfnis nach Sexualität
- die Angst vor dem Tod
- Aktivierung und Verstärkung des Ressentiments und der Aggression gegen Referenzobjekte wie Vorgesetzte und Nebenbuhler in der Heimat
- die Nutzung der emotionalen Bindungen in der Heimat, wie z. B. Familie und Freunde.[101]

Der Vollständigkeit halber sei angefügt, dass auf der deutschen Seite bei aller gedanklichen Schärfe eins vergessen wurde: die klare Übermacht der Alliierten, die über den Ausgang des Kriegs kaum Zweifel zuließ. Gleichwohl muss man das Rad der Zeit zurückdrehen und sich in einen GI der 40er Jahre versetzen, dessen Horizont als Medienrezipient mit heute nicht zu vergleichen ist. Für ihn war Europa und mithin Italien in der Regel ein weißer Fleck auf der Landkarte und bot entsprechend Raum für Projektionen und Phantasien, die gezielt evoziert wurden. In starkem Kontrast zu *bella Italia* stand dann die Botschaft, dort den sicheren Tod zu finden.

Ein eher bizarres Beispiel für den Versuch, die Sprache einer bestimmten Kultur zu sprechen, bildet die folgende Geschichte. Den Code der Kubaner meinten die US-Planer der Operation »*Mongoose*« (»Mungo«) in deren tiefem Katholizismus zu finden. In den frühen 60er Jahren beabsichtigten die Amerikaner, Fidel Castro zu stürzen. Zu diesem Zweck wollten sie die Bevölkerung überzeugen, er sei der Antichrist und nach einem Aufstand würde Jesus vom Himmel heruntersteigen. US-General Edward G. Landsdale (1908–1987), einer der dezidiertesten »Falken« im Kalten Krieg, ging davon aus, dass man einzig Phosphor über dem Nachthimmel von Havanna verschießen müsse, um das Ganze überzeugend zu gestalten. In seinem Umfeld nannte man das »*elimination by illumination*«.

---

[100] BUCHBENDER / SCHUH 22
[101] CARL 262

Die Macht der Stars

Im Vietnamkrieg suchte sich die Nordvietnamesin Trinh Thi Ngo, von den Amerikanern *Hanoi Hannah* genannt, auf ihre Weise Zugang zum Gegner: Sie spielte auf ihrem Sender »*Voice of Vietnam*« aktuelle Popmusik und gewann westliche Identifikationsfiguren wie die US-Schauspielerin und Friedensaktivistin Jane Fonda für Interviews.[102] Den GIs, für die nach dem Gewehr der Radio das wichtigste Besitzstück war, verlas sie 1965 bis 1972 täglich dreimal Namenslisten von Gefallenen und Gefangenen und rief sie auf, einem unrechtmäßigen und sinnlosen Krieg den Rücken zu kehren und unbeschadet nach Hause zu gehen:

> »Mir scheint es, dass die meisten von euch kaum informiert sind über den Gang des Kriegs und überhaupt nicht darüber, was ein rechtmäßiger Grund für eure Anwesenheit hier sein soll. Nichts ist absurder, als in einen Krieg einberufen zu werden, um zu sterben oder fürs Leben verstümmelt zu sein, ohne die geringste Ahnung davon zu haben, was da eigentlich vor sich geht.« (16. Juni 1967)[103]

Referenzpersonen aus dem Kulturkreis des Zielpublikums – wie erwähnt etwa Jane Fonda – wurden bewusst eingesetzt, um die Glaubwürdigkeit der Botschaften zu erhöhen. Einzelne von ihnen gaben später vor, zu diesem Engagement gezwungen worden zu sein. Die Geschichte kennt aber genügend Freiwillige, oft fanatische *expats* wie William Joyce alias Lord Haw-Haw (1906–1946), einen faschistischen Briten, der während des Zweiten Weltkriegs Propaganda-Rundfunksprecher der Nazis war und nach Kriegsende hingerichtet wurde. Man denke auch an die wahre »Charme-Offensive« der USA im Jahr 2002, neun Monate vor Beginn des Irak-Kriegs: In TV-Spots priesen in Amerika lebende Muslime ihren Glaubensbrüdern in der Welt den *American way of life* an – wen kann man sich als bessere Botschafter vorstellen? Schließlich sei für die Zeit des Zweiten Weltkriegs auf die Schriftsteller Thomas Mann und Ignazio Silone verwiesen, die zu wichtigen Stimmen aus dem Ausland wurden, oder auch auf das Nationalkomitee Freies Deutschland. Ihnen sind eigene Kapitel gewidmet (sh. Kap. 2.3 und 2.5). Die ursprünglich deutsche Schauspielerin und Sängerin Marlene Dietrich (1901–1992) trat nicht nur als Sängerin an der Westfront auf und wurde damit für die GIs zu einem Begriff. Über den Rundfunk forderte sie die Deutschen zur Kapitulation auf. Sie wurde zu einer berühmten

---

[102] Bildmaterial: http://www.1stcavmedic.com/jane_fonda.html
[103] http://www.psywarrior.com/hannah.htmll

Exilantin, musste aber nach ihrer Rückkehr in die deutsche Heimat mit dem Vorwurf leben, eine Verräterin gewesen zu sein.

1.2 Abstand von alten Vorstellungen: der *cultural turn*

Kulturspezifische Eigenheiten • *Interkulturelles Verständnis als Erfolgsfaktor* • *Anthropologen neben Clausewitz* • *Das* human terrain *gewinnen*

Aus Kolonialzeiten stammt ein Witz, der die Schwierigkeiten interkultureller Kommunikation schön auf den Punkt bringt. In Indien spielen zwei englische Offiziere an einem heißen Sommertag Tennis. Da kommt ein vornehmer Inder des Wegs und fragt sie: »Haben Sie denn niemanden, der das in dieser Hitze für Sie macht?« Die Geschichte steht beispielhaft für das gegenseitige Unverständnis, das mit gutem oder schlechtem Willen nicht von vornherein zu tun hat, je nach Kontext aber gravierende Auswirkungen haben kann – man denke an den »*Clash of Civilizations*«, den der US-Politikwissenschaftler Samuel P. Huntington 1998 in seinem gleichnamigen Buch formulierte. Huntington hebt die Bedeutung der Identität und der Kultur hervor, die unterschiedliche Kreise der Weltbevölkerung ein- und zugleich ausgrenzen: »Die wichtigsten Gruppierungen von Staaten sind [...] nicht mehr die drei Blöcke aus der Zeit des Kalten Krieges, sondern die sieben oder acht großen Kulturen der Welt.«[104] Er ortet nach dem Ende der bipolaren Weltordnung in den unterschiedlichen Selbstverständnissen und Identifikationsmustern einzelner Gruppierungen bzw. Staaten ein großes Konfliktpotential.

Kulturspezifische Eigenheiten
Gerade im Zusammenprallen westlicher und islamischer Wertsysteme, das Huntington als paradigmatisch für den *clash* bezeichnet, werden große Unterschiede deutlich. Es sind verschiedenste Raster entwickelt worden, Struktur in diese Zusammenhänge zu bringen. Zwei seien hier angeführt, die sich auf die Differenzen zwischen der westlichen und der islamischen Kultur beziehen. Der erste ist jener von Kluckhohn und Strodtbeck[105], dem hier Erfahrungswerte eines Dritten zur Seite gestellt werden.

---

[104] HUNTINGTON 21
[105] THOMAS, David C. 49

	Varianten (● = durchschnittlicher US-Bürger nach Kluckhohn / Strodtbeck, ☐ = durchschnittlicher Araber nach Schmid[106])		
Verhältnis zur Natur	dominierend ●☐	harmonisch	sich unterwerfend
Orientierung in der Zeit	Vergangenheit ☐	Gegenwart ●	Zukunft
Ansicht über die menschliche Natur	gut ☐	gemischt ●	schlecht
Handlungs- orientierung	Sein ☐	Kontrollieren	Tun ●
Beziehung zwischen den Menschen	individualistisch ●	Gruppe ☐	hierarchisch ☐
Raumverständnis	privat ●☐	gemischt	öffentlich

Tafel 10: Kulturelle Unterschiede nach Kluckhohn und Strodtbeck

Hält man sich die unterschiedlichen Ausprägungen vor Augen, wird deutlich, wie schwierig sich z. B. die Zusammenarbeit der US-Streitkräfte und der irakischen Polizei bzw. Armee gestalten muss. Dem westlichen Aktivismus steht eine eher fatalistische Haltung gegenüber, Individualismus wird ganz unterschiedlich bewertet, und das komplexe Denken in Gruppen- und Hierarchiesystemen, wie es das arabische Verhalten prägt, wird dem durchschnittlichen US-Soldaten eher fremd bleiben.

Der zweite Raster ist dem Handbuch zur »*Arab Cultural Awareness*« des *US Army Training and Doctrine Command*[107] entnommen:

Kriterium	arabischer Raum	Westen
Familie	Mittelpunkt von allem. (Der Vater hat das erste und das letzte Wort.)	wichtig, aber nicht so zentral für das Individuum
Freunde	eher am Rand, aber große Freundlichkeit gegenüber allen	das Wichtigste für manche, wichtig für die meisten

---

[106] Mein herzlicher Dank für diese Werte geht an Ferdinand Schmid, langjähriger Swissair-Manager im Nahen Osten.
[107] US ARMY TRAINING AND DOCTRINE COMMAND 12

Ehre	sehr wichtig; sie wird mit allen Mitteln geschützt und verteidigt.	nicht so bedeutsam
Schande	(v. a. über die Familie) mit allen Mitteln abgekehrt, Beleidigungen und Kritik werden äußerst ernst genommen	nicht so bedeutsam
Zeit	weniger rigide, entspannterer Umgang mit der Zeit, geringeres Tempo	sehr strukturiert, Termine müssen eingehalten werden
Religion	Mittelpunkt von allem	je nach Individuum ganz unterschiedlich, sehr persönlich, wird im höflichen Gespräch nicht diskutiert
Gesellschaft	Die Familie und der Stamm sind am wichtigsten.	die Rechte des Einzelnen
Regierung	Die meisten Regierungen sind weltlich, betonen aber die Religion.	dient dem Zweck, die Rechte zu schützen und den Lebensstandard zu erhöhen
Alter	Alter und Weisheit bedeuten große Ehre.	Jugend und Schönheit werden hoch gehalten.
Besitz	In beiden Kulturen in Ehren gehalten.	

Tafel 11: Anhaltspunkte für die *Arab Cultural Awareness*

Die angeführten Unterschiede bestimmen nicht zuletzt die gegenseitige Wahrnehmung. Augenfällig begegnen hier strenge Wertvorstellungen auf der arabischen Seite einer ausgeprägten westlichen Permissivität. Ehre und Schande, Religiosität und Senioritätsprinzip bestimmen das arabische Denken, aus dessen Warte die Haltung westlicher Menschen unter Umständen pietätlos erscheinen muss. Umgekehrt werden einem Vertreter westlicher Lebensart der largere Umgang mit der Zeit und der Einfluss der Religion selbst auf praktische Dinge des Alltags befremdlich vorkommen.

Ein aktuelles Beispiel dafür, welche Bedeutung soziokulturellen Feinheiten beigemessen wird, bildet die *Social Network Analysis* (SNA), wie sie im US *Army Marine Corps Counterinsurgency Field Manual* von 2007 erörtert wird. Die SNA erlaubt es,

- die organisationale Dynamik von Aufstandsbewegungen zu verstehen und sie am besten zu bekämpfen

- die Details von Netzwerken aufzuzeigen
- zu verstehen, wie sich solche Netzwerke verhalten
- zu erkennen, wie die Akteure innerhalb eines Netzwerks autonom oder unselbstständig vorgehen
- herauszufinden, wo die Führungsriege eines Netzwerks anzusiedeln ist.[108]

Ein solches Netzwerk lässt sich unter verschiedenen Aspekten wiedergeben:

Person A	Person B
... ist ein Verwandter	von B
... ist der Vorgesetzte	von B
... ist der Lehrer	von B
... ist der Freund	von B
... hat gesprochen	mit B
... mag und respektiert	B
... gehört dem gleichen Clan an	wie B
... gleicht	B in Punkten wie gleiche Straße, gleicher Beruf

Tafel 12: *Social Network Analysis*[109]

Es treten dabei ganz unterschiedliche Formen der Beziehung zutage, die einem westlichen Beobachter nicht immer vertraut sind. Ein gutes Beispiel bildet die Angehörigkeit zu einem bestimmten Clan, die weit wichtiger ist als jegliche Staatsbürgerschaft.[110] So will und will in Somalia keine staatliche Struktur entstehen, die diesen Namen verdient; einem Uno-Bericht aus dem März 2010 ist zu entnehmen, die »Einheiten der etwa 8000 Soldaten zählenden Armee würden häufig nach Clan-Zugehörigkeiten gebildet, und es fehle an sinnvollen Befehlsketten.«[111]

---

[108] COUNTERINSURGENCY FM 317f.
[109] a. a. O. 318
[110] Ein eindrückliches Beispiel gibt Eugen Sorg in einer Reportage über den Kriegsschauplatz Mogadischu.»Wenige hundert Meter von unserem Hotel entfernt gibt es ein paar kleine Geschäfte, unter anderem ein Schönheitsstudio. Es wird geführt von der 19jährigen Leyla und deren Assistentin, eine etwas jüngere Cousine. [...] [Leyla. T.M.] hat das Geschäft vor zwei Monaten begonnen. Es laufe gut, sagt sie, während sie einer Kundin ein Hennamuster auf die Hand malt, sie denke daran, bald ein zweites Studio zu eröffnen. Nein, auch die Sicherheit sei kein Problem. ›Der Block gehört meinen Verwandten‹, lacht sie und macht mit den Armen kurz eine Boxbewegung, ›wir haben genug Männer, die sich zu wehren wissen.‹«(SORG 156)
[111] HAEFLIGER

Interkulturelles Verständnis als Erfolgsfaktor
Im folgenden wird anhand von Beispielen aufgezeigt, dass der Erfolg der psychologischen Kriegsführung mit dem interkulturellen Verständnis steht oder fällt.

- Während des Zweiten Weltkriegs druckten die USA ein Flugblatt mit dem Motto »*I surrender*« – »Ich ergebe mich.« Die Japaner als die Adressaten des Aufrufs kämpften weiterhin bis zum Tod, der Aufruf hatte nicht gefruchtet. Zum einen existiert im Japanischen kein analoger Begriff für »*surrender*« im Sinn von »Kapitulation«. Zum andern wäre für den japanischen Soldaten eine Unterwerfung mit dem Verlust von Besitz, Ehre, Rechten, Ansprüchen sowie des Respekts der Kameraden verbunden gewesen. Die Folgekampagne mit auffallend grossformatigen Flugblättern trug die Überschrift »*I cease resistance*« – »Ich gebe den Widerstand auf« und hatte mit diesem Euphemismus Erfolg. Die psychologische Hintertür, die man dem japanischen Soldaten öffnete, war für diesen akzeptabel, das entsprechende Flugblatt schrieb in der psychologischen Kriegsführung Geschichte.
- Für Nordvietnam und Nordkorea stellten die USA Flugblätter her, die junge Frauen im Badeanzug darstellten. Ziel dieses Layouts war es, mit solchen *eye catchers* die Aufmerksamkeit der Soldaten zu gewinnen. Die Flugblätter waren allerdings ein voller Misserfolg, weil das in solchen Fragen ziemlich prüde Zielpublikum annahm, es handle sich um Prostituierte oder Ausländerinnen. Keine anständige Nordvietnamesin oder Nordkoreanerin würde sich in dieser Aufmachung präsentieren.
- In Afghanistan warfen die Koalitionstruppen Flugblätter mit der Friedenstaube ab. Darauf hin meldeten sich viele Einheimische mit dem Papier, von dem sie meinten, es sei ein Gutschein für ein Hähnchen.

In einem Leitartikel der »Frankfurter Rundschau« vom 11. September 2008 wird unter dem Titel »Der falsche Krieg« eine bittere Bilanz gezogen:

> »In der islamischen Welt ist ein Großteil der Bevölkerung davon überzeugt, El Kaida habe die Anschläge vom 11. September 2001 mit Hilfe der US-Regierung und Israels begangen. Absurd, gewiss. Und doch zeigt diese Wahrnehmung, dass der Westen den Kampf um die Köpfe und Herzen der Muslime längst verloren hat. Vor allem Washington ist es im Verlauf von immerhin sieben Jahren nicht gelungen, eine klare, einfache Botschaft zu vermit-

teln: Wir verteidigen uns gegen den Terror, aber wir führen keinen Kreuzzug gegen den Islam.«[112]

Was ist da falsch gelaufen?

- Der »*war on terror*« oder »*war on terrorism*« – es begegnen beide Formulierungen – hat eine gefährliche Eigendynamik entwickelt. Er dauert mittlerweile länger als der Zweite Weltkrieg, und ein Ende ist nicht abzusehen.
- Die anfängliche Zustimmung, die in der weltweiten Gemeinde der Muslime der Sturz der Taliban und eine Neuordnung in Afghanistan gefunden haben, ist in Ernüchterung und Enttäuschung gekippt. Die westlichen Koalitionskräfte haben ihre Strategie auf militärische Mittel sowie vorwiegend *pro domo* betriebene Kommunikation ausgerichtet – ein wirklicher Dialog mit den *stakeholders* im Nahen Osten, ja weltweit, fehlt.
- Die Anliegen der Palästinenser finden kein Gehör, obgleich andernorts eine Rhetorik der Befreiung betrieben wird. Die Glaubwürdigkeit Israels und der westlichen Staaten erleidet Einbußen. Hinzu kommt, dass die Drohungen Israels und der USA gegenüber Iran zu Verschwörungstheorien führen.
- Den politischen und strategischen Verlautbarungen widerspricht das Verhalten auf der taktischen Ebene. Die demokratischen Schalmeienklänge stehen in krassem Gegensatz zur alltäglichen Gewalt der Befrieder, ebenso wie grandiose *roadmaps* unsinnig anmuten angesichts der Ratlosigkeit im konkreten taktischen Umfeld.

Anthropologen neben Clausewitz

Krieg ist ein komplexes Phänomen, in dem unterschiedliche Aspekte zusammenspielen: In der Dimension der direkten Strategie ist es das Arsenal militärischer Instrumente, in jener der indirekten Strategie sind es Wirtschaft, Politik und Ideologie, Religion und Kultur. Dieser Komplexität ist auch in der psychologischen Kriegsführung Rechnung zu tragen, denn Krieg ist eben mehr als Töten. Krieg beginnt und endet nicht mit der gewaltsamen Auseinandersetzung. Auf diplomatischem Parkett findet ein Vorspiel statt mit Zitieren des Botschafters, Eingehen von Koalitionen, Stellen von Ultimaten u. a.m. Und man will für die Zeit nach dem Krieg gute Voraussetzungen schaffen. Befriedung und Verwaltung der entsprechenden Zonen verlangen Fingerspitzengefühl und Durchsetzungsvermögen. So tasteten die Alliierten 1945 weder

---

[112] LÜDERS

die japanische Kaiserwürde an, noch lösten sie den japanischen Staatsapparat auf. Damit sollte der Grundstein für einen westlich geprägten, aber für die japanische Bevölkerung akzeptierbaren Wiederaufbau gelegt werden. Gleichzeitig wurde energisch auf einen *mind shift*, einen Gesinnungswandel der japanischen Gesellschaft hingearbeitet – und das mit Erfolg.

Auch während des kriegerischen Konflikts selbst verlässt man sich heute nicht mehr nur auf Clausewitz und es zählt nicht mehr allein das taktische Handwerk. Es werden vermehrt Anthropologen und andere Geisteswissenschafter beigezogen – auch wenn, wie im Fall Vietnams, Exponenten der einzelnen Disziplinen nicht begeistert sind[113]. Man ist sich bewusst, dass unterschiedliche Kulturen auch unterschiedliche Formen und Vorstellungen von Krieg mit sich bringen. Und ebenso unterschiedliche Bilder von der Vergangenheit, vor denen die Gegenwart gelesen wird. So können die geostrategischen Gegebenheiten der Gegenwart als Wiederholung des Musters »*the West vs. the rest*« empfunden werden und damit tief verankerte Ressentiments hochkommen lassen. Indem die beteiligten Kulturen als Schlüssel für die Konflikterklärung und -lösung verstanden werden, kommt es zum *cultural turn*, der beispielsweise im Irak an die Seite taktisch erprobter Militärs Anthropologen, Ethnologen und Arabisten stellt. Der *cultural turn* hilft, Fehleinschätzungen zu vermeiden, wie sie im Irakkonflikt beiden Seiten unterlaufen sind: Die USA nahmen an, dass die Feindseligkeiten ein schnelles Ende nehmen würden, wäre die irakische Armee erst einmal besiegt. Und Saddam Hussein ging von einem risiko- und verlustscheuen Amerika aus, das eine Bodeninvasion des Irak nie in Betracht ziehen würde. Er verteilte den Spielfilm »*Black Hawk Down*« (USA 2001), der das amerikanische Debakel in Mogadischu von 1993 zum Inhalt hat, an seine Generäle. Beide Seiten hatten sich getäuscht. Sie waren von Voraussetzungen ausgegangen, die so nicht mehr stimmten. An einem Rapport zur strategischen Neuausrichtung im Irak ließ der *Army*-Historiker Conrad Grave im Frühjahr 2006 über hundert grüne Steine mit roten Adern an die Offiziere austeilen. Sie seien geschliffen wie Edelsteine, führte er aus. In Tat und Wahrheit aber handle es sich um fossilierte Exkremente von Sauriern, sogenannte Koprolithe. Das entspreche den hergebrachten Strategien.[114] Das Festhalten an überkommenen Doktrinen war 2003/04 der Grund für viele Fehlschläge:

---

[113] Vgl. http://www.geocities.com/rennratte/03_CROCO_031103_dani.doc
[114] RICKS, Gamble 25

- das Primat des Militärs in der Bekämpfung der Aufständischen
- Vorrang des Tötens oder Gefangennehmens von Gegnern statt Einbezug der Bevölkerung
- Operationen im Bataillonsrahmen als die Norm
- militärische Einheiten sind aus Sicherheitsgründen auf große Basen konzentriert
- die *Special Forces* sind auf Raids fokussiert
- eine untergeordnete Priorität für Berater
- das Aufstellen und Trainieren der einheimischen Armee nach dem Vorbild der US-*Army*
- Prozesse in der Regierung wie zu Friedenszeiten
- offene Grenzen und Küsten, offener Luftraum.[115]

So sehr der *cultural turn* vor diesem Hintergrund einleuchtet – es bestehen gegen ihn auch Vorbehalte:

- Es gibt nicht »eine« nichtwestliche Art des Kriegs.
- Die klassischen strategischen Traditionen sind weit facettenreicher, als es die Kontrastierung von Westen und Nicht-Westen erwarten ließe. Es gibt auch Parallelen.
- Es gibt so viele Ausnahmefälle und Besonderheiten in der Beschreibung der involvierten Kulturen, dass ein *cultural turn* einen kaum beschreibbaren Weg darstellt.
- Schließlich ist er gegen den Vorwurf politischer Naivität nicht gefeit.

Das *human terrain* gewinnen
Neben den Kompetenzen in Fragen der Taktik (die unverzichtbar bleiben) gewinnen andere zunehmend an Bedeutung. Allein mit den Instrumenten und den mentalen Modellen des Kalten Kriegs kommt man heute ebenso wenig weit, wie wenn man sich einzig auf die Errungenschaften der *Revolution in Military Affairs* verlässt, welche die Information über das Gefechtsfeld, Präzisionsmunition, hohe Mobilität sowie Effektivität und Effizienz in der Entschlussfassung beinhaltet. Eine *low-intensity insurgency*, einen Aufstand von geringer Intensität, kann man mit diesen Mitteln al-

---

[115] RICKS, Fiasco 394

lein nicht in den Griff bekommen.[116] Es gilt vielmehr das *human terrain* zu beschreiten. Dafür haben die USA ein *Human Terrain System* (HTS) mit einem Etat von 200 Millionen Dollar[117] aufgestellt, das mit Anthropologen und Sozialwissenschaftlern allen 26 amerikanischen Kampfbrigaden in Afghanistan und im Irak zu entsprechendem Know-how verhelfen soll. Amerikanische Offiziere zeigen sich beeindruckt, sie lernen die Lage aus der andern Perspektive zu sehen. Was sie im Taktikunterricht unter dem Motto »*Turn around the map*«, »Dreh die Landkarte um«[118], gelernt haben, können sie nun im Hinblick auf die kulturellen Voraussetzungen anwenden. Im Fall von Afghanistan geht es z. B. darum,

- die Vertreter der lokalen Behörden zu stärken
- Clanmitglieder dazu zu bewegen, in die Polizei einzutreten
- der Armut zu begegnen
- die Dorfbewohner vor den Taliban und vor Kriminellen zu schützen.[119]

Ein Beispiel für das Angehen gegen Armut: In einem der ersten irakischen Distrikte, den ein US-Detachement betrat, wurde in einem Dorf eine außergewöhnlich hohe Zahl von Witwen angetroffen. Dass sie kein Einkommen hatten, führte zum Druck auf die Söhne, für ihre Familien aufzukommen – eine Belastung, die sie in die Arme gut bezahlender Aufständischer treiben konnte. Amerikanische Offiziere entwickelten darauf hin ein Job-Trainings-Programm für die Witwen.[120]

---

[116] vgl. PORTER 45ff.
[117] Stand Januar 2009. – Vgl. http://www.insidehighered.com/news/2009/01/29/humanterrain
[118] FICK 37
[119] vgl. ROHDE
[120] ebenda

2 Herzen und Köpfe gewinnen

Mit den Gewehren lassen sich nur 25 Prozent des Problems lösen; die restlichen 75 Prozent liegen darin, die Menschen dieses Landes auf unsere Seite zu bringen.
Feldmarschall Sir Gerald Templer
(1898–1979, britischer Hochkommissar
von Malaya 1952–54)[121]

Die gegenwärtigen Kriege werden inmitten der Bevölkerung geführt, gewonnen oder verloren.
Generalmajor Vincent Desportes (Kommandeur des *Centre de doctrine et d'emploi des forces* 2005–2008, Kommandeur des *Collège interarmées de défense* seit 2008)[122]

In diesem Kapitel
Spätestens seit dem Vietnamkrieg zählt es zu den wichtigsten Kriegszielen, hearts and minds *der Gegenseite, allem voran ihrer Zivilbevölkerung, für sich zu gewinnen. Diese Überzeugungsarbeit ist in vielfacher Hinsicht solides Handwerk. Die USA lancierten damals breit angelegte Kampagnen, z. B. zur Gesundheitsaufklärung der Bevölkerung, aber auch mit dem Ziel, zeitweise demilitarisierte Vietcongs zum Überlaufen zu bewegen. Die kulturellen Unterschiede machen solche Bestrebungen nicht immer einfach.* cultural awareness *ist ein ehrgeiziges Ziel, aber auch ein unumgänglicher Erfolgsfaktor für das Gesamt der militärischen Operationen.*

Viele Exilanten retteten während der faschistischen Regimes die Kultur ihrer Heimat, ihre Werte und Überzeugungen, häufig aber auch ihr Leben ins Ausland.

---

[121] HOFFMAN
[122] CHEF DU GROUPEMENT D'INFORMATION OPÉRATIONNELLE 52

Thomas Mann und Ignazio Silone sind berühmt gewordene Beispiele. Auch deutsche Kriegsgefangene schlossen sich zusammen, um auf ihre Weise eine Gegenkultur zu schaffen. Darin waren sie teils erfolgreich, teils standen ihnen Glaubenssätze im Weg wie die Verpflichtungen, die sie mit ihrem Eid auf den Führer eingegangen zu sein meinten.

Mit dem Ende eines Konflikts sind die PSYOPS *noch nicht abgeschlossen. Vielmehr gilt es das* peace keeping *nachhaltig zu unterstützen. Dabei kommt es aber zu heiklen Unschärfen im militärischen Autrag.*

2.1 Das Handwerk des Überzeugens

Wege der Persuasion • *Die Glaubwürdigkeit des Kommunikators* • *Überzeugt die Botschaft?* • *Die Empfänglichkeit des Rezipienten* • *Das Medium: Von der Unterschiedlichkeit zur* cross-media-*Strategie*

Politiker und strategische Planer lassen gerne Zahlen eruieren, um mit diesen ihr Vorgehen zu legitimieren – man denke an das *body counting* während des Vietnamkriegs, in dessen Rahmen die taktischen Kommandanten den vorgesetzten Kommandostellen täglich die Anzahl gegnerischer Gefallener zu melden hatten. So sehr man Statistiken misstrauen mag, so sehr ist man auf sie angewiesen, wenn es im Zusammenhang mit psychologischer Kriegsführung um deren Wirkungsgrad geht. Hier ein paar Beispiele. Es legten während des Zweiten Weltkriegs

> »Überläuferzahl und Aussagen von Gefangenen [...] den Schluss nahe, dass die deutsche Psychologische Kriegsführung alleine in der Roten Armee durch diese Maßnahmen einen Personalbestand von 11 Divisionen zum Überlaufen gebracht hatte [...]. Gleiches war nach dem Zusammenbruch des Deutschen Reiches in umgekehrter Weise zu beobachten. Die Alliierten nutzten ihre Erfolge, um deutsche Soldaten zum Überlaufen aufzufordern. 1945 wurde festgestellt, dass zwischen 66% und 90% der Gefangenen Flugblätter mit sich führten und 2/3 nach eigener Auskunft von ihnen beeinflusst wurden.«[123] Von neuerem Kriegsschauplätzen gibt es Ähnliches zu berichten: So ergaben sich während des Zweiten Golfkriegs allein im Jahr 1991 mehr als 69'000 Iraki – und das bei 0,5 Prozent Anteil der PSYOPS-Aktivitäten am Gesamtaufwand der Koalitionsmächte.

---

[123] CARL 265

Wege der Persuasion
PSYOPS sind zu einem guten Teil Handwerk, das sich lernen und weiterentwickeln lässt. Erreichen sie ihre Ziele nicht, so häufig aus dem Grund, dass *basics* der Persuasion missachtet werden. Der in diesem Zusammenhang immer wieder begegnende Streit zwischen »angelernten« Militärs und Medienprofis lässt sich durch einen alten Erfahrungswert relativieren: Während diese *top-performance* garantieren bzw. garantieren sollten, können sich jene immerhin so viel Kompetenzen aneignen, dass sie zumindest Durchschnittsansprüchen genügen. Und umgekehrt verhält es sich mit der Kenntnis der militärischen Führungs- und Kommunikationskultur. Naturtalente begegnen freilich auch immer wieder – Erfahrungen des Autors bestätigen diese Regel. Hinzu kommt, dass in einem zeitgemäßen Verständnis von Stabsarbeit matrixmäßig gearbeitet wird und Kompetenzen auch außerhalb der Befehlskette herangeholt werden.

Im Folgenden geht es um Faktoren, die im Handwerk der Persuasion eine Rolle spielen, darunter teils erstaunliche Gesetzmäßigkeiten. Bewusst wird in dieser Darstellung auch die Propaganda thematisiert, da in ihr z. T. die gleichen Regeln gelten wie in der psychologischen Kriegsführung. Was hier nicht besprochen wird, sind *dirty tricks* wie Dämonisierung des Gegners, persönliche Angriffe, *join-the-crowd*-Argumentation. Ausgegangen wird wiederum vom Kommunikationsmodell von Lasswell (vgl. Kap. III) mit

- Kommunikator / Sender (*who says*)
- Botschaft (*what*)
- Rezipient / Empfänger (*to whom*)
- Medium (*in which channel*)
- Wirkung (*with which effect*), wobei auf diese unter den andern oben genannten Aspekten eingegangen wird.

Die Glaubwürdigkeit des Kommunikators
Der Sender wird an seiner Glaubwürdigkeit gemessen. Sie ergibt sich aus den beiden Parametern Kompetenz und Vertrauenswürdigkeit. Die Gegenseite überzeugen kann man nur, wenn man als erfolgreich oder verhaltenskonsistent wahrgenommen wird. Keiner glaubt einem Gegner, der im Kampf unterlegen ist oder in den vielen Wechselfällen des Gefechts etwa Gebote des Kriegsvölkerrechts nicht einhält (z. B. Schutz

von Parlamentären, Befolgen eines Waffenstillstands). Zur Kompetenz: Im Krieg gegen die Iraker in Kuwait konnte die Koalition Überlegenheit in den folgenden Bereichen demonstrieren und diese mit den PSYOPS als *force multiplier* unterstreichen:

- Übermacht zur See
- amphibische Kräfte
- Waffen- und sonstige Technologie
- Fähigkeit zum Nachtkampf
- Präsenz der Streitkräfte
- Trainingszustand der Truppe
- Überzeugung von der Sache, Glaube an einen gerechten Krieg, Zusammenhalt der Koalition
- ABC-Schutz[124].

Eine der frappierendsten Gesetzmäßigkeiten der Persuasion ist der Sleeper-Effekt. Er wurde im Zusammenhang mit der Rezeption von Propagandafilmen entdeckt, und in den 50er Jahren machte ihn der US-Psychologe Carl Iver Hovland (1912–1961) im Rahmen der sogenannten Yale-Studien bekannt. Bestimmt die Einschätzung des Senders anfangs die Beurteilung der Botschaft – aus vertrauenswürdig wird vertrauenswürdig, aus negativ wird negativ –, so erodiert dieser Zusammenhang mit der Zeit. Das bringt u. a. mit sich, dass die Überzeugungskraft eines sehr glaubwürdigen Senders langfristig ab- und jene eines als negativ empfundenen Kommunikators zunimmt. Für den Sender bedeutet das: Er muss ständig aufs Neue auf den Rezipienten einwirken, um vom Glaubwürdigkeitsbonus profitieren zu können. Nachhaltige PSYOPS sind eine SOP, eine *Standard Operating Procedure*. Der in den Augen von Laien horrend erscheinende Aufwand ist notwendig. Nur steter Tropfen, ließe sich sagen, höhlt den Stein.

Überzeugt die Botschaft?
Die Aussage mag trivial anmuten, aber Grundvoraussetzung für erfolgreiche Persuasion ist, dass die Botschaft als solche physisch und semantisch verstanden und akzeptiert werden kann. Das ist keine Selbstverständlichkeit. Eine »handwerkliche« Auffassung legt zudem an eine Botschaft Maßstäbe des Gegenstands, der Appelle, der

---

[124] WHITENECK

Argumentation und des Stils. Zu den wirkungsvollsten Appellen gehören die *fear-arousing appeals* (angstauslösende Argumente) bzw. die *threat-appeals* (Darstellung von Gefahren). Sie berühren den Rezipienten emotional und können ihn dazu bewegen, den Inhalt der Botschaft überhaupt erst auf sich wirken zu lassen – anstatt ihn einfach zur Kenntnis zu nehmen und dann *ad acta* zu legen. So kommen die Empfänger in die Position, persönliche Vorteile bzw. Schaden abwendende Verhaltensweisen zu erkennen. *Fear-arousing appeals* wurden äußerst wirksam im Zweiten Golf- und im Irakkrieg eingesetzt, wo Flugblätter zu verstehen gaben: »Ihr habt keine Chance, also ergebt euch!«

Abgesehen vom kausalen Zusammenhang spricht eine solche Botschaft stark die emotionale Seite der Empfänger an. Sollte noch eine »rationale Barriere«[125] vorhanden sein (gut ausgebaute Schutzmaßnahmen, Unwahrscheinlichkeit eines Luftangriffs, da die Stellungen sich in besiedeltem Gebiet befinden), so wird sie umgangen. Umgekehrt gilt es, in den PSYOPS bei den Schwächen des Gegners anzusetzen und diese für sich zu nutzen; in Kuwait waren das auf irakischer Seite

- unterbrochenes *Command and Control*-System
- Isolation
- Hunger
- unmoralischer Charakter der Invasion
- Kriegsmüdigkeit
- Verletzlichkeit von Panzern, Artillerie, Material und Einrichtungen
- mangelndes Vertrauen in die Befehlsstrukturen
- Schlafmangel (Bombardierungen, ständiges Abwerfen von Flugblättern)
- Zugänglichkeit für das Versprechen fairer Behandlung
- finanzielle Verhältnisse zu Hause
- Sorgen wegen der Familie
- Angst vor dem Tod.[126]

Was die Anordnung der Argumente betrifft, kann nicht einfach zwischen Erstnennung (*primacy-effect*) und Zweitnennung (*recency-effect*) unterschieden und daraus auf die Wirksamkeit geschlossen werden. Vielmehr ist es wiederum der Rezi-

---

[125] GRAF 71
[126] WHITENECK

pient, dessen Einstellung sich maßgeblich auf die Effektivität der Botschaft auswirkt: Gehen von ihm favorisierte Argumente voran, so sieht er auch das Folgende in günstigem Licht; kommen zuerst unliebsame Argumente, so wertet er die Botschaft im gesamten ab.

Bei der Art der Schlussfolgerung wird unterschieden zwischen der expliziten, die der Sender *expressis verbis* ausformuliert, und der impliziten, auf die der Empfänger selbst zu kommen hat. Die explizite eignet sich für komplexe Aussagen besser als die implizite. Diese hingegen kann bei einfachen Aussagen eine größere Wirkung erzielen und ist dann wirksamer, wenn dem Zielpublikum das zur Diskussion stehende Thema vertraut ist, persönliche Betroffenheit vorliegt oder die Aussage von einem wenig glaubwürdigen Kommunikator gemacht wurde.[127] Die Verbindung von Wort und Bild kann das Ihre zu einem besseren Verständnis beitragen, indem sie Redundanz schafft. Oder eine Person verkörpert eine Botschaft – wie Jacqueline Kennedy, die fürs Ausland den Inbegriff des femininen *american way of life* abgab und von Politberatern bewusst in diese Rolle hineinmanövriert wurde.[128] Was den Umfang der beabsichtigten Einstellungsänderung anbelangt, so kann der als vertrauenswürdig eingestufte Kommunikator viel aufs Mal verlangen; je weniger Vertrauen ihm entgegengebracht wird, desto mehr muss er sich auf einzelne kleine Schritte verlegen, sozusagen auf eine »Salami-Taktik«.

Die Empfänglichkeit des Rezipienten
Die Zugehörigkeit zu einer Gruppe bestimmt maßgeblich, wie ein Rezipient auf ein persuasives Ansinnen reagiert. Besteht eine enge Verbindung zum Kollektiv und weicht die Absicht des Gegners stark von der Meinung der Gruppe ab, so verfehlt der Überzeugungsversuch seine Wirkung (*counternorm communications*). Der moralische Zusammenhalt der Truppe ist also von nicht zu unterschätzender Bedeutung – Korpsgeist im großen und Identifikation mit der Gruppe, dem Zug, der Kompanie im Kleinen. Es kann vorkommen, dass sich jemand in einem solchen Zusammenhalt nicht wiedererkennt und deshalb seine Auffassungen im Sinn der Persuasion ändert, sich zu einem späteren Zeitpunkt aber wieder mit dem Kollektiv identifiziert und zu dessen Ansichten zurückfindet.

---

[127] Vgl. http://de.wikipedia.org/wiki/Yale-Studien
[128] Vgl. SCHWALBE

Im Bereich der Persönlichkeitsfaktoren sind die Intelligenz sowie die Motivationsstrukturen des Einzelnen von Bedeutung. Höhere intellektuelle Fähigkeiten erlauben das Verstehen auch komplexer Botschaften und damit eine Meinungsänderung, und sie ermöglichen es, scheinrationale oder propagandistische Ansätze als solche zu erkennen und in der Folge gegen sie immun zu sein. Im angelsächsischen Raum wird die Intellektualität mit dem Begriff WATT erfasst – *willingness and ability to think* (Bereitschaft und Fähigkeit zu denken). Einem Zielpublikum mit hohem WATT-Wert nähert man sich mit rationalen Argumenten, solchen mit tiefem WATT-Wert begegnet man plakativ.[129] Als *motive factors* fallen persönliche Bedürfnisse, emotionale Störungen, soziale Abwehrmechanismen u. a. ins Gewicht, die sich je nachdem auf die Reaktion des Individuums auswirken. Faktoren, die ein Zielpublikum leichter überzeugbar machen, sind Autoritätsgläubigkeit, das unkritische Hinnehmen von Informationen, niedriger Bildungsgrad, der naive Glaube an den plakativ präsentierten Nutzen der insinuierten Haltungsänderung und das mangelnde Vermögen zur Selbstreflexion.

Das Medium: Von der Unterschiedlichkeit zur *cross-media*-Strategie
Die Überzeugungskraft von Medien kann unter drei Aspekten beurteilt werden: der Intensität und Nachhaltigkeit der Wirkung sowie der Stimulierung der Vorstellungskraft. Im Allgemeinen ist schriftliche Kommunikation wirkungsvoller als mündliche. Radio- und TV-Produktionen gehen etwa im selben Maß vergessen. Unterschiedlich ist aber die Erinnerung an Emotionen, die durch ein Medium vermittelt werden. Beim Fernsehen bleibt sie stabil, beim Radio hingegen schwindet sie mit der Zeit. Schriftliche und Hörmedien übertreffen den Film bei weitem in bezug auf die kreativitätsstimulierende Wirkung. Sie eignen sich hervorragend, das Vorstellungsvermögen des Zielpublikums gezielt zu entfesseln und auf es selbst anzusetzen: die vermeintliche Untreue der Partnerin zu Hause, das Bombardement vom kommenden Tag, die gute Behandlung bei Aufgabe des Kampfes.[130]

Diese Aufstellung macht deutlich, dass sich die unterschiedlichen Medien gut ergänzen. Wie in der zivilen Werbung drängt sich denn auch im militärischen Kontext eine *cross-media*-Strategie auf, die über mehrere Kanäle auf das Zielpublikum einwirkt. Nicht zu unterschätzen sind auch ungewohnte Wege der Überzeugungsar-

---

[129] Vgl. http://healthyinfluence.com/wordpress/60-seconds/
[130] Vgl. http://wiki.Imu-mi.de/index.php//Persuasionsforschung

beit. Ein Beispiel gibt ein US-Feldprediger in Afghanistan, der dem von den Taliban verbreiteten Image der gottlosen Amerikaner entgegenwirkt, indem er Gebetsteppiche verteilen und über Lautsprecher die Gebetsstunden ausrufen lässt.

2.2 Vom Kochrezept bis zum Brückenbau: Die Anfänge in Vietnam

Ein ungewohntes Bild vom Vietnam-Krieg • Chieu-Hoi – *Programm der »Offenen Arme«* • *Einbindung der Zivilbevölkerung*

Mitte der 1960er Jahre nahmen die Hilfeleistungen zugunsten der vietnamesischen Zivilbevölkerung systematische Formen an. Die Formel der »*hearts and minds*«, der zu gewinnenden Herzen und Köpfe, fand breite Anwendung. Sie geht zurück auf US-Präsident Lyndon B. Johnson (1908–1973), der zur Lage in Vietnam äußerte: »*The ultimate victory will depend on the hearts and minds of the people who actually live out there.*«[131] »*Hearts and Minds*« war denn auch der Titel eines Dokumentarfilms, den der amerikanische Schriftsteller, Journalist und Filmemacher Peter Davis (*1937) im Jahr 1974 über den Vietnamkrieg drehte. Diese Arbeit berührt noch heute durch ihren *personal touch*. Und der Kommandierende General in Vietnam, William C. Westmoreland (1914–2005), fasste in seinem Schlussbericht die Aktivitäten zur Gewinnung von Herzen und Köpfen wie folgt zusammen:

> »Wo immer die Vereinigten Staaten Truppen stationierten, gab es gewisse Formen der Hilfe zugunsten der Zivilisten, die den Missständen nicht selbst Herr werden konnten. [...] So verhalf eines der größeren Programme vietnamesischen Dörfern zu Trinkwasser. Wir setzten Seabees [anfangs noch unbewaffnete Fachkräfte. TM] sowie Ingenieur-Detachemente der Army ein, um Bewässerungssysteme aufzubauen. [...] Ich beauftragte alle US-Einheiten, die in Vietnam ankamen, ihre Pläne zugunsten der Zivilbevölkerung in der Nähe ihrer Basen zu entwickeln. Unsere Truppen bauten längst fällige Brücken über Kanäle und Flüsse, errichteten Schulen und medizinische Zentren, verbesserten das Kanalisationswesen [...].«[132]

Ein ungewohntes Bild vom Vietnam-Krieg

Für Nachgeborene, die den Vietnamkrieg allenfalls aus dem Geschichtsunterricht oder von Filmen her kennen, ist es interessant, dass alle Truppengattungen – auch die kombattanten und Eliteformationen wie die *marines* oder die *rangers* – zur Hilfe an

---

[131] en.wikipedia.org: Hearts_and_Minds.
[132] http://www.psywarrior.com/PsyopHealth.htmll

der Zivilbevölkerung angehalten wurden. Diese Aktivitäten waren bewusst als Ergänzung, wenn nicht als Gegengewicht zur herkömmlichen Propaganda gedacht. Mit Tausenden von Postern und Abertausenden von Flugplättern lancierten die USA ihre Kampagnen in unterschiedlichen Bereichen wie

- Säuglingspflege
- persönliche Hygiene
- Umgang mit Wasser
- Spucken und Auswurf
- kostenlose medizinische Versorgung
- Umgang mit Abfällen und Fäkalien
- Bau von Latrinen
- Sanitätshubschrauber
- in der Verfassung verankerte Bürgerrechte
- Kampf gegen Mäuse und Ratten
- gesunde Ernährung.

Chieu-Hoi – Programm der »Offenen Arme«
Um das Tet-Fest zu begehen, kehrten Jahr für Jahr rund 100'000 Vietcongs für eine kurze Zeit zu ihren Familien in den Dörfern zurück. Die amerikanische bzw. südvietnamesische Gegenseite machte sich das zunutze, indem sie von ehemaligen Vietcongs regelrechte Überläufer-Sets verteilen ließ, die u. a. einen *safe-conduct*-Pass enthielten und eine Landkarte mit den Standorten, wo man sich melden konnte. Diese Idee bildete einen Teil der *Chieu-Hoi*-Kampagne, der aufwendigsten und teuersten des gesamten Kriegs. Ihr Name besagt so viel wie »Offene Arme«. Für das Jahr 1967, in dem das Programm anlief, sind rund 310 Mio. Flugblätter belegt, die für sie gedruckt wurden: mehr als 1000 auf einen Vietcong. Man griff auch zu anderen Distributionskanälen, z. B. trugen die Plastikbeutel mit den Magazinen für die M16-Gewehre einen Aufdruck mit der Aufforderung überzulaufen, und einen *safe-conduct*-Pass.

Das Resultat ließ sich zwar sehen, es liefen Tausende über, und die ersten Überläufer wurden noch in Stadien präsentiert und gefeiert. Doch Vergeltungsaktionen des Vietcong führten schnell dazu, dass man von solchen Anlässen Abstand nahm. Die Übergelaufenen wurden häufig als *scouts* eingesetzt. Man stellte ihnen zwar Amnestie, Bildung und Hilfe beim Aufbau einer neuen Existenz im Süden des Landes in Aussicht. Doch Schwierigkeiten bereitete die Tatsache, dass sie dort oft keine Stelle fanden und von den lokalen Behörden als verdächtige Subjekte behandelt wurden. Auch war der Rückhalt des Programms in der amerikanischen Truppe nicht nur positiv.

Einbindung der Zivilbevölkerung
Großangelegte Flugblatt- und andere PSYOPS-Aktionen sollten die Zivilbevölkerung dazu bewegen, sensible Informationen weiterzugeben: Verstecke von Vietcongs, Versorgungsrouten, Minenfelder, Hinterhalte. Da bestimmte Gefahrenzonen nicht immer *en détail* kartografiert waren, bildeten die Hinweise der Ortskundigen maßgebliche Informationen. Es wurden auch Belohnungen ausgesetzt, z. B. für die Übergabe von Waffen. Entsprechende Flugblätter lesen sich wie ein Katalog: der Karabiner bringt so und so viel, die Maschinenpistole diesen und der Minenwerfer jenen Betrag.

Die Amerikaner waren auf den *goodwill* der Bevölkerung angewiesen. In diesen Zusammenhang gehörte das 1961 von der CIA angedachte CIDG-Programm (*Civilian Irregular Defense Group*): *green berets* versuchten, in den Dörfern des Hochlands Entwicklungs- und Verteidigungszentren einzurichten, um die Bewohner zu einer Art Bürgerwehr gegen die Vietcong auszubilden und sie auch entsprechend auszurüsten. Es waren v. a. die *montagnards*, die sich angesprochen fühlten: die Bergbewohner, die sich weder der nord- noch der südvietnamesischen Seite verpflichtet sahen und gerne auf das amerikanische Angebot eingingen. Die CIDG waren ein voller Erfolg, wurden aber immer wieder anderen Kommandos unterstellt. 1970, am Ende des Programms, zeichneten schließlich die *rangers* verantwortlich.

2.3 Interkulturelle Finessen oder: Wie John den Krieg gewinnen will

Kulturelle Analphabeten? • *Strichmännchen für die Völkerverständigung* • *»Clausewitz im Wunderland«*

Bewegt sich die Truppe auf fremdem Terrain, sind interkulturelle Patzer so gut wie nicht zu vermeiden. Ein amüsantes Beispiel bieten die Missverständnisse zwischen GIs, die vor der Invasion 1944 in England stationiert waren, und den einheimischen jungen Frauen. Die Damen machten auf die GIs einen äußerst freizügigen Eindruck, und sie selbst betrachteten die Amerikaner als ungewohnt draufgängerisch. Das gab Konflikte. Erst nach längeren Untersuchungen kam man auf den Grund. Er lag in den unterschiedlichen Kulturen der sexuellen Annäherung: Für die GIs war Küssen beim ersten Date durchaus normal, doch bis zum Sex dauerte es in der Regel lange; umgekehrt wartete man in England mit dem Küssen lange zu, dafür kam es dann aber bald zu Handfesterem.

Kulturelle Analphabeten?
Weit anspruchsvoller gestaltet sich die Aufgabe nach wie vor im Irak. Der amerikanische Durchschnittssoldat hat keine Ahnung von der muslimischen Religion, Tradition und Geschlechter-Auffassung. Dies erschwert seine Auftragserfüllung, schafft unnötige Hindernisse in der Zusammenarbeit mit den irakischen Behörden und lässt ihn in banalsten Alltagssituationen brüskierend, beleidigend und ignorant erscheinen. Dieser Art von kulturellem Analphabetismus versuchen die US-Kommandostellen mit allen möglichen Mitteln entgegenzuwirken. So veröffentlichte das US *Army Training and Doctrine Command* in Fort Leavenworth, Kansas, 2006 ein Handbuch zur »*Arab Cultural Awareness*«. Darin werden 58 Themen behandelt, vom Grundwissen zur arabischen Kultur über Körpersprache bis zur Verhandlungstechnik. Der Leser erfährt Dinge, auf die er mit seinem Hintergrund nie gekommen wäre:

- Gib keiner Frau die Hand, es sei denn, sie habe sie als erste ausgestreckt.
- Beim Essen, Trinken, etwas Anbieten oder zur Hilfe kommen: alles nur mit der rechten Hand!
- Augenkontakt stets bewahren! Keine Sonnenbrille tragen, selbst wenn man im grellen Licht steht.
- Es wird als schlechtes Verhalten empfunden, wenn man vor jemandem, der fastet, isst, trinkt oder raucht.
- Zeige nie jemandem die Fußsohle – das ist eine tiefe Beleidigung!
- Wenn ein Sohn seinem Vater als Oberhaupt der Familie nachfolgt, hat er auch die Autorität über seine Mutter.[133]

Das über 60seitige Handbuch, ein *pocket-book* für die Ausbildung von *junior soldiers*, hat großes Echo gefunden. Gleichwohl scheint der Graben zwischen den

---

[133] US ARMY TRAINING AND DOCTRINE COMMAND: Arab Cultural Awareness

US-Truppen und der irakischen Zivilbevölkerung kaum überwindbar zu sein. Augenzeugen berichten von gespenstischen Szenen wie der folgenden:

> »Am meisten aber fürchtete ich die Patrouillen, die ich zu Fuß mit meinem Zug absolvieren musste. Wir patrouillierten oft in Ramadi, versuchten den Feind aus der Reserve zu locken, in Gefechte zu verwickeln. Zu unserem Glück war das Schlimmste, was uns auf unseren Patrouillen widerfuhr, dass hin und wieder ein Mann oder ein Kind einen Stein nach uns warf. Trotzdem kam ich mir in solchen Momenten völlig ausgeliefert vor. In der dichten Menschenmenge fiel mir manchmal eine Panzerfaust auf, die ein Iraker auf der Schulter mit sich trug. Wenn wir über einen völlig überfüllten Markt gingen, fürchtete ich jeden Augenblick, jemand würde eine Handgranate auf uns werfen oder uns von einem Dach aus abknallen. Nun, bei unserem zweiten Einsatz in der Stadt, lächelten uns die Menschen nicht mehr an, ja, einige machten überhaupt keinen Hehl aus ihrem Hass. Auf dem Markt fing einmal ein Fleischer meinen Blick auf. Er hob sein Messer und hielt es sich mit der Schneide an die Kehle, als ich an ihm vorbeiging. Ich suchte mit den Augen die Dächer ab, die Waffe bereit für den Fall, dass ich einen Heckenschützen entdeckte.«[134]

Doch es gibt auch positive Beispiele. Eines stammt aus Afghanistan, wo weibliche *marines* als Kontakt- und, im Idealfall, Vertrauenspersonen zu den einheimischen Frauen eingesetzt werden. Es geht vor allem darum, medizinische Unterstützung zu leisten. Die Frauen leiden häufig unter Kopf- und Magenschmerzen, würden sich aber nie im Leben von einem US-Mann untersuchen und behandeln lassen – eher würden sie sterben. Ein Übersetzer ermöglicht die Kommunikation, und ein Truppenarzt, den die Afghaninnen aber nicht zu Gesicht bekommen, trifft die Diagnose.

Strichmännchen für die Völkerverständigung

Von einem *Captain Trav* stammt ein Dokument mit Titel »Wie der Krieg in Al Anbar zu gewinnen ist«.[135] Das an Einfachheit kaum zu überbietende Papier wendet sich an den Durchschnittssoldaten im Irak mit seinen Ängsten, Ärgernissen und Schwierigkeiten. Abgefasst ist es in knappen, eingängigen Sätzen, die simple Strichmännchen-Illustrationen kommentieren. Ziel ist es, eine gute Annäherung an die irakische Bevölkerung zu ermöglichen, den Blick zu schärfen für die kulturellen Unterschiede und Verständnis zu wecken für die Probleme, mit denen die Iraki konfrontiert sind. Das Ganze wird unterlegt mit Aussagen, die ein Mitgefühl mit dem US-Soldaten unterstreichen. Hier in loser Folge Ausschnitte aus dem Dokument:

---

[134] KEY 107
[135] TRAV

»Das ist ein amerikanischer Soldat. Wir nennen ihn Joe. Joe will in Al Anbar gewinnen. Aber manchmal scheint es so, dass andere Leute diese Idee nicht teilen. Wie kann Joe in Al Anbar gewinnen? Indem er die Aufständischen bekämpft?

Das ist Joe mit seiner gesamten Ausrüstung auf Mann. Er kann mit dieser Last nicht gut gegen Aufständische kämpfen. Angriffe überleben? Ja. Gut kämpfen? Nein. (Haben Sie jemals versucht, mitten in der Nacht mit 80 Pfund Ausrüstung eine sechs Fuß hohe Mauer zu übersteigen, um sich an die Aufständischen zu schleichen? Joe hat es versucht. Es ist hart, und es macht ihn bitter, wenn die Aufständischen schon weggerannt sind, als sie ihn und seine Patrouille drei Blocks entfernt gehört haben. [...]

Das ist Mohammed. Er ist in der irakischen Armee. Er ist aus Bagdad, und er hat eine Menge gleicher Probleme, wie Joe sie in Anbar hat. Außer dass ihn alle Leute hier hassen! [...]

Das sind Joe und Mohammed! Sie wissen nicht, ob diese Iraki gute oder schlechte sind. Was soll man da tun?

Das ist eine Gruppe Aufständischer. Sie lieben das Chaos und die Macht. Sie streben das an, indem sie Köpfe abschlagen und die guten Iraki einschüchtern. [...]

Das ist ein Scheich. Scheichs führen die Leute hier seit ungefähr 14 000 Jahren. Obwohl viele Eroberungsarmeen versucht haben, ihn abzusetzen, haben dieser Mann und seine Familie Politik gemacht seit Beginn der Zeitrechnung. [...]

Der Terrorist ist wütend. Er ist eben gefangen genommen worden. Joe ist glücklich. Der normale Iraker ist glücklich. Der irakische Polizist ist glücklich. Der Scheich ist glücklich. [...]

Joe lässt sich einen Schnurrbart wachsen, denn er erkennt, dass Iraker Leute mit Schnurrbart mögen und große Mühe damit haben, jemandem ohne Schnurrbart zu trauen.«[136]

»Clausewitz im Wunderland«

Der *cultural turn* kann nun freilich nicht ohne die Grundlage einer entsprechenden übergeordneten Doktrin vollzogen werden. Entgegen US-Verteidigungsminister Rumsfelds Handschrift setzte sich General David Petraeus diametral für einen solchen Wandel ein. Er formulierte das wie folgt: »Kenntnis des kulturellen Terrains kann gleich wichtig, oder manchmal gar noch wichtiger sein als die Kenntnis des geografischen Terrains. Diese Beobachtung bringt mit sich, dass die Menschen in mancherlei Hinsicht das Schlüsselgelände sind und dass wir dieses auf die gleiche Weise studieren müssen, wie wir das geografische Terrain studiert haben.«[137] An der Universität der amerikanischen *Air Force* ist eine ganze Zahl von Lehrgängen und Seminaren ausgeschrieben, die sich mit diesem Thema befassen und den Teilnehmern praktische Fertigkeiten vermitteln sollen – von »Jeder *airman* ein Botschafter«

---

[136] ebenda
[137] MIYOSHI JAGER 1

bis zu Anleitungen bei Kriegsgefangenschaft. Die Überlegungen, die hinter diesem mehrere Seiten umfassenden Angebot stehen, beziehen sich – so der Titel – auf einen »*need for studies*«, einen Bedarf für Ausbildungen. Als Defizite – und damit Anlass für die Ausbildungen – werden u. a. angeführt:

> »Alle unsere Bemühungen im Irak, militärische und zivile, werden behindert durch Amerikas Mangel an sprachlichem und kulturellem Verständnis. Unsere Botschaft mit 1000 Mitarbeitern hat 33, die Arabisch sprechen, und von denen können es ganze sieben fließend. In einem Konflikt, der eine effektive und effiziente Kommunikation mit den Iraki erfordert, sind wir häufig benachteiligt. Es sind immer noch zu wenige gut Arabisch sprechende militärische und zivile Offiziere im Irak, zum Leidwesen unseres Auftrags.
>
> Ein Nachrichtenoffizier sagte: ›Wir verlassen uns zu sehr auf andere, die uns Informationen bringen, und allzu oft verstehen wir nicht, was uns berichtet wird, weil wir dessen Kontext nicht verstehen. [...]
>
> Es ist auch nötig, dass Amerikaner die Geschichten der Leute aus der muslimischen Welt hören. Wir müssen ihre Herausforderungen und ihre Kultur und ihre Hoffnungen verstehen, ihre Sprache sprechen und ihre Literatur lesen, ihre Kultur im tiefsten Sinn des Worts kennen. Unsere Interaktion muss eine Konversation sein und kein Monolog. Wir müssen ausholen und erklären, aber wir müssen auch zuhören.‹«[138]

Einer der Kurse soll den Wandel vom »*cyber-centric warfare*« zum »*culture-centric warfare*« vollziehen helfen. Sein Titel: »Clausewitz im Wunderland«.

2.4 Humanismus und Widerstand: Thomas Mann und Ignazio Silone

Thomas Mann: Frühe Kritik am Nationalsozialismus • Der Weg ins Exil • Unorthodoxe Stellungnahmen • »Deutsche Hörer!« • Ignazio Silone: Brüche und Fragezeichen • Die »höchste Weisheit, einfach zu sein« • Zusammenarbeit mit dem amerikanischen Geheimdienst

Während in den faschistischen Staaten die Kultur »gleichgeschaltet« wurde und sich eine Politik breit machte, die europäischem Humanismus zutiefst widersprach, gingen viele Exponenten deutscher, italienischer und spanischer Kultur ins Exil. Sie nahmen einen alles andere als einfachen Weg auf sich, nicht nur, um Tod oder Gefangenschaft zu entgehen, sondern auch im Sendungsbewusstsein, ihre Werte im Ausland weiterleben zu lassen. Darin waren sie exilierten Politikern und Militärs gleich, wenn sie diesen auch in der Wirkung nicht ebenbürtig waren. So verkündete

---

[138] AIR UNIVERSITY

der französische General und nachmalige Staatspräsident Charles de Gaulle (1890–1970) nach dem Fall von Paris, »dass er den Boden des Vaterlandes an seinen Schuhsohlen mitnehme: Er verlegte den Mittelpunkt der entwurzelten, physisch von ihrem Land und ihrem Volk getrennten französischen Souveränität nach London.«[139]

Zu einer prominenten Stimme des Exils wurde Thomas Mann (1875–1955), der deutsche Literatur-Nobelpreisträger von 1929, als er bei seiner Ankunft in New York 1938 proklamierte: »Wo ich bin, ist Deutschland.« Sein Werdegang zwischen 1914 und 1945, ja bis in die Nachkriegszeit hinein, bildet eine exemplarische Verbindung von *intellectual history* und deutscher Problemgeschichte und verdient deshalb etwas mehr Raum, als »bloßer« Literaturgeschichte hier eingeräumt würde. Zudem machte Mann Analysen und Diagnosen publik, die an Deutlichkeit und Schärfe gemessen zum Besten ihrer Zeit gehörten.

Der italienische Autor Ignazio Silone (1900–1978) arbeitete auf Schweizer Boden eng mit dem amerikanischen Geheimdienst zusammen und beeinflusste stark dessen Aktivitäten in Italien, nicht zuletzt im Rahmen psychologischer Kriegsführung. Als Schriftsteller erlangte er Berühmtheit mit seinen gegenwartskritischen Romanen, von denen einer unter Mussolini eine zeitlang verboten war.

Thomas Mann: Frühe Kritik am Nationalsozialismus

Bei den Reichstagswahlen vom September 1930 schnitten die Nationalsozialisten äußerst erfolgreich ab. Als Reaktion hielt Thomas Mann am 17. Oktober im Berliner Beethovensaal seine »Deutsche Ansprache«, die er als »Appell an die Vernunft« verstanden wissen wollte. Darin findet er lobende Worte für die sozialdemokratische Politik des früheren Reichskanzlers und -ministers Gustav Stresemann (1878–1929), der 1926 den Friedensnobelpreis erhalten hatte: »Am Ende der Politik Stresemanns stand und steht die friedliche Revision des Versailler Vertrages mit bewusster Zustimmung Frankreichs und ein deutsch-französisches Bündnis als Fundament des friedlichen Aufbaus Europas.«[140] Ein ausgesprochen schlechtes Zeugnis stellt er dem Nationalsozialismus aus: Diese Bewegung vermische sich »mit der Riesenwelle exzentrischer Barbarei und primitiv-massendemokratischer Jahrmarktsrohit, die über die Welt geht, als ein Produkt wilder, verwirrender und zugleich nervös stimulierender, berau-

---

[139] GLUCKSMANN 85
[140] MANN, Deutsche Ansprache 29

schender Eindrücke, die auf die Menschheit einstürmen.«[141] Der Schriftsteller spricht von einer

> »Politik im Groteskstil mit Heilsarmee-Allüren, Massenkrampf, Budengeläut, Halleluja und derwischmäßigem Wiederholen monotoner Schlagworte, bis alles Schaum vor dem Munde hat. Fanatismus wird Heilsprinzip, Begeisterung epileptische Extase, Politik wird zum Massenopiat des Dritten Reiches oder einer proletarischen Eschatologie, und die Vernunft verhüllt ihr Antlitz.«[142]

Der Weg ins Exil
Hatte sich Thomas Mann noch in seinen »Betrachtungen eines Unpolitischen«, verfasst 1915–1918 und erschienen 1918, für den Weltkrieg und eine klare Trennung von Kunst und Politik ausgesprochen, so wandte er sich ab 1933 in Wort und Tat deutlich von den deutschen Machthabern ab und bezog Position, wenn er auch zu Beginn seine deutschen Leser noch für sich behalten wollte. Während einzelne Nazis bei seiner Berliner Ansprache Radau gemacht hatten, wurden seine Bücher – im Gegensatz zu jenen seines Bruders Heinrich und seines Sohns Klaus – im Mai 1933 immerhin nicht verbrannt. Der Bruch war aber unübersehbar. 1933 wurde von den Mitgliedern der Sektion Dichtkunst bei der Preußischen Akademie der Künste die Treueerklärung an die Regierung eingefordert, und Mann erklärte seinen Austritt. Eine Vortragsreise zum 50. Todestag Richard Wagners nutzte er, um sich ins Ausland abzusetzen. Erste Station war das französische Savary-sur-Mer, dann folgte Küsnacht bei Zürich. 1934/35 bereiste er erstmals die USA und beschrieb in einem dort veröffentlichten Text mit dem Titel »Literatur und Hitler« den mit dem Nationalsozialismus verbundenen »Rückschlag« in der Entwicklung des deutschen Romans. Er wies auf die Gefahr für die »expatriierte Literatur« hin, »dass das Gefühl für deutsches Leben verloren geht, dass die Exilierten die Verbindung mit ihm verlieren«. Deshalb habe er sich auch entschlossen, »in der deutschsprachigen Schweiz zu leben.«[143]

1936 erlangte Mann die tschechoslowakische Staatsbürgerschaft, und im gleichen Jahr wurde ihm die deutsche aberkannt. Ebenso wurde ihm die Ehrendoktorwürde der Universität Bonn entzogen. Er reagierte darauf mit einem offenen Brief an deren Dekan:

---

[141] a. a. O. 17
[142] a. a. O. 19
[143] MANN, Literatur und Hitler 299ff.

»[...] Gewiss, ich habe die Wut dieser Machthaber herausgefordert nicht erst in den letzten vier Jahren, durch mein Außenbleiben, die ununterdrückbaren Kundgebungen meines Abscheus. Lange vorher hatte ich es getan und musste es tun, weil ich früher als das heute verzweifelte deutsche Bürgertum sah, wer und was da heraufkam. [...] Ich hätte nicht leben, nicht atmen können, ich wäre erstickt, ohne dann und wann zwischenein, wie alte Völker sagten, ›mein Herz zu waschen‹, ohne von Zeit zu Zeit meinem unergründlichen Abscheu vor dem, was zu Hause in elenden Worten und elenderen Taten geschah, unverhohlen Ausdruck zu geben. [...] Ach, nicht aus dreister Überheblichkeit habe ich gesprochen, sondern aus einer Sorge und Qual, von welcher Ihre Machtergreifer mich nicht entbinden konnten, als sie verfügten, ich sei kein Deutscher mehr; einer Seelen- und Gedankennot, von der seit vier Jahren nicht eine Stunde meines Lebens frei gewesen ist und gegen die ich meine künstlerische Arbeit tagtäglich durchzusetzen hatte. Die Drangsal ist groß.«[144]

Unorthodoxe Stellungnahmen

Ebenfalls ins Jahr 1936 fällt ein anderer offener Brief Manns, jener an Eduard Korrodi (1885–1955), den Feuilletonchef der »Neuen Zürcher Zeitung«, in dessen Blatt der Text denn auch erschien.[145] Hier berichtet er gewisse Äußerungen Korrodis, so etwa die Gleichsetzung der Emigranten- mit der deutschen Literatur oder der Exilliteraten mit deren jüdischen Vertretern. Und wiederum nimmt er dezidiert Abstand von den Verhältnissen in seiner Heimat. Seine humanistischen Werte vertritt er ab 1937 als Herausgeber der Zürcher Exilzeitschrift »Maß und Wert«. 1938 – er siedelt in diesem Jahr nach Princeton in den USA um – verfasst er den Text »Bruder Hitler«, der 1939 auf Deutsch in Paris und fast gleichzeitig auf Englisch erscheint. Der bis heute etwas irritierende Essay wendet sich gegen den quasi moralunabhängigen Kulturanspruch der Nazis, der die (deutsche) Kultur als Wert an sich postuliert, und den Genie-Kult um Hitler. »Bruder« sei Hitler insofern, als er Züge eines lebens- und sittlichkeitsfremden Künstlers trage:

»Der Bursche ist eine Katastrophe; das ist kein Grund, ihn als Charakter und Schicksal nicht interessant zu finden. Muss man nicht, ob man will oder nicht, in dem Phänomen eine Erscheinungsform des Künstlertums wieder erkennen? Es ist, auf eine gewisse beschämende Weise, alles da: die ›Schwierigkeit‹, Faulheit und klägliche Undefinierbarkeit der Frühe, das nicht Unterzubringensein, das Was-willst-du-eigentlich?, das halb blöde Hinvegetieren in tiefster sozialer und seelischer Boheme, das im Grunde hochmütige, im Grunde sich für zu gut haltende Abweisen jeder vernünftigen und ehrenwerten Tätigkeit – auf Grund wovon? Auf Grund einer dumpfen Ahnung, vorbehalten zu sein für etwas ganz Unbestimmbares, bei dessen Nennung, wenn es zu nennen wäre, die Menschen in Gelächter ausbrechen würden. Dazu das schlechte Gewissen, das Schuldgefühl, die Wut auf die Welt, der revolu-

---

[144] MANN, Eine Antwort
[145] Vgl. MANN, Offener Brief an Korrodi

tionäre Instinkt, die unterbewusste Ansammlung explosiver Kompensationswünsche, das zäh arbeitende Bedürfnis, sich zu rechtfertigen, zu beweisen, der Drang zur Überwältigung, Unterwerfung, der Traum, eine in Angst, Liebe, Bewunderung, Scham vergehende Welt zu den Füßen des einst Verschmähten zu sehen. Ein etwas unangenehmer und beschämender Bruder; er geht einem auf die Nerven, es ist eine reichlich peinliche Verwandtschaft. Ich will trotzdem die Augen nicht davor schließen.«[146]

»Deutsche Hörer!«

Im Auftrag der BBC verfasste Mann vom Oktober 1940 bis zum Mai 1945 insgesamt 55 Radiosendungen unter dem Titel »Deutsche Hörer!«, mit dem jede der fünf bis acht Minuten langen, monatlich erfolgenden Ausstrahlungen einsetzte.[147] Das war der Beginn des deutschen BBC-Programms, das bis 1999 senden sollte. Ab März 1941 war seine eigene Stimme vernehmbar: In Kalifornien wurde die Originalrede auf Platte aufgezeichnet, diese kam per Luftpost nach New York und von dort via Kabel nach London zum BBC. Gesendet wurde auf Langwelle, um so für die Deutschen empfangbar zu sein. Es werden nicht allzu viele »Volksgenossen« gewesen sein, die wegen Anhörens von »Feindsendern« Gefängnis oder KZ riskierten; die Wirkung aber im gesamten deutschsprachigen Raum war beträchtlich, und es darf Mann zu gute gehalten werden, dass er zu den wenigen von Hitler namentlich angegriffenen Dissidenten gehörte. Er hatte sich in den USA eingelebt, mit den Stationen Princeton (1938) und Los Angeles (1941). 1944 erhielt er die US-Staatsbürgerschaft. So sehr er im Bewusstsein vieler zum Emigranten *par excellence* wurde, waren seine von materieller Sicherheit und öffentlichem Renomée geprägten Lebensumstände doch die Ausnahme. Die meisten Exilanten hatten mit widrigsten finanziellen Verhältnissen zu kämpfen.

Thomas Manns Kritik am NS-Regime ist exemplarisch für die Haltung so bekannter anderer Auswanderer wie Bertolt Brecht (1898–1956), Lion Feuchtwanger (1884–1958), Oskar Maria Graf (1894–1967), Heinrich Mann (1871–1950), Klaus Mann (1906–1949), Erich Maria Remarque (1898–1970), Anna Seghers (1900–1983) oder Franz Werfel (1890–1945). Durch die von Emotionalität und Eindringlichkeit geprägten BBC-Sendungen Manns ziehen sich wie ein roter Faden bestimmte Themen:

---

[146] MANN, Bruder Hitler 307
[147] MANN, Deutsche Hörer!

- die Disqualifizierung der deutschen Führung, allen voran Hitlers

    Th. Mann spricht von »dieser blutigen Nichtigkeit von einem Menschen, diesem intellektuellen und moralischen Minderwert, dieser lichtlosen Lügenseele, einer Schneiderseele im Grunde, diesem Verhunzer des Wortes, des Denkens und der menschlichen Dinge, diesem schimpflich verunglückten und nur eben mit irgendwelcher Suggestionskraft ausgestatteten Individuum«[148]

- die früh einsetzende Warnung vor einem schlimmen Ende

    »Dieser Kampf [Amerikas und Englands. T.M.] wird langwierig sein, niemand täuscht sich darüber. Aber je länger er dauert, desto sicherer ist sein Ausgang. Die verworfenen Abenteurer, die die Versklavung der Welt betreiben, fühlen im Grunde, dass sie schon heute verspielt haben – fühlen es so gut wie ihre geknebelten und von jammervollen Scheinerfolgen in Schrecken gehaltenen Völker.«[149]

- der Aufruf an das deutsche Volk, sich von der NS-Führung – und damit der eigenen »Glaubens-Unwilligkeit«[150] – zu befreien

    »Ginge in den deutschen Städten einmütig das Volk auf die Straßen und riefe: ›Nieder mit dem Krieg und Völkerschändung, nieder mit Hitler und allem Hitler-Gesindel, Freiheit, Recht und Friede für uns alle!‹ – die Nazis würden erkennen, dass sie verspielt haben.«

- das Leid, das NS-Deutschland in die Welt bringt

    »[...] dass sie [die Welt. T.M.] es ertragen würde, zu einem einzigen Gestapo-Keller, einem einzigen Konzentrationslager gemacht zu werden, worin ihr Deutsche die SA-Wache abgäbet«[151]

- das Lob Englands und Amerikas

    »England und Amerika« haben »sich auch seelisch aufs Kriegsfuß gebracht, – nicht, weil sie, nach nazi-deutscher Philosophie, den Krieg für den Normal- und zugleich den Ideal-Zustand der Menschheit halten, sondern weil sie nach langem Zögern und Widerstreben einsahen, dass der treulosen, rechtsverächterischen Gewalt, mit der es kein Zusammenleben, keinen Frieden, keine Verständigung gibt, eben nur mit Gewalt zu begegnen ist, wenn man nicht will, dass sie die Alleinherrschaft auf der entehrten Erde übe.«[152]

- und schließlich den Deutschen sonst nicht zugängliche Inhalte wie Redeausschnitte Roosevelts oder Fakten zur Judenverfolgung.

Thomas Mann sollte – außer für Auftritte – nicht mehr nach Deutschland zurückkehren, auch wenn nicht wenige Rufe an ihn erfolgten. Einige Zeitungen handel-

---

[148] MANN, a. a. O. 107f.
[149] a. a. O. 17
[150] a. a. O. 48
[151] a. a. O. 25
[152] a. a. O. 113

ten ihn gar als möglichen Bundespräsidenten. 1952 siedelte er von den USA in die Schweiz über, wo er sich 1954 in Kilchberg bei Zürich niederließ und bis an sein Lebensende blieb. Die Beschäftigung mit Deutschland und dem Spezifisch-Deutschen fand ihren Niederschlag im 1943–1947 verfassten Roman »Dr. Faustus«. 1945 erschien sein Text »Warum ich nicht nach Deutschland zurückgehe«, der Anlass zu heftigen Diskussionen gab. In der Folge wurde ihm vorgeworfen, eine Kollektivschuld der Deutschen zu postulieren – ein Einwand, der sich nicht ganz von der Hand weisen lässt. Mann versicherte aber, dass er nie »aufhören« werde, sich »als deutschen Schriftsteller zu fühlen«, was er als »Solidaritätserklärung« verstand. Und: »Deutschland ist nicht identisch mit der kurzen und finsteren geschichtlichen Episode, die Hitlers Namen trägt. [...] Bin ich aber einmal dort [in Deutschland. T.M.], so ahnt mir, dass Scheu und Verfremdung, diese Produkte bloßer zwölf Jahre, nicht standhalten werden gegen eine Anziehungskraft, die längere Erinnerungen, tausendjährige, auf ihrer Seite hat.«[153]

Ignazio Silone: Brüche und Fragezeichen
In die eh schon vertrackte Geschichte Italiens legte Ignazio Silone (eigentlich Secondino Tranquilli, 1900–1978) eine von Brüchen und offenen Fragen gezeichnete Lebensspur. In der Armut der Abruzzen aufgewachsen, bekannte er sich früh zum Sozialismus und gehörte 1920 zu den Gründern der Kommunistischen Partei Italiens (PCI). Als Mitglied des Zentralkomitees unternahm er verschiedentlich Reisen ins Ausland. Nach der Machtübernahme der Faschisten von 1922 wurde er im gleichen Jahr verhaftet und 1923 freigelassen. Er tauchte in den Untergrund ab und lebte zeitweise in Deutschland, Frankreich und Spanien. 1927 wurde er in Moskau Zeuge der Schauprozesse gegen Trotzki und Sinowjew, die ihn auf Distanz zur Kommunistischen Partei gehen ließen. 1931 wurde er aus der Partei ausgeschlossen. Keiner Gruppierung mehr zugehörig, wurde er zum Außenseiter; er sollte sich später als »Christ ohne Kirche und Sozialist ohne Partei« bezeichnen.

Bis heute gibt seine mutmaßliche Zusammenarbeit mit der italienischen Polizei, die von 1919 bis 1930 gedauert haben soll, Anlass zu heftigen Diskussionen. Die Tatsache scheint mittlerweile unbestritten, unklar sind indessen die genauen Umstände.[154]

---

[153] MANN, Warum ich nicht nach Deutschland zurückgehe 363ff.
[154] Vgl. HAAS

Die »höchste Weisheit, einfach zu sein«
Zum Schriftsteller wurde Silone erst in seinem Schweizer Exil in den 30er Jahren. Er verfasste dort drei Romane (»*Fontamare*«, »*Pane e vino*«, »*Il seme sotto la neve*«) und ein Buch über den Faschismus (»*Il fascismo. Origini e sviluppo*«). Die Romane wurden zum großen Erfolg – »*Fontamare*« z. B. wurde über zwei Millionen mal verkauft und in mehr als 28 Sprachen übersetzt. In starkem Kontrast zum komplizierten Werdegang Silones bestechen die literarischen Arbeiten bis heute durch die Einfachheit ihrer Sprache. In seiner »Anmerkung des Autors« zu »*Pane e vino*« schrieb er: »Was schließlich den Stil betrifft, so erscheint es mir als die höchste Weisheit, beim Erzählen einfach zu sein.«[155] In sorgfältig entwickelten Plots und eindringlich geschilderten Situationen wird die Armut der *gafoni*, der italienischen Landarbeiter, geschildert, der allgegenwärtige Druck der faschistischen Regierung und die Schwierigkeiten differenzierter Figuren wie jener des Pietro Spina, in der feindlichen Umwelt Identität, Orientierung und Unterkommen zu finden. Spina steht für das Credo des »Nein-Sagens«, das Silone einmal so umschrieben hat: »Eine Diktatur braucht Einstimmigkeit [...]. Wenn auch nur Einer NEIN sagt, ist der Bann gebrochen.«[156]

Der klare Stellungsbezug Silones führte dazu, dass sich die Schweizer Behörden in ihrer Neutralität verletzt fühlten. 1941 und 1943 wurde er zudem interniert, weil er gegen das Verbot der politischen Betätigung verstoßen hatte. So flog der geheime Kurierweg, der mit der Bernina-Bahn über Poschiavo nach Italien führte, auf – Silone hatte über diesen Flugblätter und geheime Druckvorlagen geliefert.[157] Sein Faschismus-Buch durfte in den ersten Jahren nicht im Nachkriegsitalien erscheinen, während die Romane, im Fall von »*Pane e vino*« von Mussolinis Behörden auch verboten, zum festen Kanon der Untergrundliteratur zählten.

Zusammenarbeit mit dem amerikanischen Geheimdienst
Während des Zweiten Weltkriegs war die Schweiz »eine Arena für den direkten Schlagabtausch der gegnerischen Geheimdienste, gleichzeitig aber auch ein Operationsgebiet für den Widerstand«.[158] Vor allem Bern, aber auch Genf und Zürich waren Schauplatz klandestiner Verwicklungen, in denen das amerikanische OSS (*Office of Strategic Services*) eine wichtige Rolle spielte. Die 1942 bis 1945 bestehende Organi-

---
[155] SILONE 323
[156] a. a. O. 246
[157] Vgl. KAMBER, Die Masken 4
[158] KAMBER, »Geheime Agentin«

sation, welcher der britische Auslandsnachrichtendienst *MI6* Pate gestanden hatte und aus der in der Folge die CIA (*Central Intelligence Agency*) hervorgehen sollte, befasste sich u. a. mit der Unterstützung von Partisanen in Italien, Griechenland, Jugoslawien, Norwegen und Frankreich. Silone arbeitete mit dem OSS zusammen. Er hatte auch direkt mit dessen prominentem Gesandten für die Schweiz zu tun, Allen Dulles, der später Direktor der CIA wurde.

Silone und seine spätere Frau, die irische Reporterin Darina Elizabeth Laracy, halfen u. a. mit, für das Nachkriegsitalien valable politische Kräfte zu bestimmen. Seine *noms de guerre* waren »*S.*«, »*Len*«, »*Frost*«, »*Mr. Behr*«, »*Man from the Mountains*« und »*Betty*«, die interne Codenummer war *475*. Er wirkte nachhaltig auf das amerikanische Engagement in Italien ein:

- Er warnte vor der Zusammenarbeit mit einer, wie er zu Recht vermutete, von der faschistischen Geheimpolizei unterwanderten Sabotage-Organisation.
- Von den italo-amerikanischen Gewerkschaften und den Vertretern der Sozialistischen Partei Italiens in den USA und England organisierte er Gelder.
- Er machte von seiner Zusammenarbeit mit dem OSS Gebrauch, um via Telegramm mit Vertretern der Sozialisten in den USA und England zu korrespondieren und so ein auch für die USA nützliches Netzwerk zu schaffen.
- Nach der Konferenz von Casablanca (14.–26. Januar 1943) verfasste er die Denkschrift »Prämissen – Schlüsse – Bemerkungen« zur alliierten Propaganda-Arbeit.
- Er nahm Einfluss auf die amerikanische Radio-Propaganda in Italien und beteiligte sich daran aktiv.
- Er stellte sich gegen Churchills und Roosevelts Ansicht, die Monarchie sei in Italien beizubehalten.
- Im Namen der sozialistischen Partei unterbreitete er Forderungen zuhanden des AMGOT (*Allied Military Government of the Occupied Territories*).
- Er fungierte als Bindeglied zwischen dem bewaffneten Widerstand und den Amerikanern.[159]

Es ist im Nachhinein nicht einfach, den Stellenwert Silones im Ganzen des Weltkriegs zu definieren. Richtet man den Fokus wie oben auf seine Aktivitäten und Verdienste, begegnen existenzielles Wagnis und eine allen Anfeindungen trotzende

---

[159] Vgl. KAMBER, Ignazio Silone

Identifikation mit humanistischen Werten. Setzt man den Fokus allerdings weiter an, wird man Silone eher als eine Kraft unter anderen verstehen und den Stellenwert der Intellektualität mehr in der Rezeption der Nachwelt wiedererkennen als in den maßgeblichen Entwicklungen der Kriegszeit. Dieser Befund lässt sich ebenfalls auf Thomas Mann anwenden, wenn diesem innerhalb der genannten Grenzen auch ein weit größerer Stellenwert zukam.

2.5 Nationalkomitees oder: Seitenwechsel

Das Nationalkomitee Freies Deutschland • Emigranten erheben die Stimme: Das CALPO • Trent Park: Scheitern an der Generalität

War es in Deutschland selbst mit größter Gefahr verbunden, in den Widerstand gegen das NS-Regime zu gehen, so war das in Kriegsgefangenschaft einfacher. Hinzu kam, dass die Alliierten die Gründung von Nationalkomitees nicht nur gerne sahen, sondern auch tatkräftig unterstützten. Desillusionierung und Zeit zur Besinnung taten das Ihre. Neben dem bekannten »Nationalkomitee Freies Deutschland« in Russland kam es in Frankreich und England zu ähnlichen Gruppierungen, wenn auch mit weit geringerer Wirkung.

Die Aktivitäten der Komitees und vergleichbarer Gruppierungen fielen im strategischen Gesamtbild des Kriegs kaum ins Gewicht. Hinzu kommt, dass sie weit mehr auf einzelne Persönlichkeiten als auf ein breiteres Kollektiv zurückzuführen waren. Spätere Emporstilisierungen wie jene des Nationalkomitees Freies Deutschlands in der DDR vermögen darüber nicht hinwegzutäuschen. Von großem Interesse sind diese Körperschaften aber im Hinblick auf die Mentalitätsgeschichte des deutschen Offizierskorps. Es begegnen Motive und Glaubenssätze, Dilemmata und Konflikte, wie sie in prominenteren Zusammenhängen, etwa dem innerdeutschen Widerstand, immer wieder anzutreffen waren. Im Hinblick auf die Haltung der deutschen Offiziere im Jahr 1944 ist von einem Phänomen die Rede gewesen, das sich verallgemeinern lässt: von »oft qualvoller Gewissensprüfung und langem Denkprozess«, die nur selten zum konkreten Handeln führten[160].

---

[160] BÜCHELER 288

Das Nationalkomitee Freies Deutschland
Aus mehrheitlich kommunistischen Emigranten sowie aus Kriegsgefangenen entstand im Juli 1943 in Krasnagorsk bei Moskau das Nationalkomitee Freies Deutschland (NKFD). Pate stand Josef Stalin, und zu den Gründungsmitgliedern zählten spätere DDR-Parteikader wie Walter Umbricht (Staatspräsident), Wilhelm Pieck (SED-Generalsekretär) oder Johannes R. Becher (Kultusminister). Ziel des NKFD war es einerseits, die deutsche Bevölkerung zum Staatsstreich gegen Hitler zu bewegen. Dies geschah über den Radiosender »Freies Deutschland«. Originalaufnahmen sind archiviert und bis heute abspielbar.[161] Andererseits ging es darum, die deutsche Truppe an der Front über Lautsprecher sowie mit Flugblättern zur Aufgabe des Kampfes und zum Überlaufen auf die russische Seite zu motivieren. Auch hier existieren bis heute Platttenaufnahmen; sie stammen aus dem Jahr 1943. Das NKFD hatte kriegsgefangene Offiziere und Soldaten sprechen lassen.[162] Manche von diesen Männern versprachen sich vom Einsatz für das NKFD, dass sie den Härten der Kriegsgefangenschaft entgehen könnten.

Es galt, mit Argumenten die Köpfe und mit emotional gefärbten Botschaften die Herzen der deutschen Zivilbevölkerung und der Truppe zu gewinnen. Dass es Stalin selbst war, der hinter der Gründung des NKFD stand, beweist die strategische Bedeutung, die dieser Organisation beigemessen wurde. Allerdings hatte sie von Beginn weg mit Schwierigkeiten zu kämpfen. Zum einen kam es erst mit der Niederlage von Stalingrad Anfang 1943 zu einem Umdenken der Soldaten, und zum andern fühlten sich viele Offiziere an ihren Eid gebunden oder konnten sich mit dem kommunistischen Gedankengut nicht anfreunden. Es kam allerdings neue Hoffnung auf mit der deutschen Gegenoffensive bei Kursk im Juli 1943. Bis Generalfeldmarschall Friedrich Paulus, der Kommandeur der 6. Armee, der in Stalingrad kapituliert hatte, für eine Teilnahme an den Aktivitäten des NKFD zu gewinnen war, dauerte es bis zum August 1944. Dann allerdings, nach dem Zusammenbruch der deutschen Fronten in der Sowjetunion, schloss sich eine ganze Zahl hoher Offiziere dem NKFD an; so kam es beispielsweise im Dezember 1944 zum »Aufruf der 50 Generäle«, in dem Bevölkerung und Wehrmacht aufgefordert wurden, sich von Hitler loszusagen und den Krieg zu beenden.

In ihrem Manifest formulierten die Offiziere des NKFD ihre Leitidee wie folgt:

---

[161] http://www.*youtube*.com/watch?v=fRXfuRKkExY (Rede von Heinrich Graf von Einsiedel)
[162] http://www.78record.de/platten/aud-zeit.htm#nkfd

»Das deutsche Volk braucht und will unverzüglich den Frieden. Aber mit Hitler schließt niemand Frieden. Niemand wird auch nur mit ihm verhandeln. Daher ist die Bildung einer wahrhaft deutschen Regierung die dringendste Aufgabe unseres Volkes. Nur sie wird das Vertrauen des Volkes und seiner ehemaligen Gegner genießen. Nur sie kann den Frieden bringen.

Eine solche Regierung muss stark sein und über die nötigen Machtmittel verfügen, um die Feinde des Volkes, Hitler und seine Gönner und Günstlinge, unschädlich zu machen, mit Terror und Korruption rücksichtslos aufzuräumen, eine feste Ordnung zu schaffen und Deutschland nach außen hin würdig zu vertreten. Sie kann nur aus dem Freiheitskampf aller Volksschichten hervorgehen, gestützt auf Kampfgruppen, die sich zum Sturz Hitlers zusammenschließen. Die volks- und vaterlandstreuen Kräfte in der Armee müssen dabei eine entscheidende Rolle spielen.

Eine solche Regierung muß den Krieg sofort abbrechen, die deutschen Truppen an die Reichsgrenzen zurückführen und Friedensverhandlungen einleiten, unter Verzicht auf alle eroberten Gebiete. So wird sie den Frieden erzielen und Deutschland in die Gemeinschaft gleichberechtigter Völker zurückführen. Erst sie schafft dem deutschen Volke die Möglichkeit, in Frieden seinen nationalen Willen frei zu bekunden und seine Staatsordnung frei zu gestalten.

Das Ziel heißt: Freies Deutschland [...]«[163]

Emigranten erheben die Stimme: das CALPO

Inspiriert vom »Nationalkomitee Freies Deutschland« gründeten deutsche Emigranten im Herbst 1943 in Frankreich das CALPO (»*Comité Allemagne Libre Pour l'Ouest*«). Politisch kamen sie aus unterschiedlichen Lagern, wenn auch die Kommunisten in der Mehrzahl waren. Das Komitee war pluralistisch organisiert und produzierte Flugblätter sowie Zeitungen für deutsche Soldaten. Im April 1944 wurde das CALPO vom französischen Widerstand anerkannt, und es erhielt die Erlaubnis von den französischen Behörden, Lager für deutsche Kriegsgefangene zu betreten. Es ging dort v. a. um politische Umerziehung:

»Die Erziehungsarbeit, die wir bei den deutschen Kriegsgefangenen machen möchten, ist keine politische Arbeit im Sinn einer politischen Partei, sondern eine Erziehung, die zum Ziel hat, bei dem deutschen Volk die Idee eines Staates durchzusetzen, der mit den Prinzipien der Demokratie und der Verständigung zwischen den Völkern erfüllt ist, der also von den Prinzipien der ›Grande Révolution francaise‹ geleitet wird.«[164]

Neben dieser Umerziehung setzte sich das CALPO auch zum Ziel, Kriegsverbrecher zu identifizieren und auszuliefern; vom Gros der deutschen Gefangenen wurde angenommen, es handle sich um einfache Mitläufer. Dass sie für Wiederaufbauarbeiten in

---

[163] HOHLFELD 430ff.
[164] PLATON / MASSIE 4

Frankreich verwendet würden, war für das CALPO erklärter Teil des Reparationsprogramms. Von Weitsicht zeugte die Initiative, die Soldaten einen Beruf erlernen zu lassen und so ihren Wiedereinstieg in zivile Verhältnisse zu erleichtern. Die Arbeit des CALPO kam gut voran – so hatte es bald in jedem Lager Verbindungsleute, und die französische Armee beurteilte sein Wirken als positiv. Bald kam es aber zu ersten Verstimmungen, die den Anfang vom Ende bildeten. Die Vorstellung eines freien, souveränen Nachkriegsdeutschland erregte das Misstrauen der französischen Behörden. Ab Herbst 1944 wurde zunehmende Kritik in den Medien laut, und Frankreich, Großbritannien und die USA begannen die Aktivitäten des CALPO zu überwachen. Anfang 1945 wurde ihm der Zugang zu den Lagern verboten, und im August desselben Jahres wurde es in Paris aufgelöst.

Trent Park: Scheitern an der Generalität

Im Trent Park nördlich von London befanden sich die von den Briten gefangen genommenen deutschen und italienischen Generäle und Stabsoffiziere. Die in einer fundierten Ausgabe zusammengetragenen Abhörprotokolle lesen sich als Psychogramm einer zwischen Eid, Patriotismus und Widerstandsgeist lavierenden Generalität.[165] Die Briten versuchten stets aufs Neue, die deutschen Offiziere zu Rundfunkpropaganda zu bewegen, stießen aber nahezu immer auf Ablehnung. Zu einem »Nationalkomitee West« kam es trotz aller Bemühungen nie. Dazu gab es mehrere Gründe:

- Die Deutschen waren sich uneins, wie ein Komitee wie das NKFD zu beurteilen sei. Die Mehrheit lehnte es ab, verurteilte auch die Lektüre von dessen Zeitung »Freies Deutschland«.
- Man fühlte sich, bei aller Kritik am NS-Regime, an den Eid gebunden.
- Die Offiziere wollten in einem Nachkriegs-Deutschland mitbestimmen und entsprechende Posten übernehmen.
- Dieses Nachkriegs-Deutschland sollte, so die patriotische Überzeugung, wieder zum Prosperieren gebracht und als souveräner Staat behandelt werden.
- Sie schlugen vor, der Wehrmacht bei der Beendigung des Kriegs eine zentrale Rolle einzuräumen.

---

[165] NEITZEL

- Man schlug die Schaffung eines »unpolitischen deutschen Ordnungskomitees« vor, in dem man selbst Einsitz nähme.
- Ein Debakel wie Stalingrad hatten die Gefangenen nie erlebt, und so war ihre Ablehnung gegenüber Hitlers Führungsanspruch nicht gleich ausgeprägt wie im NKFD.

Was die Deutschen vorschlugen, fand das Wohlgefallen der Briten nicht – und umgekehrt. So gab es allen Avancen zum Trotz lediglich ein paar Vorlagen für Flugblätter, und diese wurden nicht einmal verwendet. Im April 1945 machten sich die Gefangenen vom Trent Park an einen gemeinsamen Brief an Churchill, in dem sie ihre Position darlegen wollten. Selbst nach langen Kontroversen wurde keine Einigkeit über dessen Inhalt erzielt – vom Vorhaben, das Schreiben von allen Offizieren unterschreiben zu lassen, kam man ab. Der Brief zeigt in einer beeindruckenden Introspektion den Weg der Generalität in die Katastrophe auf und sieht auch von einer Selbstanklage nicht ab. Von Churchills Seite kam indessen nie eine Reaktion.

2.6 PSYOPS nach einem Konflikt

Anspruchsvolle Herausforderungen: »Charta 6½« • *Das »PSYWAR-Syndrom«* • *Augenmaß und Sensibilität* • *Bittere Medizin und unerfreuliche Tatsachen* • *Lessons learned aus Bosnien*

Post-war conditions sind mit äußerst komplexen Aufgabenstellungen verbunden. Es ist nicht immer deutlich benennbar, ob und wie der Konflikt überhaupt beigelegt worden ist. Im Irak beispielsweise, wo die Amerikaner im Jahr 2003 offiziell das Ende ihrer Operationen deklariert haben, ist bis heute nicht Frieden eingekehrt. Hinzu kommt, dass dort wie in anderen Gebieten die Einsätze der friedenserhaltenden Partei nicht immer im gewaltlosen Rahmen bleiben. Nach UNO-Satzung bewegen sich die entsprechenden Akteure in einem heiklen Graubereich. Schließlich muss die Bevölkerung mit Wahrheiten konfrontiert werden, die nicht immer angenehm sind.

Alles in allem werden unter diesen Bedingungen hohe Anforderungen an die PSYOPS gestellt. Sie sind von größter Bedeutung und mitentscheidend für Gelingen oder Misslingen des *peace keeping*. Es sind mittlerweile Erfahrungswerte zusammengekommen, die kritische Erfolgsfaktoren erkennen lassen. Bosnien ist ein gutes Beispiel.

Anspruchsvolle Herausforderungen: »Charta 6½«

In der Phase des *peace keeping* und des Wiederaufbaus in Bosnien, im Kosovo und in Irak stellten bzw. stellen sich die folgenden Hauptaufgaben:

- Etablierung und Aufrechterhalten von Sicherheit
- Wiederherstellung zerstörter Infrastruktur
- Etablierung einer funktionierenden Volkswirtschaft
- politische Partizipation und Wahl einer Regierung
- Etablieren einer rechtsstaatlichen Justiz
- Aussöhnung und Integration der ehemaligen Gegner
- soziale Gesundung.[166]

Wie anspruchsvoll diese Herausforderungen sind, zeigen die Verhältnisse im Irak. Zwar ist das Regime von Saddam Hussein aufgelöst, der »Krieg ist gewonnen, aber seltsamerweise noch nicht beendet.«[167] Es muss festgestellt werden, dass dort bislang keine der oben genannten Aufgaben in nachhaltiger Form umgesetzt worden ist. Ebenso scheint die US-Truppe ihre eigene Rolle, die auch von der Bevölkerung mitgetragen würde, noch nicht gefunden zu haben. Das liegt nicht zuletzt daran, dass sich das Pflichtenheft und die *rules of engagement* (ROE) von jenen in der Kriegsphase deutlich unterscheiden – und Elemente enthalten, für welche die Truppe nie richtig ausgebildet worden ist. Ein Beispiel für solche *nonstandard missions* ist ein US-Artilleriebataillon, das sich mit einem Mal mit dem Auftrag des Wiederaufbaus konfrontiert sieht. »Das ist«, sagt ein Soldat, »eine 180-Grad-Kehrtwendung zu dem, was wir in unserer artilleristischen Grundausbildung gelernt haben.« Allerdings räumt er ein, dass er und seine Kameraden den neuen Auftrag durchaus als sinnvoll betrachten.[168]

---

[166] MUSHTARE 38 sowie HIPPLER1f.
[167] BERTHOUD
[168] LANDRY 2

In der Tat bewegen sich *peace keeping*-Einsätze auf heiklem Terrain, nicht zuletzt in Hinsicht auf eine Verankerung in den UNO-Chartas. Das kommt in der gängig gewordenen Formulierung zum Ausdruck, für sie gelte »Charta 6½«:

»Der erste Friedenssicherungseinsatz wurde im Mai 1948 eingerichtet, als der Sicherheitsrat Militärbeobachter in den Nahen Osten entsandte, um den Waffenstillstand zwischen Israel und seinen arabischen Nachbarn zu überwachen. Seither hat es insgesamt 63 UNO-Friedenssicherungseinsätze gegeben.
Der Begriff ›Friedenssicherung‹ ist nicht in der UNO-Charta zu finden. Der zweite UNO-Generalsekretär Dag Hammarskjöld sagte, dass diese Aufgabe unter ›Kapitel Sechseinhalb‹ der Charta falle, da sie zwischen den traditionellen Mitteln der friedlichen Streitbeilegung, wie Verhandlung oder Vermittlung (Kapitel Sechs), und den stärkeren Mitteln (Kapitel Sieben) liege.«[169]

Diese Problematik eines ungemein breiten Einsatzspektrums, dessen Elemente z. T. in diametralem Gegensatz zueinander stehen, findet im Begriff des *miles protector* ihren Niederschlag. Der zum Kämpfen ausgebildete Soldat im traditionellen Sinn (*miles*) vermag auch als Beschützer und Helfer aufzutreten (*protector*). Er deckt ein weitgespanntes Kompetenzenfeld ab mit

- prophylaktischer Konfliktverhinderung
- dem Containment von Konflikten
- humanitärer Hilfe
- Wiederaufbauhilfe
- Polizeiaufgaben.[170]

Das »PSYWAR-Syndrom«

Gelten die PSYOPS während eines Konflikts unbestritten als ständiger Auftrag, so gehen sie in der Nachkonflikt-Ära schnell vergessen.[171] Und bildet das »traditionelle« Soldatenhandwerk von Aufklären, Sichern, Halten, Sperren etc. im Grunde »absolute« Vorgaben, so sind »relative« wie die unter »6½«-Bedingungen mitunter auch intellektuell zu hoch angesetzt. Hinzu kommt, dass der einzelne Soldat unter Umständen innert Sekundenbruchteilen angemessen handeln muss, ohne einen eindeutigen, direkten Befehl erhalten zu haben. Erfahrungen des Verfassers aus Trainings im

---

[169] http://www.unis.unvienna.org/unis/de/60yearsPK/index.html
[170] SIEGENTHALER 3
[171] MUSHTARE 36

Schießkino sprechen eine deutliche Sprache: Es kommen viele, man möchte meinen zu viele Fehlreaktionen vor.

Für die einsatzbezogene Ausbildung bedeutet das zum einen das Training von »Grauzonen«: »Situationen sind mehrdeutig und können sich somit in mehrere Richtungen weiterentwickeln. Dieses Handeln und Denken in Grau anstatt in Schwarzundweiß ist nur mit intensivem Szenarientraining (Unikate, jede Situation ist einmalig) und nicht mit Büchsendrill und Standardverhalten anerziehbar.« Zum andern gilt: »Alles ist Switch. Der Übergang vom einen Gefechtsverhalten [bzw. generell Verhalten. T.M.] zum anderen muss fließend und rasch erfolgen können. Der Switch an sich wird zum Trainingsinhalt.«[172]

Ein in Afghanistan eingesetzter *marine* antwortete auf die Frage, ob »man einen unschuldigen Zivilisten von einem Taliban unterscheiden« könne: »Das ist extrem schwierig. Sie tragen keine Uniform, ziehen aber plötzlich eine Waffe und beginnen zu schießen. Dann weiß man wenigstens, das ist ein Feind. Aber selbst dann ist man nicht sicher.« Die Schwierigkeit des taktischen Auftrags und jene der adäquaten Kommunikation verstärken sich gegenseitig.[173]

Entscheidend ist es, ständige Präsenz zu markieren und für das Image der Friedenstruppen zu werben: Man ist da, man hilft – man begegnet aber auch mit Nachdruck jeder Aktion, die den Friedensprozess unterlaufen könnte. Das Ende der Kampfhandlungen darf keinem Nachlassen Vorschub leisten – wobei, wie gesagt, nicht selten schwierig zu bestimmen ist, wo der Krieg aufhört und die Nachkriegsära beginnt.

Augenmaß und Sensibilität

Die Erfahrungen aus Ex-Jugoslawien zeigen ein gemeinsames Muster: Zwei bis vier Jahre nach Kriegsende sind die Friedenstruppen stark präsent, sie prägen z. B. mit ihren Panzern das Straßenbild. Dann ziehen sie sich zurück. Allmählich hat sich die Bevölkerung an die neuen Umstände gewöhnt, man glaubt, alles sei vorbei, und verfällt nicht selten in alte Verhaltensmuster. Da braucht es ein gut entwickeltes Augenmaß dafür, ob mit Mitteln der PSYOPS vorzugehen ist oder mit der Sprache militärischer Gewalt. Das Krisenmanagement ist adäquat zu gestalten: angefangen beim

---

[172] REBER / ABEGGLEN
[173] MÜNGER

medialen »Wir sind hier« über Helikopter, die über der Stadt Patrouille fliegen, bis zum Verhängen einer Ausgangssperre.

Es hat sich in Bosnien als nützlich erwiesen, Foto- und Videoteams in die Einsatzkräfte zu integrieren. Zum einen schreckt die Aufzeichnung von aggressivem Verhalten die Täter ab, da sie damit rechnen müssen, identifiziert und zur Rechenschaft gezogen zu werden. Zum andern kann die Truppe im Fall späterer Untersuchungen die Rechtmäßigkeit ihres Vorgehens dokumentieren. Das ist nicht zu unterschätzen, besteht doch auftrags- und umweltbedingt einige Unsicherheit, wenn nicht Angst. Der erwähnte *marine* sagt dazu: »Als Soldat war es schwierig, weil sich die Leute vor mir fürchteten. Man ist isoliert, es gibt keine Beziehung, keinen Austausch. Und wenn es trotzdem zum Austausch kommt, ist er geprägt von Angst auf beiden Seiten. Und diese Angst hat im Krieg oft schlimme Folgen.«[174]

Bittere Medizin und unerfreuliche Tatsachen
Was einem westlichen Staatsbürger als normal erscheint – Toleranz, zeitgemäße politische Konzepte, Demokratie, die Werte einer *global communitiy* –, ist für Menschen in nicht wenigen anderen Ländern etwas Unvertrautes. Es kann ihrer Auffassung von sich selbst und von der Welt zutiefst widersprechen. Die 1992 vom amerikanischen Philosophen und Politikwissenschaftler Francis Fukayama (*1952) selbstgewiss eingeläutete Ära weltweiter Demokratisierung, Liberalisierung und Marktwirtschaft[175] findet nicht statt. Die von außen verordnete Medizin schmeckt vielerorts bitter. Abstimmungen und Wahlen zeitigen nicht die Resultate, die sich die Befreier vorstellt haben. Fukayama hat seine These immerhin in Bezug auf den arabischen Raum selbst relativiert.

Wer in Zonen wie Bosnien oder Kosovo Nachkriegs-Einsätze leistet, muss sich auch weniger erfreulichen Tatsachen stellen: der Korruption, dem organisierten Verbrechen mit Drogen-, Waffen- und Menschenhandel, ehemaligen Kämpfern der ultranationalistischen UÇK, die während des Kriegs dank der »Unterstützung durch Clan-

---

[174] ebenda
[175] »Wir sind gegenwärtig Augenzeugen nicht einfach des Endes des Kalten Kriegs oder des Endes einer spezifischen Nachkriegsperiode, sondern des Endes der Geschichte als solcher: Das ist der Schlusspunkt der ideologischen Entwicklung der Menschheit und die Universalisierung der westlichen liberalen Demokratie als der letztgültigen Regierungsform.« The End of History and the Last Man. USA 1992. http://en.wikipedia.org/wiki/The_End_of_History_and_the_Last_Man#cite_note-0)

führer, Auslandskosovaren, Schieber und diverse Geheimdienste«[176] traurige Berühmtheit erlangte. Mit all diesen Phänomenen müssen sich auch die PSYOPS-Truppen befassen. So gibt es, um überhaupt an gewisse Bevölkerungsgruppen heranzukommen, keinen anderen Weg als den über bestimmte *gatekeeper* in der Person von Clanführern, die Teil des alten Problems sind.

***Lessons learned* aus Bosnien**
Häufig entsteht in Nachkriegsszenarien ein Informationsvakuum, und die Mehrheit der involvierten Zivil- und Militärpersonen braucht psychische Orientierung. Bosnien-Herzegowina wie auch der Kosovo haben gezeigt, dass die Nato in der Lage ist, die daraus entstehenden Aufgaben zu meistern. Sie macht das besser als die USA – so immerhin die kritische Stimme des Chefs PSYOPS in der Operationszelle im *Supreme Headquarters Allied Powers Europe* (SHAPE) im belgischen Mons.[177] Gewisse Standards dürfen mit Fug und Recht als *benchmarks* betrachtet werden:

- beeinflussen, nicht indoktrinieren wollen
- einheimische Medienleute einbinden (angesichts der oft dürftigen Fremdsprachenkenntnisse der PSYOPS-Truppe ein Muss)
- einheimische Sender übernehmen
- *cross-media*-Strategien anlegen
- Bewusstsein für sich schnell einstellende Fallstricke entwickeln (z. B. Empfindlichkeiten bestimmter Bevölkerungsgruppen *cultural awareness*: Was interessiert das Publikum? Welche Art von Musik schätzt es? (Das Programm muss der Zielgruppe gefallen und nicht dem taktischen Kommandeur.)
- stark über zwei Kanäle arbeiten: elektronische Medien und *face-to-face*-Interaktion
- die Kommunikation, den Dialog suchen und nicht Einweg-Information betreiben.

Die PSYOPS-Truppe in Bosnien-Herzegowina war in vier Gruppen gegliedert: Video, Radio, Print und Zielgruppenanalyse. Diese Aufstellung hat sich bewährt. Für sich sprechen auch die Zahlen: Die der deutschen »Bravo« vergleichbare Jugendzeitschrift »*Mirko*« ist 98 % der Jugendlichen bekannt, und 75 % davon sind sehr zufrie-

---

[176] CHICLET
[177] COLLINS, NATO and Strategic PSYOPS

den mit dem Printerzeugnis. »*Radio Mir*« sendet rund um die Uhr Musik- und Nachrichtenprogramme, und die Video-Gruppe dreht Spots für die lokalen Sender. Die Medienprodukte liefern nicht einfach nur Info- und Entertainment. So dokumentiert der »HQ SFOR«-Schriftzug auf der Titelseite von »*Mirko*« klar die Provenienz, und zwischen Musik- und Infoblöcken geht es um das Einsammeln von Kriegswaffen, die Fahndung nach Kriegsverbrechern oder die Minengefahr – in Bosnien liegen über eine Million Landminen und nichtexplodierte Kampfmittel.[178] Die Zielgruppenanalyse schließlich erfolgt in großem Maß direkt bei den Leuten, man trägt Zivil, um Berührungsängste abzubauen. Der Einbindung der PSYOPS-Arbeit in übergeordnete Zusammenhänge entspricht es aber auch, dass die Ergebnisse von Umfragen und Interviews weitergeleitet werden – u. a. an die Organisation für Sicherheit und Zusammenarbeit in Europa (OSZE), das UN-Flüchtlingshilfswerk (UNHCR) und die Polizeimission der EU (EUPM).

---

[178] http://www.bmlv.gv.at/ausle/eufor/artikel.php?id=2498

Zielpublikum Zivilbevölkerung: Briefmarke »Futsches Reich«.[179]

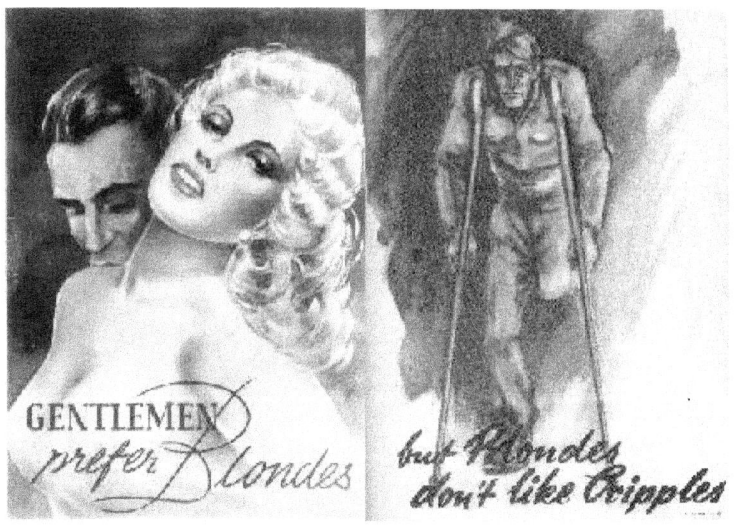

Zielpublikum Truppe: Bewusster Manipulationsversuch aufgrund von Ängsten. Vorder- und Rückseite eines deutschen Flugblattes aus dem Zweiten Weltkrieg.[180]

---

[179] http://www.psywarrior.com/Cornflakes2.html
[180] http://www.psywarrior.com/sexandprop.html

Moderne PSYOPS. Auch hier die Ausrichtung auf die Zielgruppe: Warnung vor Minen an jugoslawische Kinder. Das von *Time Warner* konzipierte Comic-Heft erschien in der Auflage von einer halben Million. Es wurde kyrillisch für die Serben sowie in lateinischer Schrift für die Kroaten und die Muslims herausgegeben. Der Kommentar: »Superman ist gekommen, um den Kindern von Bosnien-Herzegowina zu helfen. Auch wenn er nicht immer hier sein kann, kannst du selbst schauen, dass du vor Minen sicher bist!«[181]

---

[181] http://www.psywarrior.com/MineawarenessHerb.html

Israelische Flugblätter im Libanon. Treffen sie den Code des Zielpublikums?[182]

Vier *Al-Kaida*- bzw. *Taliban*-Führer. Vorder- und Rückseite eines amerikanischen Flugblatts. Das Spiel mit Gegensätzen bzw. überraschenden Wendungen gehört zum Grundvokabular psychologischer Kriegsführung und soll zur Überzeugungskraft beitragen.[183]

---

[182] http://www.psywarrior.com/IsraeliLebanon.html
[183] http://www.psywarrior.com/Herbafghan.html

Threat-appeal: Amerikanisches Flugblatt aus dem Ersten Golfkrieg. Der Text: »Sie haben schreckliche Verluste erlitten, weil wir in diesem Krieg die stärkste konventionelle Bombe einsetzen. Sie hat mehr Sprengkraft als zwanzig *scud*-Raketen. Passen Sie auf! Bald werden Sie wieder bombardiert. Kuwait wird befreit werden. Machen Sie schnell und schließen Sie sich Ihren Brüdern im Süden an. Wir werden Sie wohlwollend und respektvoll behandeln. Verlassen Sie Ihre Stellungen, denn sie werden Ihnen keine Sicherheit bieten.«[184]

---

[184] http://www.psywarrior.com/V52.html

Amerikanischer *Safe-conduct*-Pass aus der Operation »*Iraqi Freedom*«. Man beachte: Er ist von rechts nach links zu lesen.[185]

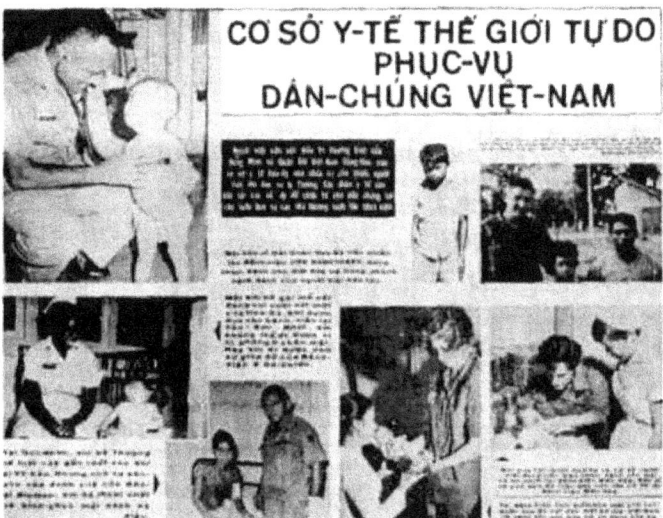

US-Poster aus dem Vietnamkrieg mit einer Übersicht über die unentgeltlichen medizinischen Hilfeleistungen.[186]

---

[185] http://www.psywarrior.com/Iraqleaflinks.html
[186] http://psywarrior.com/PsyopHealth.html

Über Afghanistan abgeworfenes Flugblatt mit der Friedenstaube: Gutschein für ein Hähnchen?[187]

This is an American Soldier. We'll call him Joe. Joe wants to win in Al Anbar But sometimes it seems like other people don't share that idea.

How can Joe win in Al Anbar? By fighting the insurgents?

Irak: US-Behelf für die Kommunikation mit Einheimischen: »*How to win in Al Anbar*« – erfolgreiche PSYOPS auf interkultureller Basis.[188]

---

[187] http://www.psywarrior.com/PSYOPMistakes.html
[188] http://windsofchange.net/archives/shouldwepinsuccessoncooptingthesheiks.html

General de Gaulle, Chef der *Forces Françaises Libres*, spricht über BBC aus seinem englischen Exil. Berühmt wurde sein Appell an die Franzosen vom 18. Juni 1940.[189]

Vietcong-Kampagne: Der Versuch, den Gegner mit sexuellen und finanziellen Anreizen zum Überlaufen zu bewegen. Sex ist ein guter *eye catcher*, selbst wenn die mit ihm verbundene Aussage allzu fadenscheinig ist. Von nachhaltiger Wirkung kann aber nicht die Rede sein.[190]

---

[189] http://en.wikipedia.org/wiki/Charles de Gaulle#Free French leader during Worls War II
[190] http://www.psywarrior.com/sexandprop.html

Täuschung als Teil der PSYOPS: Attrappe eines *Sherman*-Panzers.[191]

Argentinisches Flugblatt aus dem Falklandkrieg. US-Präsident Reagans unbotmässiger Umgang mit dem *Tratado Interamericano de Asistencia Recíproca* (TIAR), dem „Interamerikanischen Vertrag zur gegenseitigen Hilfeleistung". Nach argentinischer Auffassung verletzten die USA den Vertrag, indem sie die britische Navy mit Treibstoff und Waffen unterstützten.[192]

---

[191] http://www.psywarrior.com/DeceptionH.html
[192] http://www.psywarrior.com/Falklands.html

Appell an Sentimentalität und Sehnsucht: Deutsches Flugblatt aus dem Zweiten Weltkrieg. Die Überschrift: »Vorbei!« – Auf der Rückseite zu lesen: »*Nothing ›Merry‹ about this Christmas! Millions of men are locked in battle in the most cruel and bloody war of mankind. They no longer know the great Commandment ›Thou shall not kill‹ and they have probably forgotten the lovely Christmas spirit which silently embraced all of us on Christmas Eve in the good old days...*«[193]

---

[193] http://www.psywarrior.com/xmascards.html

Psychologische Kriegsführung: Ein heikles Unterfangen. Die Wirkung kann mitunter anders ausfallen, als beabsichtigt wurde.[194]

---

[194] http://www.psywarrior.com/sexandprop.html

Erschlagende Übermacht gegen Saddam Hussein. An Comics erinnerndes US-Flugblatt aus der Operation »Desert Shield«.[194]

Das Emblem des amerikanischen *4th Psychological Operations Regiment*. Die Farben Grau, Weiß und Schwarz stehen für die entsprechenden Operationsarten. Das trojanische Pferd stellt die Fähigkeit dar, in unerwarteter Weise zu agieren und alle möglichen Konfliktformen zu beeinflussen. Der Blitzpfeil und das Schwert versinnbildlichen Raschheit und die Fähigkeit, überall zuzuschlagen.[195]

---

[195] http://www.psywarrior.com/HerbDStorm.html
[196] http://www.psywarrior.com/regiment.html

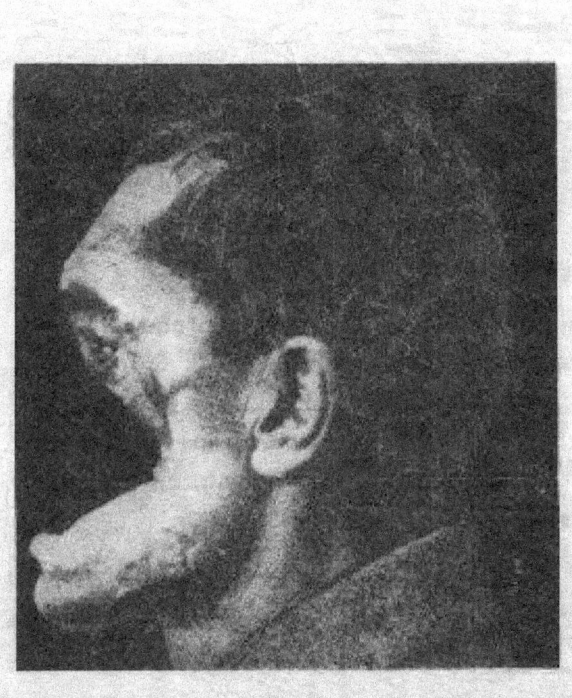

Flugblatt mit der Fotografie eines medizinisch versorgten Überlebenden. Das Bild stammt aus dem berühmt gewordenen, 1924 erschienenen und in 50 Sprachen übersetzten Anti-Kriegs-Buch »Krieg dem Kriege« von Ernst Friedrich. Es wurde während des Zweiten Weltkriegs erst von den Deutschen, dann auch von den Alliierten verwendet. – Ein makabres Spiel mit den Ängsten vor Verkrüppelung und Entstellung. Die Aufnahme zeugt davon, dass auch Pazifisten sich sozusagen der »psychologischen Kriegsführung« bedienen können.[197]

---

[197] http://www.psywarrior.com/DDTheme.html

Feldlautsprecher: Bis heute ein wichtiges Medium im taktischen Einsatz.[198]

Ein amerikanischer Soldat belädt während des Koreakriegs eine Flugblattbombe.[199]

---

[198] http://www.psywarrior.com/FM33-1.html
[199] http://en.wikipedia.org/wiki/Usser:MF88389DTU/Articleraft-Leaflet-bomb

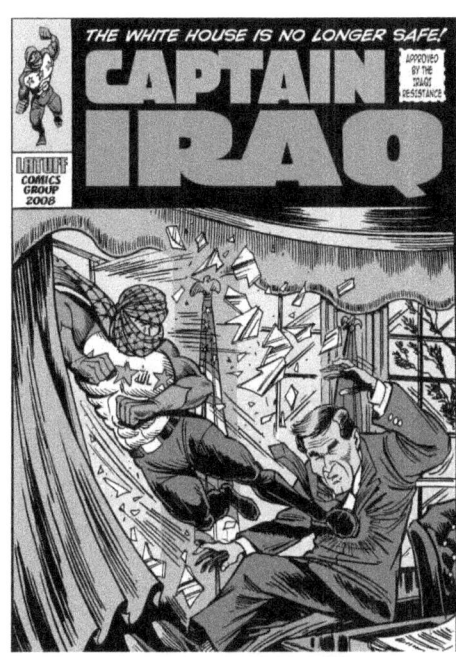

Reduktion auf eine mythisch überhöhte Aussage. *Captain Iraq*: anti-amerikanische PSYOPS.[200]

Alliierte Flugblattkampagne im Zweiten Weltkrieg: Eifersucht, Verlustängste, Ohnmachtsgefühl wecken.[201]

---

[200] http://www.psywarrior.com/PsyopComics.html
[201] http://www.psywarrior.com/sexandprop.html

Hitler besichtigt das Modell, Berlin 1938

Der fertige Wagen in Afrika 1943

Der deutsche Volkswagen: Euphorie und Ernüchterung. Britisches Flugblatt 1943.[202]

---

[202] http://www.psywarrior.com//DDTheme.html

BẠN MUỐN CHỊU

CHUNG SỐ PHẬN

NÀY KHÔNG?

»Wird es auch dir so ergehen?« US-Flugblatt aus dem Vietnamkrieg.[203]

Goya: »*Desastres de la guerra*« (1810–1814), eine Ikone der anklagenden Kriegsdarstellung. – Demonstrative Gräuel.[204]

---

[203] http://www.psywarrior.com/DDTheme.html
[204] http://www.google.com/images?oe=utf-8&rls=org.mozilla:de:official&client=firefox-a&q=Goya:+%E2%80%9EDesastres+de+la+guerra%E2%80%9C&um=1&ie=UTF-

Deutsches Flugblatt aus dem Zweiten Weltkrieg mit dem Bild eines Schwarzen: Spiel mit dem Rassismus.[205]

Englisches Flugblatt aus dem Zweiten Weltkrieg: Vorderseite ... und Rückseite.[206]

8&source=univ&ei=uQqeTO23N9CSswbXmqDmDg&sa=X&oi=image_result_group&ct=title&resnum=1&ved=0CCEQsAQwAA
[205] http://www.psywar.org/race.php
[206] http://www.psywarrior.com/leaflets.html

3 Verführen

> *Großen Nutzen erzielt man dadurch, dass man die feindlichen Soldaten für sich gewinnt und bei sich aufnimmt, sofern sie in guter Absicht kommen. Überläufer schaden dem Feind mehr als Gefangene.*
> Flavius Vegetius Renatus (spätrömischer Kriegstheoretiker, 4. Jh. n. Chr.)[207]

In diesem Kapitel

Der Durchschnittssoldat ist kein Held – das ist nicht erst in »postheroischen« Gesellschaften so. Er ist in erschreckendem Ausmaß ein Mängelwesen, konfrontiert mit Vertrauensbruch, weitgehend ohne Einflussmöglichkeiten, verstehbare Umwelt und tragenden Sinn, reduziert auf das nackte Überleben. Seine Verführbarkeit ist entsprechend groß. Ob Sex dabei ein zielführendes Mittel ist, bleibt fraglich.

Instrumente der Immunisierung wiederum finden sich in Propaganda – nicht zuletzt in entsprechenden Filmen –, in Truppenführung und Leitfiguren. Auch das Erkennen von psychologischen Mechanismen kann viel zur Immunisierung beitragen. Letztlich geht es dabei immer um die Motivation der Truppe, einen maßgeblichen Faktor des Gefechtswerts.

3.1 Kohärenz: Der Soldat als Mängelwesen

Mythos Kriegsheld • Vom Verrat zum Berserkertum: Achilles in Vietnam • Verstehbarkeit, Machbarkeit, Sinn • Auswege aufzeigen

Einmal mehr gilt: Um die Ziele der PSYOPS zu erreichen, muss ich mich in die Gegenseite versetzen. Wer verführen will, muss wissen, wo er anzusetzen hat. Der sowjetische Propagandakünstler Alexander Shitomirski, der während des Zweiten

---

[207] FLAVIUS VEGETIUS RENATUS

Weltkriegs zahlreiche Flugblätter mit Fotomontagen gestaltete, beschreibt sein Vorgehen wie folgt:

»Zu Beginn meiner Arbeit mit Fotomontagen hatte ich über viele politische, ethische und menschliche Fragen nachzudenken, ebenso über die Technik der Bildermontage. Niemand war da, der mir hätte helfen können, und so musste ich meinen eigenen Weg finden. Meine Fotomontagen waren immer an den einzelnen Soldaten auf der anderen Seite der Front gerichtet, der eventuell mein Produkt in Händen hielt. In meiner Vorstellung nahm ich seinen Platz ein und teilte seine Gedanken. Ich verstand ihn, ich wusste um seine Frau, seine Kinder, sein Haus, ja gar um seinen Hund. Ich wusste alles über ihn. Er war in einen Sumpf aus Dreck und Blut hineingezogen worden, in einen sinn- und nutzlosen Krieg. Ich ließ ihn grafisch verstehen, wer verantwortlich war und von seinem Elend profitierte. Ich sprach zu ihn als zu einem menschlichen Wesen und gab ihm den einzig möglichen Rat: Brich deine Verbindung mit Hitler und seiner Clique, die den Krieg verursacht haben, ab. Hör auf zu kämpfen und gib auf!«[208]

Mythos Kriegsheld

Wer sich in den einzelnen Soldaten versetzt, muss von enormen psychischen Belastungen ausgehen. Der Kriegsheld – so sehr es ihn als Einzelerscheinung geben mag – ist ein Mythos, die Fakten der Kriegspsychologie bzw. -psychiatrie sprechen eine ganz andere Sprache:

- Im Ersten Weltkrieg hatte das sogenannte »Kriegszittern« die Ausmaße eines Massenphänomens. Es war die Reaktion auf extreme Stresssituationen im Schützengraben.
- Im Ersten Weltkrieg wurde mehr als ein Viertel der Frontkämpfer wegen eines psychischen Zusammenbruchs aus der Kampfzone evakuiert. Weitere 16 % kamen vorübergehend in psychiatrische Einrichtungen.
- Im Zweiten Weltkrieg feuerte lediglich jeder sechste seine Waffe ab. Die andern harrten in der Deckung aus.
- Psychische Erkrankungen waren die größte Einzelkategorie bei den US-Behindertenrenten in der Folge des Zweiten Weltkriegs.
- Mehr als ein Drittel der amerikanischen Frontsoldaten wurde im Zweiten Weltkrieg wegen psychischer Probleme entlassen.
- Während des Kalten Kriegs errechneten die Strategen beider Seiten die Verluste bzw. Ausfälle beim Ausbruch eines bewaffneten Konflikts. Sie befassten sich

---

[208] FRIEDMAN, Vilification

auch mit der Anzahl psychischer Kampfreaktionen und kamen auf 40 bis 50 % aller Ausfälle innert einer Woche nach Beginn der Kampfhandlungen.
- Im Vietnamkrieg erkrankte jeder achte Frontsoldat psychisch; die relativ tiefe Zahl erklärt sich aus dem – aufs Ganze gerechnet – geringen Anteil kombattanter US-Truppen. Dafür waren die posttraumatischen Belastungsstörungen umso verbreiteter.
- Erwähnenswert sind die Suizidfälle unter Irak-Veteranen. In den USA überstieg 2005 deren Zahl jene der Gefallenen: 6256 Selbstmorde allein im Jahr 2005 gegenüber rund 3800 Gefallenen von der Invasion 2003 bis Ende 2005. Unter den Aktiven wurden im Jahr 2005 1,29 Suizidfälle pro 10'000 Soldaten registriert, 2004 noch 1,1 pro 10'000. Als häufigste Ursachen nennen US-Armeepsychologen Angst und permanenten Stress im Einsatz, gescheiterte Beziehungen durch die lange Einsatzdauer sowie den einfachen Zugang zur Waffe. Erschreckend ist auch der Anteil der Veteranen an der Zahl Obdachloser in der Heimat: Sie machen rund einen Viertel aus.[209] Eine 2010 veröffentlichte Studie spricht von 10 bis 15 % aller im Irak und in Afghanistan eingesetzten Soldaten, die mit posttraumatischen Stresssymptomen, Depressionen, Angstattacken und Alkoholproblemen in die USA zurückkehren.[210] Neben Therapien aller Art, Medikation und Selbsthilfegruppen gibt es z. B. auch eine interaktive Plattform, die Hilfe verspricht (www.vetsprevail.com)[211].

Mentalitätsgeschichtlich kommt zur allgemeinen psychischen Verwundbarkeit des Frontsoldaten eine Entwicklung im Besonderen hinzu. In den westlichen Demokratien befinden wir uns spätestens seit dem Ende des Kalten Kriegs in einer »postheroischen Gesellschaft« (Herfried Münkler). Diese hat sich gelöst von den heroischen Ideologien, die geprägt gewesen sind von Opferbereitschaft, religiösen Bezügen des Heldentums, sozialer Einbettung und erzählerischer Überhöhung des Heroischen, Klage über die Gegenwart und Betonung der Ehre. »Die heroische Gesellschaft war die Gesellschaft, in der der Krieger und der Bürger eins geworden sind, in der tendenziell jeder Bürger, wenn es denn nötig war, auch ein Krieger zu sein hatte ... Die postheroische Gesellschaft ist dadurch gekennzeichnet, dass es zu einer schrittweisen,

---

[209] http://www.orf.at/071115-18719/?href=http%3A%2F%2Fwww.orf.at%2F07111518719%2F18720txt_story.html
[210] CAREY
[211] Vgl. WEINER

neuerlichen Separierung des Bürgers und des Kriegers kommt.«[212] Am Beispiel von Krieger- und Heldendenkmälern lässt sich der Schritt von der heroischen in die postheroische Gesellschaft gut nachvollziehen. Heute werden kaum mehr welche in den öffentlichen Raum gestellt – seien das Parks, Friedhöfe, Plätze. Für »heroische Gesellschaften« waren sie ein Ausdruck ihrer Identität, waren sie, in einem Begriff des französischen Kulturhistorikers Pierre Nora (*1931), *lieux de mémoire*, »Symbole eines kollektiv verankerten Erbes«[213].

Vom Verrat zum Berserkertum: Achilles in Vietnam
Der amerikanische Psychologe Jonathan Shay (*1942) befasste sich intensiv mit der *post-traumatic stress disorder* bei Vietnamveteranen. Dabei stellte er nicht nur Symptome wie chronische Gesundheitsprobleme, Alkohol- und Drogenmissbrauch oder Suizidgefährdung fest, sondern u. a. auch die ständige »Erwartung, betrogen und ausgebeutet zu werden; [die. T.M.] Zerstörung der Fähigkeit, soziales Vertrauen aufzubauen«.[214] Shay erkannte ein Phänomen, das offenbar eine anthropologische Konstante darstellt, denn es lässt sich nicht nur bei Vietnamkämpfern, sondern bereits in der »Ilias« des griechischen Dichters Homer antreffen. In diesem Werk aus dem 8. Jahrhundert v. Chr. verliert der Held Achilles seinen Freund Patrokles, und es zerbricht in ihm der Glaube an »das, was Recht und Unrecht ist«. »Homer«, schreibt Shay, »hebt zwei Erscheinungen hervor, zu denen es bei schweren, lang dauernden Kämpfen kommt: den Verrat an ›dem, was recht ist‹ und den Ausbruch des Berserkertums.«[215] Die Parallelen über 2700 Jahre hinweg führten Shay zum Titel seiner 1994 erstmals erschienenen Untersuchung: »Achilles in Vietnam«.

Sicherlich gibt es, wie der Autor selber festhält, neben den Gemeinsamkeiten auch Unterschiede. In der »Ilias« begegnet *friendly fire* ebenso wenig wie der Mord am Vorgesetzten, das Leiden der Verwundeten oder der Zivilbevölkerung. Auch ist im antiken Werk nicht die Rede »von Knappheit, Mangel und tagtägliche[n. T.M.] körperliche[n. T.M.] Entbehrungen«: »Durst und Hunger, Mangel an Schlaf, wahnsinnige Hitze und quälende Kälte kommen nicht vor, ebenso wenig ist die Rede von Dreck, Verwahrlosung, von der Unmöglichkeit, sich zu waschen, von stinkenden Hosen, vom völligen Mangel an Privatheit, von Läusen, Ratten, Ameisen, Skorpionen,

---
[212] BREUER
[213] https://tspace.library.utoronto.ca/citd/holtorf/2.6.html
[214] SHAY 25
[215] a. a. O. 36

Schlangen und Moskitos.«[216] Gleichwohl verbindet beide Welten die gleiche menschliche Urerfahrung: der Verlust dessen, was das altgriechische Wort *thémis* bezeichnet.

thémis – »das, was recht ist« – meint eine »sittliche Ordnung, normative Erwartungen, Ethik und allgemeinverbindliche gesellschaftliche Werte.«[217] Fallen diese infolge eines Treubruchs in sich zusammen, erlebt der Soldat einen der schlimmsten denkbaren Verluste. Treubruch deshalb, weil ihn die Vorgesetzten bzw. das System, mit dem ihn ein Vertrauensverhältnis verbindet, im Stich lassen. Schlechte Ausrüstung wie z. B. untaugliche M16-Gewehre, Irrevelanz des Trainings, dazu Mangel an Fairness oder verantwortungsloses Verhalten der Offiziere sind Spielarten des Vertrauensbruchs. Es stellt sich ein Manko ein, das, folgt man Shay, den Soldaten tiefer und nachhaltiger traumatisiert als das Kampfgeschehen als solches.

Das Erleben des Treubruchs führt – wiederum bei Achilles ebenso wie bei den Soldaten des 20. Jahrhunderts – zum »Berserkertum«. Der Mensch, dem »das, was recht ist«, abhanden gekommen ist, wird zur Bestie. Ein Soldat schreibt entsprechend: »22. Dezember 1967: dies ist der Tag, an dem ich aus einem zivilisierten Wesen zum Tier wurde... Ich war ein verdammtes Tier. [...] Der Krieg verändert einen, er verändert einen. Er entblößt dich, er nimmt dir all deine Überzeugungen, deine Religion, nimmt dir deine Würde, und du wirst zum Tier.«[218] Zum Berserkertum gehören die folgenden Merkmale:

»Wie ein Tier sein
Wie Gott sein
Soziale Isolation
Verrückt, wahnsinnig, irre
Wütend
Grausam ohne Hemmung oder Unterscheidungsvermögen
Unersättlichkeit
Furchtlosigkeit
Keine Rücksichtnahme auf die eigene Sicherheit
Heftige Erregung
Keine Unterscheidungsfähigkeit

---

[216] a.a. O. 173f.
[217] a.a. O. 36
[218] a. a. O. 126

Unbekümmertheit, das Gefühl, nicht verwundbar zu sein
Erregt, berauscht, rasend
Kalt, indifferent
Kein Schmerzempfinden
Misstrauisch gegenüber Freunden.«[219]

Wie kann dem Verlust dessen, »das recht ist«, und dem Berserkertum vorgebeugt werden? Als einfachste Lösung bietet sich die Primärprävention an, die darin bestünde, auf bewaffnete Konflikte zu verzichten – doch sie gehört ins Reich des *wishful thinking*. Also kann es nur um sogenannte »sekundäre Prävention« gehen, der die folgenden Elemente dienen:

- Führung als Gegenmaßnahme gegen *combat stress* und *battle fatigue*, analog zu Sun Zis Umschreibung guter Führung (Intelligenz, Vertrauenswürdigkeit, Menschlichkeit, Mut, Unnachgiebigkeit)
- Unterstützung des Soldaten an der Heimatfront
- Rotation von Einheiten und nicht von Individuen (weit geringere Häufigkeit von *post-traumatic stress disorder* bei Soldaten des Zweiten Weltkriegs aufgrund der Tatsache, dass diese – im Gegensatz zum Vietnamkrieg – »gemeinsam ausgebildet wurden, gemeinsam nach Übersee reisten, gemeinsam kämpften, gemeinsam ihren Urlaub und ihre Freizeit verbrachten und am Ende gemeinsam heimreisten«)
- Statusverbesserung der Trauer in der militärischen Kultur
- »Keine Ermutigung zum Berserkertum«, Verhinderung von Racheexzessen, psychologische Begutachtung von Soldaten, die sich freiwillig für eine Dienstverlängerung melden.[220]

Verstehbarkeit, Machbarkeit, Sinn
Das erschreckende Ausmaß psychischer Kampfreaktionen lässt sich auch verstehen, wenn man die Kohärenztheorie des amerikanischen Soziologen Aaron Antonovsky (1923–1994) zu Rate zieht. Das Kohärenzgefühl (*sense of coherence*, SOC) ist eine »globale Orientierung, die ausdrückt, in welchem Ausmaß man ein durchdringendes,

---

[219] ebenda
[220] a. a. O. 264ff.

andauerndes und dennoch dynamisches Gefühl des Vertrauens hat«.[221] Es hat drei Komponenten:

- Verstehbarkeit (*sense of comprehensibility*); sie »stellt die kognitive Komponente dieser Grundorientierung dar. Krisenhafte Ereignisse wie Tod, Krieg und Krankheit können eingeordnet, erklärt, strukturiert und vorhergesagt werden. Es existiert eine solide Fähigkeit, die Realität zu beurteilen.«
- Handhabbarkeit / Machbarkeit (*sense of manageability*); »Lebensereignisse werden als Erfahrungen und Herausforderungen angenommen, man kann mit ihnen auf irgendeine Weise umgehen oder zumindest ihre Konsequenzen ertragen. Es sind Ressourcen verfügbar, die gewährleisten, den aus diesen Ereignissen resultierenden Aufgaben gerecht zu werden.«
- Sinnhaftigkeit / Bedeutsamkeit (*sense of meaningfulness*); die »Anforderungen des Lebens werden als Herausforderungen gesehen, die Interventionen und Engagement lohnen. Diese Komponente repräsentiert die emotionalen und motivationalen Elemente des SOC. Copingmechanismen [Mechanismen der Bewältigung. T.M.] können besser mobilisiert werden, wenn das Leben als sinnvoll empfunden wird.«[222]

Hält man sich das Geschehen an der Front vor Augen, so wird deutlich, dass der durchschnittliche Soldat, einem großen Manko an Kohärenz ausgesetzt, ein ausgeprägtes Mängelwesen ist. Er ist wahllos und chaotisch mit existentieller Gefährdung konfrontiert. Die Ereignisse lassen sich kaum strukturieren, geschweige denn vorhersagen. Der Soldat kann in der nächsten Sekunde tödlich getroffen oder zum Krüppel geschossen werden. Von Verstehbarkeit kann nicht die Rede sein. Ein verstörendes Paradox regiert das Schlachtfeld: Je stärker der Einzelne ins Geschehen involviert ist, desto weniger vermag er den Gesamtzusammenhang zu erkennen.[223] Diesen Sachverhalt haben zwei Literaten anschaulich zur Sprache gebracht. Der französische Romancier Stendhal (1783–1842) lässt in »*La Chartreuse de Parme*« seine Hauptfigur Fabrizio del Dongo an der Schlacht von Waterloo teilnehmen. Nach deren Ende fragt sich dieser: »War das, was er gesehen hatte, eine Schlacht, und an zweiter

---

[221] http://de.wikipedia.org/wiki/Salutogenese
[222] BORRMAN 2
[223] Vgl. NEUBAUER 109f.

Stelle, war diese Schlacht Waterloo?«[224] Und der Amerikaner Stephen Crane (1871–1900) sagt über den Protagonisten seines Bürgerkriegstexts »*The Red Badge of Courage*«: »er war endlich« – nach Beendigung der Kämpfe – »wieder imstande, sich ein Bild von sich selbst und seiner Umgebung zu machen.«[225] Crane schildert die Erlebnisse, Gefühle und Gedanken seiner Figur Henry Fleming so gekonnt, dass viele Veteranen fälschlicherweise glaubten, er habe selber am Krieg teilgenommen.

Im Ersten Weltkrieg »stellten Flugzeuge und Fesselballons sowie Fotografien den Soldaten [...] Informationen in bisher nicht gekannter Qualität zur Verfügung.« Gleichwohl sahen die Verhältnisse am Boden ganz anders aus: »Die auf der Fliegerfotografie so schön sichtbaren Gräben waren in Wirklichkeit kaum noch zu finden.«[226] Neben dem vereinzelt eingesetzten Kompass dienten als behelfsmäßige Orientierungshilfen Bänder und Balken, die mit phosphoreszierender Farbe bemalt waren, auffällig gelegene Leichen, nachts der Geruch ganzer Leichengruppen, Wegweiser, unzerstörbare Geländepunkte wie der »Tote Mann« oder die »Höhe 304«. Es galt indessen:

> Vor Verdun »waren Karten jeglicher Art nur von sehr begrenztem Nutzen. Die Geschichte des Infanterie-Regiments Nr. 81 lästert mit Blick auf einen Einsatz im Caillette-Wald im April 1916, dass die oberen Stäbe zwar über ›prachtvolle Stellungskarten‹ verfügt hätten, diese vor Ort aber kaum brauchbar waren. Durch das heftige Artilleriefeuer wurde die Landschaft manchmal innerhalb von Stunden umgepflügt. Markante Geländepunkte existierten fortan nicht mehr, neue Geländeformen waren entstanden. Wo man sich vor Stunden noch hatte orientieren können, fand man sich in einer fremden Umgebung wieder.«[227]

Der Orientierungslosigkeit begegnet der Einzelne mit verschiedensten Formen von Fatalismus, Aberglaube oder unsinnigem Kalkül. Auch die Handhabbarkeit ist kaum ausgeprägt. Nur selten ist das Individuum im Kampf Subjekt, also Träger eines Geschehnisses; in der Regel ist es ein zur Passivität verurteiltes Objekt, z. B. als »weiches Ziel« der gegnerischen Artillerie oder als das klassische »Kanonenfutter«. Hinzu kommt die Befehlskette, die *chain of command*. Je weiter unten jemand auf dieser angesiedelt ist, desto weniger hat er Handlungsspielraum, desto mehr ist er rein ausführendes Organ innerhalb der – so eine Formulierung von Crane – »Befehls-

---

[224] STENDHAL 104
[225] CRANE 152
[226] MÜNCH 41
[227] a. a. O. 55f.

maschinerie«[228]. Schließlich die Sinnhaftigkeit: Können anfangs noch patriotische oder sonstwelche ideologisch geprägten Gefühle einen Beweggrund darstellen – man denke an die Hurra-Stimmung zu Beginn des Ersten Weltkriegs –, so zerschlagen sich diese bald im Kriegsalltag. Dwight D. »*Ike*« Eisenhower (1890–1969), Fünfsterne-General im Zweiten Weltkrieg und später der 34. Präsident der Vereinigten Staaten, sagte in diesem Zusammenhang einmal: »Ich hasse den Krieg, wie nur ein Soldat, der ihn mitgemacht hat, hassen kann: die Brutalität, die Sinnlosigkeit, die Dummheit.«[229]

Entsprechend heikel ist die Frage der Motivation. Während die Größen »Stärke« und »Ausrüstung / Logistik« problemlos in Zahlen zu fassen sind und die Ausbildung mit etwas Geschick und Systematik immer noch quantifiziert werden kann, sieht es bei der Motivation anders aus. Diese bildet zwar einen maßgeblichen Faktor für den Gefechtswert der Truppe, sie in *facts and figures* darzustellen ist jedoch äußerst schwierig. Welche Rolle sie spielt, zeigt die folgende Formel:

Gefechtswert = (Stärke) x (Ausrüstung / Logistik) x (Ausbildung) x (Motivation).[230]

Tafel 13: Formel für den Gefechtswert der Truppe

Auswege aufzeigen

Bei diesem gewaltigen Manko setzen PSYOPS an, wenn sie zur Aufgabe des Kampfs bewegen sollen. Sie bieten dem Einzelnen einen verstehbaren Horizont: »Gebe ich auf, kapituliere ich mit der weißen Fahne in der Hand und lege meine Waffen ab, so komme ich zwar in Gefangenschaft, kann aber hoffen, dass mich gute Behandlung, relative Sicherheit, etwas Trockenes zum Anziehen und Nahrung erwarten. Ich bestimme mein Schicksal jetzt selbst, es ist mein Entscheid. Für einmal bin ich es, der einen Entschluss fasst. Der Sinn des Aufgebens liegt allein schon in der Sinnlosigkeit des Kämpfens begründet; des Weiteren bekomme ich Überlebenschancen, kann irgendwann zu Frau und Kindern heimkehren.« Der Überdruss an der fadenscheinigen Indoktrination durch die eigene Propaganda kann dazu führen, dass Postulate und Argumente der Gegenseite attraktiv und einleuchtend erscheinen. Vor diesem Hintergrund wird deutlich, dass die interne Propaganda um so mehr von den Sirenenklängen der Gegenseite fernzuhalten versucht. Wie geschickt die Gegenseite vorgehen

---
[228] CRANE 121
[229] GUNTHER 78
[230] OETTING 40

kann, bewiesen US-Strategien während des Golfkriegs: Es wurden wiederholte Male Flugblätter abgeworfen, welche die irakischen Truppen darauf hinwiesen, dass sie am kommenden Tag von B-52-Bombern angegriffen würden, noch aber aufgeben und damit ihr Leben retten könnten (ein Vorgehen, das bereits im Zweiten Weltkrieg Usus war[231]). Nach dem Bombardement, das nicht auf größtmögliche Verluste angelegt war, kamen nochmals Flugblätter des Inhalts, das Versprechen würde aufrechterhalten und die Überlebenden sollten aufgeben. Die Flugblätter garantierten freies Geleit bzw. *safe conduct*; die hohe Zahl Kriegsgefangener, die davon Gebrauch gemacht hatten, bewies die Effektivität dieses Vorgehens.

Wenn von der Verführung durch PSYOPS die Rede ist, dürfen auch die Aufforderungen zur Simulation bzw. Selbstverstümmelung nicht unerwähnt bleiben. Im Zweiten Weltkrieg wurde von alliierter Seite kräftig in diese Bresche geschlagen. Im Layout eines Reclam-Bändchens wurde die Schrift »Dr. med. Wilhelm Wohltat: Krankheit rettet« in Tausenden von Exemplaren auf den Kontinent geschleust. Unter Tarntiteln wie »Evangelisches Feldgesangbuch« oder »Truppenhygiene im Winter« wurden entsprechende Anleitungen über den deutschen Linien gestreut. Sie enthielten detaillierte »Rezepte« wie das Herbeiführen von Gelbsucht durch »Rauchen von Zigarettentabak, dem Safran beigemengt ist«, oder »Einnehmen von 2–3 Esslöffeln Wehrmachtsfarbe, die zum Tarnanstrich von Geschützen, Panzern usw. verwandt wird (akute Blei- und Magenvergiftung)«[232]. Auch hier konnte der Soldat eine Möglichkeit erkennen, sein Geschick selbst in die Hand zu nehmen. Das Oberkommando der Wehrmacht versuchte den zeitweise grassierenden Fällen v.a. an der Ostfront einen Riegel zu schieben, indem es harte Strafen bis zur Exekution vorsah. Ein Augenzeugenbericht:

---

[231] »Er [ein amerikanischer General. T.M.] feuerte einige Geschoße mit Proklamationen ab, in denen er die Stadt zur Übergabe bis zu einer bestimmten Stunde aufforderte, sonst würde sie bombardiert. Falls sie sich ergeben wolle, müsse der Bürgermeister mit einer weiß Fahne in die amerikanischen Linien kommen und dafür bürgen, dass keine deutschen Truppen in der Stadt seien. Während der Bedenkzeit ließ er einige Maschinen des XIX. Taktischen Luftgeschwaders die Stadt überfliegen, die, je näher das Ende der Bedenkzeit kam, tiefer und tiefer gingen. Unternahmen die Deutschen bis Ablauf der Frist nichts, wurden Jagdbomber herbeigerufen, die Bomben abwarfen, während Artillerie die Stadt gleichzeitig beschoss. Durch diese Taktik habe er in vielen Plätzen ohne Schwierigkeiten einrücken können.« (PATTON 212f.)

[232] RIEDESSER / VERDERBER 136

3.2 Sex sells – tatsächlich?

Die Bildersprache: Vom memento mori *bis zu* hard-core *Pornografie* • *Phantasien und Klischees* • *Zweifelhafter Erfolg*

Leuten in der US-*Army*, die von PSYOPS nicht eben viel halten, wird folgendes Bonmot zugeschrieben: »*Grab them by the balls and their hearts and minds will follow.*« – »Pack sie bei den Eiern, und ihre Herzen und Köpfe werden folgen.« Das kann so geschehen wie beim Clou amerikanischer PSYOPS-Spezialisten, älteren afghanischen Stammesführern Viagra zu schenken.[233] Allgemein begegnen im Rahmen der psychologischen Kriegsführung immer wieder sexuell konnotierte Motive, wenn sie auch nur einen Bruchteil der Strategien ausmachen. Es fragt sich, ob sie besonders erfolgreich sind, ob mit ihnen also »Herzen und Köpfe« in besonderem Ausmaß gewonnen werden können.

Die Bildersprache: Vom *memento mori* bis zu *hard-core* Pornografie
Nimmt man den Zweiten Weltkrieg zur Veranschaulichung, so zeigt sich, dass alle Parteien in ihrer psychologischen Kriegsführung Sex verwendet haben, und das in unterschiedlicher Weise. Zum festen Kanon gehören Bilder, die den Kontrast zwischen blühendem Leben und dem Tod thematisieren. So umarmt auf einem deutschen Flugblatt der Tod – dargestellt als Skelett – ein hübsches Mädchen. Oder das Layout des »*Life*«-Magazins wird aufgegriffen für den Schriftzug »*Death*«. Man fühlt sich an barocke *memento mori* erinnert, in denen das Publikum mit seiner Vergänglichkeit konfrontiert wird: »Erinnere dich daran, dass du sterben wirst!« Auf einem andern Flugblatt sind auf der einen Seite bestrumpfte Nummerngirls zu sehen, die unter dem Motto »*Happy New Year!*« mit Schildern die Jahreszahl 1945 darstellen. Auf der Rückseite erscheint ein Zug Kriegsversehrter unter dem Titel »*Your 1945 Prospects – if you should return at all ...*« – »Deine Aussichten für 1945 – falls du überhaupt zurückkehren solltest ... «. Das Motiv der Schilder wird aufgegriffen, es sind wiederum vier: »Neuer Job gesucht!«, »Ich habe mein linkes Auge für Onkel Sam verloren. Suche eine Stelle als Wachmann.«, »Habe einen Arm für Amerika verloren. Muss eine Frau und zwei Kinder ernähren!«, »Kriegskrüppel: High-School-Abschluss. Nehme Stelle als Bus-Boy, Tellerwäscher, Bürolist.« Raffiniert ist der Dreh eines weiteren

---
[233] WARRICK

Flugblatts: »Gentlemen bevorzugen Blondinen. Aber Blondinen mögen keine Krüppel.«

Nicht alle Kriegsparteien hatten in ihrer sexuell konnotierten psychologischen Kriegsführung die gleiche Handschrift. Die Sowjets beispielsweise waren eher zurückhaltend, während italienische Partisanen *hard-core* Pornografie produzierten:

- Hitler und Mussolini als Homosexuelle, die miteinander und mit andern Analverkehr haben (vgl. Kap. 7.1)
- handfest illustrierte Promiskuität
- Hitler als Porno-Liebhaber
- Hitler als Prostituierte, die – eine Abwandlung der Lili-Marleen-Figur – unter einer Laterne ihre Dienste anbietet.

Phantasien und Klischees

Die psychologische Kriegsführung greift Klischees auf und regt die Phantasie dort an, wo sie freien Lauf entwickeln kann. So greift sie die Ur-Situation des Soldaten auf, der weit weg von zu Hause an der Front ist und kaum zu beeinflussen vermag, wie sich die Dinge daheim entwickeln. Sam Mendes hat das in seinem Film »*Jarhead*« (2005) anschaulich zu Geltung gebracht: Die GIs pinnen bei einer Art »Sammelstelle« Fotos und Briefe jener Freundinnen an die Wand, die ihnen den Laufpass gegeben haben, und es wird suggeriert, dass es allen Kameraden nach und nach so ergehen wird. Das Motiv beruht wie der ganze Film auf dem Erlebnisbericht des *marines*-Scharfschützen Anthony Swofford.

An der Stelle der Frontkämpfer kommen, so der Wortlaut im Zweiten Weltkrieg, die »*Home Front Warriors*«, die »Krieger an der Heimatfront«, zum Zuge, die Drückeberger (»*slackers*«) und Kriegsgewinnler und andere, denen gegenüber der Soldat machtlos ist. Er verliert die Kontrolle über die Verhältnisse, und diese entgleisen, wie das bestimmte Flugblätter nahe legen:

- Ein explizites Bild amerikanischen Ursprungs zeigt eine deutsche Frau mit einem fremden Mann beim Geschlechtsverkehr; der Kommentar: »Fest steckt's und treu / der Fremdarbeiter rein.«

- Die Frauen, so suggeriert ein anderes Blatt, nehmen Zuflucht zu lesbischen Beziehungen: »Neue Gewohnheiten in der Heimat (Der Mann ist ja im Felde)« zeigt zwei Frauen beim Oralverkehr.
- Auch der Verkehr mit Tieren wird dargestellt, beispielsweise eine Frau, die sich von einem Hund oral befriedigen lässt.
- Dass die Söhne in der Hitlerjugend alles andere als gut aufgehoben seien, legt ein weiteres Flugblatt nahe. Es zeigt einen Pädophilen, wie er sich einem Jungen aufdrängt; die Überschrift: »HJ = Hilflose Jugend«.

Die Qualität der Hervorbringungen, die im Dienst der psychologischen Kriegsführung stehen, war – und ist – sehr unterschiedlich. Von einem besonderen Knowhow zeugen solche, in denen verschiedene Vorstellungswelten, Klischees und Versatzstücke der Alltagskultur miteinander verknüpft werden. Wiederum im Zweiten Weltkrieg geschah dies beispielsweise, wenn die Deutschen an den latenten Antisemitismus in den alliierten Streitkräften appellierten. Mit der Figur des Sam Levy, eines Champagner trinkenden, Frauen belagernden Kriegsgewinnlers, schufen sie eine Projektionsfläche für Ängste, Ressentiments, Schuldzuweisungen. Levy wurde in eine Kampagne mit dem Titel »*The Girl you Left Behind*« aufgenommen – dies wiederum der Text des traditionellen amerikanischen Lieds »*The Girl I Left Behind*«, dem der US-Regisseur John Ford in seinen Kavallerie-Western wiederholt ein Denkmal gesetzt hat. Die Verfasser deutscher Flugblätter verfolgten die Strategie, über chauvinistische Klischees Keile in die alliierten Verbände zu treiben: zwischen Amerikaner und Briten, Weiße und Schwarze, Christen und Juden, ja gar zwischen Afro-Amerikaner und Kaukasier. Auch Teilstreitkräfte wurden gegeneinander ausgespielt, z. B. die US-*navy* gegen die -*army*.

Zweifelhafter Erfolg
War die mit Sex operierende psychologische Kriegsführung nun besonders erfolgreich? Die Antwort lautet: ja und nein. »Ja« insofern, als sexuell aufgeladene Motive ihre Wirkung als Stimulus, als *eye catcher* durchaus haben. Wie Geld – manipulierte Banknoten wurden und werden häufig zum gleichen Zweck eingesetzt – sprechen sie direkt an: Man greift instinktiv nach ihnen, sie wirken als Köder. Das machen sich PSYOPS-Leute bis heute zu nutze, indem sie mit ihnen Aufforderungen zum Waffenstillstand (»*tickets of armistice*«) bzw. zum Überlaufen transportieren oder *safe*

conduct-Pässe mit ihnen versehen. Nicht nur in der psychologischen Kriegsführung begegnet diese Strategie. Bei den US-Truppen wurden die ständig revidierten taktischen Landkarten mit *pin-ups* versehen, um zu gewährleisten, dass das Interesse an ihnen nicht nachließ und dass stets von den gleichen aktualisierten Lagen ausgegangen wurde. Aus einem amerikanischen Kriegsspiel stammt ein Flugblatt mit Tom Kelleys legendärer Aufnahme von Marilyn Monroe aus dem Jahr 1949 – der Fotografie, die 1953 auf der Titelseite der allerersten »*Playboy*«-Ausgabe begegnen sollte. Ebenso zierten hübsche Damen die Formulare für die *Hostile Shelling Reports*. Die Truppe hatte über Zeit, Ort und Art feindlichen Feuers zuhanden des Nachrichtendienstes Buch zu führen – eine nicht eben attraktive Aufgabe, zu der die Konterfeis motivieren sollten. Hier allerdings wird schon deutlich, was auch in anderen Produkten all zu durchsichtig erscheint. Der Manipulationsversuch erscheint als unzulänglich und plump. Nicht anders ein Flugblatt aus dem Vietnam-Krieg mit einer langhaarigen jungen Frau und dem Text: »Hey Amerikaner! Schließ dich der Gewinnerseite an und werde dafür bezahlt! Du musst nicht kämpfen! Dieses Girl und 10'000 Dollar *cash*.«

Nicht erfolgreich ist mit Sex operierende psychologische Kriegsführung insofern, als zwar der erotische Aspekt gern beachtet wird, die Botschaft eines solchen Produkts aber übergangen wird oder zumindest schnell vergessen geht. Ein einfaches »Stimulus-Response-Modell«, wie es in der behavioristischen Psychologie gern angeführt wurde, greift hier nicht. Vielmehr ist der »Organismus«, also die individuelle Verarbeitung des Reizes, zwischenzuschalten (sog. »Stimulus-Organismus-Response-Modell«).[234] Doppelseitige Flugblätter mit der oben angeführten *memento-mori*-Semantik wurden einfach so aufgehängt, dass die Seite mit dem *pin-up* zu sehen war. Den Sensemann blendete man aus. Erotische Darstellungen wurden auch schnell zu Sammlerstücken, und es gab einen Handel mit ihnen wie mit Baseball-Bildchen. Gar nicht im Sinn des Urhebers ging vor, wer die Blätter schlicht als Toilettenpapier benutzte. Und ein letztes Problem: Sexuell konnotierte Abbildungen können ihren

---

[234] Vgl. VON ROSENSTIEL / NEUMANN, 41f.: »Aus der Alltagserfahrung weiß jeder, dass gleiche Reize bei verschiedenen Personen oder bei der gleichen Person zu verschiedenen Zeitpunkten zu unterschiedlichen Verhaltensweisen führen können. Offensichtlich kommt es nicht nur darauf an, welche Reizbedingungen auf das Individuum wirken, sondern auch darauf, wie diese von ihm verarbeitet werden. Zwischen dem Stimulus, der unmittelbar beobachtbar ist, und der Reaktion, die ebenfalls der Verhaltensbeobachtung zugänglich ist, treten die im Organismus (= O) liegenden Verarbeitungsprozesse, die von außen nicht unmittelbar beobachtet werden können.«

Urheber in ein schiefes Licht geraten lassen. In vielen Drittweltländern herrscht beispielsweise die Auffassung vor, die USA seien ein Land der dekadenten, sexbesessenen Ungläubigen. Entsprechende Darstellungen bestärken nur in diesem Urteil. Sollte also weiterhin Sex verwendet werden, dann in schwarzen Operationen (vgl. Kap. 4.1), mit denen die offizielle Seite nichts zu tun haben will.

3.3 Immunisierungsstrategien

Den Informationsraum dominieren • Strategische Propaganda: Marketing in eigener Sache • Beispiel Propagandafilm • Die taktische Ebene: Truppenführung • Immunisierung durch Leitfiguren • Mechanismen erkennen

Durch Lewis Milestones Korea-Kriegs-Klassiker »*Pork Chop Hill*« (USA 1959) zieht sich leitmotivisch eine chinesische Lautsprecherstimme, die auf die GIs einredet, von diesen aber weitgehend unbeachtet bleibt. Die Amerikaner scheinen immun gegen die feindlichen Bemühungen zu sein. Doch nicht immer sind die Verhältnisse so einfach. Eine ganze Reihe von Strategien dient dazu, Truppe und Bevölkerung der eigenen Seite gegen die gegnerische psychologische Kriegsführung zu immunisieren.

Den Informationsraum dominieren
Ziel jeder Kriegspartei ist es wie aufgezeigt, im Informationsraum das Sagen zu haben (Tafel 14). Das kann auf unterschiedliche Weise erreicht werden: durch physische Ausschaltung der gegnerischen Kommunikation, durch Elektronische Kriegsführung, Zensur, Täuschung oder Immunisierungsstrategien.

Physische Ausschaltung war zu Beginn des Irakkriegs zu beobachten, als neben Kommandoeinrichtungen auch irakische Kommunikationsanlagen bombardiert wurden, oder im April 1999, als Nato-Flugzeuge das serbische Staatsfernsehen RTS im Zentrum Belgrads angriffen mit der Rechtfertigung, der Sender hätte Propaganda verbreitet. Im Fall Bagdads hatte die Zerstörung zur Folge, dass es kaum mehr massenwirksame landesweite Radio- und TV-Sender gab. Es kommt auch vor, dass Journalisten bzw. andere Sprachrohre der Gegenseite an ihrer Tätigkeit gehindert werden. Ein Beispiel: Die Nachrichtenagentur *Al-Dschassira* hatte Bilder von toten irakischen Zivilisten und gefangenen amerikanischen Soldaten gezeigt. Der Korrespondent des Senders an der Wallstreet wurde daraufhin von der Börse mit dem Argument ausgeschlossen, man habe keine Ressourcen. Während des Krieges versuchte der Sender einen englischsprachigen Webauftritt aufzubauen; dieses Ziel war aber aufgrund von Hackerangriffen und technischen Problemen kaum zu erreichen.

Ein altbewährtes Instrument zur Ausblendung unerwünschter Inhalte ist die Zensur. Es ließe sich sagen, sie mache eine Immunisierung gar nicht erst notwendig. Dass dies aber nur bedingt zutrifft, soll weiter unten aufgezeigt werden. Nichts desto weniger wird Zensur bis auf unsere Tage eingesetzt; ein Beispiel bilden die strengen Auflagen, die dem Musiksender »MTV UK« 2003 auferlegt wurden:

> Es »sollen ab sofort keine Videos mehr auf MTV UK zu sehen sein, die ›Krieg, Soldaten, Kriegsflugzeuge, Bomben, Raketen, Aufstände und soziale Unruhen, Exekutionen oder anderes offensichtlich heikles Material‹ zeigen. Davon betroffen und explizit in dem Memo genannt sind u. a. das neue System Of A Down-Video ›Boom!‹ von Doku-Filmer Michael Moore, Manic Street Preachers ›So Why So Sad‹ (man sieht, wie Soldaten getötet werden und ein Mann eine Handgranate wirft), Radioheads ›Lucky‹ (zeigt Kriegsmaterial und verletzte Kinder) und – am unglaublichsten – Aerosmiths' ›Don't Wanna Miss A Thing‹ (es enthält Ausschnitte aus ›Armageddon‹). Dabei handelt es sich nur um einige exemplarische Beispiele.
> Des weiteren sollen Videos, die Wörter wie ›Bombe‹, ›Krieg‹, ›Rakete‹ oder ähnliches im Titel oder Artistnamen enthalten, nicht mehr gesendet werden.«[235]

Diese Einschränkung der Medienfreiheit erstaunt aus zwei Gründen. Zum einen ist der Sender vollkommen apolitisch.[236] Zum andern hat gerade im UK die Meinungs- und Medienfreiheit eine besonders ausgeprägte Tradition.

Wenn es um die Dominanz im Informationsraum geht, muss aus der Gegenüberstellung der feindlichen psychologischen Kriegsführung und der Propaganda auf der eigenen Seite ein klares Plus *pro domo* hervorgehen. Dieses Konkurrenzverhältnis gestaltet sich äußerst diffizil. Es sind zwei Ebenen ausschlaggebend: die strategische und die taktische sowie deren Wechselwirkungen.

---

[235] http://www.laut.de/vorlaut/news/2003/03/25/04254/index.html
[236] Er ist einer von mehr als fünfzig, weltweit aktiven Ablegern des MTV-Netzwerks (*Music-TV*) mit Hauptsitz in New York City, das heute Bestandteil des Medienkonzerns *Viacom* ist. In den privaten Fernsehsendern wurden zu Beginn vornehmlich Musikvideos gezeigt, mittlerweile hauptsächlich auf Jugendliche zugeschnittene TV-Shows. MTV wurde am 1. August 1981 in den USA gegründet und war zu dieser Zeit das erste Spartenprogramm, dessen Inhalt sich ausschließlich auf Musikvideos konzentrierte.

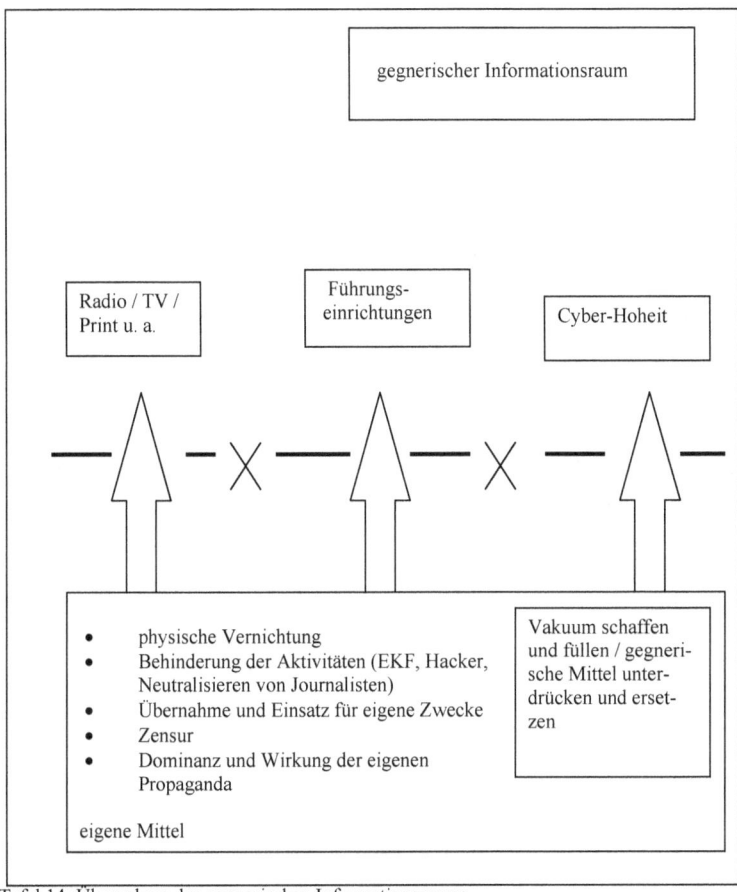

Tafel 14: Übernahme des gegnerischen Informationsraums

Strategische Propaganda: Marketing in eigener Sache

In einem amerikanischen Artikel aus dem Jahr 1942 ist ganz offen von einem »Marketing der nationalen Politik« die Rede, das sich jedem Staat als Aufgabe stelle. Der Autor – Edward L. Bernays (1891–1995), der Verfasser des legendären Buchs »Propaganda« von 1928 und »Vater der Massenmanipulation«[237] – führt sechs Erfolgsfaktoren an:

---

[237] http://de.wordpress.com/tag/bernays/

»(1) Weise die Schuld am Krieg dem Gegner zu.
(2) Einigkeit und Sieg, im Namen der Geschichte und im Namen Gottes.
(3) Setze Kriegsziele. Im letzten Krieg [dem Ersten Weltkrieg. T.M.] waren die Deutschen darin nicht erfolgreich. Daraus machten die Alliierten schlagende Gegenpropaganda. Sicherheit, Frieden, eine bessere soziale Ordnung und internationales Recht wurden als Kriegsziele vorgegeben.
(4) Stärke in der Bevölkerung den Glauben, dass der Gegner verantwortlich für den Krieg ist, und bringe Beispiele für seine Niedertracht.
(5) Lass die Öffentlichkeit glauben, unvorteilhafte News seien in Tat und Wahrheit Lügen des Gegners. Das schützt vor Uneinigkeit und Defätismus.
(6) Unterlege das Ganze mit Horrorgeschichten. Die Geschichte vom Türken, der vor einem Kübel voller Augen von Gefangenen sitzt, wurde zuerst während der Kreuzzüge erzählt. Horrorgeschichten [...] sollen so gestaltet sein, dass man ihrer Quelle glaubt.«[238]

Mit einem gerüttelt Maß an Polemik sind in Anlehnung an den englischen Pazifisten und Baron Arthur Ponsonby (1871–1946) die folgenden »zehn Gebote« der Propaganda formuliert worden:

1. Wir wollen keinen Krieg.
2. Das andere Lager trägt die alleinige Schuld am Krieg.
3. Der Feind hat dämonische Züge (oder »Der Teufel vom Dienst«).
4. Wir kämpfen für eine gute Sache und nicht für eigennützige Ziele.
5. Der Feind begeht mit Absicht Grausamkeiten. Wenn uns Fehler unterlaufen, dann nur versehentlich.
6. Der Feind verwendet unerlaubte Waffen.
7. Unsere Verluste sind gering, die des Gegners aber enorm.
8. Unsere Sache wird von Künstlern und Intellektuellen unterstützt.
9. Unsere Mission ist heilig.
10. Wer unsere Berichterstattung in Zweifel zieht, ist ein Verräter.[239]

Ob sich »von Lord Ponsonby zu [dem Legende gewordenen Nato-Sprecher im Kosovo. T.M.] Jamie Shea« eine direkte Linie ziehen lässt, ist fraglich und am ehesten mit »ja, aber« zu beantworten: »ja« insofern, als wir bis heute bereitwillig glauben, was mit unseren Vorurteilen, Klischees und Phantasien übereinstimmt, »nein« insofern, als wir im Umgang mit den Medien und mit staatlichen Verlautbarungen schon ein

---

[238] BERNAYS
[239] MORELLI 5

Stück weit unsere Unschuld verloren und uns eine gewisse Skepsis zugelegt haben.[240] Allerdings ist es erschreckend, wie schnell Individuen und Gruppen auch heute wieder diese Skepsis ablegen und leichtgläubig und begeisterbar werden, richtet man nur genug starke Worte an sie. Das betrifft das einfache Publikum genau so wie gebildete Kreise – man denke an das Publikum eines Milosevic.

Beispiel Propagandafilm
Die staatliche Propaganda erfuhr in den 30er Jahren und dann im Zweiten Weltkrieg mit dem Medium des Radios, vor allem aber mit jenem des Films einen Quantensprung, der ein paar Jahre zuvor noch undenkbar gewesen wäre. Gewiss reichen die Anfänge des Propagandafilms bis in die Zeit des Ersten Weltkriegs zurück. Doch Propaganda wurde jetzt zu einer riesigen Maschinerie, zu einer Art stetig perfektionierter Kunstform, was die Einordnung bestimmter Filmschaffender bzw. deren Produktionen bis heute schwierig macht. Ein bekanntes Beispiel ist die deutsche Regisseurin Leni Riefenstahl (1902–2003), die in der Filmästhetik neue Maßstäbe setzte. Ihre »Reichsparteitagstrilogie« »Sieg des Glaubens« (1933), »Triumph des Willens« und »Tag der Freiheit – Unsere Wehrmacht« (beide 1935) sowie »Olympia« (1938) spiegeln eine Gratwanderung wider zwischen faschistischem Bilderrausch und avantgardistischer Kameraführung.[241] 1935 erhielt Riefenstahl an der Biennale von Venedig den Preis für den besten ausländischen Dokumentarfilm. Sie selbst sah sich nie als Propagandistin des Nationalsozialismus, und ihre Filme sind bis heute problemlos erhältlich. Auch war sie das Vorbild bekannter Regisseure, allen voran Frank Capras, der im Auftrag der US *Army Pictorial Services* sein siebenteiliges Werk »*Why We Fight*« (1942–1945) schuf.[242] Bis heute bekennen sich Filmemacher zu ihr, so der amerikanische Kult-Regisseur, Schauspieler, Produzent und Drehbuchautor Quentin Tarantino (*1963): »Sie war die beste Regisseurin, die jemals lebte. Um das zu erkennen, muss man nur ihre Olympia-Filme ansehen.«[243]

Auch in den USA entwickelte sich eine breite Filmproduktion, angefangen mit bissigen Nazi-Satiren, z. B. Charly Chaplins »*The Great Dictator*« (1940) oder Ernst Lubitschs »*To be or not to be*« (1942). 1941 kam Howard Hawks's »*Sergeant York*« auf die amerikanischen Leinwände, ein Film, der sich um den am höchsten dekorier-

---

[240] a. a. O. 133ff.
[241] z. T. abrufbar im *Internet Archive,* http://www.archive.org
[242] abrufbar im *Internet Archive,* http://www.archive.org
[243] http://www.spiegel.de/kultur/kino/0,1518,639776,00.htmll

ten US-Helden des Ersten Weltkriegs drehte und die Bevölkerung zur Beteiligung am Krieg bewegen sollte.[244] Neben dem bereits erwähnten Frank Capra kam eine ganze Zahl weiterer, bekannter amerikanischer Regisseure hinzu, die mit berühmten Schauspielern und Drehbuchautoren handfeste Propaganda drehten. Dafür stehen Filme wie:

- Sam Wood, »*For Whom the Bell Tolls*« (1942), mit Gary Cooper und Ingrid Bergman, nach dem Roman von Ernest Hemingway
- Michael Curtitz: »*Casablanca*« (1942), mit Humphrey Bogart und Ingrid Bergman
- John Ford, »*The Battle of Midway*« (1942)
- Michael Curtitz: »*Mission to Moscow*« (1943), auf direkte Anweisung Roosevelts hin gedreht, prosowjetische Propaganda
- Lloyd Bacon: »*Action in the North Atlantic*« (1943), mit Humphrey Bogart; die taktischen Duelle zwischen der Handelsmarine und deutschen U-Booten bzw. der deutschen Luftwaffe wurden so präzis nachgespielt, dass der Streifen als Lehrfilm für die Handelsmarine verwendet wurde
- Fritz Lang: »*Hangmen also Die*« (1943), Drehbuch u. a. von Bertolt Brecht
- Billy Wilder: »*Five Graves to Cairo*« (1943)
- Alfred Hitchcock, »*Lifeboat*« (1944)
- Humphrey Jennings: »*The True Story of Lili Marleen*« (1944)
- Billy Wilder: »*Deathmills*« (1945)
- John Ford: »*They Were Expendable*« (1945)
- Edward Dmytryk: »*Back to Bataan*« (1945), mit John Wayne und Anthony Quinn.

Es mag erstaunen, Curtitz' Filmklassiker »*Casablanca*« unter der Rubrik »Propagandafilme« aufgeführt zu sehen. Das liegt v. a. daran, dass man heute nurmehr die *story*, den *plot* sieht und den damaligen Gegenwartsbezug nicht in derselben Weise wahrnimmt. Der Subtext, der sich aus historischen, kulturellen, ideologischen Verknüpfungen ergibt, muss im Rückblick erschlossen werden. Umgekehrt erscheinen uns heute bestimmte Subtexte als derart selbstverständlich, dass wir sie kaum hinter-

---

[244] Der Film ist abrufbar auf http://www.veoh.com/browse/videos/category/family/watch/v170938 80tCrpHJjG

fragen. Wir sind sozusagen »mitten drin«. Ein Beispiel: Zack Snyder's Comic-Verfilmung »*300*« aus dem Jahr 2007 passt so gut in den Geist v. a. der US-amerikanischen Auffassung von Gut und Böse, dass man sich gar nicht erst auf die historische Vorlage der Schlacht bei den Thermophylen (480 v. Chr.) besinnen mag. Kritiker haben den Film als »lächerlich unbeholfenen Irakkriegs-Durchhalte-Propagandastreifen (oder Irankriegs-Vorbereitungs-Propagandastreifen) [bezeichnet. T.M.], ein zweistündiges Manowar-Video […], eine unheilige Allianz aus faschistoider Geisteshaltung und peinlich pubertärer Ästhetik.«[245]

Ebenfalls von einem kaum hinterfragten ideologischen Subtext muss im Fall der Kultserie »*24*« gesprochen werden. Es erscheint z. B. als völlig schlüssig und legitim, dass der Held, der Agent und zeitweilige Leiter der US-amerikanischen *Counter Terror Unit* (CTU) Jack Bauer, ohne weiteres Folter anwendet, selbst gegenüber Leuten, die kurz zuvor noch zu den *goodies* und Vertrauten gezählt haben – alles geschieht im Namen des präsidialen Auftrags und des Schutzes Amerikas vor Schurken unterschiedlichster Couleur. Es ist in diesem Zusammenhang erhellend, sich einmal den türkischen Spielfilm »Tal der Wölfe – Irak« (2006) anzuschauen. Man wird sich der komplett anderen Subtexte, der für uns äußerst gewöhnungsbedürftigen Perspektive, der unreflektierten Ressentiments und Feindbilder bewusst, die in jenem anderen Kulturkreis kollektive Vorstellungsmuster generieren. Das ist nicht viel anders als in der westlichen Welt, einfach mit umgekehrtem Vorzeichen. Und beide Male folgt der Konfrontation mit der anderen Kultur dasselbe: Befremdung, Irritation, Ressentiments, ja vehemente Ablehnung und Dämonisierung bis zur finalen Abrechnung – und umso hartnäckigeres Festhalten an den eigenen Werten.

Wie gesagt: Ihre immunisierende Wirkung gegenüber gegnerischer psychologischer Kriegsführung kann Propaganda nur dann entfalten, wenn sie glaubhaft ist. Dazu tragen Faktoren wie Emotionalität, überzeugende Quelle und auf gemeinsamen Wertvorstellungen basierende Subtexte das Ihre bei (vgl. Kap. 2.1). Die deutsche »Wochenschau« von 1940 bis 1945 war in raffinierter Weise auf emotional bewirkte Glaubwürdigkeit angelegt:

> »Dass Zeitungsberichte geschönt sein konnten und Parteireden manipulieren, konnte man sich durchaus vorstellen. Aber Bilder erschienen vielen Zeitgenossen als bloßes Abfilmen der Wirklichkeit und damit als die Darstellung der Wirklichkeit. Zum anderen informieren Bilder – ob falsch oder richtig – nicht nur, sondern lösen weit stärker als das geschriebene oder gesprochene Wort emotionale Wirkungen aus, können Zuversicht und Depressionen

---
[245] http://de.wikipedia.org/wiki/300_(Film)

erzeugen, Verehrung oder Hass. Auf diese beiden Faktoren haben die NS-Propagandisten ihre Wochenschauen zugeschnitten. Während die vermeintliche Objektivität der Bilder den Wahrheitsgehalt zu verbürgen schien, konnte durch geschickte Kameraführung, Begleittexte und Musik die gewünschte emotionale Grundstimmung erzeugt werden. Den Zeitgenossen war so die propagandistische Tendenz der Wochenschau gar nicht bewusst, was ihre Wirksamkeit steigerte.«[246]

Erleben die Adressaten von Propaganda die Wirklichkeit anders als in dieser geschildert, disqualifiziert sie sich selbst. Die strategische Propaganda hat mit den konkreten Verhältnissen immerhin minimal übereinzustimmen. Im ausgebombten Deutschland beispielsweise musste die »Endsieg«-Rhetorik der Nazis vielen als purer Hohn erscheinen. Umgekehrt konnte Winston Churchill mit seiner »Blut, Schweiß und Tränen-Rede« vom 13. Mai 1940 – seiner ersten nach der Wahl zum Premierminister – die englische Bevölkerung hinter sich scharen. Angesichts der verzweifelten Lage in Europa wirkte, wie er »*blood, sweat and tears*« in Aussicht stellte, so authentisch, wie das irgendwelche Schönfärbereien oder Schalmeienklänge nie vermocht hätten.

Ein entscheidendes Kriterium für die Glaubwürdigkeit von Propaganda ist, dass sich ihre Inhalte mehr oder minder mit dem decken, was die Adressaten selbst erleben. Damit kann auch in den Vordergrund rücken, was Propaganda nicht sagt. Zensur kann kontraproduktiv sein. Hinzu kommt, dass die Sprache nur ein Medium unter anderen für die Kommunikation darstellt, das Verhalten ist ein weiteres, das stark ins Gewicht fällt: Was wird getan, wie wird es getan, und was wird nicht getan? Es ist ein Wesenszug (staats-, organisations-, unternehmens-) interner Kommunikation, dass ihr Publikum mehr weiß als jenes externer Kommunikation. Ein sicheres Indiz für die mangelnde Kongruenz zwischen den Postulaten und den wahren Verhältnissen sind Witze, wie sie bis heute autoritäre Führungen provozieren, die ein A für ein U verkaufen wollen. Solche Entstellungen können filmreif sein – man denke an die rumänischen Medien unter dem langjährigen Diktator Ceausescu, die in ihren Wetterberichten auch dann eitel Sonnenschein verkündeten, wenn es regnete und die Temperaturen in den Keller fielen. Flüster- und politische Witze, Übernamen und Verballhornungen sind Ventile für den Druck, der aus dieser kritischen Differenz heraus entsteht. Sie behaupten sich selbst bei Androhung einschneidender Sanktionen. Ein Beispiel für den politischen Witz aus der NS-Zeit: »Wie sieht ein echter Arier aus? Blond wie Hitler, groß wie Goebbels und schlank wie Göring!«

---

[246] KLEINHANS

Die taktische Ebene: Truppenführung
Freilich ist nicht nur die Zivilbevölkerung Ziel der Immunisierung. Auch bei der militärischen Führungstätigkeit, die diesem Ziel dient, wird schnell die Bedeutung des Settings deutlich. In Anlehnung an die Kohärenztheorie (vgl. Kap. 3.1) hat der befehlsgebende Offizier oder Unteroffizier zu gewährleisten, dass die ihm anvertraute Truppe die Anordnungen nachvollziehen kann (*comprehensibility*), im Rahmen der Auftragstaktik ein realistisches Stück weit Handlungsfreiheit hat (*managebility*) und in ihrem Einsatz, aber auch den Strapazen und Verzichtsleistungen einen Sinn sieht (*meaning*).

Dazu gilt es in erster Linie, mit der Truppe zu reden. Das hat nichts mit dem Diskutieren von Befehlen zu tun. In seinem Buch »Soldaten im Feuer« aus den 60er Jahren hat sich der spätere US-Brigadegeneral S.L.A. Marshall (1900–1977), von dem wichtige Impulse für die Führung im Gefecht ausgingen, sehr für dieses Prinzip stark gemacht:

> »Bisher haben wir das Reden im Gefecht quasi als Schmiermittel für alle die Zahnrädchen im komplizierten Mechanismus der Taktik behandelt. Aber schon Disraeli sagte: ›Die Menschen werden mit Worten gelenkt.‹ Aus dem gesprochenen Wort und nicht aus dem, was er sieht, oder aus irgendeinem andern Einfluss heraus kommt dem Soldaten im Kampf die Gewissheit, dass er unterstützt wird, und damit der eigene Mut. Kampfmoral entsteht aus dem Gefühl der Zusammengehörigkeit heraus; in der Truppe wächst oder sinkt sie mit diesem Gefühl.«[247]

Der junge britische Offizier Bernard Law Montgomery (»*Monty*«, 1887–1976), der in der Folge seiner Siege im Zweiten Weltkrieg zum *Viscount of Alamein* geadelt wurde, zog eine seiner Hauptlehren des Ersten Weltkriegs

> »aus der erschütternden Ahnungslosigkeit der Soldaten, die ins Gefecht gehen mussten, ohne zu wissen, was und weshalb sie es taten. Tausende von jungen Männern kamen nach Frankreich, ohne eine Vorstellung davon zu haben, in welchem strategischen Zusammenhang sie kämpften, und ohne zu wissen, weshalb Krieg geführt wurde und gegen wen sie kämpften [...]. Sie mussten wenige Meter über eine von Granattrichtern zerrissene, schlammige Erde voranstürmen, diese Anhöhe oder jenes Dorf einnehmen, ohne eine Ahnung davon gehabt zu haben, was der Sinn dieses Angriffs war. Einsichten wie diese veranlassten Montgomery, das System der ›Befehlsausgabe‹ einzuführen. Damit sollte sichergestellt werden, dass alle Dienstgrade bis hinunter zum einfachen Soldaten, zum Kanonier und Pionier ›im Bilde‹ waren, und dass jeder genau wusste, was er tat und warum.«[248]

---
[247] MARSHALL 149
[248] CHALFONT 76

In der Führung können des Weiteren die folgenden Maßnahmen zur Immunisierung gegenüber feindlicher psychologischer Kriegsführung beitragen:

- möglichst objektive Aufklärung über den Gegner
- im Rahmen der Klassifizierung große Ehrlichkeit (Man kann nicht alles sagen, aber alles, was man sagt, soll den Tatsachen entsprechen.)
- das Vermeiden bzw. Aufgreifen von Gerüchten
- Klarheit und Konsequenz in der Befehlsgebung
- Aussprachen
- durch den Tatbeweis unterstrichene Kritikfähigkeit[249]
- mit allen Kräften das Aufrechterhalten der Verbindung und der Versorgung mit Verpflegung, Munition und Medikamenten
- Erlebnis der Zusammengehörigkeit.

Gegen allfällige Panik werden von kriegspsychiatrischer Seite Maßnahmen empfohlen wie

- »Isolierung erkannter Panikpersonen und deren separate Verbringung in ärztliche Behandlung [...]
- Ersetzen versagender Führer und Unterführer durch neue Kräfte [...]
- Wahrheitsgemäße Schilderung der Lage und Entscheidung über notwendige Maßnahmen [...]
- Unterlassung von hektischen zu Missdeutungen Anlass gebenden Worten oder Bewegungen sowie moralisierenden Verlautbarungen [...]
- Ausgabe von Zusatzverpflegung und alkoholfreien Getränken.«[250]

Auf das Schaffen eines stärkenden, gegen feindliche psychologische Kriegsführung immunisierenden Settings laufen durchaus die »*big five*«, die fünf Führungsgrundsätze von US-General Schwarzkopf hinaus:

- die Kampfbereitschaft sicherstellen

---

[249] vgl. BINDSCHEDLER / FRICK / ZWYGART 109ff.
[250] BRICKENSTEIN 462f.

- sich um die Truppe kümmern
- sich um deren Familien kümmern
- Kameradschaft und Zusammenhalt fördern (»*camaraderie and cohesion*«)
- den Untergebenen ein Mentor sein.[251]

Immunisierung durch Leitfiguren
Die Glaubwürdigkeit dessen, der führt, misst sich an seiner Kompetenz und an seiner Vertrauenswürdigkeit. Wer ausschließlich Kompetenz zu bieten hat, muss sich mit der Rolle des kalten Technokraten oder des »Kommisskopfs« begnügen; Vertrauenswürdigkeit allein bringt wiederum keinen Untergebenen dazu, dem »gutmütigen Kerl« an der Spitze Gefolgschaft zu leisten. – Zwei Beispiele für wahre *leadership*: Der US-General Curtis E. LeMay (1906–1990), als »*iron ass*« (zu deutsch etwa »Eisenarsch« oder »Eiserner Esel«) bezeichnet und später der prominenteste Widersacher Kennedys, befehligte »die Bombereinsätze gegen Deutschland. Da die Bomberbesatzungen oft ›technische Probleme‹ meldeten, ließ er verkünden, dass jeder abgebrochene Einsatz gegen deutsche Städte zu einem Prozess vor einem Kriegsgericht führt. Daraufhin ließ die Zahl der abgebrochenen Einsätze nach; er entwickelte auch Taktiken, die Bomberbesatzungen vor feindlichem Beschuss schützen sollen.«[252] LeMay überzeugte als Leitfigur dadurch, dass er – ganz im Sinne des Führens durch Vorbild – nach der Einführung geringerer Flughöhen selbst an der Spitze von Bomberverbänden mitflog. Von Montgomery, damals schon Feldmarschall, sind nicht nur die hohen Anforderungen überliefert, die er an seine Truppe stellte. Er ließ auch wahrhaft fürsorgliche Züge erkennen, z. B. mit der Maßnahme, an seine Männer Kondome abgeben zu lassen. Je nach Standpunkt fielen die Urteile ganz unterschiedlich aus; Voreingenommenheit, Klassenzugehörigkeit, das Maß an Pragmatismus oder aber Moralität konnten ganz unterschiedliche Reaktionen auslösen. Die Präservativ-Aktion erhielt von »ausgesprochen negativ« (z. B. von Seiten der Feldprediger) bis »exzellent« die ganze Bandbreite von Beurteilungen. Montgomerys Truppennähe konnte auch bizarre Züge annehmen. So gelangte ein Panzerfahrer an ihn mit der Bitte, sein Maskottchen, ein Huhn, zu befördern. Der General kam der Bitte nach und ernannte das Tier zum Feldwebel.

---

[251] SCHWARZKOPF 274
[252] http://de.wikipedia.org/wiki/Curtis_E._LeMay

Neben der Glaubwürdigkeit spielt die Attraktivität der Leitfigur eine entscheidende Rolle für ihre Überzeugungskraft und damit für ihre immunisierende Wirkung. Wer als physisch oder sozial attraktiv erscheint, erhält höhere Aufmerksamkeit als andere, und der Bekanntheitsgrad wiederum erhöht den Sympathiewert (Homansche Regel). Generäle des Zweiten Weltkriegs wie die Deutschen Erwin Rommel (1891–1944) und Heinz Guderian (1888–1954), wie der Brite Montgomery oder der Amerikaner George S. Patton (1885–1945) suchten konsequent die Nähe zu Front und Truppe, wussten um ihr Charisma und waren der Propaganda, die aus ihnen Mythen machte, nicht abgeneigt. Selbst beim Gegner ging ihnen ein legendärer Ruf voraus, z. B. Rommel jener des »Wüstenfuchses«. Dass es den zu Lebzeiten Legende gewordenen Männern nicht immer leicht fiel, ihre Rolle zu erfüllen, bleibe nicht unerwähnt. Guderian zum Beispiel, dem zu Ehren die Panzerbesatzungen ein großes »G« an den Fahrzeugturm malten, beklagte sich in einem Brief an seine Frau, all die Missstände und Härten machten »die Kriegführung zu einer Qual, und ich werde je länger je mehr bedrückt durch die ungeheure Verantwortungslast, die trotz aller schönen Worte niemand mir abnehmen kann. [...] Gestern am Rande der Verzweiflung und auch mit meiner Nervenkraft zu Ende.«[253]

Die attraktive Leitfigur eignet sich durchaus auch als Identifikationsobjekt – man denke nur an Schauspielgrößen, die bei Propagandafilmen mitwirkten. Im Rahmen der Werbung für US-Kriegsanleihen wurde so die Sängerin Kate Smith (1907–1986) eingespannt, in Propagandafilmen wirkten populäre Stars wie John Wayne (1907–1979) und Humphrey Bogart (1899–1957) im angelsächsischen, Heinz Rühmann (1902–1994) und Gustav Gründgens (1899–1963) im deutschsprachigen Raum.

Schließlich bildet die soziale Macht einer Leitfigur einen entscheidenden Faktor. Infolge von Legitimation, Charisma, Wissensvorsprung, Belohnungs- und Bestrafungsmacht kann sie mehr für sich einnehmen als andere. Damit trägt sie ebenfalls zur Immunisierung gegenüber gegnerischer Propaganda bei. Der begnadete Selbstdarsteller Napoleon ließ während des Italienfeldzugs von 1796 den »*Courier de l'Armée de l'Italie*« drucken: »ein Propagandablatt, das seine Soldaten zu neuen Taten überreden und von den Qualitäten ihres Heerführers überzeugen sollte, von dem es hieß: ›Er fliegt wie der Blitz und schlägt zu wie der Donner. Er ist überall und sieht alles!‹«[254]

---

[253] WALDE 172
[254] HERRE 46

Mechanismen erkennen
Gegnerischer psychologischer Kriegsführung trotzt am besten, wer die Mechanismen kennt, die sie in Gang setzt. So ist es sehr einfach, die Medien im Rahmen von Täuschungsoperationen zu manipulieren – man denke an die von kuwaitischen und amerikanischen Kreisen in die Welt gesetzte Legende, irakische Soldateska habe in Kuwait-City Säuglinge aus den Brutkästen eines Spitals geworfen und sich mit dem medizinischen Gerät davon gemacht. Das Verständnis dessen, wie Täuschung abläuft, kann den Adressaten von psychologischer Kriegsführung aber davor bewahren, ihr zum Opfer zu fallen.[255] Deshalb ist es von großem Vorteil, z. B. um Überzeugungsstrategien zu wissen (vgl. Kap. 2.1). Ein frühes Zeugnis für dieses Meta-Wissen, das sich eingehender Reflexion und Distanznahme verdankt, legt eine Stelle aus dem altgriechischen Epos der »*Odyssee*« ab. Odysseus und seine Gefährten fahren auf die Sirenen zu, von denen es heißt: Wer ihnen zuhört und nachgibt, ist verloren. – Bevor er den Männern mit Wachspropfen die Ohren verschließt, gibt er ihnen eine Anweisung, die sein und ihr Überleben sichern soll:

> »Erst befiehlt uns die Göttin [Kirke. T.M.], der zauberischen Seirenen [sic! T.M.],
> Süße Stimmen zu meiden und ihre blumige Wiese.
> Mir erlaubt sie allein, den Gesang zu hören; doch bindet
> Ihr mich fest, damit ich kein Glied zu regen vermöge,
> Aufrecht stehend am Maste, mit festumschlungenen Seilen.
> Fleh ich aber euch an und befehle die Seile zu lösen,
> Eilend fesselt mich dann mit mehreren Banden noch stärker.«[256]

Wissen, was mit einem geschieht und wie man damit umgehen kann: eine Fähigkeit, die gerade in Kriegsgefangenschaft entscheidend sein kann. Dazu dient in den USA das im Korea-Krieg der 50er Jahre entwickelte SERE-Training (»*survival-, evasion-, resistance- and escape-training*«). Der Teil »Widerstand und Flucht« beruht auf den Erfahrungen ehemaliger Kriegsgefangener und ist sehr realitätsnah gestaltet. Dabei finden folterähnliche Methoden wie das *waterboarding* Anwendung – Methoden, die nach *9/11* auch als Verhörmethode praktiziert wurden, bevor sie im Oktober 2008 untersagt worden sind. Eine Idee davon, welche Register im SERE-Training gezogen werden können, gibt eine Episode aus »*The Unit*«: Schläge, Schmeicheleien, Separation, das Gegeneinander-Ausspielen der »Gefangenen«, Vorenthalten elementarster Rechte. Die TV-Serie, 2006–2009 in den USA produziert, be-

---
[255] Vgl. JOHNSON / MEYERAAN 3
[256] HOMER XII, 158ff.

ruht auf Interna der *Delta-Force*-Kommandotruppen und bietet so ein realistisches Bild.

Gehirnwäsche und *mind control* werden gängigerweise den PSYOPS zugerechnet. Bereits 1949 hat George Orwell im Zukunftsroman »1984« seinen Protagonisten Winston Smith ein entsprechendes Opfer werden lassen, und im Spielfilm »*The Mandjurian Candidate*« von 1962 wie im Remake von 2004 spielt *mind control* eine zentrale Rolle. Der Erfolg von Roman und Filmen ist nicht zuletzt auf diffuse Ängste zurückzuführen, die in der Allgemeinheit bestehen. Gerade beim *brain wash*, der immer wieder zu Spekulationen und Verschwörungstheorien Anlass gibt, gilt es allerdings objektive Sachverhalte zu kennen. Beispielsweise hat niemand seinen *breaking point*, seinen »Knackpunkt«, als absoluten Wert – dieser ist abhängig von der physischen und psychischen Verfassung. Ebenso ist nachgewiesen worden, dass auf den extremen Stress, mit dem solche Vorgehensweisen verbunden sind, auf zwei unterschiedliche Weisen reagiert werden kann: durch Rückzug, was Widerstand mit sich bringt, oder durch aktive Stressbeseitigung, was zur Kollaboration führt.[257]

---

[257] WATSON 271

4 Täuschen und manipulieren

Führe Krieg durch Täuschung!
Mossad (israelischer Geheimdienst)[258]

Es wird nie so viel gelogen wie vor Wahlen, während eines Kriegs und nach der Jagd.
Otto von Bismarck (erster Reichskanzler Deutschlands, 1815–1898)[259]

In diesem Kapitel
Es existiert eine ganze Bandbreite psychologischer Operationen: von den offenen (weißen) über die halb verdeckten (grauen) bis zu den ganz verdeckten (schwarzen). In den letzten begegnet pure Manipulation, der keine Skrupel im Wege stehen. Das betrifft ebenfalls den gezielten Einsatz von Gerüchten. Auch die Medien manipulieren und sind selbst Ziel von Manipulationen. Das hat seine Tragweite insofern, als sich ihnen niemand entziehen kann. Unter den Medien kommt dem Internet immer größere Bedeutung zu. Zu seinen Benutzern gehören nicht nur staatliche Akteure, sondern auch nicht-staatliche, z. B. Terroristen. Im Zuge des digital turn *ist das Internet zu einem Kriegsschauplatz geworden.*

Als eine Form der Manipulation kann auch das embedding *von Medienleuten aufgefasst werden. Denn sie sind so nah am Geschehen, dass sich dieses nicht in einen größeren Verstehenshorizont einordnen lässt. Nicht jeder Journalist wird zugelassen, und häufig kommt es zu einem Katz-und-Maus-Spiel zwischen den militärischen Instanzen und den Reportern. Zudem existiert – auch unter der neuen US-Präsidentschaft – ein Monitoring, in dem die Medienleute auf ihre Loyalität hin beurteilt werden. Neben den Medien sind auch die PR aus keinem Konflikt mehr wegzu-*

---

[258] http://whatreallyhappened.com/WRHARTICLES/deception.html
[259] http://www.dictionary-quotes.com/es-wird-niemals-so-viel-gelogen-wie-vor-der-wahl-wahrend-des-krieges-und-nach-der-jagd-otto-von-bismarck/

*denken. Die involvierten Parteien tragen einen Kampf um die Wahrnehmung aus. In
diesem reduzieren sie komplexe Sachverhalte auf eingängige Vereinfachungen, vielfach Mythen. Die Macht der Bilder spielt dabei eine große Rolle.* Zum shaping *von
Nachrichten gehört es, alles auszublenden, was dem beabsichtigten* spin *entgegensteht. PR-Fachleute entwerfen entsprechende Strategien. Das kann groteske Formen
annehmen. Die* battle of the narratives *tobt an allen Fronten und hat ihre Tücken.*

*Die Finte ist seit dem Altertum eine bewährte Form psychologischer Kriegsführung. Sie hat zum Ziel, den Gegner zu täuschen oder in Überlegungen zu verstricken, die ihn zum Opfer seiner Mutmaßungen, Ängste und Hoffnungen machen. Eine
andere Form der Täuschung sind Operationen unter falscher Flagge.* false-flag-*Aktionen kommen selbst in westlichen Demokratien vor. Sie sollen unbeteiligte Parteien diskreditieren. Sind solche PSYOPS, insbesondere die schwarzen, kriegsvölkerrechtlich vertretbar? Und wie sind sie ethisch zu bewerten? Die Antwort auf diese
Fragen mag erstaunen.*

4.1 Weiße, graue und schwarze psychologische Kriegsführung

*Weiße Operationen • Graue Operationen • Schwarze Operationen • Ernüchternde
Befunde*

In der internationalen Terminologie wird zwischen drei Arten von psychologischer Kriegsführung unterschieden: weißer, grauer und schwarzer. Diese Begriffe geben die große Bandbreite wieder, innerhalb deren sich entsprechende Operationen bewegen. Sie reicht von der transparenten, der Wahrheit verpflichteten Kommunikation bis zu Fälschung, Irreführung und gedeckter geheimdienstlicher Operation. Letztere führen zunehmend zu Kontroversen. Es öffnet sich nämlich eine Schere zwischen dem von Demokratie und öffentlichem Diskurs geprägten Selbstverständnis und der entsprechenden Selbstdarstellung auf der einen Seite und einem intransparenten, klandestinen und reiner Kriegsräson verpflichteten Verhalten auf der anderen Seite. Dies irritiert gerade im Fall der USA und stößt in der internationalen Staatenwelt zunehmend auf Kritik (vgl. Kap. 8).

Weiße Operationen
Eine weiße Operation kommt von offizieller Stelle oder einer Quelle, die dieser nahe steht. Sie gibt einen offiziellen Standpunkt wieder, ist wahr und bezieht sich auf Fakten. Zur Verbreitung weißer psychologischer Kriegsführung sind dazu heute in den USA das *State Departement*, die USIA (*United States Information Agency*), die *Foreign Operations Administration* bzw. die *Agency for International Development*, das *Defense Departement* und andere Regierungsstellen bzw. *agencies* befugt. Der Urheber ist bei weißen Operationen unmissverständlich deklariert. Es handelt sich in jeder Hinsicht um die Wahrheit. Ein Beispiel sind *white clandestines*, etwa BBC *London* während des Zweiten Weltkriegs. Der Sender war, auch wenn er als *clandestine* von einem geheimen Ort aus agierte, legal, hatte eine Lizenz und war klar über die registrierten Frequenzen zu identifizieren. Er war sachlich gehalten, in der Auswahl der Fakten aber Partei. Im Zielgebiet – allem voran dem Deutschen Reich – war das Hören seiner Programme verboten und wurde mit harten Strafen geahndet.

Graue Operationen
Im Gegensatz zur weißen psychologischen Kriegsführung, die grundsätzlich offen auftritt, verlaufen die graue und die schwarze verdeckt. Die Quelle der grauen Operationen ist bewusst unbestimmt gehalten; die wirkliche Herkunft wird dem Zielpublikum nicht offen gelegt. Die Operation scheint von einem nicht-offiziellen Urheber auszugehen, von einem einheimisch-nicht-feindlichen, oder es wird gar nicht erst eine Herkunft angegeben. Ziel ist es, die fraglichen Botschaften akzeptierbarer zu machen, als wenn sie von offizieller Seite stammen würden. Es wird auch vermieden, diese in einen Erklärungsnotstand zu bringen. Für die graue psychologische Kriegsführung sind in den USA je nach Szenario das OCB *(Operations Coordinating Board)*, die USIA oder das *State Departement* zuständig. Graue Operationen lassen sich auch als Halbwahrheit bezeichnen. Im Zusammenhang mit Sendern ist dann von *grey clandestines* die Rede, wenn etwa Oppositionelle im eigenen Land, auf dem Territorium des kritisierten Staats, ein Programm betreiben – oder von einem Nachbarstaat aus, der in der Regel die Opposition unterstützt, so die USA im Hinblick auf Kuba und umgekehrt. Heute sind graue *clandestines* aus vielen Konflikten nicht mehr wegzudenken.

Schwarze Operationen
Schwarze Operationen schließlich gehen zum Schein von der feindlichen Seite aus – das kann eine Regierung sein, eine Partei, Gruppe, Organisation oder einzelne Person. Die Interessen des Urhebers werden nicht offen gelegt, und er würde jede Verantwortung von sich weisen. Die Inhalte sind ganz oder teilweise fingiert, aber so, dass sie für das Zielpublikum glaubwürdig erscheinen. Schwarze psychologische Kriegsführung kann darauf hin angelegt sein, die vermeintliche Quelle zu diskreditieren oder sie zu zwingen, gegen ihren Willen zu agieren. Die Kompetenz liegt in den USA einzig beim OCB. Es handelt sich rundweg um Unwahrheiten, in ihrem Fall sind die psychologische Kriegsführung bzw. die PSYOPS, um ein Wortspiel aufzugreifen, gleichzusetzen mit »LYOPS« – »Lügen-Operationen«. Auch wenn von Tatsachen die Rede ist, der Urheber der Information aber unterschlagen wird, spricht man von schwarzer psychologischer Kriegsführung.

Diese bildet einen Bestandteil der sogenannten schwarzen Operationen, die auch in der unkonventionellen Kriegsführung bzw. der Spionage zur Anwendung kommen.[260] Ein markantes Beispiel für schwarze psychologische Kriegsführung bilden die Aktivitäten des US-amerikanischen *Morale Operations Branch* (MO), der zwischen 1943 und dem *V-E day* (*Victory in Europe*) vom 8. Mai 1945 operierte. Der MO arbeitete eng mit dem *Office of Strategic Services* (OSS) zusammen, der Vorgängerinstitution der CIA. In seiner Tätigkeit ließ er sich von keinerlei Skrupeln oder moralischen Hinderungsgründen beirren. Man war sich der hohen fachlichen Qualität der deutschen psychologischen Kriegsführung bewusst und setzte sich zum Ziel, diese noch zu übertreffen. Es ging darum, Bevölkerung und Truppen Deutschlands und seiner Verbündeten zu demoralisieren.[261] Der MO arbeitete in Deutschland, Italien, Resteuropa und im Balkan, in Nordafrika und dem Mittleren Osten, in Japan, China, Burma und Indien, in Indonesien und der Sowjetunion mit Mitteln wie

---

[260] Zu diesen gehören Ermordung, Sabotage, Erpressung, Spionage gegen verbündete Staaten oder die eigenen Bürger, Kidnapping, die Unterstützung von Widerstandsbewegungen, Folter, Betrug mit dem Ziel, Gelder zu generieren, Benützung von Kindersoldaten, Experimente an Menschen, Schmuggel, die Überstellung von Gefangenen an Länder mit Folterpraxis (*extraordinary rendition*) wie 2002 im Fall Maher Arar, der von New York nach Syrien verbracht wurde. Die letztgenannte Form schwarzer Operationen illustriert eindrücklich Gavin Hood's Spielfilm »Rendition« (USA 2007).
[261] Vgl. LAURIE

- Bestechung, Erpressung und finanziellen Beihilfen
- gefälschten Dokumenten
- abgeworfenen Flugblättern
- Streuung falscher Meldungen in den Nachrichtenmedien
- schwarzen Radiosendern (*black clandestines*)
- Filmen und Kunstwerken (z. B. des amerikanischen Zeichners und Malers Saul Steinberg).
- Gerüchten (sh. Kapitel 4.2).

Schwarze Radiosender, *black clandestines*, geben sich für etwas anderes aus, als sie tatsächlich sind, und haben als klassische Instrumente psychologischer Kriegsführung die gegnerische Truppe und Zivilbevölkerung als Zielpublikum. Auch im Irakkrieg wurden *black clandestines* betrieben. Der bereits 2003 errichtete Sender »Radio Tikrit« verschaffte sich Glaubwürdigkeit, indem er anfangs einen klaren Pro-Saddam-Kurs verfolgte und vorgab, von regimetreuen Irakern im Großraum Tikrit unterhalten zu werden. Innerhalb weniger Wochen kam es dann zu einem Schwenk in der Linie, und der Sender äußerte sich immer kritischer gegenüber Saddam Hussein.[262]

Heikel sind schwarze Operationen insofern, als sie davon ausgehen, dass das Zielpublikum die wahren Verhältnisse nicht kennt. Fliegt der Schwindel auf, so können sämtliche Maßnahmen, also auch die weißen und die grauen, in Verruf geraten, und das Ergebnis ist kontraproduktiv. Schließlich können sie in solchen Fällen den Urheber allgemein diskreditieren – in Hinsicht auf die Gesamtheit seiner Aktionen .

Ernüchternde Befunde

Geht man von der Absicht der kommunizierenden Partei aus, sind weiße, graue und schwarze psychologische Kriegsführung gut zu trennen. Heikler ist die Frage, wie sie wahrgenommen werden. Eine 2003 durchgeführte weltweite Umfrage bei PR-Fachleuten ergab zum Beispiel folgendes Bild:

- Die Irak-spezifischen Informationen der USA sind nicht glaubwürdig;
- nur 5 % der Befragten erachten die US-PR als wahr;
- die Quellen sind nicht transparent;

---

[262] Vgl. COLLINS, Mind Games

- die US-Informationspolitik stimmt nicht mit den ethischen Standards überein, die sich die PR-Branche selbst gibt;
- Falschinformationen und PR-Flops sind nicht unentdeckt geblieben;
- mit der PR der Vereinten Nationen können sich lediglich 60 % identifizieren;
- die Kommunikation des Irak ist mit einem Sympathiegewinn in der islamischen Welt verbunden.[263]

4.2 Das Gerücht

Das Phänomen • *Eine Begleiterscheinung des Kriegs* • *Sefton Delmer und die* Political Warfare Executive • *Der Mölders-Brief*

Der spätrömische Autor Vergil (70–19 v. Chr.) schreibt in seinem Epos »*Aeneis*« über das Gerücht, es wachse mit seiner Verbreitung (»*fama crescit eundo*«).[264] Diese Sentenz ist zu einem geflügelten Wort geworden. Über das Mittelalter bis in die neueste Zeit schildern es Bilder in mitunter monströsen Ausformungen. Und ein deutsches Sprichwort besagt: »Ein Gerücht ist immer größer denn die Wahrheit.«[265] Zwischen dem Gerücht und dem Krieg besteht ein enger Zusammenhang, und dies in mehrfacher Weise.

Das Phänomen

Das Gerücht ist ein komplexes Phänomen und damit nicht leicht zu definieren. So werden denn gern Vergleiche angestellt; der bekannteste von ihnen ist der mit einem Virus. Bei genauerem Hinsehen wird deutlich, dass Gerüchte »immer aus dem Medium Hörensagen und der übermittelten Botschaft bestehen; das Wort Gerücht meint in der Regel beides zugleich.«[266] Gerüchte folgen in ihrer Entstehung und Verbreitung einem bestimmten Ablauf. In einer ersten Phase werden sie dank Auslassungen sozusagen »handlicher« (»*levelling*«), in einer zweiten erfahren sie Veränderungen (»*shaping*«), und in einer dritten werden ihnen bestimmte Elemente hinzugefügt (»*assimilation*«) – sie »wachsen«.[267] Vergleichbar ist eine andere, auf Experimenten

---

[263] http://www.presseportal.de/pm/51294/428043/komm_passion_group?search=pr-profis
[264] VERGIL, Aeneis IV, 174. Zit. nach BÜCHMANN 525
[265] www.mfk.ch/ausstellung20100000.html
[266] NEUBAUER 210
[267] Nach ALLPORT / POSTMAN; sh. NEUBAUER 216f. und BUCKNER

beruhende Darstellung, welche die folgenden Charakteristiken aufweist: Vereinfachung, Strukturierung, Dramatisierung, Detaillierung und Schuldzuweisung.[268]

Schon die Philosophen und Staatstheoretiker Niccolo Machiavelli (1469–1527) und Francis Bacon (1561–1626) haben erkannt, dass über gezielt in Umlauf gesetzte Gerüchte Herrschaft ausgeübt werden kann. Zugleich gibt es kaum bessere Indikatoren über die Befindlichkeit des Volks als Gerüchte. Schon vor, dann aber v. a. auch während der Französischen Revolution 1798 wurden sogenannte »*mouches*«, »Fliegen«, eingesetzt: Horcher, die auf dem Markt, in Kneipen, bei Veranstaltungen in Erfahrung zu bringen hatten, was in der Masse an Gerüchten im Umlauf war.

Eine Begleiterscheinung des Kriegs

Im Zusammenhang mit der psychologischen Kriegsführung ist das Gerücht gleich mehrfach von großer Bedeutung. Einmal ist es untrennbar mit der Ungewissheit verbunden, die zu den spezifischen Eigenschaften jedes Kriegs gehört. Der Mangel an Informationen, die Widersprüchlichkeit der Meldungen, Missverständnisse, das offene Ende von Kampfhandlungen, diffuse Ängste angesichts der schieren Irrationalität – kurz: der ganze *fog of war* – bilden einen fruchtbaren Nährboden für Gerüchte. »Gerüchte«, schreibt ein Vietnam-Veteran, »Lügen, Vorahnungen, Hörensagen, Wunschdenken« seien »Filter« seiner Wahrnehmung gewesen.[269] Es ist eine Formel aufgestellt worden, die dem Rechnung trägt. Sie lautet

»$r \approx i \times a$«: *rumour* (Stärke des Gerüchts) entspricht *importance* (beigemessene Bedeutung) mal *ambiguity* (Ungewissheit der Situation).[270]

Tafel 15: Formel für die Stärke eines Gerüchts

Krieg und Gerücht stehen in enger Verbindung. Ja es lässt sich sagen, dass Gerüchte »wesentlich« sind »für die emotionale Ökonomie der Kriegsführung«.[271] Sie bilden ein Kollektiv der »kleinen Leute«, des Fußvolks, stehen eine Ebene unterhalb der »großen Ereignisse«. In der militärischen Betrachtung geht es darum, die Verhältnisse von der strategischen und operativen Ebene herunterzubrechen auf die taktische, den Fokus von der großmaßstäblichen Landkarte in den Schützengraben zu verlegen.

---

[268] Nach BARTLETT; sh. http://de.wikipedia.org/wiki/Ger%C3%BCcht
[269] WOLFF 32
[270] NEUBAUER 217
[271] a.a. O. 119

Worüber redet der Soldat? Was beschäftigt ihn? Für welche Gerüchte ist er empfänglich, welche gibt er in was für einer Form weiter? Wie nimmt er entsprechend seine Situation wahr?

Der Wildwuchs der Gerüchte zwingt die Macht Ausübenden, kontrollierend, zensurierend, mit eigenen Inhalten proaktiv einzuwirken. Denn der Nährboden lässt vieles von dem gedeihen, was auf ihn fällt. Die Einflussnahme auf diese schwer berechenbare Kommunikationsform gehört denn auch zu den Disziplinen, die entscheidend für den Ausgang eines Konflikts oder einer Krisensituation sein können. Das ist ein weiterer Aspekt von Gerücht und Krieg. Während des Zweiten Weltkriegs galt in den USA die Losung »*zip your lip and save a ship*« – »Versiegle deine Lippen und bewahre so ein Schiff«. Die Regierung schuf damals sogenannte *rumour clinics,* die Vorläufer der *rumour control centers* der 60er Jahre. Dem medizinischen Vokabular folgte auch die Bezeichnung des einschlägigen Vorgangs: *rumour doctors* nahmen »Anamnese«, »Diagnose« und »Therapie« schädlicher Gerüchte vor. Es wurde auf allgemein anerkannte Autoritäten zurückgegriffen, die zu den Gerüchten Stellung nahmen – ein zur Genese von Gerüchten spiegelbildliches Vorgehen, denn auch die werden immer von einer Referenz begleitet und legitimiert. Aus dem Reich des Hörensagens und Weitererzählens wurde das Gerücht isoliert und verschriftlicht; damit entzog man ihm sein Element. So stand der Gegenpropaganda nichts mehr im Weg. Heute, im Zeitalter des Internet, liegen die Verhältnisse natürlich anders. »Das Internet ist das Hörensagen im digitalen Zustand; die große Zeit der Fama hat erst begonnen.«[272] Das musste 1998 US-Präsident Bill Clinton im Zusammenhang mit der Lewinsky-Affäre am eigenen Leib erleben. Trotz der durchorchestrierten Maßnahmen – etwa einer *Monicagate*-Hotline – waren er und seine Kommunikationsberater nicht mehr Herr der Lage.

Der dritte Aspekt liegt freilich nahe: Gerüchte finden – man denke an die angesprochene Formel – im Krieg nicht nur einen idealen Nährboden, und es geht nicht nur darum, sie unter Kontrolle zu bringen. Ganz im Sinn psychologischer Kriegsführung kann man die »*sibs*«[273], wie sie die Briten und Amerikaner während des Zweiten Weltkriegs nannten, auch instrumentalisieren: professionell aufbauen, über sensitive Kanäle streuen und damit beim Gegner gezielt Reaktionen hervorrufen wie

---

[272] NEUBAUER 200
[273] Von lat. »sibulare«, »flüstern«

- Desinformation
- Verstärkung bereits vorhandener und vom Sender erwünschter Gefühle, Gedanken und Verhaltensweisen
- Zwist
- Illoyalität
- Verunsicherung
- Demoralisierung
- Imageschaden bei Regierungen, der Generalität, bestimmten Gruppierungen.

Sefton Delmer und die *Political Warfare Executive*
Unbestreitbar der Meister des Gerüchts und der schwarzen Propaganda war während des Zweiten Weltkriegs der Brite Selfton Delmer (1904–1979). Für seine Tätigkeit brachte er ideale Voraussetzungen mit. Sein Vater war Engländer, seine Mutter Österreicherin. Er wuchs im Deutschland des Kaisers Wilhelm II. auf. In den 20er und zu Beginn der 30er Jahre arbeitete er als Reporter in Deutschland und lernte den SA-Chef Ernst Roehm (1887–1934) kennen. Über ihn machte Delmer auch die Bekanntschaft von Hitler, Goebbels, Göring, Himmler und weiteren Nazi-Größen. Diese Nähe schuf ihm nicht nur Freunde. Spätestens als er im Februar 1933 Hitler bei dessen Augenschein vor dem Reichtagsbrand begleitete, musste er sich den Vorwurf gefallen lassen, auf der Seite der Nazis zu stehen. Das war freilich nie der Fall; vielmehr musste er sich vor diesen immer aufs Neue gegen den Verdacht verteidigen, dem britischen Geheimdienst anzugehören. Die Fronten waren aber spätestens 1940 klar, als Hitler in einer Reichtagsrede England den Frieden anbot: Delmer ließ – noch vor den Politikern – verlauten, der deutsche Diktator solle »sein lügendes, stinkendes Maul halten«.[274]

Als das britische Außenministerium 1941 die *Political Warfare Executive* (PWE) gründete, dauerte es nicht lange, und Delmer wurde rekrutiert. Das für weiße und schwarze psychologische Kriegsführung angelegte Organ zeichnete im Lauf des Kriegs verantwortlich für die berühmten Schwarzsender »Gustav Siegfried eins«, »Soldatensender Calais« und »Kurzwellensender Atlantik«. Um sich die damalige Bedeutung des Mediums Radio zu vergegenwärtigen, muss man daran denken, dass es in allen involvierten Ländern das Leitmedium war. So waren es insgesamt 38 Sender, die für kurze oder längere Zeit in Europa gegen Deutschland aktiv waren.

---

[274] http://en.wikipedia.org/wiki/Sefton_Delmer

Der »Soldatensender Calais« war ab Oktober 1943 in Betrieb – allerdings im Bletchley Park bei London und nicht in Calais – und hatte als damals stärkster Mittelwellensender Europas den Zweck, mit gezielt gestreuten Halbwahrheiten Einfluss auf die Meinungsbildung der deutschen Zuhörer zu bekommen. Er ist ein klassisches Beispiel für einen *black clandestine*, einen schwarzen Geheimsender, der seinen Urheber verbirgt und sich eine eigene »Legende« verschafft. Die von ihm in Umlauf gesetzten Gerüchte waren nicht zu unterschätzen. Sie zeugten von großem Einfallsreichtum und Sinn für die verwundbaren Seiten des Gegners:

- britische Fallschirmjäger seien in Berlin gelandet
- deutsche Matrosen hätten in Wilhelmshaven ihre Offiziere erschossen
- die Feldmarschälle Rommel und von Rundstedt seien gefangen genommen worden
- Luftwaffenpiloten würden sich weigern, zu fliegen
- Fremdarbeiter hätten die Krupp-Werke in Essen übernommen
- der frühere Nazi-Führer Rudolf Hess würde alliierte Truppen in Frankreich befehligen
- es seien vergiftete Wehrmachtsrationen gefunden worden.

Delmer selbst beschrieb in seinem Buch »*Black Boomerang*« die Methode als »*cover, cover, dirt, cover, dirt*«: viele Sendungen zum Erhalt der Glaubwürdigkeit und nur dazwischen ein paar Lügen. So wurde oft bei den Deutschen beliebte Musik gespielt und über Sportergebnisse und andere Ereignisse in Deutschland berichtet, gelegentlich streute man aber auch moralzersetzende Informationen ein.

Um sich eine Vorstellung von Delmers Handschrift zu machen, muss man sich vor Augen halten, dass er als ungehobelt und vulgär galt, sich einen Deut darum scherte, was andere von ihm hielten – man denke an die Deutschlandjahre –, Freude an Pornografie hatte und von Tabus so gut wie gar nichts hielt. Die Aktivitäten der offiziellen BBC fand er denn auch »rechthaberisch und doof«[275]. Das alles sollte ihm aber bei seiner Tätigkeit für die PWE zugute kommen und mit dazu beitragen, dass England die Führungsrolle in der schwarzen psychologischen Kriegsführung zukam. Die USA hatten in dieser Hinsicht von England viel zu lernen, gelangten aber nie zu der britischen Unverfrorenheit.

---

[275] BELLINGER

Delmer scharte eine bunte Mannschaft um sich. Da waren Journalisten und Gelehrte mit profunder Kenntnis der deutschen Politlandschaft und der deutschen Mentalität. Da waren aber auch Flüchtlinge und Kriegsgefangene aus Deutschland, Italien, den slawischen und den Balkanländern. Über seine deutschen Mitstreiter sagte er später:

> »Meine deutsche Mannschaft bestand aus Männern, die mit Hitlers Regime in einer harten Weise brachen. Sie hatten auf ihre Heime und auf ihre Berufe in Deutschland für eine unbekannte Zukunft im Ausland verzichtet, um gegen das Böse zu kämpfen, das ihr Land in seinem Griff hatte.«[276]

Über die gegnerischen Medien und *prisoners of war* hielt man sich ständig auf dem Laufenden, was die Entwicklungen in Deutschland betraf. Die Strategie zielte darauf ab, die Wehrmacht gegen die NSDAP und die SS aufzuwiegeln. So wurde die SS als »Himmlers bolschewistischer Abschaum« bezeichnet, ihre Angehörigen als »Krypto-Bolschewiken«[277]. In einem Schreiben an seine Mitarbeiter formulierte er seine Vorstellungen wie folgt:

> »Das Ziel [...] ist subversiv. Wir wollen unter den Deutschen alarmierende Nachrichten verbreiten, die Zwietracht stiften und sie dazu verleiten werden, ihrer Regierung zu misstrauen und den Gehorsam zu kündigen, nicht so sehr aus hehren politischen Gründen, sondern aus handfester menschlicher Schwäche.«[278]

Und in einem seiner Memoirenbände aus der Nachkriegszeit heißt es:

> »Jeder Griff ist erlaubt. Je übler, desto besser. Lügen, Betrug – alles. [...] Ich tat mein Bestes, um auf diesem Wege auch das älteste Ziel unserer psychologischen Kriegsführung zu fördern: Deutsche gegen Deutsche aufzuhetzen.«[279]

Delmers Glanzleistung war sicher die Erfindung des sogenannten »Chefs« auf dem Sender »Gustav Siegfried eins«. Im Jargon eines schneidigen deutschen Gardeoffiziers ließ sich der »Chef« über Vorgänge im Führerhauptquartier und über Skandale in der NSDAP aus, über die zerbombten Städte und die Exzesse der SS, des »Sicherheitsdienstes« SD und der Gestapo. Letzte war es – so die »Legende« –, die den »Chef« am Schluss verhaftete, aburteilte und hinrichtete. Die Figur war patrio-

---

[276] http://de.wikiquote.org/wiki/Sefton_Delmer
[277] BELLINGER
[278] ebenda
[279] http://de.wikiquote.org/wiki/Deutscher

tisch gehalten und stand loyal zum »Führer«, zeigte sich in seiner Kritik aber unerbittlich. Am 23. Mai 1941 z. B. äußerte sie sich über den gerade nach England geflogenen Hitler-Stellvertreter Rudolf Hess:

> »Ich muss mich gegen eine Stinklüge verwahren, die einige von den Speichelleckern im Führerhauptquartier in Umlauf gesetzt haben. Die Lüge, dass diese Nulpe auf Befehl des Führers nach Großbritannien geflogen sei. So was kommt überhaupt nicht in Frage. Niemals hätte der Führer einem Mann, der unsere Aufmarschpläne so genau kennt, gestattet, sich ins feindliche Ausland zu begeben.«[280]

Delmer gestaltete seine schwarzen Operationen so brillant, dass ihnen zwar nicht das ganze deutsche Offizierskorps, wohl aber auch alliierte Kreise aufsaßen. Selbst US-Präsident Franklin D. Roosevelt hielt den »Chef« für einen Menschen aus Fleisch und Blut. Für einmal aber wurde das von Delmer ins Leben gerufene »Gerüchtekomitee« von der Realität überholt: Was die Truppen im Frühjahr 1945 in den Konzentrationslagern Bergen-Belsen und Buchenwald vorfanden, übertraf die fingierten Gräuelmeldungen bei weitem. Es lässt sich indessen rückblickend sagen, dass die schwarzen Sender der PWE wirkungsvoller waren als die gesamten weißen Operationen der Alliierten. Und es bewahrheitete sich, was später US-Außenminister Henry Kissinger sagen sollte, besonders in Bezug auf die schwarzen Aktivitäten: »Ein Radiosender kann eine wirksamere Waffe sein als ein ganzes Geschwader B-25-Bomber.«[281]

Der Mölders-Brief

Oberst Werner Mölders (*1913) machte als Jagdflieger eine Bilderbuchkarriere. Die Stationen seines Werdegangs waren 1938 die Legion Condor in Spanien, 1940 der Westfeldzug mit kurzer Gefangenschaft nach einem Abschuss, anschließend die Luftschlacht um England. Im Juli 1941 konnte er 101 Luftsiege verzeichnen. Er wurde hoch dekoriert: Ritterkreuz, dazu Eichenlaub, Schwerter und – als erster Offizier überhaupt – Brillanten. Am 22. November 1941 kam er bei einem Flugzeugabsturz ums Leben. Ganz ins Konzept der Nazi-Führung passte er indes nicht: Er war tief katholisch. Diese Differenz machte sich Sefton Delmer zunutze, um eines der hartnäckigsten Gerüchte des ganzen Kriegs in Umlauf zu bringen.

---

[280] BELLINGER
[281] ALTMANN

Delmer fingierte einen Brief, den Mölders an seinem Todestag verfasst haben sollte. Adressat war ein Probst Johst von Stettin. Ab 1942 zirkulierte der Brief im Deutschen Reich. Die Briten warfen Flugblätter aus gefälschtem Funkerpapier der Luftwaffe ab, mit der Einleitung eines Luftwaffenoffiziers versehen. Der Brief beurteilt die Kriegslage als aussichtslos, und es wird dem Leser eine religiös motivierte, fatalistische Haltung nahe gelegt. Es ist – ganz im Gegensatz zur Siegespropaganda der Regierung – immer wieder vom Tod die Rede: »Wenn ich eines Tages mein Leben für die Freiheit unserer Nation hingeben muss, die Gewissheit kann ich Ihnen geben, ich falle im alten Glauben, gestärkt durch die Sakramente der Kirche.«[282] Bald kursierte das Gerücht, bei Mölders' Tod sei es nicht mit rechten Dingen zu- und hergegangen – ein Gerücht, das nicht nur in kirchlichen Kreisen, wo bald einzelne Pfarrer Briefstellen von der Kanzel verlasen, große Resonanz fand. Diese war so groß, dass die Gestapo 100'000 Reichsmark Kopfgeld für den Verfasser in Aussicht stellte sowie Vervielfältigung und Weiterverbreitung des Briefs mit KZ bestrafte.

Woher diese enorme Wirkung? Sicher spielte eine Rolle, dass ein Prominenter unter nicht ganz geklärten Umständen ums Leben gekommen war. Weiter war ein Soldatenidol als Verfasser des Briefs natürlich eine Referenz, der viel Vertrauen entgegengebracht wurde. Der Empfänger, Probst Johst, war eine Autoritätsperson. Der klare, eingängige Duktus erinnerte an Predigten oder Andachtsbücher. Subversiv war Delmers Operation in zweierlei Hinsicht. Zum einen suggerierte sie eine Haltung des Widerstands unter dem Dach der katholischen Kirche, und zum andern unterlief sie dank des ausgeklügelten Konzepts den staatlichen Unterdrückungsapparat.

4.3 Manipulation und Medien

Mannigfaltige Manipulation • *Hisbollah vs. Israel: Die mediale Schlacht* • *Das Internet als Kriegsschauplatz*

Die Medien haben heute die Bedeutung eines »universellen Erfahrungsraums«, »dem sich weltweit kaum jemand entziehen« kann[283]. Allen voran das Fernsehen bildet eine Macht, um die niemand herumkommt – die aber auch jedermann zu seinen Gunsten beeinflussen kann, wenn er ihre Gesetze befolgt. Zu diesen gehört das Beherrschen

---

[282] BUCHBENDER
[283] PRÜMM 217

einer einfachen, prägnanten Symbolsprache. So kann im Zusammenhang mit dem Irakkrieg von einer wahren »Bildsprache der Besetzung«[284] gesprochen werden. Sie kristallisiert sich z. B. in wieder und wieder gezeigten Szenen der Zerstörung und Demontage von Husseins Herrschaftssymbolen wie überlebensgroßen Statuen oder Palästen, der Verbrecherjagd à la Hollywood und dem Moment, wo der irakische Diktator im Rahmen der Operation »*Red Dawn*« – endlich – in einem Erdloch gestellt wird.[285]

Die Medien folgen des Weiteren dem Gesetz der Nachrichtenfaktoren. Veröffentlicht – sprich: Nachricht – wird, was folgende Merkmale aufweist:

- Kontroversität
- Aktualität
- Personifikation
- Negativität
- in Verbindung mit Konfliktstoff stehend
- in Zusammenhang mit identifizierbaren Personen stehend
- mit negativen Auswirkungen verbunden.[286]

Bezeichnete man früher die Medienarbeit – also die bewusste Umwerbung, Integration und Belieferung der Medien – mit dem Begriff der Propaganda, so bildet sie heute auf US-Seite einen festen Bestandteil der sogenannten *Public Diplomacy*. Diese umfasst noch weitere Tätigkeitsfelder und definiert sich wie folgt:

» *Public Diplomacy* umfasst die Aktivitäten der US-Regierung mit dem Ziel, ausländisches Publikum zu informieren und zu beeinflussen durch internationale Austausch- und Informationsprogramme, Medienarbeit, Wahlkampf und die Unterstützung von *Nongovernmental Organisations*. Public Diplomacy festigt die Beziehungen zu den Verbündeten, versucht, anderen die amerikanischen Werte näher zu bringen, und fördert das gegenseitige Verständnis zwischen den Vereinigten Staaten und anderen Ländern. Wird sie richtig umgesetzt, verringert sie das militärische, politische und ökonomische Konfliktpotential und schwächt negative Bilder der USA. *Public Diplomacy* ist ein kostengünstiger, aber gleich-

---

[284] PAUL 96
[285] a. a. O. 97ff.
[286] HARTWIG 78

wohl hoch wirkungsvoller Weg, die US-Politik und -interessen in der Welt wahrzunehmen.«[287]

Mannigfaltige Manipulation

Der Medienrezipient von heute sollte sich bewusst sein, wie nah Nachricht und Manipulation beieinander liegen. Die Suggestionskraft des Mediums – allen voran des Fernsehens und des Internet – tut ihre Wirkung. Das ist an sich nichts Neues – ein nach der Erfindung des Buchdrucks gestreutes Flugblatt des 16. Jahrhunderts wird eine ähnliche Wirkung gehabt haben. In der Gegenwart haben TV und Internet allerdings eine Streuung, eine Intensität und ein Raffinement angenommen, die alles Frühere in den Schatten stellen. Hierzu einige Aspekte:

- Die Medienwirklichkeit ist die Leitrealität. Die Medien bestimmen, was Wirklichkeit ist und, im Umkehrschluss, was es nicht gibt. So ist mit Recht schon von einer »Weltmacht CNN« gesprochen worden.[288]
- Nicht-Medienleute (z. B. Kommandeure) manipulieren die Berichterstattung in den Medien.
- Medienleute manipulieren andere Medien (z. B. durch faule Primeurs, sogenannte *scoops*).
- Medienleute manipulieren Nicht-Medienleute (z. B. in tendenziösen Interviews).
- Medien-Infrastruktur wird bewusst manipuliert – zum Beispiel im Zuge Elektronischer Kriegführung (EKF) gestört – oder durch Kommandotruppen bzw. Luftangriffe zerstört.

Ohne Medien ist ein Krieg gar nicht mehr zu führen. Das Diktum von Clausewitz, Krieg sei die Fortsetzung der Politik mit anderen Mitteln, kann dahingehend umformuliert werden, TV sei die Fortsetzung des Kriegs mit anderen Mitteln. Entsprechend werden die Medien instrumentalisiert. Aber auch wenn keine bewusste Instrumentalisierung vorliegt, ergreift ein Medium doch immer Partei; es kommt – selbst bei größtem Bemühen um Neutralität – nie darum herum. Die Parteinahme kann in tendenziösen Medien wie dem englischen Boulevardblatt »*Sun*« oder dem katarischen TV-Sender »*Al-Dschassirah*« ausgesprochen klar ausfallen:

---

[287] BUSSEMER
[288] FORSTER 81

»Wohl kaum ein anderer Fernsehsender löste im Laufe seines Bestehens mehr Kontroversen aus als der katarische Nachrichtenkanal Al-Dschassirah. Der Sender brachte nicht nur in den zehn Jahren seines Bestehens annähernd alle staatlichen Autoritäten der arabischen Welt gegen sich auf, sondern auch beträchtliche Teile der westlichen Welt verfolgen seine Arbeit mit Misstrauen. Den Höhepunkt fand die internationale Auseinandersetzung um Al-Dschassirah im Irakkrieg von 2003. Hatte zunächst bereits eine auf die Opferperspektive des Krieges fokussierte Berichterstattung in den USA politisches Misstrauen ausgelöst, so brach der ›Kampf der Fernsehkulturen‹ [...] aufs Heftigste aus, als der Sender Bilder toter und gefangener amerikanischer Soldaten veröffentlichte. Spätestens zu diesem Zeitpunkt stand für Donald Rumsfeld, aber auch allgemein für viele Amerikaner und Europäer fest, dass es sich bei Al-Dschassirah nicht um einen gewöhnlichen Fernsehsender handelte, sondern viel mehr um ein ›Jihad TV‹ [...], das im Irakkrieg die Rolle eines Propaganda-Instruments des Baath-Regimes übernommen hatte. Fürsprecher des Senders hielten dem entgegen, dass gerade Al-Dschassirahs ›authentischere‹ Berichterstattung es den Zuschauern weltweit ermögliche, den Fallstricken eines offensiv geführten, millionenschweren Information Warfare im Irak zu entgehen.«[289]

Hisbollah vs. Israel: Die mediale Schlacht

Die *Hisbollah* bewies im Libanonkrieg von 2006 *state-of-the-art* PSYOPS. Sie legte die Wirkung ihrer PR in schockierenden Bildern an; bekannt ist beispielsweise eine Fotografie mit Kinderleichen. Solche Aufnahmen haben auf ihre Weise den Stellenwert von Waffen.[290] Die Medien, für die nach dem kanadischen Geisteswissenschaftler und Kommunikationstheoretiker Marshall McLuhan (1911–1980) »*good news*« »*no news*« ist, waren für solche Produkte selbstredend sehr empfänglich. Und der

---

[289] http://www.springerlink.com/content/p71360511kj26726/
[290] »Die Berichterstattung wird zur Waffe. ›Medien wie al-Dschasira haben realisiert, dass das Zeigen von Opfern die effektivste Waffe in der politischen Auseinandersetzung mit Israel ist‹, sagt Politikwissenschaftler Herfried Münkler. In der Flut aus einseitigen Bildern lassen sich selbst renommierte Medienanstalten an der Nase herumführen. So zeigte der französische Fernsehsender France 2 ein Video, das angeblich die Opfer eines israelischen Angriffs am 1. Januar zeigte – in Wirklichkeit stammten die Bilder von einer Explosion aus dem Jahr 2005. Sie war von Hamas-Raketen ausgelöst worden, die auf einem Lastwagen lagerten.
Objektiv zu berichten wird unmöglich. ›Wir sind außen vor und beobachten von einem gemütlichen Hügel aus, was sich in einem Kilometer Entfernung abspielt‹, klagt ARD-Korrespondent Richard Schneider in einem Beitrag für das NDR-Magazin ›Zappa‹. Ein weiteres Problem: Anders als die israelische Armee sind Hamas-Kämpfer kaum zu identifizieren. ›Sie tragen keine Uniform und tauchen in der Bevölkerung unter. Ob ein Toter Zivilist oder Hamas-Kämpfer war, kann man nicht erkennen‹, sagt Münkler. Ein Foto von ihnen kann ihr Todesurteil sein.
›Die Hamas-Kämpfer sind Ziel der israelischen Angriffe, und jeder Fotograf in ihrer Nähe würde damit auch in Gefahr sein‹, sagt Gernot Hensel, Managing Editor der Fotoagentur European Pressphoto Agency. Keine Fotos bedeuten bessere Überlebenschancen.« (http://www.welt.de/politik/article2993384/Die-Fernsehbilder-vom-Krieg-in-Gaza-luegen.html)

»Schurke« waren diesmal die USA und die Koalitionsmächte. Die *Hisbollah* verbreitete bewusst Falschmeldungen, z. B. mit *fakes*, ungerechtfertigter Fokussierung, irreführenden Bildlegenden. Und in der Tat sind die als erste publizierten Bilder weit virulenter als die später erfolgenden Gegendarstellungen. Man denke an die Aufnahme, welche die Agentur Reuters zu ihrem Foto des Jahres 2006 kürte: ein weinender Zivilist mit einem toten Kind in den Armen. Nachträglich stellte sich das Ganze als *fake* heraus. Aber eine Aufklärung interessiert den, der eh nichts anderes wissen will, kaum.

Es wurden PR-Profis eingesetzt. Diese machten ihren Job so gründlich, dass der Durchschnittslibanese annahm, es sei alles vorbei, die *Hisbollah* habe gesiegt und es würde vorerst nicht mehr geschossen. Den *Hisbollah*-Verantwortlichen stellte sich die Frage, wie man die im Ausland lebenden Libanesen und die internationale *community* der Sympathisanten erreichen könnte. Eine Lösung über eigene *websites* drängte sich förmlich auf: Jeder Betrachter kann wo, wann, so lange, wie viele Male wiederholt und so häufig unkontrolliert auf dem Netz surfen, wie er will. Zudem sind die Gestehungs- und Infrastrukturkosten für den Urheber gering. Im Ausland entwickelte sich der Geldzufluss ebenso erfreulich wie die Anzahl von Demonstrationen, Sympathiekundgebungen usw. Einen Eindruck von solcher Öffentlichkeitsarbeit gibt die *website* »*Hizbullah – The Party of God*«[291].

Zu welchen Mitteln griff zur gleichen Zeit Israel? Es verwendete traditionelle Instrumente wie Plakate und Flugblätter, bemühte sich aber zugleich um attraktive Dienstleistungen für Journalisten: von der Terminkoordination über Treffen mit Augenzeugen bis zu Interviews mit den Eltern entführter Soldaten. In Bezug auf die gegnerischen Medien setzte es Mittel der Elektronischen Kriegsführung (EKF) ein, mit denen es diese stören konnte. Dazu kommt ein Zweites:

> »Durch die Übernahme der Sendefrequenzen für Radio- und TV-Sender der Hisbollah für einige Minuten oder Stunden, dafür aber wiederholt gelingt es israelischen Spezialisten, auf ebendiesen Frequenzen eigene Propagandaspots zu senden und somit die ›gegnerische‹ Bevölkerung zu erreichen. Dies ist insofern eine gute Lösung, als sich die Truppen nicht in das feindliche Gebiet begeben müssen. Dem Image der störenden Partei kann dies helfen. Sendet man beispielsweise Warnungen für die Bevölkerung aus, so ist es durchaus denkbar, dass diese ein etwas besseres Bild der Israelis bekommt, als dies zuvor der Fall war.«[292]

---

[291] http://almashriq.hiof.no/lebanon/300/320/324/324.2/hizballah/
[292] VERNEZ: Libanonkrieg 2.

Allerdings: »Da in der Geschichte Israels viele Nachbarn der umliegenden Staaten der Meinung waren, Israel sei schlecht und am besten auszulöschen, konnte auch die Übernahme von TV-Sendern keine Verbesserung des Images bewirken.«[293]

Auch im Bereich des Internet waren die Israeli aktiv. Sie installierten *websites* zur eigenen Sache, z. B. das Internet-Megafon *www.giyus.com* (*Give Israel your united support*). »Kurzfristige Meinungsschwankungen zu Gunsten der Israelis fanden laut Berichten im Internet mehrmals statt. Schlussendlich waren diese aber von kurzer Dauer und die Meinungen pendelten sich wieder auf den Wert von vor der Manipulation ein.«[294]

Das Internet als Kriegsschauplatz

Wie ernst gerade das Internet von autoritären Regimes genommen wird, zeigt die Jahresbilanz der Organisation Reporter ohne Grenzen (ROG) für 2008:

> »Im Jahr 2008 gab es weniger Todesfälle und Verhaftungen unter Journalisten, die für traditionelle Medien arbeiten. Daraus lässt sich allerdings nicht schließen, dass sich die Lage der Pressefreiheit verbessert hätte. Mit der wachsenden Bedeutung von Online-Medien und Blogs konzentrieren zahlreiche Regierungen ihre repressiven Maßnahmen stärker auf das Internet. [...] Fälle von Online-Zensur wurden in 37 Ländern dokumentiert: allen voran Syrien mit 162 zensierten Webseiten, China mit 93 Seiten sowie Iran mit 38 Seiten. Eine Reihe anderer Staaten steht diesen autoritären Ländern in Bezug auf die Online-Überwachung und Repression wenig nach. In Thailand und in der Türkei müssen Internetnutzer sehr vorsichtig sein, um nicht von der Polizei überwacht und bestraft zu werden. Eine Reihe von Themen gilt für die thailändische Monarchie sowie für das türkische Militär als Tabu.
>
> Webseiten mit Videos wie *youtube* und Dailymotion sind bevorzugte Ziele für die Zensoren der Regierungen. Sperrungen von Seiten oder das Filtern von Inhalten sind Normalität, wenn Behörden sie ›beleidigend‹ einstufen.
>
> Allergisch reagieren mittlerweile einige Regierungen bei interaktiven Internetseiten. Vor allem bei Seiten zum Aufbau sozialer Netzwerke sind bereits Ansätze von ›Massenzensur‹ zu beobachten: Die Zensur von Twitter in Syrien oder Facebook in Syrien, Tunesien, in der Türkei und in den Vereinigten Arabischen Emiraten führt zur erheblichen Einschränkung von Inhalten.«[295]

Die neuen Medien, seit dem *digital turn* der Jahrtausendwende in rasanter Expansion begriffen, sind mittlerweile voll in Kriegsgeschehen, -berichterstattung und -rezeption involviert. In den ersten Tagen des Zweiten Golfkriegs zeigte sich das in mehrfacher Weise: Sex und Musik wurden als Favoriten in den Suchmaschinen abge-

---

[293] ebenda
[294] a. a. O. 3
[295] Zit. in St. Galler Tagblatt, 15. April 2009. S. 2.

löst durch den Krieg. Wie die »*Washington Post*« berichtete, hatten Militär-Homepages wie *www.marines.com* ein Mehrfaches an Besuchern. Die Homepage von *Al-Dschassirah* hielt zeitweise dem Besucherandrang nicht stand, Gleiches gilt für alternative *sites* wie *www.alter.net*.[296]

Im Zeitalter der asymmetrischen Kriegsführung, wo sich kleine Gruppierungen als David im Kampf gegen Goliath verstehen – und mitunter auch bewähren –, ergibt sich ein bedrückendes Zusammenspiel von Terror und Medien. Ohne mediale Aufmerksamkeit würden Bombenanschläge, Terrorandrohungen, Entführungen, vor laufender Kamera stattfindende Hinrichtungen wirkungslos verpuffen. Gleichzeitig sind die Medien, immer auf der Suche nach auflagen- bzw. quotensteigernden *stories*, vital auf solche Inhalte angewiesen. Es ergibt sich ein diffiziles Zusammenspiel, dessen Opfer Menschen, Gebäude, Einrichtungen, aber auch die Wahrheit über die tatsächlichen Machtverhältnisse werden können. Ein im pakistanischen Niemandsland gedrehtes Video vermag, richtig distribuiert, Millionen von Menschen zu bewegen. Kriegsparteien beziehen die Medien bewusst ein; so die *Hamas* nach ihrem militärischen Sieg über Mahmud Abbas' *Fatah*:

> »Die Kämpfer bestellten Fotografen in die Räume von Abbas ein. Ein maskierter Extremist der Hamas-Miliz setzte sich an den Schreibtisch des Präsidenten, hob den Telefonhörer ab und simulierte einen Anruf bei der US-Außenministerin: ›Hallo Condoleeza Rice. Jetzt müßen Sie mit uns reden. Es gibt keinen Abbas mehr.‹ Die Botschaft: Ein Triumph für die radikal-muslimische Bewegung, die vom Westen politisch und finanziell boykottiert wird, den gemäßigten Kräften im Gazastreifen nun aber die Macht gewaltsam entrungen hat. Die USA düpiert – als Partner Abbas' und Israels.«[297]

4.4 Embedded journalism

Hohe Hürden bis zur Zulassung • *Frenton und Hemingway: frühes* embedment • *Vorteile für Militärs und Journalisten* • Embedding *vs. freie Berichterstattung*

Die Medien lassen sich am besten im Griff behalten, wenn sie einerseits hautnah an das (Kriegs-)Geschehen herangeführt werden, denn das verschafft hohe Einschaltquoten. Nicht umsonst begannen die Angriffe auf Bagdad stets um 21 Uhr, der besten Sendezeit im US-TV. Und nicht von ungefähr ist der Begriff einer *hollywoodisation*

---
[296] Vgl. KNILL
[297] http://www.netzeitung.de/politik/ausland/674290.html

of war geprägt worden. Andererseits gilt es die Journalisten am Gängelband zu behalten, um so zu steuern, was sie zu sehen bekommen und was nicht. Friedrich Nowottny, bis 1995 Intendant des Westdeutschen Rundfunks, schrieb 2003 angesichts des US-Vorgehens im Irak: »Der Blick des Journalisten fällt durch den Sehschlitz des Panzers. Und der ist nicht sehr groß.«[298] Das ist denn auch der Schwachpunkt des *embedding*: die »Froschperspektive«. Der Journalist sieht nicht mehr und nicht weniger als der gemeine Soldat, größere Zusammenhänge bleiben ihm verwehrt. Der deutsche Kabarettist Matthias Beltz meint dazu lakonisch: »Wir erfahren nichts, das aber stundenlang.«[299] Hinzu kommt, dass der Umgang der Truppe mit ihrem Gast nicht immer nur freundlich ausfällt. Mancher Soldat versteht nicht, was jemand freiwillig und unbewaffnet in der Krisenzone zu suchen hat. Entsprechend fällt die Quintessenz eines *embed* im Irak aus:

> »Manche Zuhörer [einer Podiumsdiskussion. T.M.] möchten gerne, dass ich ihnen bestätige, was für ein durchtriebener Propagandatrick ›embedded journalism‹ gewesen ist. Ich bin im Irak weder zensiert noch von Presseoffizieren manipuliert worden. Ich war manchmal nur ziemlich allein. Dieser Krieg lässt mich ratlos zurück.«[300]

Embedding kann also bedingt auch als Manipulation verstanden werden – insofern, als der Journalist vor lauter Nähe nicht mehr die für eine intellektuelle Aufarbeitung erforderliche Distanz gewährt bekommt. Er klebt sozusagen mit der Nase an den Geschehnissen, ist »vielleicht zu nah am Geschehen«, das »Einbetten« kann zu einem »Einwickeln« werden, und es stellen sich »diese wichtigen ethischen Fragen nach Distanz und Nähe zwischen dem Berichterstatter und seinem Objekt«[301].

Nicht zu unterschätzen ist die zentrale Kontrolle der Medienschaffenden, die zu deren *profiling*, sprich Beurteilung im Rahmen der strategischen Kommunikation, benutzt wird:

> »Auch unter Obama wird versucht, den Einsatz in Afghanistan im positiven Licht erscheinen zu lassen, indem Medienvertreter durchleuchtet und gezielt manipuliert werden. Das Pentagon fährt eine gewissenhafte Kommunikationsstrategie und lässt von der [externen. T.M.] Rendon Group die Berichte von Journalisten, die sich in Afghanistan aufgehalten und von dort berichtet haben, genau beobachten und beurteilen. Der Druck dürfte hoch sein, nachdem US-Präsident Obama sich dafür entschieden hatte, mehr Soldaten nach Afg-

---

[298] http://en.wikipedia.org/Embedded Journalist
[299] MÜNKLER, Der Wandel 206
[300] MALZAHN 185
[301] a. a. O. 167f.

hanistan zu schicken, während die Zustimmung der US-Amerikaner zum Afghanistan-Einsatz stetig sinkt.«[302]

Hohe Hürden bis zur Zulassung

Embedded journalism besagt, dass ein Medienvertreter 1:1 mit der Truppe unterwegs ist und eine Uniform trägt, dass er also buchstäblich »eingebettet« ist ins taktische Geschehen. Entsprechend gelten auch für ihn *rules of engagement* (ROE). Wer als so genannter *embed* arbeiten will, muss sich beim Pentagon oder beim militärischen Zentralkommando bewerben und vor seinem Einsatz ein Training absolvieren, das dem *Boot Camp* entspricht, einer kurzen, intensiven militärischen Grundausbildung. Des Weiteren muss er sich verpflichten, bestimmte Regeln, die *ground rules*, einzuhalten. Diese umfassen neben den gängigen Geheimhaltungspflichten (Truppenbezeichnungen, Orte, Zahlen, Zeiten, Aufträge, künftige Aktionen) und Tabus wie Fotografien oder Filmaufnahmen von toten Soldaten Bestimmungen wie die folgenden:

»[...] (3) Medienvertreter müssen körperlich fit sein und in der Lage, ihre Ausrüstung selbst zu tragen. Wenn ein Medienvertreter nach Ansicht des zuständigen Kommandeurs nicht fähig ist, den harten Bedingungen zu entsprechen, die ein Einsatz mit Fronttruppen mit sich bringt, wird er medizinisch evakuiert.
(4) Waffenbesitz ist während des Embeddings nicht gestattet. Das schließt alle scharfen Gegenstände mit ein, die als Waffe gebraucht werden könnten.
(5) Besitz oder Konsum von alkoholischen Getränken ist während des Embeddings oder einer Reportage untersagt.
(6) Besitz von pornografischem Material ist während des Embeddings oder einer Reportage untersagt. [...]
(8) Während des Transits von einem Embedding oder einem Besuch können die Medien keine Nachrichten beschaffen. Filmen, Interviews oder Fotografieren von Einrichtungen oder Transportmitteln ist nicht gestattet ohne Einwilligung und Begleitung durch einen Public Affairs Offizier oder einen ermächtigten Vertreter des für den entsprechenden Raum zuständigen Kommandos. [...]
(12) Befehle betreffend Licht sind zu befolgen. Es dürfen keine Lichtquellen, einschließlich Blitzlicht und TV-Beleuchtung, verwendet werden, es sei denn, der zuständige Kommandeur lässt es ausdrücklich zu.
(13) Berichterstattung innerhalb der Internationalen Zone ist nicht gestattet ohne Zustimmung [...] und ohne Begleitung durch eine ermächtigte Person. Dies schließt Interviews, Informationsbeschaffung, Filmen und Fotografieren ein.«[303]

---

[302] RÖTZER, Regierung plant. Der Autor nimmt einen Entscheid des USA-Präsidenten vom Dezember 2009 vorweg, die Truppen in Afghanistan um 30'000 Mann aufzustocken.
[303] MULTI-NATIONAL FORCE-IRAQ: Operation Iraki Freedom. Official website of MNFI: Media Embed Process

Schließlich hat man einen ziemlichen Papierkrieg zu bewältigen, bevor man zugelassen wird. Die seitenfüllenden Regelungen sind gespickt mit militärischen Abkürzungen, von denen nicht jede erklärt wird. Es ist ein langer Weg bis zur Truppe, der man zugeteilt ist. Auf der offiziellen Homepage der *Multi-National Force Iraq* (MNF-I) wird interessierten Medienleuten beispielsweise vorgeschrieben, was sie für den Beginn des *embedding process* vorweisen müssen: das Gesuch fürs *embedding*, einen Akkreditierungsbrief, eine Unbedenklichkeitserklärung und drei publizierte Arbeiten.»Reporter, die zum *embedding process* nicht zugelassen sind und dennoch in den Irak einreisen, sind nicht befugt, militärische Transportmittel auf dem Grund oder in der Luft zu benützen, und haben nur beschränkten Zugang zu Einrichtungen und Personal der Koalitionskräfte.«[304]

Frenton und Hemingway: frühes *embedment*
»Embedded« war bereits der Brite Roger Frenton (1819–1869), der während des Krimkrieges die britischen Truppen begleitete und mit seinen gestellten Bildern – die Belichtungszeit dauerte schlicht noch zu lange für 1:1-Aufnahmen – die Tradition der Kriegsfotografie begründete. Er war »eingebettet« *avant la lettre*.

Ähnliches gilt für den amerikanischen Schriftsteller und Nobelpreisträger Ernest Hemingway (1899–1961). Er leistete 1918 an der norditalienischen und der französisch-deutschen Front Freiwilligendienst als Sanitätsfahrer des *American Field Service*, nachdem er wegen schlechten Sehvermögens von der *Army* abgewiesen worden war. Das Sanitätszeichen entfernte er von seiner Uniform. 1929 erschien sein stark autobiografisch geprägter Roman »*A Farewell to Arms*«. In der Zwischenkriegszeit war er als Kriegsreporter im Griechisch-Türkischen Krieg sowie im Spanischen Bürgerkrieg, wo er, wie er später behauptete, als Informant der Republik und Waffeninstruktor aktiv war. Sein an die dortigen Erlebnisse angelehnter Roman »*For Whom the Bell Tolls*« erschien 1940, »*Fifth Column and Four Stories of the Spanish Civil War*« postum 1969. Im Zweiten Weltkrieg nahm er wiederum als Kriegsreporter an der Invasion in der Normandie teil, durfte sich aber an der Landung selbst nicht beteiligen. Als Pressemann hätte er auch keine Waffe tragen dürfen – ein Verbot, um das er sich keinen Deut scherte. Als inoffizieller Verbindungsoffizier trat er im *Château de Rambouillet* auf, und nach eigenen Angaben war er als Anführer einer Partisanengruppe an der Befreiung von Paris beteiligt. Er wollte, so die Aussage ei-

---
[304] ebenda

nes amerikanischen Nachrichtenoffiziers, gar einen deutschen Kriegsgefangenen foltern.[305] So sehr seine Rolle auf den Kriegsschauplätzen nicht über jeden Zweifel erhaben ist, so zeitlos sind die Texte, die von ihnen handeln.

Vorteile für Militärs und Journalisten

Erst mit der *Operation Iraqi Freedom* wurde »*embedded journalism*« zum gängigen Begriff. Im März und April 2003 waren 600 bis 700 *embeds* registriert. Das US-Militär profitierte in mehrfacher Weise vom Modell des *embedded journalism*. Neben dem klassischen Nachrichtendienst im Führungsgrundgebiet 2 lieferten die Medien mehr oder minder zeitverzugslos wertvolles Informationsmaterial. Entsprechend waren die HQs mit unzähligen Fernsehapparaten bestückt. Auch das irakische Militär schaute zu. Die *shock and awe*-Strategie, den Gegner mit einer gewaltigen Übermacht einzuschüchtern, fand in den Medien einen perfekten Distributionskanal.

Während des Golfkriegs von 1991 hatte CNN noch das Medienmonopol und setzte sich durch seine Berichte weltweit durch. Nun waren aber mit *Al-Dschassirah* und *Al-Arabija* zwei eigenständige Sender zugegen, die es mit der vereinten Wucht der amerikanischen Medien und der BBC zu verdrängen galt. Das *embedding* sollte sicherstellen, dass nur genehme Inhalte und Botschaften verbreitet wurden.[306]

Schließlich sollte es auf Seiten der Journalisten, die den Soldatenalltag mit all seinen Facetten hautnah miterlebten, zu einer gewissen Solidarität mit der Truppe kommen. Denn *embedded* sein bedeutet, sich von der virtuellen und aseptischen Perspektive des distanzierten und ungefährdeten Berichterstatters hinab zu begeben in die Froschperspektive des real kämpfenden Menschen, und zwar nicht als außenstehender Beobachter, sondern als aktiv teilnehmender Part. Einem *embed* im Irak wurde entsprechend beschieden: »Sie sind immer ganz vorne dabei! Denken Sie einfach an Camping unter ziemlich primitiven Bedingungen. Sie werden im selben Zelt schlafen wie die Soldaten. Sie werden mit ihnen lachen und weinen, über den Sand und den Staub fluchen und nach ein paar Wochen von einer Badewanne träumen.«[307]

Für die Journalisten bringt das *embedding* neben Einschränkungen auch große Vorteile mit sich. Das frühere Pool-System, nach dem einzelne Journalisten ausschwärmen durften, ihre Informationen aber mit den Berufskollegen zu teilen hatten, ist hinfällig geworden. Jeder muss aus seiner gegängelten Perspektive das Beste

---

[305] BEEVOR 496
[306] BUSSEMER
[307] MALZAHN 153

herausholen, nicht selten in einer Art Katz-und-Maus-Spiel mit den Aufsicht führenden Militärs. Das Berufsethos der Journalisten verlangt, dass sie ihre Rolle offen darlegen. Es ist die einer begrenzten »Augenzeugenschaft«, deren Wirkung über bloße Berichterstattung hinausgeht. Ein Medienforscher formuliert diesen Zusammenhang wie folgt:

> »Ich würde die neue Form nicht gering schätzen. Wenn Journalisten an vorderster Front dabei sind, schafft das eine Augenzeugenschaft. Viele Berichte haben gezeigt, dass die professionellen Beobachter reflektiert genug sind, ihren Zuschauern und Lesern zu sagen, dass sie als ›Eingebettete‹ nur begrenzte Sichtweisen haben. Kein Augenzeuge verfolgt das ganze Geschehen. Dennoch stellt die Augenzeugen-Rolle der eingebetteten Journalisten militärisches Handeln unter gewisse Bedingungen der Öffentlichkeit. Das ist eine neue Qualität.«[308]

Das Beste im Sinn einer boulevardesken Berichterstattung sind Live-Aufnahmen, der Kick der Echtzeit-Übertragung via Satellit, martialische Bilder (*action*), Soldatenromantik, personalisierte *stories*. Die Sprache bedient sich möglichst *soundbite*-fähiger Formulierungen, um die mediale Wirkung noch zu erhöhen. Ein Kommentator verglich den Marsch auf Bagdad mit der *Paris-Dakar-Trophy*. Dank diesen Faktoren wird der über Quoten bzw. Leser- und Hörerzahlen definierte Marktwert der entsprechenden Medienprodukte deutlich erhöht. Ein Musterbeispiel ist der Erfolg des CNN-Reporters und Pulitzer-Preisträgers Peter Arnett (*1934), der 1991 in Bagdad als nahezu einziger westlicher Medienmann vor Ort in die heimischen Stuben berichtete, im Hintergrund Kriegslärm und das Leuchten von Bombenexplosionen. Bekannt geworden ist er mit dem Satz »Der Himmel über Bagdad ist erleuchtet«, als er auf dem Dach des Hotels *Raschid* stand und die erste Kriegsnacht kommentierte.

Embedding vs. freie Berichterstattung

Man könnte sich fragen, was im Gegensatz zur »Einbettung« eine freie Berichterstattung mit sich brächte. Fürs erste würde der Aspekt der Gängelei, des bei aller Nähe zum Geschehen unleugbar eingeschränkten Betrachtungswinkels, ein großes Stück weit entfallen. Bei Beiträgen, die sich freier Bewegung verdanken, darf sich der Rezipient sicherer fühlen, nicht mit gelenkter – und aufgrund des geringen Auskunftswerts kaum brauchbarer – Information konfrontiert zu sein. Das ist der eine Aspekt,

---

[308] SEITZ

der sich auf die Rezipienten bezieht. Der andere wirft ein Licht auf den Urheber des Settings: Wer sich eine offene Berichterstattung leisten kann, muss sich seiner Sache sehr sicher sein und dürfte keine Angriffsflächen bieten. Diese Variante des freien Journalismus widerspricht allerdings dem Bemühen moderner Kriegsparteien, die Kommunikation bis ins letzte in der Hand zu haben und zu steuern. Und sie ist mit erhöhten Sicherheitsrisiken auf Seiten der Medienschaffenden verbunden – Risiken, bei denen nicht immer sicher ist, ob sie von den Kriegführenden gewollt sind oder nicht.

»Während des Afghanistankrieges wurde das Büro des Senders in Kabul von einer US-amerikanischen Präzisionsrakete getroffen. Im Irakkrieg wurde ein Hotel in Basra, in dem sich die Mitarbeiter von Al-Dschazira aufhielten, direkt von der Artillerie der Alliierten beschossen. Vier Granaten trafen das Hotel. Bei der Einnahme Bagdads wurde das Al-Dschazira-Büro von US-Streitkräften beschossen; ein Korrespondent kam ums Leben, ein Kameramann wurde verwundet.

Ebenfalls bei der Einnahme Bagdads wurde das Palestine Hotel von einem Panzer beschossen. In dem Hotel hielten sich zahlreiche ausländische Journalisten auf. Zwei Menschen kamen dabei um, mehrere wurden verletzt. US-General Buford Blount sagte, der Panzer sei angeblich vom Hotel aus beschossen worden. Mehrere vor Ort anwesende Reporter berichteten jedoch, es habe vom Hotel aus keine Schüsse auf den Panzer gegeben.

Im Irak kamen im Jahr 2003 während des Krieges und in der Nachkriegszeit 14 Journalisten um. [...] Im Jahr 2004 wurden 19 Journalisten getötet. [...]

Beim Einmarsch der USA in Bagdad am 8. April 2003 ereignete sich ein umstrittener Zwischenfall. Um 11:45 Uhr feuerte ein Abrams-Panzer des 4. Bataillons der 2. Brigade der 3. Division eine Granate in eine höhere Etage des Hotel Meridien Palestine. Der Kameramann José Couso und sein ukrainischer Kollege Taras Protsyuk erlagen wenig später den Verletzungen, die der Einschlag ausgelöst hatte. In der darauf folgenden Kontroverse beschuldigte der Deutsche Journalisten-Verband die Panzerbesatzung des Mordes. Demgegenüber ergab eine Untersuchung des Central Command, dass alle im Hotel arbeitenden Journalisten mangelnde Sorgfalt walten ließen. Sie seien mehrfach vor dem Einsatz in einer so großen Nähe zur Front gewarnt worden. Im Zusammenspiel mit ungenauem Kartenmaterial und der mangelnden Ortskenntnis der Soldaten habe sich ein bedauerlicher Zwischenfall ergeben, als durch irakischen Artilleriebeschuss die Panzer am Überqueren der Jumhuriya-Brücke über den Tigris gehindert worden seien. Eine Spiegelung vom Hotelgebäude aus habe der Panzerbesatzung nahe gelegt, dass sich ein Späher dort aufhielt, der den Artilleriebeschuss offensichtlich dirigiert habe.«[309]

Dass gewisse Medienhäuser das Spiel um *embedded journalism* nicht mitmachten – im Irakkrieg gehörten RTL und das Schweizer Fernsehen SF DRS dazu –, hat mit einem Mechanismus zu tun, der die Relevanz von *news* aufhebt: »Der Infor-

---

[309] http://de.org/Irakkrieg (»Rolle der Medien in dem Krieg und im Land«)

mationswert der Bilder von fahrenden Panzern und einschlagenden Granaten tendiert [...] gegen einen Nullpunkt der Information: Bilder, die nicht mit einem Kontext versehen werden, verlieren ihre Bedeutung. Sie sind auswechselbare Illustrationen eines Krieges.«[310] Nur eine Konsequenz war denn auch, dass sich kritische Journalisten über die Internet-Plattform *www.journalismus.com/irak* organisierten. Diese verdankte sich der Zusammenarbeit der Rechercheportale *jourweb.com* und *journalismus.com* und enthielt neben einer Linksammlung zum Irakkrieg eine Audio- und Videothek sowie Hintergrundtexte und ein Diskussionsforum. Eine Äußerung des US-Generals Tommy Franks gerät vor diesem Hintergrund in ein etwas zweifelhaftes Licht; er soll gesagt haben: »Ich bin ein Fan des eingebetteten Journalismus.«[311]

4.5 Sag es einfacher, als es ist

Einfache Antworten auf unlösbare Aufgaben • *Kampf um die Wahrnehmung* • *Mythen: die »großen Erzählungen«* • *Wie sind Bilder zu lesen?* • Terrible simplification • *Die* battle of the narratives

Hält man sich die verfahrene Situation im Nahen Osten vor Augen, die »*failed states*« in Ländern der Dritten Welt, die globale Finanzkrise 2008/2009 oder die anhaltenden Debakel in Irak und Afghanistan und sucht nach Erklärungsmustern bzw. Handlungsmöglichkeiten, so bietet sich die Systemlehre an. In ihr wird unterschieden zwischen einfachen, komplizierten und komplexen Systemen. Im letzten Fall, der hier von Interesse ist, »untersucht [sie. T.M.] die Organisationsformen komplexer Wechselbeziehungen zwischen einzelnen Elementen jenseits linear darstellbarer Relationen und einfacher Kausalität.«[312] Dabei gilt: »Komplexe Systeme bestehen aus einer Vielzahl von miteinander verbundenen und interagierenden Teilen, Entitäten oder Agenten«[313]. Unsere Gegenwart entspricht einem solchen komplexen System Sie stellt uns vor Aufgaben, die mit tradierten Mitteln nicht zu lösen sind, die sich einfachem, linearem Kausalitätsdenken verwehren, angestammte Ideologien und Glaubenssätze ins Leere laufen und Hauruck-Ansätze scheitern lassen (vgl. Kap. 8).

---

[310] MARTIG
[311] KREMPEL 27
[312] http://wiki.bildungsserver.de/index.php/Systemtheorie
[313] http://de.wikipedia.org/Systemtheorie

Einfache Antworten auf unlösbare Aufgaben
In Konflikten sind komplexe Aufgabenstellungen zwar nahezu die Regel, doch man wünschte sie sich doch einfacher, eindeutiger, simpler zu »managen«. Alles dreht sich um einfache Antworten auf schier unlösbare Fragen. Hier setzt die Propaganda, hier setzen die PSYOPS ein. Sie verstehen es, »die Komplexität und Unübersichtlichkeit der überinformierten Welt im Sinne der eigenen Interessen für die Zielgruppe zu ordnen und [führen. T.M.] eine vermeintlich logische Argumentation, die ohne hohen kognitiven Aufwand nachvollziehbar ist.«[314]

In der militärischen Beurteilung der Lage, der Entschlussfassung und der Befehlsgebung geht es immer darum, Komplexität zu verringern. Das ist eine einleuchtende Maxime. Im Zusammenhang mit der psychologischen Kriegsführung gilt es aber zu fragen, ab welchem Punkt man intellektueller Redlichkeit zuwiderhandelt. Geht es um größtmöglichen Einfluss auf das Zielpublikum, ist nämlich nicht der Wahrheitsgehalt oder die logische Stimmigkeit der Botschaft entscheidend, sondern ihre Eingängigkeit. Und nichts glaubt man lieber als das, wovon man eh schon überzeugt ist oder was den eigenen Vorurteilen am nächsten kommt. Psychologische Kriegsführung verstärkt häufig bereits vorhandene Überzeugungen, Glaubenssätze, Annahmen. So nutzte Deutschland während des Zweiten Weltkriegs gezielt die antisemitischen Tendenzen bei Amerikanern und Briten. Oder man halte sich die Figur »*Achmed the dead Terrorist*« vor Augen, mit welcher der amerikanische Komiker Jeff Dunham den hochkomplexen Konflikt zwischen zwei Weltanschauungen auf eine mehr oder minder seichte Blödelei reduziert.[315] Die Aufnahmen vom Juni 2009, als Dunham die *Achmed*-Figur vorstellte, sind in den USA die am viertmeisten angeschauten Online-Videos überhaupt und fanden fast 200 Mio. Zuschauer. Man kann in diesem Zusammenhang von einer Mischung aus Witz, Spott, Gemeinheit und Angstbewältigung sprechen.

Kampf um die Wahrnehmung
Sag es einfacher, als es ist – das bedeutet letztlich: Steuere die Wahrnehmung, betreibe (so der Fachausdruck) »*perception management*«. Das *US-Departement of Defense* (DOD) definiert dieses wie folgt:

---

[314] CARL: Abstract
[315] http://www.*youtube*.com/results?search_query=achmed+the+dead+terrorist&search_type=&aq =0&oq=ach

»Aktionen, um ausgesuchte Informationen und Hinweise gegenüber fremdem Zielpublikum anzuführen oder zu verneinen, um dessen Gefühle, Motive und Überlegungen zu beeinflussen. Zum Zielpublikum gehören auch Nachrichtendienste und Führungskräfte aller Stufen. Das Resultat sind Verhaltensweisen und Aktionen, die im Sinne des Urhebers sind. In unterschiedlicher Weise vereint Perception Management Wahrheit, Sicherheit von Operationen, Verdeckung und Täuschung sowie Psychologische Operationen.«[316]

Die Konfliktparteien führen einen Kampf um Wahrnehmung, der über »materielle – territoriale, ökonomische – Eroberungen« hinausgeht, um »sich der immateriellen Felder der Wahrnehmung zu bemächtigen«[317]. Der französische Philosoph und Kulturtheoretiker Paul Virilio (*1932), von dem die Formulierung stammt, setzt den Beginn dieser Entwicklung beim medialisierten Ersten Weltkrieg an. Es gilt *public myths*, »öffentliche Mythen«, in die Welt zu setzen, sei das propagandistisch für die Bevölkerung und die Truppe der eigenen Seite, sei das in der psychologischen Kriegsführung gegenüber dem Gegner und flankierend dazu gegenüber Dritten. Diese Mythen vereinfachen die komplexen Gegebenheiten bis zur *terrible simplification*. Ein Musterbeispiel dafür ist die Wendung *war on terrrorism* – »Krieg gegen den Terrorismus«. Dieser Begriff hat sich derart verselbständigt und ist in einem solchen Maß selbstreferentiell geworden, dass er nicht mehr hinterfragt wird, dafür aber um so mehr für alle möglichen Aktionen in der völkerrechtlichen Grauzone herhalten muss. Ende November 2002 sagte der pensionierte US-Armeegeneral William Odom auf *C-SPAN* zu den Zuschauern:

»Der Terrorismus ist kein Feind. Er kann nicht besiegt werden. Er ist eine Taktik. Es wäre in etwa so sinnvoll zu sagen, wir erklären dem Nachtangriff den Krieg – und dabei zu glauben, wir könnten den Krieg gewinnen. Wir werden den Krieg gegen den Terrorismus nicht gewinnen. Er peitscht die Angst hoch. Terrorakte haben noch nie eine liberale Demokratie zu Fall gebracht, Parlamentsgesetze hingegen schon einige.«[318]

Mythen: die »großen Erzählungen«

Krieg und Mythos sind aufs engste miteinander verbunden. Es geht, wie sich Charles de Gaulle einmal ausgedrückt hat, um die »Epen, mit denen sich die Völker über ihre Unglücke hinwegtrösten, ihren Stolz aufbauen und ihre Hoffnung nähren«[319]. Das gilt von den ersten Überlieferungen kriegerischer Auseinandersetzungen an. Zu Mythen gewordene Ereignisse wie z. B. die Schlacht bei den Thermophylen (480 v.

---
[316] http://en.wikipedia.org/Perception_management
[317] VIRILIO 13
[318] http://zmag.de/artikel/Terrorismus-Krieg-gegen-den-Terror-Botschaften-des-Schreckens
[319] WAECHTER 175

Chr.), in der eine kleine spartanische Truppe dem persischen Riesenheer gegenüberstand und den Heldentod starb, können über Jahrhunderte hinweg Vorlagen für die Neu-Erzählung geschichtlicher Ereignisse bilden. Dabei kommt es mitunter auch zu Auseinandersetzungen um die »Verfügungsmacht« über solche Stoffe.[320] 1943 griff der deutsche Generalfeldmarschall Hermann Göring (1893–1946) auf den Topos zurück und wandte ihn auf Stalingrad an. In Anlehnung an die berühmte antike Grabinschrift formulierte er, es werde »in späteren Tagen über den Heldenkampf an der Wolga heißen: Kommst du nach Deutschland, so berichte, du habest uns in Stalingrad liegen sehen, wie das Gesetz der Ehre und Kriegsführung es für Deutschland befohlen hat.«[321] Sechs Jahrzehnte später, 2007, verfilmte der amerikanische Regisseur Zack Snyder die Geschichte auf der Grundlage eines Comicromans; Film wie Roman tragen den Titel »*300*«.

Die Mythisierung von Ereignissen kann also deren Umdeutung mit sich bringen. Ein gutes Beispiel dafür ist die Verdun-Saga im Dritten Reich, die aus der faktischen Niederlage ein weithin strahlendes Fanal machte:

> »In der zweiten Hälfte der 1930er Jahre verbanden sich erneut verschiedene aus der Weimarer Republik bekannte Elemente des Verdun-Mythos mit einer Art Nachfolgepflicht. Dem an der Maas einzigartigen Heldentum gelte es nachzueifern, erst in ihrer Vorbildfunktion fanden die damaligen Opfer ihren vermeintlichen Sinn. Als 1940 die Stadt an der Maas eingenommen wurde, instrumentalisierten manche Nazis den Verdun-Mythos. Endlich – nach 25 Jahren – war die zuvor verlorene Schlacht gewonnen worden, weil sich Heldentum und Aufopferungsbereitschaft mit dem Nationalsozialismus verbunden hatten. Der nationalsozialistische Verdun-Mythos fand in dieser Verknüpfung der Ereignisse 1916 und 1940 seinen Höhepunkt, verschwand jedoch wenige Jahre später wieder, als die 6. Armee vor Stalingrad festlag und letztlich vernichtet wurde, und die nationalsozialistische Propagandamaschinerie versuchte, die mit dem Verdun-Mythos verbundene Verpflichtung auf die Erinnerung an Stalingrad zu übertragen.«[322]

Ein Mythos ist eingängig und emotional besetzt, er vereinfacht holzschnittartig. Kein Wunder, ist auf einer regierungskritischen amerikanischen *website* von einem »*Ministry of Mythinformation*« die Rede. Ein Beispiel für einen Mythos ist Pearl Harbour im Zweiten Weltkrieg. Die Nation Amerika, so das Selbstverständnis, verteidigt die Wahrheit, die Demokratie und die Gerechtigkeit. Sie tritt nur in einen Krieg ein, wenn sie angegriffen wird, ist außergewöhnlich und triumphiert in allem.

---

[320] a. a. O. 173
[321] FEST 941
[322] MÜNCH 487

Das Land lebt seine Bestimmung.[323] Der japanische Angriff vom Dezember 1941 hatte nichts mit Deutschland zu tun; gleichwohl erklärten die USA in der Folge Deutschland den Krieg. Ähnliches gilt für *9/11*. Irak war mit dem Terroranschlag nachweislich nicht in Verbindung zu bringen, und trotzdem wurde Saddam Husseins Land zum »Schurkenstaat«. Pearl Harbour und *ground zero* werden in einem Atemzug genannt, wobei Pearl Harbour als mythische Vorlage dient.

Von Mythen lebt der Patriotismus (Gründungsmythen), das Selbstverständnis einer Nation (z. B. als David im Kampf gegen Goliath), der Sinn eines Kriegs (Verbreitung von politischen, religiösen, wirtschaftlichen Errungenschaften, Kampf gegen das Böse, Befreiung eines Volks). Mythen halten sich hartnäckig, weil sie mehr sind als bloße wertfreie Aussagen. Mythen bilden Erklärungs-, Orientierungs- und Handlungsmuster, sie stiften kollektive Identität nach innen und klare Fronten nach außen. Sie sind – häufig ausgehend von einem »Faszinosum [...], welches auf der Grundfiguration der Unwahrscheinlichkeit beruht«[324] – nahezu immun gegen logische und durch Fakten unterlegte Argumente. Das macht ihre Gefährlichkeit aus – aber auch ihren Nutzen. Keine Nation und kein Kriegszug, die ohne solche Mythen auskämen. Im Folgenden ein paar Beispiele.

Der karthagische Feldherr Hannibal (246–183 v. Chr.) verstand es lange vor dem Zeitalter der PR, die Gestalt Alexanders des Großen (356–323 v. Chr.) auf seine aufsehenerregenden Operationen überzublenden. Und mit seiner Alpenüberquerung im Spätherbst 218 v. Chr. »enstand ein suggestives Bild des Wagemuts [...] So entstand ein Mythos, der sich wie eine weitere Tat [des mythologischen Helden. T.M.] Herakles in die Hannibalbiografie einfügen liess.«[325]

Im 1. Jh. v. Chr. wurde bereits ein regelrechter Propaganda-Krieg geführt zwischen Octavian (dem späteren Kaiser Augustus) auf der einen und Kleopatra und Mark Anton auf der anderen Seite. Der Konflikt wurde hochstilisiert zu einem Kampf von Apollo gegen Dionysos, des Westens gegen den Osten, der Solidität gegen die Verweichlichung. Die Auseinandersetzung endete mit dem Selbstmord der

---

[323] http://mythinfo.blogspot.com/
[324] »Eine Jungfrau als Heerführerin; Elefanten, die Alpenwege passieren sollen; zusammengelaufene und nur mit rudimentären Waffen ausgerüstete Tiroler Bauern, die der mächtigsten Armee Europas widerstehen: mythische Grundfigur ist Davids Sieg gegen Goliath bzw. eine so ausgeprägte Asymmetrie der Kampfsituation, dass die Erklärung für Erfolg und Misserfolg sich weithin rationalem Kalkül entzieht.« (KRUMEICH 3f.)
[325] BARCELO 53

Ptolemäerkönigin und des Römers, der Teil des Triumvirats war. Ihre in Ägypten beigesetzten Mumien wurden nie gefunden.

Für die Serben bildet die Schlacht von Amselfeld (1389) bis heute das Fundament ihres nationalistischen Selbstverständnisses. Die Niederlage gegen die Ottomanen hat seither immer wieder Anlass zur Helden- und Märtyrerverehrung gegeben. Während der Jugoslawien-Kriege der 90er Jahre wurde der Amselfeld-Mythos bewusst instrumentalisiert, so auch von Slobodan Milosevic in seiner umstrittenen »Amselfeld-Rede« von 28. Juni 1989 in Gazimestan/Kosovo.[326]

Die Niederlage des 7. US-Kavallerieregiments von G. A. Custer gegen die Indianerstämme unter *Sitting Bull* und *Crazy Horse* von 1876 wurde als Legitimation für die Verfolgung und Vernichtung der *native Americans* ins Feld geführt. Dass Custer die Schlacht verlor, wird heute mit seiner Überschätzung der eigenen und einer Unterschätzung der gegnerischen Kräfte erklärt. Zudem beging er erwiesenermaßen grobe taktische Fehler, z. B. mit der Verzettelung seiner Kräfte. Zum Mythos wurde der Leitspruch »*Keep the last bullet for yourself*«, »Behalte die letzte Kugel für dich selbst«. Umstritten ist die Überlieferung, dass die amerikanischen Soldaten und Offiziere, Custer inbegriffen, alkoholisiert gewesen seien. Das könne, so kritische Stimmen, dahingehend interpretiert werden, dass die Indianer in diesem Kampf leichteres Spiel gehabt hätten als gegen einen nüchternen Gegner. Die Custer-Saga ist dank all der »Zweifel, Fragen, Rücksichten und wilden Spekulationen« zu einem exemplarischen Mythos geworden. Dieser wird mit dem typischen Personal besetzt: dem Helden, den Schurken, dem Sündenbock, dem Versager und den zynischen Politikern.[327] Hinzu kommt der mythenbildende Sprachgebrauch: Entgegen den Fakten wurde die Schlacht als ein »Massaker« der Indianer an den Weißen bezeichnet.

> »Der Gebrauch des Wortes ›Massaker‹ für eine Auseinandersetzung, die zur brutalen und totalen Vernichtung einer der beteiligten Parteien führt, setzt den, der diesen Prozess durchführt, ins Unrecht, und empfiehlt das Opfer dem Mitgefühl und der Sympathie des Publikums. Wer ›Massaker‹ sagt, denunziert die aktive Partei dieses Vorgangs als unehrenhaft, heimtückisch, grausam, mitleidlos und überhaupt völlig entmenschlicht, während er die passive Partei zum Opferlamm emporstilisiert, das im Verbluten auch noch gleich alle seine etwaigen Sünden büßt und vergessen macht.«[328]

---

[326] Deutsche Übersetzung in: http://www.friwe.at/jugoslawien/krieg/propag/milosevic.htm
[327] HEMBUS 441ff.
[328] a. a. O. 442

Es wird deutlich: »Die Sprache ist einer der wirksamsten Katalysatoren bei der Umwandlung von Geschichte in Mythos«, und »Poesie, Pietät und Patriotismus« tragen das Ihre dazu bei.[329]

Heute als klare Geschichtsklitterung und ideologisch begründeter *fake* gesehen, bildete die 1918 formulierte »Dolchstoßlegende« v.a. im nationalsozialistischen Gedankengut eine weit verbreitete Verschwörungstheorie. Ihr zufolge sei das deutsche Heer »im Felde unbesiegt« gewesen, habe jedoch von »vaterlandslosen« Politikern einen »Dolchstoß von hinten« erhalten. Der deutsche Generalstab war direkt in die Mythenbildung involviert:

> »Die Dolchstoßlegende erfüllte zwei Funktionen. Erstens verschaffte sie dem Generalstab eine saubere Weste, als die Menschen anfingen, nach einem Sündenbock zu suchen. [...] Zweitens erlaubte die Dolchstoßlegende dem Generalstab, den Folgen seines Handelns auszuweichen. Dieses Motiv war unbewusst, aber trotzdem real. Der Generalstab war einfach nicht bereit, seine eigenen strategischen Annahmen in Frage zu stellen.«[330]

Diskutiert wird der Ursprung dieser Formulierung bis heute; sie wird u. a. der englischen Generalität zugeschrieben. Instrumentalisiert wurde das Ganze in der NS-Propaganda gegen den Versailler Vertrag, die Linksparteien, die Weimarer Republik – und die Juden. Der Mythos hielt sich noch lange am Leben und sollte gefährliche Auswirkungen haben. Als Hitler am 11. Dezember 1941 den USA den Krieg erklärte, bedeutete dies nämlich »aus der Sicht der Führer der Wehrmacht weder einen Wechsel in der deutschen Politik noch ein großes Risiko. Als Befürworter der ›Dolchstoßlegende‹ glaubten die meisten von ihnen ohnehin, die USA hätten zur Niederlage Deutschlands im Ersten Weltkrieg nicht viel beigetragen, und taten daher die Gefahr, die Amerika nun darstellte, kurzerhand ab.«[331]

Der britische Schriftsteller, Dichter und Nobelpreisträger Rudyard Kipling (1865–1936) hat mit »*Jungle Book*« (1894) und »*The Second Jungle Book*« (1895) bis heute erfolgreiche Kinderliteratur verfasst. In die Geschichte ging er aber auch ein mit seinem berühmt-berüchtigten Gedicht »*The White Man's Burden*« von 1899. Dieses wurde schon zu seiner Zeit als Ausdruck rassistisch-kolonialistischen Selbstverständnisses verurteilt. Hier die erste der insgesamt sieben Strophen:

---

[329] a. a. O. 441ff.
[330] MEGARGEE 17
[331] a. a. O. 165

»*Take up the White Man's burden –*
Send forth the best ye breed –
Go bind your sons to exile
To serve your captives' need;
To wait in heavy harness
On fluttered folk and wild –
Your new-caught, sullen peoples,
Half-devil and half-child.«[332]

(»Ergreift die Bürde des Weißen Mannes – / schickt die Besten aus, die ihr erzieht – / Bannt eure Söhne ins Exil / den Bedürfnissen euerer Gefangenen zu dienen; / in schwerem Geschirre aufzuwarten / verschreckten wilden Leuten – / euren neu gefangenen verdrossenen Völkern, / halb Teufel und halb Kind.«[333])

Ebenfalls ein klassisches Beispiel für bewusste Mythenbildung ist der deutsche Hetzfilm »Jud Süß« von Veith Harlan. Er kam 1940 in die Kinos, vom NS-Regime in Auftrag gegeben und gedacht als ungeschönte antisemitische Propaganda. Seine titelgebende Hauptfigur hatte mit der historischen Gestalt des Joseph Süß Oppenheimer (1698–1738), eines württembergischen Financiers und hohen Finanzbeamten, wenig gemein. Schulden, Zollunwesen, Vergewaltigung und Folter werden – historisch gesehen fälschlicherweise – mit Süß direkt in Verbindung gebracht. Goebbels hat das filmische Ende der Figur ausdrücklich gewünscht: Süß endet am Galgen. 20 Mio. Menschen, so die NS-Statistiken, sahen den Film, »der in den Ostgebieten der ›arischen‹ Bevölkerung immer dann gezeigt wurde, wenn eine ›Aussiedlung‹ oder Liquidation im Ghetto bevorstand«.[334]

An den »*weapons of mass destruction*«, den angeblichen Massenvernichtungswaffen des Irak, machte George W. Bush 2002 seine Nahost-Politik fest. Von Beginn an wurde seine Theorie angezweifelt, erhärtete Beweise haben sich nie gefunden. Gleichwohl bildete sie zusammen mit der Koppelung »Terrorismus–Saddam Hussein« das ideologische Rückgrat des Irak-Feldzugs.

Ein Musterbeispiel für einen *public myth* bildet auch die angebliche Schuld der Sunniten am Anschlag auf die Goldene Moschee von Samarra im Februar 2006. Das Gebäude ist für die Schiiten von großer Bedeutung, weil in ihm u. a. die Gräber von

---

[332] http://de.wikipedia.org: »The White Man's Burden«
[333] In: http://www.goethe.de/kue/bku/prj/tex/eur/koe/de3448508.htm
[334] TOBLER

vier Familienmitgliedern des Propheten Mohammed liegen. Der Konflikt zwischen den beiden Glaubensrichtungen musste und muss für viele Gewalttaten herhalten, die bei genauerem Hinsehen eine ganz andere Handschrift tragen – nicht zuletzt deshalb, weil dem Heiligtum auch von sunnitischer Seite großer Respekt entgegengebracht wird. So sollen denn in Samarra Kommandotruppen am Werk gewesen sein. Dem früheren *State-Department*-Mann Philip Zelikow wird die Theorie zugeschrieben, dass man mit Schlüsselereignissen wie Samarra die Entwicklungen zu ihrem »Siedepunkt« treiben und dann die (Welt)Öffentlichkeit in jede beliebige Richtung manipulieren kann. Das hat, folgt man der Argumentation, Methode – und funktioniert ganz gut dank der Macht von *public myths*. Einmal mehr sind es hochprofessionelle PR-Agenturen, die, mit beträchtlichen Etats ausgestattet, bei solchen Beeinflussungskampagnen mitwirken. Es ist von niemand geringerem als einem ehemaligen Kommunikationschef von BMW bemerkt worden, Moses sei der »Urvater der PR«: »›Er hat nur das weitergegeben, was ihm Gott gesagt hat, seiner Zielgruppe angepasst. [...] Er hat nicht gesagt, dass es Jahre dauern wird und zwei Drittel nicht überleben, aber gelogen hat er nicht.‹«[335]

Wie sind Bilder zu lesen?
Sag es einfacher, als es ist: Im engen Verbund mit den – vorwiegend audiovisuellen – Medien reduzieren Militärs und Politiker jeglicher Couleur die Wahrnehmung der Weltöffentlichkeit auf »jenes semantische Minimum [...], das eine den eigenen Interessen kompatible Interpretation ermöglicht, eine ›feindliche‹ hingegen weitgehend ausschließt.«[336] Ein Musterbeispiel ist das Foto eines ausgemergelten Mannes hinter Stacheldraht, das in den 90er Jahren durch die westlichen Medien ging und mit angeblichen Hunger-KZs der Serben in Verbindung gebracht wurde. In Tat und Wahrheit befand sich der Mann auf der anderen, der freien Seite des Zauns. Im Gegenzug sendete das jugoslawische Fernsehen während des Kosovo-Kriegs »ausschließlich Bilder von Bombenschäden in Belgrad und anderen jugoslawischen Städten, und in den Montagen arrangiert es die Bilder so, dass – wie in jenem Kameraschwenk von einem zerbombten Militärgebäude zu einer in der Nähe befindlichen, unzerstörten Kinder-

---

[335] KLAWITTER
[336] KREMEIER 3

klinik – der Eindruck entstehen muss, die Nato nehme rücksichtslos Tote unter der Zivilbevölkerung in Kauf.«[337]

Neben der militärischen Front eröffnet sich so eine zweite, die »im Zeichen eines Krieges um den semantischen Wert der Bilder« steht:

>»Das zerstörte Pristina – wurde es von der Nato oder von den Serben zerstört? Leichen am Straßenrand: wurde ein Vertriebenen-Treck oder ein Militärkonvoi bombardiert? Bombenschäden in Belgrad – beweisen die Bilder die ›Intelligenz‹ der Nato-Bomben, die zwischen zivilen und militärischen Einrichtungen zu unterscheiden wissen, oder sind sie Belege für die Brutalität eines Luftkriegs, der auch die Zivilbevölkerung nicht schont?«[338]

Man sieht: Der Spielraum für Mythen ist eröffnet, benötigt das überforderte Individuum doch einen Horizont, vor dem es die Bilder lesen kann.

Terrible simplification

Sag es einfacher, als es ist: Das will auch heißen, dass man einfache, polyvalente Projektionsflächen etabliert. So lässt sich ein Land oder eine Gruppe in der Staatengemeinschaft isolieren und PR-technisch dahingehend darstellen, dass es bzw. sie für alle Übel der Welt herhalten muss. Der Iran ist ein Beispiel aus unseren Tagen, Deutschland als das Reich der kulturverachtenden »Hunnen« war es im Ersten Weltkrieg, die Juden sind es bis heute, und es ließen sich noch viele Beispiele mehr anführen. Die Art und Weise, wie *Al-Kaida* von westlichen Regierungen und Medien dargestellt wird, gehört auch in dieses Kapitel. War *Al-Kaida* bereits vor 2001 keine Armee im eigentlichen Sinn des Worts, die von einem Kopf (bin Laden) geführt wurde, so bestand sie nach dem Einmarsch der Koalitionskräfte in Afghanistan endgültig nur noch aus Splittergruppen. Es ist also absichtlich oder ungewollt naiv, von »der« *Al-Kaida* als einer geschlossenen, durchstrukturierten Organisation zu sprechen.

>»Der Kern der Komplizen bin Ladens ist tot, festgenommen oder auf der Flucht. Einen Großteil ihres Kapitals dürfte al-Qaida verloren haben. Die Möglichkeiten bin Ladens, nach Art eines Militärführers Terrorakte zu befehlen, waren nie groß; heute dürften sie gegen Null tendieren. Von einem ›Netzwerk‹ al-Qaida sollte nicht mehr gesprochen werden. Al-Qaida ist heute nicht viel mehr als ein Name. Anzunehmen, dass bin Laden hinter allen al-Qaida zur Last gelegten Anschlägen stecke, wäre etwa so, als würde man einen Befehl Hitlers hinter jedem Aufmarsch von Neonazis vermuten.«[339]

---

[337] ebenda
[338] a. a. O. 4
[339] DILLINGER 69f.

Nicht selten begegnet eine Art Symmetrie: Die eine Seite macht die andere zur Projektionsfläche des Bösen und umgekehrt. Und je schlimmer die Gegenseite gezeichnet wird, desto legitimer ist das eigene Vorgehen. Der Koalition gegen die »*axis of evil*« steht der *dschihad* gegen die Ungläubigen gegenüber, und die Eskalation nimmt ihren Lauf. Eine neutrale Instanz, wie das die UN sein könnten, fehlt. Der Kampf der Mythen und der »*grand narratives*« findet kein Ende.

Sag es einfacher, als es ist – das bedeutet schließlich auch: Sprich nicht diskursiv, sondern in Bildern. Man denke etwa an die tausendfach reproduzierte Aufnahme die US-Fahne hissender *marines* auf Iwo Jima, die Clint Eastwood zum zentralen Thema seines Spielfilms »*Flags of Our Fathers*« gemacht hat, und an das Bild von sowjetischen Soldaten, die ihre Flagge auf dem Reichstag anbringen:

> »Zwei der berühmtesten Fotos aus den Zweiten Weltkrieg sind keine Snapshots in diesem Sinn, obwohl sie so aussehen und daraus ihre Überzeugungskraft gewannen. Es gibt ein nicht inszeniertes Foto von den *Marines*, die im Februar 1945 die US-Flagge auf der japanischen Insel Iwo Jima hissten. Es sieht ganz anders aus als das berühmt gewordene ikonische Foto von Joe Rosenthal, das von dem Denkmal auf dem Washingtoner Friedhof Airlington in Stein und Bronze nachgestellt wird. Ebenso inszeniert ist Jewgenij Chaldejs berühmtes Foto, wie die Sowjetfahne 1945 auf dem Berliner Reichstag aufgepflanzt wird. Das offiziell verbreitete Foto ist darüber hinaus retuschiert: Einer der beiden Helden trug an beiden Handgelenken Armbanduhren – auf keinen Fall aber sollte gezeigt werden, dass die Rote Armee plünderte.«[340]

Spätestens mit dem *pictorial turn,* den der US-Kunsthistoriker und -theoretiker W.J.T. Mitchell 1992 proklamierte, rückt die Sprache der Bilder an die erste Stelle, wenn es um die fokussierte, emotionsgeladene, im eigentlichen Sinn des Worts anschauliche Wiedergabe eines Sachverhalts geht. Das Bild übertrumpft die Sprache, es wird zum globalen Leitmedium und gelangt so – daher der *turn* – zu einzigartiger Bedeutung. Es wird die führende Kommunikationsdisziplin. »Ein Bild sagt mehr als tausend Worte«: Nie hat diese Volkswahrheit mehr Berechtigung für sich in Anspruch nehmen dürfen als heute. Spätestens seit dem Kosovo-Krieg von 1999 gelten die Bildmedien innerhalb der Nato und in den USA als »vierte Waffengattung« neben Heer, Luftwaffe und Marine. Bilder erhalten den Status intelligenter Waffen, sogenannter *smart weapons*, und bilden Teil eines *military-visual complex.*[341] Dieser Begriff verdankt sich wohl Eisenhowers Wendung des *military-industrial complex.* Er

---

[340] RUTSCHKY
[341] PAUL. Vgl. auch die *youtube*-Dokumentation über http://www.wahrheiten.org/blog/2008/11/1 2/es-begann-mit-einer-luege-deutschland-im-kosovokrieg-1999/

formulierte sie 1961 in seiner Abschiedsrede und bezeichnete damit die in einem Krieg bestehende Verbindung von Regierung, Streitkräften und Industrie.

Die *battle of the narratives*
Seit einiger Zeit begegnen im Zusammenhang mit strategischer Kommunikation immer häufiger zwei neugeprägte Wendungen: die *battle of the narrative(s)* und *winning the narrative*. Wikipedia führt sie noch nicht auf, und eine Recherche im *web* verlangt einiges an Geduld. Man sieht sich an den Begriff der »*grandes narrratives*« erinnert, den der französische Philosoph Jean-François Lyotard (1924– 1998) in seiner 1979 erschienenen Studie »*La condition postmoderne*«, einem Schlüsselwerk zur Theorie der Postmoderne, eingeführt hat. Er bezeichnet mit diesem Begriff die großen Traditionslinien, in denen sich die Moderne sieht, z. B. die Aufklärung, den Aufstieg des Westens zum Wohl der ganzen Welt oder die Emanzipation des Individuums, und er erklärt deren Gültigkeit für beendet. Über die Philosophie der Postmoderne hat der Terminus Eingang in die Politik gefunden. So ist in Bezug auf die Klimadiskussion wiederholte Male von *narratives* die Rede[342], und der amerikanische Volkswirtschafter und Nobelpreisträger Paul Krugman (*1953) schreibt im Juli 2009 in seinem Blog »*The Conscience of a Liberal*«, dass seine *narrative* zur Politik der Bush-Ära mittlerweile »*everyone's narrative*« geworden sei.[343]

Es ist nicht möglich, dem Begriff der *narrative* ein unverwechselbares deutsches Pendant zu geben. Die Semantik des Worts »Geschichte« umfasst »*story*« und »*history*« ebenso wie »*narrative*«, und für »Erzählung« stehen immer noch »*story*« und »*narrative*«. Aus diesem Grund sollen hier die englischen Ausdrücke verwendet werden. Definieren lässt sich die *narrative* als Sinn stiftender, übergeordneter Zusammenhang, der von einzelnen Akteuren ins Feld geführt, sozusagen »erzählt« wird. Anschaulich zeigt sich das in einer Anekdote aus den frühen Zeiten der Raumfahrt. Ein Mann aus der Putzequipe von Cape Canaveral, der gerade den Boden schrubbt, wird von einem Parlamentarier aus einer offiziellen Besuchergruppe gefragt: »Was genau machen Sie bei der Nasa?« Die Antwort: »Ich bringe Leute auf

---

[342] So soll Indien die *battle of the narrative* im Zusammenhang mit der Klimadiskussion verlieren (http://www.iie.com/publications/opeds/oped.cfm?ResearchID=1285), oder es wird von Stimmen gesprochen, die sich *against the political climate change narrative* aussprechen (http://3eintelligence.wordpress.com/2010/01/22/the-climate-change-backlash-and-the-case-for-ecological-sustainability/).
[343] KRUGMAN

den Mond.« In der Sprache der Wirtschaft handelt es sich also um ein *mission statement*.

Die »Schlacht« der *narratives* entwickelt sich aus dem Konflikt der beteiligten Akteure, die ihrer jeweiligen Version der Dinge Allgemeingültigkeit verleihen wollen. Man kämpft um die Oberhand im Informationsraum (vgl. Einführung, Kap. III). Dabei gilt, was US-Präsident Bill Clinton 1997 während seines Besuchs beim englischen Kabinett formuliert hat:

> »Vergesst nie: Etwas erfolgreich zu vermitteln, heißt im Informationszeitalter schon, dass man halb gewonnen hat. Sagt es einmal, zweimal und immer wieder, und wenn ihr fertig seid, werdet ihr sehen, dass ihr es noch einmal sagen müsst.«[344]

Es geht um die Lesart, die sich im *global village* oder zumindest im Konflikt- bzw. Informationsraum durchzusetzen vermag. Man könnte auch den in der Soziologie und in der Geschichtswissenschaft gängigen Begriff der Deutungshoheit anführen: Wer definiert, erklärt und bewertet, was der Fall ist? Es können geradezu groteske Formen begegnen – man denke an Muhammad as-Sahhaf (*1940), den auch *comical Ali* und *Bagdad Bob* genannten irakischen Informationsminister. Seine Beschönigungen, Erfindungen und Übertreibungen aus dem Kriegsjahr 2003 wurden im Westen Kult und sind noch heute auf *youtube* dokumentiert. Ein ernsthafteres Beispiel aus dem Nahen Osten, formuliert von der *United Jewish Appeal Federation of Greater Toronto* im Frühjahr 2010:

> »Am Ende des vierten Jahrs der Intifada scheint Israel die *battle of the narrative* verloren zu haben. Diese ist von Beginn weg der Hintergrund gewesen, vor dem sich der Konflikt abspielt. Israels Anspruch, es handle sich um einen Verteidigungskrieg gegen ruchlosen Terror von Friedensgegnern, ist durch den Rückgang entsprechender Angriffe widerlegt worden. Der Kontrast zwischen den verhältnismäßig ruhigen Verhältnissen auf der israelischen Seite und den täglichen Todesopfern auf der palästinensischen spricht für deren Sicht der Dinge, es handle sich um einen Kampf gegen Besatzer.«[345]

Von der Politik zur militärspezifischen strategischen Kommunikation ist es nur ein kleiner Schritt. In einem Grundsatzdokument des *United States Joint Forces Command* heißt es:

> »Am Ende des Tages ist es die Wahrnehmung dessen, was geschehen ist, die zählt – mehr als das, was sich in Tat und Wahrheit zugetragen haben mag. Die *narrative* jeglicher Ope-

---

[344] BLAIR 27
[345] http://www.jewishtoronto.net/page.aspx?id=71245

ration zu dominieren, sei sie militärischer oder anderer Natur, bringt enorme Dividenden ein. Darin zu scheitern unterminiert die Unterstützung für Politik und Operationen und kann die Reputation und die weltweite Position eines Landes nachhaltig schädigen.«[346]

Eine ähnliche Überlegung steht hinter einer Aussage israelischer Sicherheitsexperten: »Israel hat eine gute *story*, aber es muss sich viel besser in der ›*battle of the narrative*‹ engagieren, um seinen nationalen Interessen Nachdruck zu verleihen und seine operativen Ziele zu erreichen.«[347] Wie wichtig die professionelle Handhabung von Information ist, wird auch in einem Nato-Grundsatzpapier zum »*Multiple Futures Project – Navigating towards* 2030« von 2009 formuliert: »Information war, ist und wird sein eine strategische und politische Waffe.«[348] Dass sie auch ihre Tücken hat, wird in einem anderen Dokument der Nato ausführlich dargelegt, und zwar am Beispiel der beiden Hurricans *Katrina* (2005) und *Andrew* (1992):

> »Die *narrative* jeder Operation zu beherrschen, sei sie militärischer oder anderer Natur, zahlt sich mehrfach aus. Misslingt sie, so gefährdet sie die Unterstützung von Politik und Operationen und kann nachhaltigen Schaden an der Reputation eines Staats und dessen Position in der Welt anrichten. In der Folge des Hurricanes *Katrina* beispielsweise verloren die USA in den Augen der Welt massiv an gutem Ruf, während viele Amerikaner überzeugt waren, dass die Handlungsweise ihrer Regierung im besten Fall unbeholfen, im schlechtesten Fall aber Zeugnis eines latenten Rassismus gewesen sei. In Tat und Wahrheit aber unterstützten Bundestruppen von 38'000 Mann die *National Guard* und die lokalen Behörden. Sie hatten sich um nahezu 100'000 obdachlos gewordene Bürger gekümmert, hatten über eine Million Mahlzeiten verteilt und Zehntausenden medizinische Hilfe geleistet.
>
> Man vergleiche nun die Reaktion auf *Katrina* mit jener auf den zerstörerischsten Sturm, den Hurricane *Andrew*. Am Ende der ersten Woche nach *Andrew* war kein einziger Mann der Bundestruppen zugegen, und nicht einmal 1500 waren vorgesehen. Dennoch wurde die Reaktion der Regierung auf *Andrew* als voller Erfolg gefeiert, während die weit umfassendere, unendlich effizientere Antwort auf *Katrina* fast durchweg als Versagen gewertet wurde. Der Grund für diese Wahrnehmungen liegt in der Tatsache, dass eine unzureichende strategische Kommunikation die Kontrolle über die *narrative* verlor.«[349]

Die Fokussierung auf die *narrative* bringt mit sich, dass Kommandeure aller Stufen nicht nur mit der Aktionsplanung und -führung befasst sein dürfen. Vielmehr ist es auch an ihnen, eine dazugehörige *narrative* zu formulieren, die zu überzeugen

---

[346] United States Joint Forces Command: Challanges and Implications for the Future Joint Force 39
[347] MICHLIN 1
[348] Nato: MULTIPLE FUTURES PROJECT 7
[349] Nato: THE JOINT OPERATING ENVIRONMENT 39

vermag.[350] Ohne ein solches Element der strategischen Kommunikation sind die verschiedenen Operationstypen beispielsweise der Nato gar nicht denkbar. Es wird deutlich als »*enabler*«, ein »Befähigungsfaktor«, bezeichnet.[351] Die *narrative* ermöglicht, eine erkennbare Identität zu kommunizieren und damit als konsistente Größe aufzutreten. In einem Nato-Papier heißt es sinngemäß: Das Eintreten auf die Werte und Ideen, auf denen die Allianz beruht, das Verteidigen der grundlegenden Menschenrechte, die aus der Aufklärung hervorgegangen sind, und der Einsatz in der *battle of the narratives* gehören zu den effektivsten Instrumenten, um denen zu begegnen, die sich der Allianz widersetzen. In der nichtklassifizierten SHAPE-Direktive Nr. 95-2 vom 15. September 2008 wird unter dem Kapitel 2-4 »*Narrative*« folgendes angeführt:

»a. Nachhaltige Unterstützung für jede Institution oder Kampagne beruht auf Logik und Instinkt. Die NATO hat demnach sicherzustellen, dass sie erstens über eine *narrative* verfügt, die dem Zielpublikum angemessen ist, und dass zweitens die Operationen und Aktionen mit dieser *narrative* konsistent sind. Die Nato-*narrative* einer demokratischen, multinationalen Allianz, welche über alle inneren Grenzen hinweg Mut und Kompetenz gegenüber den Bedrohungen unserer Heimatländer beweist, hat sich nicht verändert, aber sie ist noch nicht richtig auf unsere heutige Welt adaptiert worden.
b. Auf der strategischen Ebene ist es unsere dringlichste Aufgabe, die *story* der Nato, die vom Nato-Hauptquartier generiert wird, zu aktualisieren, und eine *narrative* zu schaffen, die auf allen entsprechenden Ebenen verbreitet, aufgenommen und interpretiert wird.«[352]

Diese Zielsetzung bedeutet für die Nato auch:

- die strategische Kommunikation im Einsatzraum zu verbessern durch eine erweiterte Zusammenarbeit mit der internationalen Gemeinschaft (UN, EU, NGOs)
- einen langfristigen Prozess zu entwickeln, um den Zweck und die Verpflichtungen der Nato zu kommunizieren
- die kommunikative Unterstützung von Nato-Operationen zu verbessern und die Möglichkeiten neuer Medien besser zu nutzen, was eine größere Zahl vollausgebildeten Personals für *Public Affairs* und Informationsoperationen bedingt.[353]

---

[350] Vgl. US Department of Defense: CAPSTONE CONCEPT 5
[351] Nato: MULTIPLE FUTURES PROJECT. FINAL REPORT 6
[352] Nato: ACO Directive number 95-2: ACO STRATEGIC COMMUNICATIONS. S. 2-2.
[353] Nato: MULTIPLE FUTURES PROJECT 15f.

Im Hinblick auf die strategische Kommunikation der USA wird in diesem Zusammenhang formuliert, dass sie »ihre *narrative* verdeutlichen müssen, die sie der Welt anbieten, und gleichgesinnte Partner dazu inspirieren sollen, für gemeinsame Interessen einzustehen.« Nicht nur Einschüchterung (»*intimidation*«) sei im heutigen Umfeld angezeigt, sondern auch Inspiration.[354] Diese Forderung ist – so die Stimme von Terrorismus-Sachverständigen – umso dringlicher, als radikale Ideologien auf dem »Marktplatz der Ideen« Terrain gewonnen und die westlichen Demokratien welches eingebüßt hätten. Es gelte eine »*counter-narrative*« zu lancieren.[355] Das sieht auf dem Papier gut aus, hat aber seine Tücken, die mit dem wertvollen Gut der Glaubwürdigkeit zusammenhängen.

Vorerst einmal lässt sich, wie weiter oben erwähnt, die informelle Kommunikation kaum kontrollieren bzw. lenken. Alle Anstrengungen, eine konsistente strategische *narrative* zu gestalten, sind vergeblich, wenn diese durch individuelle *narratives* Lügen gestraft wird. Die problemlose Verfügbarkeit von Medien führt dazu, dass der einzelne Soldat nicht nur Nachrichten rezipiert, sondern auch generiert: Neben den Telefonaten nach Hause geben ihm *blogs* oder mit dem Handy aufgenommene Videos eine Stimme von nicht zu unterschätzendem Gewicht. Zensur vermag gerade bei den *social media* wie *facebook* oder *twitter* nicht zu greifen – und wäre, selbst wenn technisch möglich, ein peinliches Eingeständnis der Unehrlichkeit und des Misstrauens.

In diesen Zusammenhang gehört auch das Phänomen des *strategic corporal*. Es sind nämlich nicht nur unbotmäßige Generäle wie der Mitte Juli 2010 von Obama entlassene Stanley McChrystal oder die Leute hinter der Internetplattform *wikileaks*, die das Image einer Regierung oder eines militärischen Engagements demontieren können. Der Korporal, der im untersten Unteroffiziersrang steht und eine Gruppe von vier bis sechs Mann führt, bekommt in den heutigen Verhältnissen einen ungeahnt großen – eben strategischen – Hebel, der seine Aktivitäten in ein ganz neues Licht rückt. Der kleine Gruppenführer hat spontan Entscheide von großer Tragweite zu fällen. Er muss das ganze militärische Einsatzspektrum ebenso im Griff haben wie friedenserhaltende Maßnahmen (*peace keeping operations*) und humanitäre Hilfeleistung; seine Kernkompetenz besteht im intensiv zu trainierenden »*switch*« zwischen den Aktionstypen. Der *strategic corporal* steht im Rampenlicht unterschiedlichster

---

[354] Nato: THE JOINT OPERATING ENVIRONMENT 26
[355] LEPRECHT / HATALEY / MOSKALENKO / McCAULEY

Teilöffentlichkeiten, die ihn je für ihre Interessen zu instrumentalisieren versuchen. Die politischen und juristischen Diskussionen im Zusammenhang mit dem Haditha-Massaker vom November 2005 können beispielhaft für diesen Mechanismus stehen. US-*marines* töteten 24 irakische Zivilisten, darunter auch Kinder. Neben ranghohen Offizieren, die in der Folge ihrer Posten enthoben wurden, war es der Gruppenführer Frank Wuterich, auf den sich am Ende der publizistische und gerichtliche Fokus konzentrierte. Der 2008 erstmals gezeigte Film »Battle of Haditha« des Briten Nick Broomfield (*1948) zeigt die Vorkommnisse aus unterschiedlicher Warte.

Wie schnell ein divergentes Signal an die Öffentlichkeit findet, zeigt der Schriftzug »*New Testament*«, den die Besatzung eines amerikanischen *Abrams*-Panzers 2005 im Irak an das Kanonenrohr gepinselt hatte. Das Pentagon geriet – wenn auch nur für kurze Zeit – in kommunikative Nöte. In *blogs* wurden die Urheber zwar als »Idioten« bezeichnet, doch zeigt das Beispiel sehr anschaulich, wie schnell ein kleines Detail aus der riesigen Kriegsmaschinerie in den internationalen Fokus geraten und so unverhältnismäßige Aufmerksamkeit erhalten kann.

Ein zweites Glaubwürdigkeitsproblem ist politischer Natur. Wie können die westlichen Demokratien, die in ihrer *counter-narrative* auf Werte und Errungenschaften der Aufklärung pochen, im Rahmen einer sogenannten »Realpolitik« mit explizit nicht-demokratischen Staaten und Akteuren zusammenarbeiten, denen die Menschenrechte gleichgültig sind? Wie sind Praktiken wie die *extraordinary rendition* mit der Rechtsstaatlichkeit vereinbar? *dschihad*-Kreise haben diesen Schwachpunkt längst entdeckt und schlagen aus ihm reichlich Kapital. Nichts zerstört die Glaubwürdigkeit schneller und nachhaltiger als Aktionen, die nicht mit dem offiziellen Credo in Einklang stehen.

Frontalangriffe auf Regierungen können gezielt deren Integrität in Frage stellen. Sie begegnen in *blogs*, an die Öffentlichkeit gebrachten Interna wie im Fall der verschiedenen *wikileaks*-Kampagnen aus dem Jahr 2010 oder im investigativen Journalismus – nicht von ungefähr ist hier vom *strategic cameraman* die Rede. Sie sind anzutreffen in den Äußerungen von *whistleblowers,* die dem Vorbild von Daniel Ellsberg (*1931) folgen. Der Harvard-Absolvent gehörte zum US-Establishment und zum inneren Kreis um Lyndon Johnson und Richard Nixon, bis er 1971 die Lügen um den Vietnamkrieg publik machte. Schließlich können Regierungen auch mit Filmen attackiert werden. Zwei davon kamen 2010 in die Kinos: »*Green Zone*« von Paul Greengrass, basierend auf dem 2006 erschienenen Tatsachenbericht »*Imperial Life in the Emerald City*« des Journalisten Rajiv Chandrasekaran, und Doug Liman's

»*Fair Game*«, der auf der wahren Geschichte der von oberster Stelle geouteten und so fallen gelassenen CIA-Agentin Valerie Plame beruht. Drittens können Waffenwirkungen, die euphemistisch als »Kollateralschäden« bezeichnet werden, zu großen Einbußen an nationaler und internationaler Reputation führen. So ist laut einer Formulierung der »Washington Post« vom August 2010 die afghanische Zivilbevölkerung angesichts der Toten in ihren Reihen nicht mehr bereit, die amerikanische »*good guy – bad guy narrative*« mitzutragen.[356] Man denke auch an den Kundus-Zwischenfall vom September 2009: Ein deutscher Oberst ordnete an, zwei von Taliban entführte Zisternenfahrzeuge zu bombardieren, und verursachte damit den Tod von Zivilisten. Den ranghöchsten Angehörigen der Bundeswehr, Generalinspekteur Wolfgang Schneiderhan, und Staatssekretär Peter Wichert kostete der zur Affäre gewordene Vorfall den Job, im In- und Ausland wurden Sinn und Zweck des deutschen Afghanistan-Engagements in Frage gestellt. Ebenfalls in Afghanistan haben zivile Opfer amerikanischer Luftschläge zu einem Legitimationsproblem geführt, das den Einsatz der *International Security Assistance Force* (ISAF) in den Augen der Bevölkerung in ein schiefes Licht rückt. Mittlerweile sind Luftangriffe nur noch unter eng definierten Bedingungen erlaubt. – Zu welchen Absurditäten die Logik des *collateral damage* führen kann, zeigt die Aussage eines US-Offiziers aus dem Vietnamkrieg: »Wir mussten ein Dorf zerstören, um es zu schützen.«[357]

Viertens schließlich lässt sich angesichts der geforderten Produktion von *narratives* der Eindruck nicht ganz von der Hand weisen, dass hier eine gigantische Propaganda-Maschinerie in Gang gesetzt wird. Wird der Kommandeur zum PR-Mann? Bleibt Krieg nicht Krieg, auch wenn er in *narratives* verpackt wird? Führen *spindoctors* das Handwerk des Polit- oder Propagandaoffiziers weiter, ja ist das Ganze gar nichts Neues unter der Sonne? Wird hier deutlich, dass es unter dem Strich die »guten« und die »wahren« Gründe gibt und dass es letztlich um einen Kampf der Ideologien geht?

Narratives haben die Tendenz, Geschichtsschreibung zu werden. Sie können sich zu Legenden in der Geschichte der eigenen und der anderen Seite formen. Feindbilder, Einbildungen, Fehlperzeptionen verhindern dann z. B. in Friedensverhandlungen eine partnerschaftliche, kooperative Haltung. Die Legenden verführen zu Verhaltensmustern des nationalen Egoismus, der Scheuklappenmentalität, der maxi-

---

[356] NAKAMURA
[357] Nato: THE JOINT OPERATING ENVIRONMENT 47

malen Ansprüche. Legenden bilden Fallen, indem sie zu einem zwanghaften Repertoire von Fanatismus und Selbstgerechtigkeit führen, das sich jeglicher anderer Argumentation verweigert. Beispielhaft lässt sich dieser Mechanismus an den »sieben Regeln des Nationalismus« aufzeigen:

1. Wenn ein Gebiet 500 Jahre lang uns gehört hat und 50 Jahre euch, dann seid ihr nur Besetzer, und es sollte wieder uns gehören.
2. Wenn ein Gebiet 500 Jahre lang euch gehört hat und 50 Jahre uns, dann sollte es uns gehören, denn Grenzen müssen respektiert werden.
3. Wenn ein Gebiet vor 500 Jahren uns gehört hat und seither nicht mehr, dann muss es wieder uns gehören, denn es ist die Wiege unserer Nation.
4. Wenn die Mehrheit unseres Volks in einem Gebiet wohnt, dann gehört es uns, denn wir haben das Recht auf Selbstbestimmung.
5. Wenn eine Minderheit unseres Volks in einem Gebiet wohnt, dann gehört es uns, denn die Leute müssen gegen Unterdrückung geschützt werden.
6. Alle vorhergehenden Regeln gelten für uns, nicht für euch.
7. Unser Traum von Größe ist eine historische Notwendigkeit, euer Traum ist Faschismus.[358]

4.6 Unter falscher Flagge

Anschläge auf neuralgische Punkte • »Strategie der Spannung«

Eine verbreitete Form schwarzer PSYOPS bilden die *false flag operations*. Der Ausdruck verdankt sich der Seefahrt, wo über Jahrhunderte zu Täuschungs- bzw. Tarnzwecken falsche Flaggen gehisst wurden. Kurz vor dem Gefecht, so das geltende Recht, waren diese aber durch die eigentliche Fahne zu ersetzen. Im Landkrieg wurde der Begriff dann auch verwendet, um das Agieren in gegnerischen Uniformen und ähnliche Operationen zu bezeichnen. Auch hier verlangte das Gesetz, dass die Tarnung vor der Eröffnung eines Kampfes offen gelegt wurde. Allerdings gibt es bestimmte internationale Flaggen wie die des Roten Kreuzes, die aus Gründen des Kriegsvölkerrechts nie als *false flags* verwendet werden dürfen.

---

[358] Vgl. TAGLIAVINI

Anschläge auf neuralgische Punkte
»Unter falscher Flagge« werden Attentate, Entführungen, Sprengstoffanschläge begangen, um die Gegenseite zu kompromittieren, zu isolieren und das eigene Verhalten in ein gutes Licht zu stellen bzw. zu legitimieren. Solche Operationen zielen auf neuralgische Punkte wie das Sicherheitsbedürfnis oder das Rechts- und Unrechtsbewusstsein der Öffentlichkeit. Die seit der Antike diskutierte Thematik des *bellum iustum*, des gerechten Kriegs, spielt hier herein, ebenso eine Auffassung von Staatsräson, die jedes Mittel heiligt. Es ist in diesem Zusammenhang erstaunlich, dass an sich rücksichtslos agierende Kräfte wie das NS-Regime immer wieder einen »guten Grund« für ihr Vorgehen suchen bzw. selbst schaffen – wenn auch nur vordergründig, denn, so Hitler, »der Sieger wird später nicht danach gefragt, ob er die Wahrheit gesagt hat oder nicht.«[359] Hier ein paar Beispiele für solche *false flag operations*.

Im Mukden-Zwischenfall von 1931 schaffen japanische Offiziere einen Vorwand zur Annexion der Mandschurei, indem sie einen Sprengstoffanschlag auf die Südmandschurische Eisenbahn verüben und diesen China unterstellen. Es kommt in der Folge zu heftigen japanisch-chinesischen Auseinandersetzungen. Die Mandschurei wird erst 1945 wieder aus dem japanischen Herrschaftsbereich herausgelöst.

Buchstäblich am Vorabend des 2. Weltkriegs, am 31. August 1939, nimmt ein deutscher SS-Stoßtrupp im polnisch-deutschen Grenzgebiet den Sender Gleiwitz ein. Die Handvoll Männer in polnischen Uniformen produzieren Kampflärm, und es wird eine rund vierminütige Mitteilung verlesen: »Achtung! Achtung! Hier ist Gleiwitz. Der Sender befindet sich in polnischer Hand. [...] Die Stunde der Freiheit ist gekommen! [...] Hoch lebe Polen!« Ein eigens organisierter Toter sollte vom Kampfgeschehen zeugen, doch SD-[Sicherheitsdienst. T.M.] Chef Heydrich passen die Fotoaufnahmen nicht. In der gleichen Nacht werden deshalb zwei Tote aus dem KZ Sachsenhausen herbeigeschafft und entsprechend vor Ort hindrapiert. Hitlers Regie geht auf; er kann am 1. September verkünden: »Seit 5 Uhr 45 wird jetzt zurückgeschossen.«

Ab 1953 fürchten die Israeli zunehmend, dass sich Großbritannien aus dem Nahen Osten zurückzieht. Unter dem Verteidigungsminister Pinchas Lavon, allenfalls auch unter Mitwirkung von Generalstabschef Moshe Dayan, wird die Operation »Susanna« in die Wege geleitet: Junge Leute aus einer zionistischen Jugendgruppe legen am 2. Juli 1954 in Alexandria und Kairo Brandbomben, in den beiden Städten folgen

---

[359] www.h-ref.de/krieg/polen/gleiwitz/ueberfall-sender-gleiwitz.php

am 14. Juli Anschläge auf die US-Kulturzentren, und für den ägyptischen Revolutionstag, den 23. Juli, sind Kinos und ein Rangierbahnhof in Alexandria vorgesehen. Allerdings detoniert ein Sprengsatz vorzeitig in der Tasche eines der jungen Männer, und schnell sind die andern Mitglieder des subversiven Netzes verhaftet. Das Ziel, einen Keil zwischen den Westen und Ägypten zu treiben, wird ebenso verfehlt wie das, die Briten zum Bleiben zu bewegen. In der Folge bekommt die Operation den internen Codenamen »Schlamperei«, und die Verantwortung für den Fehlschlag wird noch jahrelang hin- und hergeschoben. Bitter ist das nicht zuletzt für die inhaftierten jungen Israeli. Um ihr Schicksal kümmert man sich in der Heimat 14 Jahre lang nicht. Erst 1968, bei einem Gefangenenaustausch nach dem Sechstagekrieg, kommen die letzten vier frei, und erst 1970 erlaubt die israelische Militärzensur, dass sie öffentlich von ihrem Schicksal berichten.[360]

»Strategie der Spannung«
1980 explodiert an einem Samstagmorgen im Bahnhof von Bologna ein Sprengsatz. Es gibt Tote, Verletzte, enormen Sachschaden. Anlässlich des 25. Jahrestags berichtet der Deutschlandfunk:

> »Hermes Mannini ging wie jeden Tag aus dem Haus. Der Aufseher im Wartesaal hatte an diesem 2. August 1980 die zweite Schicht. Das hat ihm möglicherweise das Leben gerettet. Denn als er zum Bahnhof kam, da gab es seinen Arbeitsplatz nicht mehr: ›Ich hatte um 12 Uhr Dienstbeginn. Die Bombe war um 10.25 Uhr explodiert, ich war schon aus dem Haus, meine Frau war heillos erschrocken, erst später hat sie erfahren, dass mir nichts passiert war. Es herrschte ein furchtbares Durcheinander. – Ich kam dazu, als man die ersten Leichen ausgrub, von meinen Kollegen hatte es Gott sei Dank niemanden erwischt. Wir fingen sofort an, mit zu helfen bis die Polizei mit Hilfstruppen anrückte und uns wegschickte. Ein Schock war das für mich. – Dort drüben der Bahnsteig von Gleis zwei und drei war voll gestopft mit Menschen. Der Zug auf Gleis 1 hat zum Glück die Explosion abgemildert. Sonst hätte es weit mehr als 85 Tote gegeben. Vielleicht 3-mal so viel. Dort warteten die Leute dicht gedrängt auf den Zug nach Ancona, die wollten alle ans Meer, es war Samstagmorgen, und der Bahnhof war voller Menschen. Draußen vor dem Bahnhof starben sechs Taxifahrer und auf der anderen Straßenseite hat es einen alten Mann erwischt. Ein durch die Luft fliegender Brocken hat ihn am Kopf getroffen und auf der Stelle getötet. Hier herrschte ein schreckliches Chaos ...«

Es stellt sich heraus, dass hinter diesem Anschlag nicht die Roten Brigaden stecken, sondern ein Netzwerk italienischer Neofaschisten, des militärischen Geheimdienstes SISMI und der Geheimloge »*Propaganda*«. Zudem gibt es Verbindun-

---

[360] AMAR-DAHL

gen zur Organisation »*Gladio*«, einer Nato-intern »*stay behind*« genannten Geheimarmee, die im Fall einer Besetzung durch den Warschauer Pakt Guerilla-Aktionen durchführen sollte. Mehrere europäische Länder lösen ihre Parallelorganisationen auf – einerseits weil die Operation aufgedeckt worden ist, andererseits wegen des Zerfalls der Sowjetunion im Jahr 1990.

Nicht nur in Italien, auch in Südafrika, Chile und Algerien hat lange Zeit eine verdeckt operierende Elite einen Krieg gegen Andersdenkende im eigenen Land geführt, v. a. gegen linke Kreise. Diese »Strategie der Spannung«, italienisch »*strategia della tensione*«, zielt bis heute mit Terroranschlägen aller Art, mit Entführungen und Falschinformationen darauf ab, breite Bevölkerungskreise zu verunsichern und ein emotionsgeladenes Feindbild heraufzubeschwören. Dieses Feindbild soll Handlungsspielraum schaffen für verschärfte Sicherheitsmaßnahmen, die Einschränkung bürgerlicher Rechte sowie Operationen außerhalb der geltenden Rechtsordnung.

4.7 Was nicht sein darf, kann nicht sein

Football-Star in friendly fire • *Befreiung auf* youtube • *Handke: Der Dichter und die Serben* • *PR für* Shell, McDonald's, Georgien • *Kriegsmarketing*

Hinter dem Krieg der Wahrnehmungen steht immer auch ein Krieg der Ideologien. Diese tendieren dazu, selbstreferentielle Systeme zu schaffen, die in sich geschlossen und buchstäblich selbst-erklärend sind. Demzufolge schließen sie alles Unpassende aus: Was nicht sein darf, kann nicht sein. Die Geschichten zweier Menschen sind während des Irak-Kriegs Teil solcher Systeme geworden: Pat Tilman und Jessica Lynch.

Football-Star in *friendly fire*

Der 1976 geborene Pat Tillman, ein berühmter amerikanischer Football-Star, fällt 2004 in Afghanistan. Er wird als Held gefeiert, auf *youtube* erscheint ein »*Pat Tillman Tribute*« unter dem Motto: »Tillmans Geschichte ist der Stoff, aus dem Legenden sind, aber nicht deshalb, wie er gestorben ist, sondern deshalb, wie er gelebt hat.«[361] Dieses Motto sagt mehr aus, als wohl beabsichtigt wurde. Tillman fiel näm-

---

[361] http://www.youtube.com/watch?v=DIb7zW_okto

lich *friendly fire* zum Opfer, also dem Feuer der eigenen Seite. Er gehörte damit zu den 11 % *blue-to-blue-deaths* – im Golfkrieg von 1991 waren es immerhin noch 24 % gewesen. (»Blau-zu-Blau« rührt her von der Farbe, die man in taktischen Karten und auf dem Bildschirm für die eigenen Truppen verwendet.[362])

Aber es kam noch besser: Er erlag drei Schusswunden in der Stirn, die aus etwa zehn Metern Distanz abgefeuert worden waren. Ein Fall von *fragging*, also des Tötens von Angehörigen der eigenen Einheit, in anderen Worten Kameradenmord? Die Frage bleibt unbeantwortet, an der Legende vom Heros Tillman wird aber mit Nachdruck festgehalten. Und dies nicht nur in den USA, sondern auch vor der Weltöffentlichkeit. In seinem 2009 erschienenen Buch »*Where Men Win Glory: The Odyssey of Pat Tillman*« gibt der US-Bestsellerautor John Krakauer (»*Into the Wild*«, »*Into Thin Air*«) ein umfassendes Porträt Tillmans vor dem Hintergrund des Afghanistan-Einsatzes und geht mit der Bush-Regierung hart ins Gericht.

Befreiung auf *youtube*
Jessica Lynch (*1983) kam im März 2003 in der Nähe der irakischen Stadt Nasiriyya von der geplanten Wegstrecke ab und geriet in einen militärischen Hinterhalt. Elf Soldaten verloren dabei das Leben, sechs weitere kamen in irakische Kriegsgefangenschaft. Da Lynch aufgrund ihrer Verletzungen von den anderen Gefangenen getrennt wurde, holte sie eine US-Spezialeinheit aus einem Krankenhaus. Die »Befreiungsaktion« sorgte für großes Aufsehen bei den US-Medien, war es doch die erste Gefangenenbefreiung seit dem Zweiten Weltkrieg. So erstaunte es nicht, dass die publikumswirksam mitgefilmte Operation zum *hype* wurde, der auf *youtube* die Runde machte (»*Jessica Lynch ... the real video*«).[363] Der Sender CBS erwog sogar, aus der Geschichte einen zweistündigen Dokumentar- und einen Spielfilm zu machen – analog, wie sich ironische Stimmen verlauten ließen, zu Steven Spielberg's »*Saving Private Ryan*« (USA 1998) betitelt mit »*Saving Private Lynch*«. Allerdings wurde die Idee bald aufgegeben, CBS hatte sich nach eigenen Worten zu viel aufs Mal vorgenommen.[364]

Immerhin hat Jessica Lynch – aufgrund ihrer Geschichte u. a. *covergirl* des »*People*«-Magazins – bis heute ihre eigene Homepage, auf der sie als erste aus der Gefangenschaft befreite Frau gefeiert wird. Es findet sich hier auch die Aussage, die

---
[362] http://en.citizendium.org/wiki/Gulf_War
[363] http://www.youtube.com/watch?v=77LWHHjVwao
[364] Vgl. http://www.spiegel.de/kultur/gesellschaft/0,1518,258026,00.htmll

sie vier Jahre später vor dem Kongress machte: Sie habe ihre Waffe nie abgefeuert.[365] Der Mythos von der mutigen jungen Frau, die bis zur letzten Patrone kämpft und mehrere Irakis tötet, bevor sie gefangen genommen wird, hat sich nicht lange halten können, früh schon kamen Zweifel auf. Spuren von Misshandlungen sind auf den Videoaufnahmen auch keine zu sehen – geschweige denn Wachen oder Personal im irakischen Hospital, die Widerstand geleistet hätten. Und die Verletzung, die sie sich zugezogen hatte, war ein Beinbruch als Folge des Verkehrsunfalls. Ein sonderbarer Zufall war auch, dass der Kameramann, der die besagten Aufnahmen der Befreiungsaktion machte, schon als Assistent von Ridley Scott bei den Dreharbeiten zum Kriegsfilm »*Black Hawk Down*« (USA 2001) tätig gewesen war. Entsprechend irritierte denn ein Brief von Donald Rumsfelds Sprecherin Victoria Clarke an die »*Los Angeles Times*«: »Die offiziellen Sprecher in Katar und Washington haben die Ereignisse akkurat wiedergegeben. Dem zu widersprechen ist eine schwer wiegende Beleidigung der tapferen Männer und Frauen, die an der Aktion beteiligt waren.«[366]

Aber eben: Was nicht wahr sein darf, kann nicht sein.

Handke: Der Dichter und die Serben

Der Krieg liebt Grautöne nicht, er bevorzugt Schwarz und Weiß, Entweder–Oder. In den Jugoslawien-Konflikten haben serbische Kreise lange jegliche Kriegsschuld von sich gewiesen, wie das auch die andern Parteien gemacht haben. Hinweise auf das Blutbad auf Sarajevos Marktplatz vom August 1995 oder das Massaker von Srebrenica vom Juli desselben Jahres wurden als gegnerische Propaganda abgetan, Gräuel als Selbstschutz. Allerdings flog die Nato 1995 ihren größten Einsatz seit ihrer Gründung, und Deutschland entsandte mit seinen *Tornados* das erste Mal nach 1945 Flugzeuge in ein bewaffnetes Engagement – das Ziel: serbische Radaranlagen, Kasernen, Munitionslager und Waffenfabriken bei Sarajewo sowie der Raum um die Serbenhochburg Pale. Der serbische Psychiater und Politiker Radovan Karadžić, gegen den das Haager Tribunal 1996 einen internationalen Haftbefehl wegen Kriegsverbrechen erlassen sollte, wurde an den Verhandlungstisch gebombt. Eine differenziertere Sicht der Dinge, die neben dem Serbenführer Slobodan Milošević auch Franjo Tudjman, den ersten Präsidenten Kroatiens, und den bosnischen Politiker Alija Izetbegović in die Pflicht genommen hätte, schien undenkbar. Daran waren aber auch die westeuro-

---

[365] http://www.jessica-lynch.com/
[366] http://www.spiegel.de/politik/ausland/0,1518,264562,00.html

päischen Medien und Politiker nicht unschuldig. Es wurde klar Partei gegen die Serben bezogen. So zeigte der serbische Fernsehsender RTS die horrenden Zerstörungen im Kosovo. Anstatt ihn aber als Informationsquelle zu berücksichtigen, setzte das deutsche Außenministerium bei der Zentrale des europäischen Satellitenfernsehens in London durch, dass das RTS-Signal abgestellt wurde. Zudem wurde die RTS-Zentrale in Grund und Boden bombardiert – wie der in mehreren Sprachen ausstrahlende jugoslawische Radio- und TV-Sender *Novi Sad*, der für sein außerordentliches nationales Verständigungswerk den Europäischen Friedenspreis erhalten hatte.

Vor diesem Hintergrund sorgte der österreichische Schriftsteller Peter Handke (*1942) für Furore, als er 1996 einen Reisebericht veröffentlichte: »Eine winterliche Reise zu den Flüssen Donau, Save, Morawa und Drina oder Gerechtigkeit für Serbien«. Kritiker warfen ihm vor, die serbischen Kriegsverbrechen zu verharmlosen und zur Propaganda eines Milošević beizutragen. Handke selbst beanspruchte für sich eine differenziertere Wortwahl und Darstellung als im journalistischen *mainstream*. 2004 besuchte er Milošević im Gefängnis in Den Haag. Als dieser 2005 vor dem UN-Kriegsverbrechertribunal des Völkermords und der Verbrechen gegen die Menschlichkeit angeklagt wurde, luden ihn die Verteidiger als Zeugen ein; Handke erklärte sich dazu nicht bereit, publizierte aber einen Essay mit dem Titel »Die Tablas von Daimiel. Ein Umwegzeugenbericht zum Prozess gegen Slobodan Milošević«. Im Jahr 2006 überschlugen sich dann die Ereignisse. Im März wirkte Handke an Milosevics Beerdigung im serbischen Ort Pozarevac als Grabredner. Er sagte u. a.:

> »Die [Medien-. T.M.] Welt, die vermeintliche Welt, weiß alles über Slobodan Milosevic. Die vermeintliche Welt kennt die Wahrheit. Eben deshalb ist die vermeintliche Welt heute nicht anwesend, und nicht nur heute und hier. Ich kenne die Wahrheit auch nicht. Aber ich schaue. Ich begreife. Ich empfinde. Ich erinnere mich. Ich frage. Eben deshalb bin ich heute hier zugegen.« [367]

Die *Comédie Française* strich darauf hin sein Stück »Spiel vom Fragen oder Die Reise ins sonore Land« vom Spielplan, was seinerseits zu einer Gegeninitiative namhafter Intellektueller führte, welche die Freiheit der Kunst bedroht sahen. Handkes Nomination für den mit 50'000 Euro dotierten Heinrich-Heine-Preis der Stadt Düsseldorf schlug so hohe Wellen, dass der Autor im Juni auf den Preis verzichtete und darum bat, eine Spende an serbische Dörfer im Kosovo gelangen zu lassen. Unter

---

[367] BECKER, Rolf

dem Titel »Was ich nicht sagte« publizierte er im Mai einen Artikel in der »Frankfurter Allgemeinen Zeitung«, in dem er seine Sicht der Dinge darlegte und die gegen ihn erhobenen Vorwürfe zu parieren versuchte.[368]
2007 wurden die vollständig gesammelte Preissumme und der Preis selbst an Handke vergeben, der eine serbische Enklave im Kosovo berücksichtigte. 2008 sagte Handke, dass er, wäre er Serbe, den serbischen Nationalisten Tomislav Nikolic wählen würde. Zudem verfasste er für den »*Figaro*« einen Kommentar, in dem er auf die

---

[368] »1. Ich habe nie eins der Massaker in den Jugoslawienkriegen 199195 geleugnet, oder abgeschwächt, oder verharmlost, oder gar gebilligt.
2. Nirgendwo bei mir kann man lesen, ich hätte Slobodan Milosevic als ›ein‹ oder ›das Opfer‹ bezeichnet.
3. Richtig ist: Anläßlich des okzidentalen Diktats gegen Jugoslawien von Rambouillet, im Februar 1999, habe ich mich, wie die Welt seit damals weiß, vor der Kamera des Belgrader Fernsehens verhaspelt, wobei herauskam, in meinem Französisch, die Serben seien noch größere Opfer als die Juden was ich dann, nachdem ich, ungläubig, das Band mit dem von mir produzierten Un-Sinn angehört hatte, schleunigst schriftlich korrigierte: Text, seinerzeit von ›Focus‹ veröffentlicht und von der F.A.Z. Wort für Wort, einmal ohne Kommentar, umgehend nachgedruckt.
Ein P.S. noch für eine mir und vielleicht auch diesem oder jenem Leser wichtige letzte (versuchte) Berichtigung: Vor kurzem, wiederum in der F.A.Z., in einer der wie gewohnt geistvollen, hochherzigen und einfühlsamen Glossen des Theatersachverständigen der Zeitung, die meine Person oder meinen Phantom-Titel ›Der wilde Mann‹ zum Vorwurf nahm (P.H., borniert, Kitschier, Befürworter von Kriminellen et cetera), war auch von meinem Stück ›Die Fahrt im Einbaum‹ die Rede, worin ich angeblich das serbische Volk als eines schildere oder gar preise, welches Europa das Essen mit Messer und Gabel beigebracht habe, und überhaupt die Kultur. Richtig ist wieder, daß in dem Stück (Seite 65) eine Figur sagt: ›Dabei waren wir es, die euch jahrhundertelang die asiatischen Horden ferngehalten haben. Und ohne uns würdet ihr immer noch mit den Fingern fressen. Wer war es, der in die westliche Welt Messer und Gabel eingeführt hat?‹ Nur: ist es nötig zu sagen, daß es sich hier um eine Parodie handelt? Nötig anzuführen jedenfalls der Rollenname jener kleinen Figur: ›IRRER‹.
Und in diesem Sinne wünsche ich, daß all meine (6) Aufzeichnungen, Erzählungen, Berichte, Stücke der letzten fünfzehn Jahre zu Jugoslawien Wort für Wort gelesen würden, und anders sachverständig: ›Abschied des Träumers vom neunten Land‹ (1991), ›Eine winterliche Reise zu den Flüssen Donau, Save, Morawa und Drina‹ (1996), ›Sommerlicher Nachtrag zu einer winterlichen Reise‹ (1996), ›Die Fahrt im Einbaum oder Das Stück zum Film vom Krieg‹ (1999), ›Unter Tränen fragend‹ (1999) (alle bei Suhrkamp), und zuletzt ›Die Tablas von Daimiel‹, Juni 2005 (›Literaturen‹). Mir dünkt, mich bedünkt, für diese Schriften ist der Heinrich-Heine-Preis. Es gibt noch Bücher zu lesen jenseits der Zeitungen.
›Ah, die alte Frau dort, meine Leserin, / die einzige, die mich noch grüßt? / Und wenn sie mich nicht grüßt? / Was für ein Abenteuer! / Und sie grüßte. / Und ein zweiter grüßte, ein Unbekannter. / Und ein Dritter dann‹ (Gedicht für H. H., am 27. Mai 2006).« (HANDKE)

gemeinsame Geschichte Jugoslawiens in Bezug auf den Sieg über den Nationalsozialismus hinwies und die westlichen Staaten »Gaunerstaaten« nannte.

So sehr Handkes Parteinahme irritieren mag, so streitbar er sich gibt in seinem Widerstand gegen den journalistischen *mainstream* und kulturpolitische Saubermann-Rankünen, so bemüht er sich auch zeigen will in der Relativierung gewisser Aussagen – es lässt sich nicht von der Hand weisen, dass er mit dem Feuer gespielt hat. Damit ist er einzureihen in eine ganze europäische Tradition von politischen Verstrickungen, die Kulturschaffende eingegangen sind. Zugleich aber ist er aus dem Elfenbeinturm getreten, in dem ihn die Öffentlichkeit gerne sah und sieht.

PR für *Shell, McDonald's*, Georgien

Man kann nicht genug betonen, wie eng PR und Kriegsführung heute miteinander verknüpft sind. Ohne aufwendige Öffentlichkeitsarbeit kann kein Krieg mehr geführt, geschweige denn gewonnen werden. Gerade bei Verhältnissen wie in Georgien, die der durchschnittliche Mitteleuropäer, geschweige denn der durchschnittliche US-Bürger kaum versteht, stehen die PR-Spezialisten bereit, eine pfannenfertige Version der Dinge zu liefern. Ein gutes Beispiel für diesen Zusammenhang bilden die Vorgänge in Georgien bzw. Abchasien und Südossetien ab August 2008.

Zwischen dem Regierungsantritt von Präsident Saakaschwili im Jahr 2004 und dem Konflikt um Südossetien und Abchasien von 2008 hat Georgien sein Verteidigungsbudget versiebenfacht. USA und Israel lieferten Know-how. Dies nicht nur in Taktik und Gefechtstechnik, sondern auch im Hinblick auf Propaganda in eigener Sache. Genau an dem Augusttag, an dem in Peking die Olympischen Spiele eröffnet wurden, begannen die georgischen Angriffe auf die beiden Gebiete, die rein völkerrechtlich gesehen Teile von Georgien waren. Mit dem Anbruch der postsowjetischen Ära und der Ausrufung der Republik Georgien war es zu einem Bürgerkrieg gekommen, der mit den Waffenstillstandsabkommen von 1992 und 1994 beendet wurde. GUS-Friedenstruppen stellten deren Einhaltung sicher, die fraglichen Regionen Südossetien und Abchasien waren aber faktisch unabhängig und strebten auch staatsrechtliche Autonomie an.

Trotz – oder wegen – der eklatanten Übermacht Russlands pokerte der georgische Präsident Micheil Saakaschwili mit hohem Einsatz. Er brach einen latent schon lange schwelenden Konflikt mit Waffengewalt vom Zaun und setzte darauf, dass er vom Westen rückhaltlose Unterstützung bekäme. In der Tat wurde die russische Antwort auf Georgiens Vorpreschen verurteilt, vor allem in den Medien. Auch wurde nicht klar herausgestellt, was Aktion und was Reaktion war. In der Mehrheit galt Russland als der Aggressor. Allerdings hatte die Nato mit der letztlich völkerrechtswidrigen Unabhängigkeitserklärung des Kosovo ein Präjudiz geschaffen, das Russland nun um so lieber aufgriff und auf Südossetien bzw. Abchasien anwandte.

Dass in den westlichen Medien und Verlautbarungen große Sorge um den vom »Goliath« Russland angegriffenen »David« Georgien zum Ausdruck kam, hatte seine Gründe in der hochprofessionellen Medien- und Politkommunikation Saakaschwilis. Dieser ehrgeizige Politiker mit Staralüren und Doktorhut der *George Washington University*, Washington, wurde von der PR-Agentur *Aspect Consulting* betreut. Deren Gründer und Senior Partner James Hunt hat einen gewichtigen Leistungsausweis in der Branche: Geschäftsführer von *Hill & Knowlton* (Brutkastenlüge 1990), *Shell*-Berater bei der *Brent-Spar*-Krise 1995, *McDonald's*-Berater während der BSE-Krise 2001, Berater von Gentech-Produzenten.[369] Hunt lieferte ganze Arbeit. Das zeigte sich mustergültig im Zusammenhang mit der BTC-Pipeline.

In einer wohlkonzertierten Aktion berichteten nämlich georgische Medien über russische Bombenangriffe auf die wichtige Pipeline, die kaspisches Erdöl von Baku über georgisches Gebiet bis zum türkischen Verladehafen Ceyhan führt und als strategische Versorgungsader der EU gilt. Damit rührten sie gleich mehrere neuralgische Punkte an, die zu einem wirkungsstarken Gesamtbild ausgebaut wurden:

- Zielte Russland nicht nur auf Georgiens ökonomische Interessen ab, sondern auch auf internationale Wirtschaftsinteressen in Georgien?
- Handelte es sich um eine Warnung an den Westen?
- Fand Russland eine willkommene Gelegenheit, der Nato eine Lektion zu erteilen?
- Gab der Konflikt Russland Gelegenheit, seine Einflusssphäre zu bereinigen?
- Konnte Russland nachweisen, dass allfällige Beistandsabkommen zwischen dem Westen und Georgien folgenlos waren?
- Ging es Russland darum, energiepolitisch zu drohen?
- Sollten die Diskussionen über eine Nato- bzw. EU-Mitgliedschaft Georgiens neu aufgenommen werden, da im fraglichen Raum offensichtlich Handlungsbe-

---

[369] BECKER, Jörg: Kriegsmarketing

darf bestand? Oder sollte man davon besser die Finger lassen angesichts der labilen, gereizten Stimmung im Kaukasus?[370]

Im Vergleich zu Georgiens Propagandaschlacht fiel die Kommunikation Russlands penibel aus. Westliche Journalisten fanden entweder keinen Ansprechpartner oder wurden abgeblockt. Die Agenturmeldungen von RIA-*Novosti* und *Interfax* ergriffen klar Partei und wurden nie z. B. durch das Militär bestätigt. Die russische Medienarbeit beschränkte sich auf die Rezeption im eigenen Land und ließ die Erfordernisse einer international ausgerichteten Kommunikation außer Acht. Georgien ging demgegenüber lehrbuchmäßig vor. So lud der georgische Premier Lado Gurgenidze am 8. August, als Georgien seine Großoffensive startete, 50 Banker aus der Wall Street zu einem »Investorentreffen« ein, um ihnen seine Version der Geschehnisse nahezubringen.

Was noch zu sagen wäre: Die Angriffe auf die Pipeline waren erfunden, ein *fake*.

Kriegsmarketing

Seit den 60er Jahren ist die enge Verbandelung von Politik und PR-Agenturen belegt. Nicht selten spielt die militärische Dimension eine große Rolle. Die »*New York Times*« verklagte 2008 das Pentagon auf Einblick in einschlägige Akten, und es bot sich ein erschreckendes Bild. Bereits 2002, im Zuge der Vorbereitungen für die Invasion im Irak, platzierte eine ehemalige PR-Beraterin systematisch Analysten in den führenden Medien. Nicht wenige dieser rund 75 »Experten« waren ehemalige Militärs. Sie sprachen sich persönlich mit Verteidigungsminister Rumsfeld ab und nahmen ihn in Schutz, als er wegen des sich abzeichnenden Irak-Debakels angegriffen wurde. Ihr Know-how ermöglichte es ihnen, Sender auszumanövrieren, gegen missliebige Medienleute Material zusammenzutragen und in ihren Auftritten die Politik von George W. Bush zu portieren. Ein besonderer Clou lag darin, dass das Pentagon keinen Dollar für diese Dienste bezahlen musste – das taten die TV-Sender und Printmedien mit ihren großzügigen Honoraren. Um dennoch die Kontrolle über diese PR-Maschinerie zu behalten, engagierte das Pentagon die Media-Firma *Omnitec Solutions*. In einem großangelegten *monitoring* registrierte und analysierte diese jeden

---

[370] Vgl. http://www.focus.de/politik/diverses/georgien-konflikt-hintergruende-zum-krieg-zwischen-russland-und-georgien_aid_324258.htmll

noch so kleinen Auftritt der PR-Botschafter, denen es gleichzeitig untersagt war, ihre Quellen offenzulegen.[371]

Im Folgenden sind anti-serbische Aktivitäten von PR-Agenturen beschrieben, die eigens zu diesem Zweck engagiert wurden. Das Tätigkeitsfeld lässt sich auch auf Konflikte mit anderen Parteien anwenden.

»Die von den Kriegsparteien engagierten PR-Agenturen arbeiteten im Wesentlichen mit folgenden Elementen, die sie formal und inhaltlich miteinander kombinierten: politische Propaganda, Lobby-Arbeit, Krisenkommunikation, Informationsmanagement, Management und Organisation einzelner Kampagnen, politische Kommunikationsberatung und -arbeit und Beobachtung von Gegnern und Öffentlichkeit. PR-Agenturen, die für nicht-serbische Klienten arbeiteten, gaben unter anderem folgende Ziele ihrer Arbeit an: die Anerkennung der Unabhängigkeit Kroatiens und Sloweniens durch die USA, die Wahrnehmung Sloweniens und Kroatiens als fortschrittliche Staaten westeuropäischen Zuschnitts, die Darstellung der Serben als Unterdrücker und Aggressoren, die Gleichsetzung der Serben mit den Nazis, die Formulierung des politischen Programms der Kosovo-Albaner, die Darstellung der Kroaten, der bosnischen Muslime und der Kosovo-Albaner als unschuldige Opfer, die Anwerbung von Nichtregierungsorganisationen, Wissenschaftlern und think tanks für die Verwirklichung der eigenen Ziele, die Förderung von US-Investitionen in den jugoslawischen Nachfolgestaaten und Abspaltungen von Serbien.

Wie die erfolgreiche Arbeit dieser PR-Agenturen im einzelnen ablief, lässt sich gut an den Selbstaussagen von James Harff, führender Manager bei Ruder Finn, entnehmen, also der Agentur, die gleich für drei antiserbische Kriegsparteien aus Ex-Jugoslawien gearbeitet hat: ›Es ist nicht unsere Aufgabe, Informationen auf ihren Wahrheitsgehalt hin zu überprüfen. Wir haben dafür nicht die nötigen Mittel. [...] Unsere Arbeit besteht darin, Informationen auszustreuen und so schnell wie möglich in Umlauf zu bringen, damit die Anschauungen, die mit unserer Sache im Einklang stehen, als erste öffentlichen Ausdruck finden. Schnelligkeit ist hier die Hauptsache. Wenn eine Information für uns gut ist, machen wir es uns zur Aufgabe, sie umgehend in der öffentlichen Meinung zu verankern. Denn uns ist klar, daß nur zählt, was einmal behauptet wurde. Dementis sind dagegen völlig unwirksam.‹«[372]

Die folgende Zusammenstellung gibt einen Überblick über die Aktivitäten von PR-Agenturen, die mit einigen ausgewählten Konflikten in Zusammenhang standen. Afrika, Mittlerer Osten und Osteuropa bzw. Russland waren Schauplatz der Kriege, aus den USA und Europa stammten die PR-Akteure. Die meisten von ihnen sind bis heute im Geschäft.

---

[371] Vgl. http://www.spiegel.de/kultur/gesellschaft/0,1518,548519,00.html
[372] BECKER, Jörg: Produktion von Feindbildern

Jahr	Auftraggeber	Aktivität	Ausführende PR-Agentur
1967	Provinzregierung von Biafra	PR-Kampagne unter US-Meinungsführern zur Unterstützung der Unabhängigkeit Biafras	Ruder Finn Global Public Affairs (USA); Agentur Markpress (Schweiz)
1968	nigerianische Zentralregierung in Lagos	Verbesserung der eigenen Position gegenüber den Sezessionisten aus Biafra in der europäischen Presse	Galitzine & Partners (UK); Burson-Marsteller Associates (UK); Commonwealth News Agency (UK); Andrew Nash (UK); Robert S. Goldstein (UK)
1985	UNITA-Rebellen in Angola unter Jonas Savimbi	Verbesserung des UNITA-Bildes in der Presse der USA	Black & Manafort (USA)
1986	marxistische Regierung von Angola	Verbesserung des eigenen Bildes in der Presse der USA	Gray & Co. (USA)
1990	Regierung von Kuwait	PR-Kampagne gegen den Irak; Aufbau eines irakischen Feindbildes in der Presse der USA (sog. Brutkastenlüge)	Hill & Knowlton (USA)
2008	Regierung von Georgien	anti-russische Propaganda im Kaukasuskrieg Anfang August	Aspect Consulting (Belgien)
2008	Regierung von Russland	anti-georgische Propaganda im Kaukasuskrieg Anfang August	GPlusEurope (Belgien)

Tafel 16: Aktivitäten von PR-Agenturen in ausgewählten Kriegen 1967–2008 (außer den Balkankriegen)[373]

---

[373] BECKER, Jörg: Kriegsmarketing

4.8 Alexanders Riesen oder: Die Finte

Beispiele bis in die frühe Antike • *Prinzipien der militärischen Täuschung* • *Eine »Geisterdivision«* • *Erkenntnisse aus »Allied Forces«*

Von Alexander dem Großen (356–323 v. Chr.) heißt es, er habe sich mit einer Finte Respekt verschafft, den er eigentlich gar nicht verdiente. Indem er in den eroberten Gebieten stets einen Teil seiner Männer zurückließ, damit sie dort heimisch wurden, verringerte er im Lauf der Zeit seine Bestände in problematischem Ausmaß. So ließ er Helme und Rüstungen, Schuhe, Waffen und Wagenräder anfertigen, die Riesen angestanden hätten, nicht aber dem damaligen Durchschnittssoldaten, und spielte sie dem Gegner zu. Die List erfüllte ihren Zweck, man hielt Alexanders Mazedonier für Riesen und scheute den Kampf – so will es immerhin die vom griechischen Geschichtsschreiber Diodor (1. Jh. v. Chr.) überlieferte Legende.[374]

Beispiele bis in die frühe Antike

Weit älter ist die Geschichte vom Trojanischen Pferd, die Eingang in das Homer zugeschriebene Epos der »*Odyssee*« gefunden hat (8. Jh. v. Chr.). Im zehnten Jahr der Belagerung Trojas ersinnt der, wie er immer wieder genannt wird, »erfindungsreiche« Odysseus[375] eine List, um die Stadt endlich zu erobern.

> »Fahre nun fort und sing des hölzernen Rosses Erfindung,
> Welches Epeios baute mit Hilfe der Pallas Athene,
> Und zum Betrug in die Burg einführte der edle Odysseus,
> Mit bewaffneten Männern gefüllt, die Troia bezwangen. [...]
> Wie das Heer der Achaier in schöngebordeten Schiffen
> Von dem Gestade fuhr, nach angezündetem Lager.
> Aber die andern, geführt vom hochberühmten Odysseus,
> Saßen, von Troern umringt, im Bauch des hölzernen Rosses,
> Welches die Troer selbst in die Burg von Ilion zogen.
> Allda stand nun das Ross, und ringsum saßen die Feinde,
> Hin und her ratschlagend. [...]
> Und er sang, wie die Stadt von Achaias Söhnen verheert ward,
> Welche dem hohlen Bauche des trüglichen Rosses entstürzten;
> Sang, wie sie hier und dort die stolze Feste bestürmten [...].«[376]

---

[374] PRICKARZ
[375] HOMER, 8. Gesang, Vers 465
[376] a. a. O., Vers 493ff.

Bis heute hat die List einen festen Platz in der Kriegsführung. Macchiavellis Diktum, es sei die List ebenso zu loben wie die nackte Gewalt, gilt nach wie vor. Reich ist ihre Tradition im chinesischen Kulturkreis, wo sie durchaus positiv aufgefasst wird:

> »Bis vor wenigen Jahren war der Katalog der 36 Strategeme, als Ganzes gesehen, in China eine Art Geheimwissen geblieben. Dies schloss aber nicht aus, dass den Chinesen die einzelnen im Katalog der Strategeme vorkommenden Redewendungen in der Mehrzahl von Kindesbeinen an vertraut waren. Die große Popularität der Strategie ist vor allem auf die chinesische Volksliteratur zurückzuführen.«[377]

Auch in der sowjetischen Doktrin während des Kalten Kriegs kam der *maskirowska*, der Tarnung und Täuschung, große Bedeutung zu. Im Westen hingegen findet der Begriff des Strategems kaum breitere Anwendung, und mit der List wird schnell die Arglist verbunden, Täuschung hat je nach Kontext rasch auch eine negative Konnotation. So trennt die US-Doktrin klar die *Public Affairs* im Sinne landesinterner Information von der *Public Diplomacy* und den PSYOPS, die der Beeinflussung von Dritten bzw. der zivilen und militärischen Gegenseite dienen, nicht zuletzt durch *denial and deception* (D & D) – Leugnung und Täuschung. Bei aller theoretischen Trennung dieser Disziplinen kann man sich des Eindrucks aber nicht erwehren, dass die Grenzen mitunter auch verwischt werden. General Mark Kimmitt (*1954), ehemaliger Sprecher des US-Militärs im Irak, sagt dazu: »Taktische Täuschung ist im Krieg sinnvoll und legal. Aber wie verhindert man in einem globalen Medienumfeld, dass diese Täuschungen auch in den USA Verbreitung finden?«[378]

---

[377] VON SENGER 25. Ein Beispiel bildet das Strategem Nr. 6 – »Im Osten lärmen, im Westen angreifen«. – »Ein modernes Strategembuch (Peking 1967) erläutert das Strategem Nr. 6 so: ›Das Ziel ist die Verschleierung der Stoßrichtung eines Angriffs. Mittels agiler Operationen taucht man bald im Westen, bald im Osten auf; schlägt plötzlich zu, um sich genauso plötzlich wieder zurückzuziehen; täuscht einen bevorstehenden Angriff vor, den man dann gar nicht ausführt; spiegelt friedliche Absichten vor, obwohl man in Wirklichkeit angreifen will; setzt eine bestimmte Aktionskette mit als zwingend erscheinendem Handlungsablauf in Gang, um das Ganze dann plötzlich abzublasen; lässt irgend etwas scheinbar zufällig geschehen, das gar kein Zufall ist; stellt sich als handlungsbereit hin, obwohl man handlungsunfähig ist und umgekehrt. Der Gegner zieht aufgrund der seiner Wahrnehmung zugänglichen Phänomene voreilige Schlüsse und trifft falsche Vorkehrungen, um dann an einer Stelle angegriffen und besiegt zu werden, an die er gar nicht gedacht hat.‹«(VON SENGER 101f.)

[378] TITTEL 3

Prinzipien der militärischen Täuschung
In der militärischen Täuschung bewegt man sich nach der US-amerikanischen *Joint Doctrine for Military Deception* auf dem Feld von *Command and Control Warfare* (C2W). Es gilt die gegnerische C2 anzugreifen und zugleich die eigene zu schützen. Im Visier sind nicht nur entsprechende Führungseinrichtungen und -instrumente, sondern vor allem auch der gegnerische Kommandeur selbst. Zu den Zielen gehört es,

- den gegnerischen Kommandeur dazu zu bringen, Kräfte (einschließlich nachrichtendienstliche) in einer Weise zu binden, die der *joint force* zum Vorteil gereicht
- den Gegner dazu zu bringen, Stärken, Dispositive und künftige Absichten offenzulegen
- den gegnerischen Nachrichtendienst und die Analyse-Kapazitäten so sehr in Beschlag zu nehmen, dass über die eigenen Absichten Verwirrung entsteht und damit Überraschung möglich wird
- den Gegner so weit zu konditionieren, dass sein Verhalten gegen ihn verwendet werden kann
- den Gegner dazu zu bringen, durch unangebrachte oder verspätete Aktionen Kampfkraft zu verschwenden.

Die Prinzipien der militärischen Täuschung sind Fokus, Ziel, zentrale Kontrolle, Sicherheit, Timing und Integration.

- Fokus: der gegnerische Entscheidungsträger
- Ziel: Der Gegner soll in einer bestimmten Weise agieren, nicht nur gewisse Dinge glauben.
- Zentrale Kontrolle: Die Täuschungsoperation muss von einer einzigen Stelle aus geführt und kontrolliert werden.
- Sicherheit: *need-to-know* gilt als oberstes Prinzip.
- Timing: Das Timing muss sorgfältig erfolgen. Es muss genügend Zeit eingeplant werden für
    . das Einleiten der Operation
    . den gegnerischen Nachrichtendienst zum Sammeln, Analysieren und Berichten

- den gegnerischen Entscheidungsträger für seine Reaktion
- den eigenen Nachrichtendienst für das Erfassen der gegnerischen Reaktion.[379]

Finte und psychologische Kriegsführung stehen in engem Verhältnis zueinander. So verwundert es kaum, dass Churchill im April 1941 die *London Coordinating Section* ins Leben ruf, um »alle Irreführungsmaßnahmen der Befehlshaber an den unterschiedlichen Fronten zu koordinieren.«[380] Es geht darum, einen künstlichen *fog of war* zu bewirken, es geht um die Wirkung auf die Psyche des Gegners, auf seine Emotionen und seinen Intellekt. Die Finte legt beiden eine Spur, von der nicht endgültig zu eruieren ist, ob sie die richtige ist oder nur ein *fake*. Der Gegner muss sich entscheiden, ohne über zureichende Entscheidungsgrundlagen zu verfügen. Er läuft Gefahr, über seine eigenen Überlegungen und Gefühle ausgehebelt zu werden. Und der Einsatz in diesem Spiel ist in der Regel sehr hoch. So setzte Deutschland im Vorfeld der Operation »*Barbarossa*« vom Juni 1941 alles daran, Stalin von einem bevorstehenden Angriff auf England zu überzeugen. Als »*Barbarossa*« mit dem Angriff auf sowjetisches Gebiet begann, weigerte sich Stalin mehrere Stunden lang, das überhaupt zu glauben.

Ähnlich wurde 1944 in der alliierten Operation »*Quicksilver*« eine fiktive *First United States Army Group* (FUSAG) aufgestellt, die in der Operation »*Fortitude South*« eine Invasion über den Pas de Calais vorbereiten sollte: ein *fake* zuhanden des deutschen Oberkommandos der Wehrmacht (OKW), der seine Wirkung nicht verfehlte. Zu den kühnsten Täuschungsmanövern im Zweiten Weltkrieg gehört zweifellos die Operation »*Mincemeat*« aus dem Jahr 1943. Die Briten präparierten einen Toten als Leichnam eines Stabsoffiziers, der mit »geheimen« Papieren an die spanische Küste geschwemmt wurde. Diese besagten, dass eine Invasion in Griechenland und Sardinien, nicht aber in Sizilien bevorstand. Die Deutschen fielen auf den Trick herein.[381]

Zur Legende wurde Englands bekanntester Bühnenzauberer, Jasper Maskelyne (1902–1973), dessen Talente sich die britische Armee während des Zweiten Weltkriegs zunutze machte. Er war der Kopf einer abenteuerlich zusammengesetzten *Magic Gang*, die mit ihren Täuschungsmanövern einen bedeutenden Anteil am Sieg von El Alamein für sich beanspruchen durfte:

---

[379] US JOINT DOCTRINE FOR MILITARY DECEPTION I-2f.
[380] SEARLE 321
[381] Vgl. MACINTYRE, Operation Mincemeat

»Maskelynes größtes illusionistisches Kunststück half, die Schlacht von El Alamein zu gewinnen: Mit einer ganzen Reihe an ›Tricks, Schwindeleien und Kunstgriffen‹ schaffte er es, Erwin Rommel weiszumachen, der Angriff werde von Süden und nicht von Norden erfolgen. 1942 baute die *Magic Gang* mehr als zweitausend Panzer-Attrappen und die einer Fernwasserleitung zur Versorgung der Geisterarmee. Die halbfertige Pipeline war aus der Luft klar zu erkennen, und ihr langsamer Baufortschritt schien die Deutschen überzeugt zu haben, dass vor November kein Angriff möglich war. Rommel ging auf Landurlaub, und am 23. Oktober schlugen die Briten los. Nach dem Sieg pries Churchill die ›wunderbaren Verschleierungsmaßnahmen‹, die entscheidend zu dem Triumph beigetragen hatten.«[382]

Eine »Geisterdivision«

In der Operation »*Hail Mary*« (»Heil dir, Maria«) vom Februar 1991 griffen während des Ersten Golfkriegs arabische Kräfte der Koalition Kuwait frontal an. Ziel war es, dort unterstützt durch US-*marines* die regulären irakischen Truppen festzunageln. Gleichzeitig sollte der »linke Haken« um Kuwait herum erfolgen und die irakischen Reserven der Republikanischen Garden im Südwesten Iraks vernichten. Eine Analyse dieser Operation zeigt Umstände und Ablauf einer Täuschaktion auf.

Von drei Bedingungen hing der Erfolg der Operation ab. Der zivile Verkehr in der Grenzregion musste berücksichtigt werden. Man konnte nicht davon ausgehen, dass Truppenbewegungen und -einrichtungen geheim bleiben würden. Zudem waren die Iraker davon zu überzeugen, dass man kein Flankierungsmanöver plante. Dies war umso einfacher, als die Iraker keine Kriegserfahrung in der Wüste hatten und die Koalitionstruppen über GPS verfügten. Schließlich mußte die Koalition in der Lage sein, 100'000 Mann und 20'000 Fahrzeuge zu bewegen.

Die *Task Force Troy,* bestehend aus 460 Mann, musste eine »Geisterdivision« markieren. Das geschah mit gepanzerten Fahrzeugen, Geschützen, Helikoptern und einer ganzen Zahl von Lautsprechern, über die der Lärm von Panzern, Lastwagen und Helikoptern verbreitet wurde. Mit dabei waren auch PSYOPS-Truppen aus der *4th Psychological Operations Group (Airborne)* (vgl. Einführung, Kap. IV).

Erfolgsfaktoren waren die folgenden: Die Koalitionskräfte hatten die Luftüberlegenheit. Saddam Husseins Nachrichtenapparat wurde früh zerschlagen, und so war er vollkommen abhängig von CNN. Er hatte keinen Zugriff auf Satellitenbilder. Und eine alte Weisheit aus der Stabsarbeit sagt: Verfügt man nicht über den Mehrwert einer umfassenden Nachrichtenanalyse, ist man von bloßen Informationen abhängig und damit extrem verwundbar gegenüber Täuschung.[383]

---

[382] MACINTYRE, Zigzag 200
[383] Vgl. JOHNSON / MEYERAAN 6ff.

Als Meister der Täuschung erwiesen sich 1999 die Serben während der Operation »*Allied Forces*« in Ex-Jugoslawien. Sie waren *in puncto* Kampfkraft in jeder Hinsicht unterlegen. Gleichwohl konnten sie die folgenden Ziele verfolgen:

- die alliierte Luftkampagne schwächen
- serbische Luft- und Bodenausrüstung beschränkt schützen
- die Nato demütigen
- die Weltmeinung beeinflussen.

Sie banden alliierte Luftkräfte an eine Vielzahl von Zielen und generierten damit für ihren Gegner enorme Kriegskosten, weil sich dieser gezwungen sah, »intelligente Waffensysteme« wie die *Tomahawks* (TLAM; 1 Mio. US-Dollar das Stück) und konventionelle *Cruise Missiles* (CALCM, 1,9 Mio. US-Dollar) einzusetzen. Zudem schufen sie mit einfachen Feuern irreführende Wärmebilder, um Nato-Flugzeuge in Hinterhalte zu locken. Sie vermischten Truppen- mit Flüchtlingskonvois, bauten falsche Brücken über die Drina, falsche Geschütze aus schwarz gestrichenen Telefonmasten und Raketenwerfer aus Milchkartons. In der Weltöffentlichkeit arbeiteten sie mit gezielt platzierten Bildern zerstörter ziviler Einrichtungen; Legende wurden ein zerbombtes Waisenhaus und eine blutverschmierte Spielzeugpuppe, die in mehreren Varianten gezeigt wurde.

Erkenntnisse aus »*Allied Forces*«
Die Operation »*Allied Forces*« (OAF) vom 24. März bis 10. Juni 1999 gegen die damalige Bundesrepublik Jugoslawien war der erste Krieg der Nato überhaupt. Er wurde nahezu ohne Gefährdung eigener Soldaten ausschließlich über die militärtechnische Nutzung weltraum- und luftgestützter Methoden geführt. Das ist ein militärhistorischer Meilenstein. Allerdings machte er vier verwundbare Seiten der Alliierten deutlich. Erstens legten die Amerikaner ein unersättliches Bedürfnis nach den elektronischen Medien TV und Internet an den Tag. Diese Medien ermöglichten dem jugoslawischen Gegner direkten Zugriff auf die Herzen und Köpfe der US-Bürger, -Führer und -Soldaten. Zudem gilt der Marktwert der *Primeur,* der Erstmeldung, die u.U. einer fundierten Analyse der Informationen vorgezogen wird. Zweitens fehlte es an formalisiertem Training und an Expertise in der Aufdeckung von Täuschung.

»Täuschung ist eine Kunst und eine Wissenschaft, betrieben von hellen Köpfen.«[384] Die taktischen und ethischen Entscheidungsspiele der US-*marines* geben ein gutes Muster ab für ein solches Training, das in den ganzen Streitkräften durchgeführt werden sollte. Drittens waren die USA zwar technologisch führend. Aber darüber kann vergessen gehen, dass Täuschung auch von einem Gegner ausgehen kann, der nicht im selben Maß ausgerüstet ist. Die Effektivität der Täuschung ist nicht direkt abhängig von der Technologie. *Low-tech*-Täuschungstechniken, von der geschickt platzierten und inszenierten Kinderpuppe, die mit Blut beschmiert ist, bis zur Lautsprecherübertragung von Panzerlärm, können ausgesprochen wirksam sein. Viertens – und das ist eine bittere und ernüchternde Bilanz – hat sich als Konsequenz aus der neuen Kriegsführung gezeigt, dass ein rein luft- und weltraumgestütztes Vorgehen ineffizient ist.

4.9 Kriegsvölkerrecht und ethische Aspekte

Erlaubte Kriegslist: das Kriegsvölkerrecht • *Unterschiedliche ethische Maßstäbe* • *Ein pragmatischer Ansatz*

Ein Wortspiel verbindet PSYOPS mit »LyOPS«[385], und aus General Petraeus hat man auch schon »*General Betray Us*«[386] gemacht – »General ›Betrüge uns‹«. Insbesondere die schwarze psychologische Kriegsführung (vgl. Kap. 4.1) steht im Ruf blanker Lüge. Ein Blick auf die völkerrechtlichen und ethischen Aspekte.

Erlaubte Kriegslist
Das Kriegsvölkerrecht (KVR) unterscheidet zwischen List und Arglist bzw. Heimtücke. Es erlaubt jegliche Art von Krieglist – »Tarnung, Scheinstellungen, irreführende Informationen, die Benutzung der Funkschlüssel des Gegners, die Einschleusung falscher Befehle oder psychologische Kampfführung«[387]. Als Arglist hingegen gilt das Vortäuschen eines völkerrechtlich geschützten Status, um eine Angriffs- bzw. militärische »Schädigungshandlung« durchführen zu können (Vortäuschen des Parlamentärstatus, der Kampfunfähigkeit, eines zivilen oder Nichtkombattantenstatus

---
[384] Vgl. a. a. O. 10ff.
[385] CARL 254
[386] Vgl. http://pol.moveon.org/petraeus.htmll
[387] DREIST 340

sowie eines geschützten Status z. B. der Vereinten Nationen)[388]. In diesem Sinne sind PSYOPS völkerrechtlich erlaubt, denn sie fallen unter den Begriff der Kriegslisten:

»Kriegslisten sind nicht verboten. Kriegslisten sind Handlungen, die einen Gegner irreführen oder ihn zu unvorsichtigem Handeln veranlassen sollen, die aber keine Regel des in bewaffneten Konflikten anwendbaren Völkerrechts verletzen und nicht heimtückisch sind, weil sie den Gegner nicht verleiten sollen, auf den sich aus diesem Recht ergebenden Schutz zu vertrauen. Folgende Handlungen sind Beispiele für Kriegslisten: Tarnung, Scheinstellungen, Scheinoperationen und irreführende Informationen.«[389]

Nicht erlaubt sind aber gewisse Vorgehensweisen wie

- Gehirnwäsche an Kriegsgefangenen (vgl. Kap. 3.3)
- erniedrigende Behandlung von Kriegsgefangenen, z. B. deren Vorführung (vgl. Kap. 7.3)
- Terror unter der Zivilbevölkerung (vgl. Kap. 5.5)
- die von der UNO und dem Europäischen Gerichtshof für Menschenrechte geächtete Folter, auch mit Musik (z. B. *Heavy Metal* oder Kinderliedern aus der »Sesamstraße«[390], vgl. Kap. 5.3)
- die Entwürdigung von Toten[391].

---

[388] Zusatzprotokoll I zu den Genfer Abkommen von 1949, Art. 37, Abs. 1

[389] a. a. O., Abs. 2

[390] Vgl. http://news.bbc.co.uk/2/hi/middle_east/3042907.sTM

[391] Ein Beispiel, das von sich reden machte, war das Vorgehen von US-Soldaten in Afghanistan im Oktober 2005. »US-Soldaten in Afghanistan haben laut einem Bericht des australischen Fernsehens die Leichen von Taliban-Kämpfern entehrt. Die Soldaten hätten in bewusster Missachtung der islamischen Bestattungsvorschriften zwei getötete Taliban verbrannt und anschließend Bewohner eines nahe gelegenen Dorfes mit ihrer Tat gezielt provoziert, berichtete der australische Sender SBS [...]. Dies wäre ein Verstoß gegen die Genfer Konvention. Die US-Streitkräfte kündigten eine Untersuchung der Vorwürfe an. [...] Zwar hätten die Soldaten das Verbrennen der Leichen damit begründet, dass es hygienischer sei [...]. Ihr weiteres Vorgehen deute aber darauf hin, dass es sich um psychologische Kriegsführung gehandelt habe.
Nach islamischer Sitte werden Tote zunächst einer rituellen Waschung unterzogen, danach wird über dem Leichnam gebetet. Spätestens 24 Stunden nach dem Tod muss die Leiche in einem weißen Tuch begraben werden.
Laut Genfer Konvention müssen ›Tote in Ehren begraben werden, soweit möglich nach den Vorgaben der Religion, der sie anhingen‹. Die Verbrennung von Leichen sei nur zulässig, wenn die Religion der Verstorbenen eben dies vorschreibt, oder ›wenn es aus hygienischen Gründen zwingend erforderlich ist‹, heißt es in der Konvention.
Die afghanische Regierung forderte [...], die für den Vorfall Verantwortlichen müssten bestraft werden. Die US-Streitkräfte teilten mit, die Abteilung für kriminelle Ermittlungen habe eine Untersuchung eingeleitet.« (http://www.news.at/articles/0542/15/124203/us-soldaten-afghanistan-leichen-taliban)

Allgemein lässt sich eine Entwicklung in zwei entgegengesetzte Richtungen feststellen. Einerseits ist eine »Erosion des humanitären Völkerrechts« zu verzeichnen. Probleme stellen sich heute bei nicht-staatlichen Akteuren, insbesondere Terroristen. Diesen war aber mit Recht allein noch nie beizukommen. Tatsache ist denn auch,

> »dass eine extreme, in dieser Stärke auch neue Asymmetrie [vgl. Kap. V. T.M.] zwischen den Konfliktparteien in den bewaffneten Konflikten des beginnenden 21. Jahrhunderts zu einer Erosion des humanitären Völkerrechts führt. Diese resultiert aus einer durch die Asymmetrie bedingten mangelnden Durchsetzungsbereitschaft und aus Anwendungsschwierigkeiten, die sich aus den sachlichen und personellen Anwendungsbereichen des humanitären Völkerrechts ergeben.«[392]

Andrerseits hat die Rechtssetzung in den letzten 20 Jahren große Fortschritte erzielt, namentlich im Bereich des Völkerstrafrechts – man denke an die Den Haager Kriegsverbrecher-Prozesse gegen den ehemaligen Führer der bosnischen Serben, Radovan Karadžić, dessen frühere Stellvertreterin, die Biologieprofessorin Biljana Plavšić, oder den früheren kongolesischen Milizenführer Lubanga. Ferner bekennt sich die Administration von US-Präsident Obama klar zu den Regeln und Werten des humanitären Rechts. Wieweit sie gewillt ist, das Bekenntnis in die Praxis umzusetzen, muss noch bewiesen werden. Doch scheint es, dass die Zeiten von Memos wie jenem des nachmaligen US Justizministers Gonzales vorbei sind. Im Januar 2002 hatte dieser in einem regierungsinternen Dokument die Auffassung vertreten, angesichts des Krieges gegen den Terrorismus seien gewisse Forderungen der Genfer Konvention obsolet und überholt. Er bezog sich auf die strikten Einschränkungen für die Vernehmung feindlicher Gefangener. Gonzales musste sich in der Folge vorwerfen lassen, für eine Aufweichung des Folterverbots eingetreten zu sein.

Unterschiedliche ethische Beurteilung

Menschliche Handlungen können ethisch idealtypisch nach folgenden Möglichkeiten beurteilt werden: nach der Pflichtenethik, der Güter- und der Tugendethik sowie, aus diesen resultierend, einem integrativen Ansatz.

Die Pflichtenethik beruht auf unbedingt einzuhaltenden Geboten und Prinzipien wie zum Beispiel »Du sollst nicht lügen.« Von dieser Warte sind schwarze PSYOPS ethisch verwerflich. Bei der Güterethik sind die Konsequenzen der Hand-

---

[392] ZECHMEISTER 19

lungen entscheidend. Hier liegen die Verhältnisse komplizierter: Was ist, wenn ich mit schwarzen PSYOPS zwar lüge, aber gleichzeitig Verluste vermeiden helfe? Wenn mein Kampf ohnehin einer gerechten Sache dient? Wenn mein Recht zum Krieg (*ius ad bellum*) außer Frage steht, weil die dazu notwendigen Gründe gegeben sind:

- legitime Autorität
- Vorliegen eines zulässigen Kriegsgrundes
- gerechte Absicht der Kriegführenden
- Krieg als letztes Mittel zur Wiederherstellung des Rechts
- Aussicht auf Frieden mit dem Kriegsgegner
- Verhältnismäßigkeit der Reaktion

und zudem das Recht im Krieg (*ius in bello*) bei meinen PSYOPS gewährleistet ist im Hinblick auf die Verhältnismäßigkeit der angewandten Mittel und die Unterscheidung von Zivilisten und Soldaten[393]? In Bezug auf eine Tugendethik wird hervorgehoben, dass PSYOPS von integren Personen durchgeführt werden sollten, die versuchen, sich auch im »Graubereich« moralisch korrekt zu verhalten und für ihr Handeln Verantwortung übernehmen. Der integrative Ansatz berücksichtigt die drei vorangehenden. Es geht es darum, das richtige Verhältnis zwischen Konsequenzen-Überlegungen und Prinzipien zu finden und dass die PSYOPS von den dazu geeigneten Personen durchgeführt werden. Nicht alles ist erlaubt, auch wenn es den maximalen Nutzen bringen würde. Um hier die Grenzen zu finden, ist das Einhalten des Kriegsvölkerrechts entscheidend. Mit Klugheit kann versucht werden, das Ziel optimal zu erreichen, ohne dabei die Regeln des Kriegsvölkerrechts zu brechen. Diese geben die Grenzen vor.

Es wird mitunter auch gemeint, dass man sich von ethischen Überlegungen verabschieden könne. Dann ließe sich sagen: »Für die Psychologische Kriegsführung bleibt festzustellen, dass es nicht die ethisch-moralische Verpflichtung zur Wahrheit ist, die im Interesse der Akteure liegt, sondern einzig und alleine die Wirksamkeit.«[394] Das kommt aber bei genauerem Hinsehen nicht einer Verabschiedung von der Ethik gleich, sondern ist eine reine Güter- bzw. Konsequenzenethik, weil sich die

---

[393] Vgl. http://wapedia.mobi/de/Gerechter_Krieg
[394] CARL 256

Wirksamkeit ja auf übergeordnete Werte bezieht. Oder man geht vom kostbaren Gut der Glaubwürdigkeit aus, die man nicht gefährden will. Auch das ist keine Absage an die Ethik, sondern ein klares Prinzip. Letzlich orientiere ich mein Handeln am Prinzip der Glaubwürdigkeit. Das gilt ausdrücklich für die Doktrin der deutschen Bundeswehr: »Wichtigste Unterscheidung der Operativen Information der Bundeswehr zum Prinzip der psychologischen Kriegsführung ist die Tatsache, dass die OpInfo, will sie langfristig funktionieren, nur nachprüfbare Informationen verbreiten soll. Ansonsten, so die offizielle Doktrin der Bundeswehr, würde sie, und mit ihr auch die gesamten Streitkräfte im Einsatzland, ihre Glaubwürdigkeit verlieren.«[395]

Haut eine Lüge hin, ist der Zweck erfüllt. Fliegt der Schwindel aber auf, wirkt das Ganze kontraproduktiv. Ein Beispiel aus den Tagen des Kalten Kriegs sind gefälschte Ausmusterungsbescheide *made in* DDR: »Sie werden von der Musterung ausgeschlossen. Sollten irrtümlicherweise Aufforderungen an Sie gehen, so haben Sie diesen keine Beachtung zu schenken.«[396]

Denkbar ist auch, dass mit rein weiß PSYOPS ein internationaler Standard gesetzt wird, den zu verletzen die einzelne Konfliktpartei sich nicht leisten will und kann.

---

[395] http://de.wikipedia.org/wiki/Operative_Information
[396] CARL 248

5 Verängstigen und demoralisieren

> *Der Gegner belegt unsere Front nicht nur mit dem Trommelfeuer seiner Artillerie, sondern auch mit dem Trommelfeuer bedruckten Papiers. Neben den Bomben, die den Körper töten, werfen seine Piloten Flugblätter ab, welche die Seele töten sollen.*
> Feldmarschall Paul von Hindenburg (1847–1934)[397]

> *Auf die feindliche Propaganda starrten wir wie das Karnickel auf die Schlange.*
> General Erich von Ludendorf (1865–1937), 1918[398]

In diesem Kapitel
Zu den Hauptzielen psychologischer Kriegsführung gehört die Verängstigung des Gegners. Traurige Berühmtheit hat hierbei das moral bombing während des Zweiten Weltkriegs erlangt. Sein Erfolg ist allerdings zweifelhaft. Das gilt auch für heutige Operationen, z. B. die israelischen Angriffe im Gaza-Streifen. shock and awe, das Trommelfeuer des Ersten Weltkriegs, schneidige oder makabre Machtdemonstrationen dienen ebenfalls der Einschüchterung. Manöver und Truppenparaden, die auch aus den heutigen, auf den Kalten Krieg folgenden Verhältnissen nicht wegzudenken sind, verfolgen denselben Zweck. Und Terrorismus bedeutet mehr als Anschläge, Bombenlegen oder Selbstmordattentate. Um das zu verstehen, ist es dienlich, ihn auch als eine Form der psychologischen Kriegsführung, als Kommunikationsprozess, zu betrachten. In denselben Zusammenhang gehören die demonstrativen Demütigungen, Bestrafungen und Verstöße gegen die Menschenrechte, die sich die Siegerpartei

---

[397] http://www.psywarrior.com/quotes.html
[398] BREMM 11

von alters her herausnimmt. Mit ihnen ist die Warnung verbunden, sich gar nicht erst auf einen Konflikt einzulassen. Das Diktum »Wehe den Besiegten« hat von seiner Gültigkeit nichts eingebüßt.

Interessant ist schließlich die Kriegsgeschichte der Klänge und der Musik. Beispiele vom alten Testament bis Heavy Metal geben Zeugnis davon.

5.1 Die Totenkopf-Flagge oder: Die Kunst der Einschüchterung

Von Sparta bis zum Irakkrieg • Unter Trommelfeuer • Machtdemonstrationen: Klotzen, nicht kleckern • Die Mär vom Pik-As

In allen Kulturen begegnet ein ganzes Arsenal, das der militärischen Einschüchterung dient. Es reicht von der Bekleidung bis zu Gesten und anderen Mitteln:

- martialisches Erscheinungsbild
- Kriegsbemalung
- Masken
- übermächtig wirkender Kopfputz
- wilde Gebärden
- Trommeln und Musikinstrumente
- die Uniform.

Gerade die Uniform – ein klassisches »soziales Signal«[399] – zeigt deutlich, dass Funktionalität nur ein Aspekt der Ausrüstung ist. Das Einschüchtern des Gegners gehört hier ebenfalls dazu: Die Uniformen »zeigten [...] den Soldaten in einer erschreckenden Größe, gleichbedeutend mit einer übermächtigen Stärke. Breite Schultern von Uniformen (z. B. auch durch Pailletten) und Rüstungen erweckten den Eindruck von Muskelstärke. Der Schmuck mit den Erfolgen vergangener Kämpfe, sei es in Form von Abzeichen oder von Kriegsbeute, sind ebenfalls in diese Kategorie einzuordnen.«[400] Interessant ist im Ersten Weltkrieg der Übergang von traditionell farbigen Uniformen – z. B. den roten Hosen und Käppis der Franzosen – zu neutraleren Stof-

---

[399] Vgl. http://www.roteskreuz.at/fileadmin/user_upload/PDF/Ausbildung/FK-Ausbildung/a_Read er_Gesp
[400] CARL 224

fen, die eher tarnten, oder von der deutschen Pickelhaube zum Stahlhelm. Das heute nahezu standardmäßige, in allen Streitkräften verbreitete *camouflage* wird nach wie vor durch Paradeuniformen ergänzt, die eine Vielzahl auf Eindruck hin gestalteter Elemente aufweist.

Gewisse andere Signale begegnen ebenfalls über die Jahrhunderte hinweg. So rasierten sich die meisten amerikanischen Fallschirmjäger, die in der Nacht vom 6. Juni 1944 die Invasion eröffneten, den Kopf kahl und ließen einzig einen Irokesenkamm stehen. Das hatte nicht nur medizinische Gründe – Kopfverletzungen lassen sich bei kahlem Schädel einfacher verarzten –, sondern auch sehr viel mit Einschüchterung zu tun.

»Der Streifen über die Kopfmitte erinnert an einen Helmbusch der Soldaten der griechischen Antike. [...] Auch aus der Tierwelt sind zahlreiche Beispiele bekannt, wo die Männchen einen Kamm tragen, den sie als Drohgebärde aufbauschen können. Bei den Soldaten war es ein Zeichen aggressiver Mentalität und wurde extrem populär. Außerdem bestärkte es die Deutschen in der Vorstellung, die von der Wehrmachtpropaganda kräftig genährt wurde, die US-Luftlandetruppen rekrutierten ihre Männer in den schlimmsten Gefängnissen Amerikas.«[401]

Von Sparta bis zum Irakkrieg

Die Spartaner, die als das kriegerischste Volk der griechischen Antike gelten, perfektionierten die Einschüchterung des Gegners derart, dass sie zur Legende wurde:

»Und die Spartaner selbst wussten als Meister sowohl der psychologischen als auch jeder anderen Art von Kriegsführung ganz genau, wie sie das Blut in den Adern ihrer Gegner zu Eis erstarren lassen konnten. Schon aus weiter Ferne würde das Nahen ihrer Phalanx von den schrillen Tönen der Pfeifen angekündigt werden, und die Erde würde vom gleichmäßig stampfenden Rhythmus ihres langsamen Vorrückens erbeben. Wenn sie dann aus der Staubwolke auf dem Schlachtfeld vor dem Gegner auftauchten, würde eine alles blendende ›Mauer aus Bronze und Purpur‹ sichtbar werden. Es war nämlich die Gewohnheit der Spartaner, ihre Schilde zu polieren, bis sie hell glänzten; außerdem trugen sie leuchtend rote, im Ton frischen Bluts gefärbte Mäntel. Zum langsamen Gleichschritt ihres Vormarschs würden abschreckende Schlachtgesänge zu Ehren alter Heroen erklingen, bis die Offiziere mit ihren charakteristischen Helmbüschen aus Rosshaar, die auf den Seiten bis zu den Ohren herabfielen, schreiend einen Befehl erteilten und die Phalanx ihren Gesang, den Paian abbrach. Sogleich nach ihrem Verstummen würde ein Trompetenstoß die Luft durchdringen.«[402]

---

[401] GEHRIGER 43
[402] HOLLAND 106

Je nachhaltiger die Einschüchterung ist, desto geringer fällt die Widerstandskraft des Gegners aus. Das machte sich der Mongolenführer Dschingis Khan (*1155, 1162 oder 1167–wahrscheinl. 1227) zunutze. Er schickte eine Vorhut aus, die in den gegnerischen Ortschaften Gerüchte von der Grausamkeit seiner Soldateska streute. Auch zur See gab es Männer, die Angst und Schrecken für sich arbeiten ließen. Während einer der berühmtesten Freibeuter des 17. Jahrhunderts, Sir Henry Morgan (1635–1688), seine Schlachten mit der Waffe gewann, taten das andere mit dem bloßen Hissen der Piratenflagge: Die Handelsschiffe ergaben sich. Blackbeard (1680–1718), ein legendärer Pirat in der Karibik, beging wohl nur einen kleinen Teil all der Gräueltaten, die ihm zugeschrieben wurden.»Indem er sich selbst das Image des sabbernden Psychopathen mit satanischen Neigungen verliehen hatte, gaben die meisten Schiffe augenblicklich auf, wenn er auch nur in ihre Nähe kam.«[403] Da Blackbeard allerdings mit der Zeit zu viel Aufmerksamkeit erregte, bereitete die britische Admiralität seinem Tun und Treiben ein abruptes Ende.

Eine Verbindung von Waffengewalt und psychologischer Einwirkung wird heute mit *shock and awe* (S & A) angestrebt: Schock und Furcht. Im taktischen Rahmen dient dieses Vorgehen zur Vorbereitung eines Bodenangriffs, als strategisches Konzept hat es die Demoralisierung der Verteidiger zum Ziel. Als Mittel dienen Flächenbombardements, Sperrfeuer, der Einsatz von Flammenwerfern oder Druckbomben. Den Begriff des S & A prägte der US-Generalstab im Irak-Krieg. Allerdings entsprechen ihm bereits *avant la lettre* das Trommelfeuer des Ersten Weltkriegs und die analogen Einsätze von Gewehr, Armbrust, Bogen in früheren Zeiten.

Unter Trommelfeuer

Der massive Beschuss des Gegners mittels Fernwaffen, häufig zum Auftakt einer Schlacht, begegnet bereits früh in der Kriegsgeschichte. 9000 Jahre vor unserer Zeit sollen solche Mittel schon eingesetzt worden sein.[404] Speere, Schleudergeschoße, Pfeile verfügen über einen gewaltigen Hebel im Kampfwert. David ist mit seiner Schleuder Goliath überlegen, und der athenische Schriftsteller, Politiker und Feldherr Xenophon (um 426 – nach 355 v. Chr.) erlebte am eigenen Leib den Schock angesichts der feindlichen Distanzwaffen. In seiner »*Anabasis*«, einem Bericht über den »Zug der 10'000« in das Perserreich und zurück, beschreibt er die beschämende

---

[403] http://www.r-schaub.de/8.htmll
[404] KORFMANN 129

Ohnmacht der schwerbewaffneten Griechen gegenüber den nur leicht ausgerüsteten Persern.

»Aber schon am ersten Tag nach dem Aufbruch werden sie von einer kleinen Gruppe von Reitern, Bogenschützen und Schleuderern derart drangsaliert, dass sie weniger als 5 km vorankommen. 600 Leichtbewaffnete halten 10'000 Schwerbewaffnete in Schach. Auf Seiten der Griechen gab es Verwundete. Gegenangriffe nutzten nichts.«[405]

Von dem biblischen und dem antiken Beispiel für die verheerende – physische und psychologische – Wirkung von Fernwaffen lässt sich ein Bogen schlagen zum Trommelfeuer des beginnenden 20. Jahrhunderts:

»Als Trommelfeuer bezeichnet man einen massiven Artilleriebeschuss auf ein bestimmtes Gebiet. Die Detonationen der einschlagenden Granaten gehen dabei in ein dröhnendes Donnern über, einzelne Einschläge sind nicht mehr herauszuhören. Die Artillerie wird hierbei nicht gegen Punktziele eingesetzt, sondern soll Flächenwirkung erreichen. Deshalb werden die Geschütze möglichst schnell wieder geladen und unmittelbar danach wieder abgefeuert. Das Trommelfeuer war eine Reaktion auf die Taktik der Infanterie, sich in Schützengräben zu verschanzen, man wollte diese mit einem massiven Feuerschlag entweder vernichten oder zumindest demoralisieren.

Neben geringem militärstrategischem Nutzen hatte das Trommelfeuer eine enorme psychische Wirkung auf die Kampfmoral der Soldaten, die darunter zu leiden hatten. Es war maßgeblich verantwortlich für Ausfälle durch Kriegsneurosen, die auf psychischem Stress durch stundenlanges oder sogar tagelanges Trommelfeuer beruhten.«[406]

In seinem 1929 erschienenen, autobiografisch gefärbten Roman »Im Westen nichts Neues« beschreibt der deutsche Autor Erich Maria Remarque (1898–1970) ein solches Trommelfeuer wie folgt:

»Die Wiesen sind flach, der Wald ist zu weit und gefährlich; – es gibt keine andere Deckung als den Friedhof und die Gräberhügel. Wir stolpern im Dunkeln hinein, wie hingespuckt klebt jeder gleich hinter einem Hügel.

Keinen Moment zu früh. Das Dunkel wird wahnsinnig. Es wogt und tobt. Schwärzere Dunkelheiten als die Nacht rasen mit Riesenbuckeln auf uns los, über uns hinweg. Das Feuer der Explosionen überflackert den Friedhof. Nirgendwo ist ein Ausweg. Ich wage im Aufblitzen der Granaten einen Blick auf die Wiesen. Sie sind ein aufgewühltes Meer, die Stichflammen der Geschoße springen wie Fontänen heraus. Es ist ausgeschlossen, dass jemand darüber hinwegkommt.

Der Wald verschwindet, er wird zerstampft, zerfetzt, zerrissen. Wir müssen hier auf dem Friedhof bleiben.

---

[405] a. a. O. 132
[406] http://de.wikipedia.org/wiki/Trommelfeuer

[...] Vor mir ist ein Loch aufgerissen, ich erkenne es undeutlich. Granaten treffen nicht leicht in denselben Trichter, deshalb will ich hinein. Mit einem Satz schnelle ich mich lange vor, flach wie ein Fisch über den Boden, da pfeift es wieder, rasch krieche ich zusammen, greife nach der Deckung, fühle links etwas, presse mich daneben, es gibt nach, ich stöhne, die Erde zerreißt, der Luftdruck donnert in meinen Ohren, ich krieche unter das Nachgebende, decke es über mich, es ist Holz, Tuch, Deckung, Deckung, armselige Deckung vor herabschlagenden Splittern.«[407]

Machtdemonstrationen: Klotzen, nicht kleckern

Die Gegenseite kann auch eingeschüchtert werden durch den Aufbau von »Drohkulissen«. Als 2006 im UNO-Sicherheitsrat über Sanktionen gegen Iran und 2007 über die Verschärfung dieser Maßnahmen abgestimmt wurde, konzentrierten die USA Flugzeugträger und ganze *battle groups* im Persischen Golf. Und 2007 übte Israel demonstrativ die Luftbetankung von Kampfflugzeugen und verletzte dabei griechischen Luftraum[408], um seine militärische Macht zu demonstrieren. Es geht bei solchen Aktionen darum, das geballte Gewaltpotential zu demonstrieren – zu klotzen und nicht zu kleckern, um eine Wendung des deutschen Panzergenerals Heinz Guderian (1888–1954) zu zitieren.[409] In der operativen Führung hat sich der Begriff der *show of force* eingebürgert:

> »*Shows of force* zwingen eine Regierung oder einen Kommandanten, in politischer oder militärischer Weise auf eine Initiative zu reagieren. Sie können die Form multinationaler Trainings, Einübungen, des Vorrückens oder des Aufbaus von Streitkräften innerhalb der *Area of Operations* (AO) annehmen. Das Engagement des Corps kann in Umfang und Rahmen unterschiedlich sein. Es kann eine erhöhte Alarmbereitschaft mit sich bringen, Aktivitäten vor dem Aufmarsch, den Aufmarsch selbst und den widerstandslosen Einmarsch des gesamten Corps. Die Planung muss den Fall miteinbeziehen, dass die Einschüchterung nicht greift und die *Show-of-Force*-Einheiten in Gefechte verwickelt werden. Politische Belange stehen bei *Shows of Force* im Mittelpunkt.«[410]

Der Machtdemonstration und durchaus auch der Einschüchterung dienten und dienen Militärparaden. Schon in der Antike wurden sogenannte Heerschauen durchgeführt, anläßlich von Triumphzügen (sh. Kap. 5.5) und als taktischer Schachzug. Der spätere römische Kaiser Titus befahl während der Belagerung Jerusalems im Jahr 70 n. Chr. einen großen Appell, bei dem seine Legionäre mit voller Ausrüstung und

---

[407] REMARQUE 52f.
[408] Vgl. RUPP
[409] Vgl. WALDE 164
[410] vgl. http://www.globalsecurity.org/military/library/policy/army/fm/100-15/Ch9.html

Bewaffnung ihren Sold ausbezahlt bekamen. Mit dem gewaltigen Truppenaufmarsch verband er die Absicht, den belagerten Gegner einzuschüchtern. Ein anderes Beispiel: Als Ludwig XIV. von Frankreich ab etwa 1660 begann, wieder eine stehende Armee aufzubauen, wurde die Grundlage für eine Militärparade nach heutigem Verständnis gelegt – die Präsentation von Waffen und Gerät anlässlich eines Appells und der Vorbeimarsch der Truppen vor den Befehlshabern mit der Absicht, den Soldaten regelmäßig ihre Vorgesetzten vor Augen zu führen und sie an ihre Pflicht ihnen gegenüber zu erinnern. Durch den Vorbeimarsch sollte gleichzeitig die Marschdisziplin der Truppen demonstriert werden, zur damaligen Zeit ein wichtiger Faktor in Schlachten, in denen die geordnete Bewegung geschloßener Formationen entscheidend war. Dieser Ablauf ist grundlegende Form der Militärparade geblieben, einzig bedeutender Unterschied ist die heute stärkere Einbindung der Öffentlichkeit.

Napoleon, dieser Meister der Selbstinszenierung, machte aus Paraden einen Akt der Darstellung seiner selbst und – in seinem Denken gleichzusetzen – der *grande nation*, in seinen Worten »lehrreich für Feind und Freund«:

> »Ein Novum war die große Parade, für den Soldatenkaiser die wichtigste Zurschaustellung seiner Macht. Die Regimenter waren im Hof der Tuilerien und auf der Place du Carrousel angetreten. Die Fahnen und Standarten wurden im Salon des Kaisers abgeholt, in dem sie Napoleon, der seine Feldzeichen immer um sich haben wollte, aufbewahren ließ. Alle Musikkapellen spielten den Fahnengruß, dessen Clairongeschmetter und Trommelschlag den Soldaten durch Mark und Bein ging und das Publikum zu Begeisterungsstürmen hinriss. Die vergoldeten Adler blitzten in der Sonne, und der Empereur erschien zu Pferde. Er sprengte die Kolonnen entlang, stieg ab und inspizierte die Truppe. Das zog sich stundenlang hin, denn er prüfte beinahe jeden Gamaschenknopf und schaute in jedes Kanonenrohr. Er sprach Soldaten an, die er persönlich kannte, die für ihn durchs Feuer gegangen waren und von ihm erwarteten, dass er sie nicht vergaß. Den Vorbeimarsch, der die Parade abschloss, nahm der Kaiser hoch zu Ross ab.«[411]

Heute sind vor allem zwei Formen der Militärparade zu unterscheiden: die Militärparade als reines Element der Traditionspflege, die keine politische bzw. militärische Botschaft vermittelt, und jene, bei der im Gegensatz dazu Wert auf die Kommunikation einer solchen Botschaft gelegt wird. Bei letzterer Ausprägung handelt es sich um solche Paraden, bei denen eine möglichst beeindruckende Auswahl an Waffen und Gerät vorgeführt wird, um dadurch potentielle Gegner abzuschrecken. Beispiele dafür sind die Paraden des Ostblocks und insbesondere in der damaligen Sowjetunion, bei denen der Öffentlichkeit stets die neusten Waffensysteme präsentiert wurden;

---

[411] HERRE 16

in heutiger Zeit sind es Staaten wie Nordkorea oder der Iran, die durch ihre Paraden das Ziel der Abschreckung verfolgen.[412] Das Muskelspiel mit der militärischen Macht zählte zu den Ritualen des Kalten Kriegs, ja es lässt sich sagen, dass dieser in außerordentlichem Maß von der psychologischen Kriegsführung zwischen den beiden Supermächten lebte.

Die Mär vom Pik-As
In manchen Vietnam-Filmen begegnet der Brauch der GIs, eine Pik-As-Karte auf gegnerische Leichen zu legen oder sie ihnen gar in den Mund zu stecken. Im 1979 in den Kinos angelaufenen Spielfilm »*Apocalypse Now*« wird die Hauptfigur, Captain Willard, von einem jungen Soldaten gefragt, wozu das gut sei, und gibt zur Antwort: »Damit die wissen, wer es getan hat.« Die Spielkarte als Symbol für Rache, wie die Herzkönigin für die Liebe und der Pik-Bube für den Feind: ein eigenwilliger Code, der sich der Truppe verdankt und nicht irgendwelchen übergeordneten Kommandostellen oder den PSYOPS-Verantwortlichen.

Es gilt allerdings Vorbehalte anzumelden. Einerseits waren solche Karten nicht in dem Ausmaß verbreitet, wie es Hollywood glauben macht, und andererseits liebten die Vietnamesen zwar Kartenspiele und waren dem Aberglauben auch nicht abgeneigt, aber sie hatten keine kulturell verankerte Beziehung zu *death cards*. Diese ergab sich erst im Verlauf des Kriegs. Um die Bedeutung der Pik-As herauszustreichen, wurde nicht selten ein Totenschädel hinzugedruckt oder eine makabre Fotografie. Insgesamt lässt sich festhalten, dass diese Karten die GIs mehr motivierten, als dass sie den Gegner abschreckten. Motivierend wirkten sie insofern, als sie das Markieren eines Territoriums ermöglichten – häufig war das Emblem der entsprechenden Einheit mit aufgedruckt. Zudem gaben sie Resultaten in einem Kriegsalltag Nachdruck, der – *body counting* hin oder her – oft von zermürbender Zufälligkeit und Ratlosigkeit geprägt war.

---

[412] Vgl. http://de.wikipedia.org/wiki/Milit%C3%A4rparade

5.2 Manöver oder: Das große Säbelrasseln

Manöver haben ihre Botschaft • Große Etats • Erwünschte Zaungäste • Auf Messers Schneide: Operation »Able Archer«

Wann immer von Manövern die Rede ist, begegnen Standard gewordene Formulierungen wie die folgenden:

- »Säbelrasseln«[413]
- »Drohung«[414]
- »Einschüchterung«[415]
- »Abschreckung (Dissuasion)«[416]
- »Machtdemonstration«[417]
- »Warnung«[418]
- »klares Zeichen«[419]
- »Muskelspiel«[420]
- »Provokation«[421].

Manöver haben ihre Botschaft
Diese Begriffe machen deutlich, dass mit Manövern stets etwas Bestimmtes kommuniziert werden soll. Sicher geht es in erster Linie um das Durchüben von Szenarien, um möglichst realitätsnahe Aufgabenstellungen, die auf kriegerische Handlungen vorbereiten sollen – die US-amerikanischen *Red-Flag*-Übungen beispielsweise wurden zur Zeit des Kalten Kriegs mit originalem sowjetischem Gerät durchgeführt. Aber immer soll auch der Gegenseite oder Dritten ein bestimmter Eindruck vermittelt

---

[413] http://de.rian.ru/safety/20090505/121450783.htmll
[414] http://www.spiegel.de/politik/ausland/0,1518,564584,00.htmll
[415] http://www.spiegel.de/politik/ausland/0,1518,31785,00.htmll
[416] http://de.wikipedia.org/wiki/Geschichte_der_milit%C3%A4rischen_Taktiken
[417] http://www.news.at/articles/0644/15/155458/machtdemonstration-iran-neuntaegiges-seemanoever-persischen-golf
[418] http://www.spiegel.de/politik/debatte/0,1518,228300,00.htmll
[419] ESCH
[420] http://tagesschau.sf.tv/content/view/full/1108854
[421] http://www.aktuell.ru/russland/politik/medwedew_Nato_manoever_in_georgien_provokation_3778.htmll

werden. Als der Iran im November 2006 ein groß angelegtes Manöver mit dem Namen »Großer Prophet II« durchführte, sagte General Jahja Rahim Safawi von den Revolutionsgarden: »Wir wollen transregionalen Gegnern unsere abschreckende Verteidigungsfähigkeit zeigen und hoffen, dass sie die Botschaft der Manöver verstehen.«[422] Zu diesem Zweck wurde damals die nuklearwaffentaugliche Mittelstreckenrakete *Schahb-3* abgeschossen. Die gleiche Waffe ließ der Iran im September 2009 starten – mit ihrer Reichweite von 2000 km eine klare Gefahr für Israel und die US-Stützpunkte im Golf. Der Kommentar der iranischen Nachrichtenagentur *Fars*: Man habe seine »strategische und vorbeugende Fähigkeit« gesteigert, »um gegen jede Drohung gewappnet zu sein.«[423]

Das Manöver wird auf die Paraden des 18. Jahrhunderts zurückgeführt, die Geschlossenheit nach innen und nach außen sowie militärische Kompetenz vermitteln sollten. Wer sich Großanlässe wie die russische Siegesparade auf dem Roten Platz oder die chinesische Marineparade vor Augen hält, erkennt unschwer, dass ein solch selbstbewusstes Auftreten – es ist auch die Rede von »Protzparaden«[424] – durchaus erwünschte Effekte haben kann. In nahezu jedem Land der Erde werden Paraden und Manöver durchgeführt – die multinationalen RIMPAC- *(Rim of the Pacific)-* und UNITAS-Übungen wie auch das alljährliche britische *Trooping the Colour*[425] sind nur Beispiele dafür.

Große Etats
Entsprechend wird auch kein Aufwand gescheut:

- Am RIMPAC sind jeweils rund 50 Schiffe und U-Boote, bis zu 200 Flugzeuge und 20'000 Soldaten beteiligt.

---

[422] http://www.spiegel.de/politik/ausland/0,1518,446141,00.htmll
[423] »News« vom 29.9.2009, S. 7.
[424] http://www.spiegel.de/politik/ausland/0,1518,552484,00.htmll
[425] »Trooping the Colour bezeichnet die alljährliche Militärparade im Juni zu Ehren des Geburtstages der britischen Könige und Königinnen. Der Ursprung der Zeremonie liegt im Vorbeitragen (Trooping) und Zeigen der Farben der Regimenter (Fahnen) für die Soldaten, so dass sie sie sehen und später im Kampf wieder erkennen konnten.
Die Parade findet auf dem Horse Guards Parade, dem größten offenen Platz in London, statt und wird von ausgebildeten Soldaten im Dienst der Household Division (Infanterie und Kavallerie, seit 1998 auch Artillerie) durchgeführt und von Mitgliedern der Königlichen Familie und Ehrengästen verfolgt. Die Königin wird während der Zeremonie mit dem Royal Salute begrüßt.« (http://de.wikipedia.org/wiki/Trooping_the_Colour)

- 2007 fand unter russischer Ägide ein Sechs-Nationen-Manöver im Ural statt; der Kostenpunkt: 60 Mio. Euro.
- Im gleichen Jahr durchfuhren neun US-Kriegsschiffe, darunter zwei Flugzeugträger, mit einer Besatzung von insgesamt 17'000 Mann die Straße von Hormuz.
- 2008 probten über hundert israelische Kampfjets den Angriff auf iranische Atomanlagen.
- Im Juni 2009 fand die *Eurocorps*-Übung »*Blue Gabriel*« statt, in deren Zentrum die Interoperabilität der beteiligten Streitkräfte stand. Es nahmen länderübergreifende *Eurocorps*-Formationen teil sowie Stäbe und Truppen aus Deutschland, Belgien, Spanien und Frankreich.
- Im Juli 2009 führte die Shanghaier Organisation für Zusammenarbeit (SOZ) großangelegte Manöver durch. Ihr gehören die Volksrepublik China, Russland, Usbekistan, Kasachstan, Kirgistan und Tadschikistan an. Geübt wurden eine Antiterror- sowie eine Luftlandeoperation. Es waren 3000 Soldaten, über 300 Kampffahrzeuge sowie 45 Militärflugzeuge beteiligt.

In den gleichen Zusammenhang gehören Waffentests wie das Zünden von Atombomben oder das Erproben von satellitengestützten Angriffs- und Verteidigungssystemen, z. B. dem US-amerikanischen *National Missile Defense* (NMD) im Jahr 2001.

Erwünschte Zaungäste
Der gegenseitigen Kontrolle dient das Stockholmer Abkommen von 1987, das wechselseitige Inspektionen von Manövern ermöglicht. 1988 bereits meldeten sich sowjetische Beobachter mit der kürzestmöglichen Anmeldefrist von 36 Stunden in England für eine sogenannte »Verdachtsinspektion« an. Gegenstand des Besuchs war eine Truppenübung in der Grafschaft Hampshire, der die Bekämpfung von Sabotage-Einheiten der UdSSR zu Grunde lag. Zeitungsmeldungen hatten die Sowjets auf das Manöver aufmerksam gemacht. Neben dem Aspekt der Kontrolle spielt hier immer auch der einer Kompetenzen-Demonstration mit, der nicht zu unterschätzen ist. So konnte sich die Schweiz im Vorfeld des Ersten Weltkriegs nicht nur auf dem diplomatischen Parkett eine stabile Position sichern, sondern auch über den Inspektionsbesuch des deutschen Kaisers im Jahr 1912:

»Gerade dem übermächtig erscheinenden Deutschland wollte nun der Bundesrat [die Schweizer Regierung. T.M.] eine charakterlich ähnliche und gleichzeitig aufrechte Persönlichkeit gegenüberstellen. Und [der Schweizer General. T.M.] Wille hatte immerhin 1912, als Kaiser Wilhelm II. die schweizerischen Herbstmanöver besuchte, den anwesenden deutschen Offizieren seine militärischen Fähigkeiten bewiesen. [...]

Am 4. August [1914. T.M.] erklärte der Bundesrat den Ländern, welche am Wiener Kongress 1815 die immerwährende Neutralität der Schweiz anerkannt hatten, sowie einigen weiteren, die Schweiz werde ihre Neutralität mit allen Mitteln zu wahren wissen. Der Bundesrat fühlte sich sogar in einer so starken Position, dass er gegenüber Frankreich erklärte, sich das Recht zu nehmen, je nach Lage Teile Frankreichs in Hochsavoyen zu besetzen. [...]

Man kann heute annehmen, dass die Kaisermanöver von 1912 in der Schweiz den deutschen Generalstab veranlassten, den Schlieffenplan mit dem Durchmarsch durch die Schweiz schließlich fallen zu lassen. Ebenso kann man fast sicher sagen, dass in mehreren heiklen Phasen des vier Jahre dauernden Krieges, als sowohl die Deutschen wie die Franzosen versuchten, den Kriegsgegner an die Schweizer Grenze zu werfen, erst die wehrhafte Neutralität die Kriegsverwicklung abzuwenden vermochte.«[426]

Auf Messers Schneide: Operation »*Able Archer*«

So nahe an einem Dritten Weltkrieg war man seit der Kuba-Krise von 1962 nie mehr gewesen, als ab 1981 die Spannungen zwischen Ost und West anstiegen und 1983 die Operation »*Able Archer*« beinahe zu einer Entgleisung der Verhältnisse führte. Im Januar 1981 wurde Ronald Reagan amerikanischer Präsident. Anders als sein Vorgänger Jimmy Carter trat er in klare Opposition zu Sozialismus und Kommunismus. Im Februar begann die Nato unter US-Führung mit PSYOPS: Nato-Flottenverbände im Nordatlantik, in der Ostsee und im Schwarzen Meer sowie Bomber, die sich dem sowjetischen Luftraum empfindlich annäherten. Im Mai äußerte KGB-Direktor Yuri Andropov die Befürchtung, die Nato rüste zu einem nuklearen Schlag. Entsprechend wurden die geheimdienstlichen Bemühungen um ein Vielfaches verstärkt – ein Vorgang, der im Westen unter dem Codenamen »*Ryan*« bekannt wurde.

Im März 1983 begannen die USA mit dem Raketenabwehrsystem SDI (*Strategic Defense Initiative*), das unter dem Begriff *Star Wars* im Westen teils begrüßt, teils vehement kritisiert wurde. Die Namensgebung spielt an auf die erste Film-Trilogie von »*Star Wars*«, die der US-Regisseur George Lucas 1977–1983 veröffentlichte, und weist darauf hin, wie futuristisch das Projekt vielen anmutete. Zum SDI kam, als Reaktion auf die sowjetischen SS-20 in Osteuropa, die Stationierung von *Pershing II*-Marschflugkörpern in Westeuropa hinzu. In nur sechs Minuten wären sie bei einem

---

[426] SCHLEGEL

sowjetischen Erstschlag im Osten gewesen. Im September schossen sowjetische Kampfjets den *Korean-Airlines*-Flug 007 ab, als sich das Flugzeug in den russischen Luftraum verirrt hatte. 289 Passagiere sowie die gesamte Besatzung kamen ums Leben. Die UdSSR gab an, das Flugzeug für eine militärische Aufklärungsmaschine des Typs *Boeing* RC-135 gehalten zu haben. Die Streitigkeiten, die bis vor den UN-Sicherheitsrat gingen, verschlechterten noch das eh schon angeschlagene Verhältnis zwischen den USA und der UdSSR. Ebenfalls im September kam es zu einer Fehlfunktion des sowjetischen Raketen-Frühwarnsystems: Es wurde ein Angriff mit Interkontinentalraketen gemeldet, und wenig fehlte für einen nuklearen Gegenschlag. Eine weitere Eskalation bedeutete die amerikanische Invasion auf der Antillen-Insel Grenada nordöstlich von Venezuela, die im Oktober 1983 vonstatten ging und auch bei westlichen Bündnispartnern wie Großbritannien und Kanada auf Unverständnis stieß.

Vor diesem Hintergrund verwundert es wenig, dass das Manöver »*Able Archer*«, das vom 2. bis am 11. November 1983 dauerte, um ein Haar zu einem Krieg geführt hätte. Ziel des Manövers war es, möglichst realitätsnah die Vorgänge während eines Nuklearkriegs durchzuspielen. Margaret Thatcher und Helmut Kohl wurden miteinbezogen sowie die DEFCON-Stufen fünf bis eins ausgerufen (in Friedenszeiten gilt normalerweise DEFCON 5, DEFCON 2 signalisiert volle Bereitschaft für einen gegnerischen Angriff, und die höchste Alarmstufe, DEFCON 1, wird nur ausgelöst, wenn bereits ein Krieg im Gange ist.) Hinzu kam der Einsatz neuer Funkverschlüsselungsmethoden. Die westlichen Aktivitäten versetzten die Staaten des Warschauer Paktes (WAPA) in Aufruhr, und es wurde ihrerseits ein nuklearer Erstschlag vorbereitet – aus der Fiktion des Manövers war die Realität der Gegenreaktion entstanden. In der Tschechoslowakei, in Polen und der DDR wurden atomar bestückbare Bomberverbände alarmiert. Dank geheimdienstlichen Erkenntnissen erkannten die leitenden Nato-Offiziere, was sie ausgelöst hatten, und es wurde angeordnet, »*Able Archer*« nicht bis ins letzte Detail durchzuspielen. Mit der Beendigung des Manövers kehrte auch der WAPA wieder in die Normalverhältnisse zurück. In seinen Memoiren schrieb Reagan, erst nach dieser Krise sei ihm bewusst geworden, welche Angst die sowjetische Führung vor einem westlichen Atom-Erstschlag gehabt habe.[427]

---

[427] Vgl. http://de.wikipedia.org/wiki/Able_Archer_83 sowie http://www.bbc.co.uk/dna/h2g2/A191 42200

5.3 Die Posaunen von Jericho

Die Macht der Klänge • *Von Wagner bis* Heavy Metal

Im Alten Testament wird die Einnahme Jerichos ausführlich beschrieben (Josua 6; 1–27):

> »1 Jericho aber schloss und blieb verschlossen vor Israel. Niemand ging hinaus und niemand hinein. 2 Da sprach der Herr zu Josua: Siehe, ich gebe Jericho samt seinem Könige, all die tapfern Helden, in deine Hand. 3 So zieht denn um die Stadt, alle Kriegsleute, rings um die Stadt herum, einmal; so sollst du sechs Tage lang tun. 4 Und sieben Priester sollen sieben Posaunen aus Widderhörnern vor der Lade her tragen. Am siebenten Tage aber sollt ihr siebenmal um die Stadt herum ziehen, und die Priester sollen in die Posaunen stoßen. Und wenn man das Widderhorn bläst und ihr den Schall der Posaunen hört, so soll das ganze Volk ein lautes Feldgeschrei erheben; dann wird die Stadtmauer in sich zusammenstürzen, und das Volk soll hinaufsteigen, ein jeder gerade vor sich hin. [...] 15 Am siebenten Tage aber machten sie sich frühe auf, als die Morgenröte heraufkam, und zogen sie siebenmal um die Stadt. 16 Beim siebenten Mal aber stießen die Priester in die Posaunen; da sprach Josua zum Volke: Erhebet das Feldgeschrei; denn der Herr gibt euch die Stadt. 17 Und die Stadt soll mit allem, was darin ist, dem Bann des Herrn verfallen sein; nur die Dirne Rahab soll am Leben bleiben, sie und alle, die bei ihr im Hause sind, weil sie die Boten versteckt hat, die wir aussandten. 18 Nur hütet euch vor dem Gebannten, dass euch nicht gelüste, etwas davon zu nehmen und so das Lager Israels durch euch dem Bann verfalle und ins Unglück komme. 19 Alles Silber und Gold und die ehernen und eisernen Geräte sind dem Herrn geweiht; in den Schatz des Herrn soll es kommen. 20 Da erhob das Volk das Feldgeschrei, und sie stießen in die Posaunen. Als nun das Volk den Schall der Posaunen hörte und laut das Feldgeschrei erhob, stürzte die Mauer in sich zusammen, und das Volk erstieg die Stadt, ein jeder gerade vor sich hin. So nahmen sie die Stadt ein.«[428]

Die Macht der Klänge

Die Bibelstelle ist ein frühes, allerdings stark symbolisches Zeugnis dessen, was Klänge zu bewirken vermögen. Theologisch stehen sie hier für das, was dem Gläubigen dank dem Gehorsam gegenüber Gott möglich wird. Aber auch fernab von der Theologie begegnen Klänge, die mit übergeordneten Prinzipien in Verbindung gebracht werden:

- die Nationalhymne vor Fußball-Länderspielen und bei der Medaillenverteilung bei Weltmeisterschaften und Olympiaden sowie bei militärischen Anlässen
- der Zapfenstreich bzw. Fahnenmarsch bei militärischen Zeremonien

---

[428] Die heilige Schrift 232f.

- Jingles im Zusammenhang mit Handelsmarken
- Lieder von politischen und anderen Gruppierungen (z. B. Horst-Wessel-Lied als Parteihymne der Nazis, die kommunistische Internationale)
- Lieder und Gegenlieder, in denen die Musik beibehalten, der Text aber umgeschrieben wird (z. B im Amerikanischen Bürgerkrieg 1861–1865). Man denke auch an das Lied »Lili Marleen«, das über alle Fronten hinweg als »Landser-Lyrik« die Gefühlslage deutscher, russischer, amerikanischer, britischer und anderer Soldaten in sich vereinte, und dies zum Leidwesen der Politiker, denen ein »dem Streit der Zeit, der Mächte, der Historiker entzogener Mythos« nicht willkommen war.[429]

Im 20. Jahrhundert wurden als

»Jericho-Trompeten [...] Sirenen bezeichnet, die bis Mitte des Zweiten Weltkrieges an den Fahrwerksbeinen der deutschen Sturzkampfflugzeuge des Typs Junkers Ju 87 angebracht waren. Diese Sirenen wurden über kleine Propeller vom Fahrtwind betrieben. Sie dienten zur Einschüchterung des Gegners und waren so Teil der psychologischen Kampfführung. Noch heute ist der Irrglaube verbreitet, dass stürzende oder abstürzende Flugzeuge diese typischen Sirenengeräusche erzeugen. Manche Filmszenen, in denen Flugzeuge (ab-)stürzen, werden so akustisch untermalt. Selbst bei Hubschraubern oder langsam trudelnden Maschinen wird darauf zurückgegriffen. Dass das Geräusch noch im Bewusstsein präsent ist, lässt erahnen, welche Wirkung diese psychologische Waffe der Ju 87 gehabt haben muss.«[430]

Von Wagner bis *Heavy Metal*

Geräusche, Klänge, Musik packen den Menschen weit emotionaler, als es Worte vermögen. Entsprechend werden akustische Elemente bis heute angewandt, um auf den Gegner einzuwirken:

- Als sich 1989 während des Panamakrieges Manuel Noriega in einem Haus verschanzte, »bombardierten« ihn die amerikanischen PSYOPS-Truppen so lange mit lauter Musik, bis er aufgab.
- Neben Schlafentzug, Waterboarding oder langem Stehen kennt die »weiße«, also keine Spuren hinterlassende Folter auch das Beschallen mit überlauter Musik, z. B. *Heavy Metal*.

---

[429] VON HENTIG 191
[430] http://de.wikipedia.org/Jericho-Trompete

- Nach der »Samtenen Revolution« in der Tschechoslowakei wurde 1989 das tschechische Botschaftspersonal in Havanna nächtelang mit Revolutionsliedern konfrontiert, die über große Lautsprecher abgespielt wurden. Ein damaliger Botschaftsangehöriger sagte noch Jahre später, er könne diese Musik nicht mehr hören.
- Der BBC-Reporter Andrew North berichtete 2003 aus Kuwait: »Ein großer Helikopter flog irgendwo in der kuwaitischen Wüste auf mich zu. Aber es erschien kein Helikopter. Und es würde auch nie einer erscheinen, denn das Geräusch kam von einem großen Lautsprecher, der auf ein Militärfahrzeug montiert war. Das Ganze gehörte einer PSYOPS-Truppe. Diese sind zu einer 7000 Mann starken Marine-Einheit zusammengefasst worden, mit Basis im nördlichen Kuwait. Hätte ich das nicht gewusst, wäre ich überzeugt gewesen, es sei ein wirklicher Helikopter. Das ist nur eines von vielen Geräuschen, die sie an Bord haben, um potentielle Gegner zu verwirren und zu täuschen.«[431]

Ein ausgeklügeltes Instrument der psychologischen Beeinflussung dachten sich amerikanische PSYOPS-Leute während des Vietnamkriegs aus. Sie spielten bewusst mit dem Aberglauben der Vietnamesen:

> »Während des Vietnamkriegs hatte die beim US-Militär für psychologische Kriegsführung zuständige Abteilung PSYOP ein Hörstück entwickelt, mit dem die gegnerischen Vietcongs zur Aufgabe bewegt werden sollten. Es nannte sich ›Wandering Soul‹ oder ›Ghost Tape Number 10‹ und spielte mit dem in Vietnam weit verbreiteten Ahnenglauben, dass man dort begraben sein muss, wo man gelebt hat – andernfalls würde die Seele für immer ruhelos umherirren.
> Die Kulisse des knapp vierminütigen Stücks bildete eine Echolandschaft aus unheimlich zischenden und wabernden elektronischen Sounds, die mit Anleihen traditioneller vietnamesischer Musik versehen war. Vor diesem Hintergrund fand das Gespräch eines Mädchens mit seinem gefallenen Vater statt. Er beklagte seinen sinnlosen Tod, wünschte sich wieder mit der Familie vereint und forderte die noch lebenden Mitkämpfer dazu auf, das Kämpfen einzustellen und zurück nach Hause zu gehen.
> Mitunter wurde das stundenlang über die Lautsprecher eines Hubschraubers in den nächtlichen Dschungel abgestrahlte Musiktheater noch durch zusätzliches Abschießen von Phosphormunition angereichert. Sicherlich war das Ensemble aus Bild und Ton spektakulär und möglicherweise sogar Furcht einflößend – seine Wirksamkeit blieb allerdings fraglich. Bisweilen dürfte sie sogar kontraproduktiv ausgefallen sein, denn auch viele der mit den

---

[431] NORTH, Andrew

Amerikanern verbündeten südvietnamesischen Truppen pflegten den gleichen Ahnenglauben wie die nordvietnamesischen Vietcong.«[432]

In Francis Ford Coppolas Vietnam-Epos »*Apocalypse now*« (USA 1979) schließlich fliegt die Luftkavallerie unter den Klängen von Richard Wagners »Walkürenritt« einen Angriff auf ein vietnamesisches Dorf – eine Szene, die heute zum festen Kanon der Filmgeschichte gehört. Die musikalische Untermalung hat ein historisches Vorbild: Mit dem gleichen Stück war in der Deutschen Wochenschau vom 30. Mai 1941 die Luftlandung der Deutschen auf Kreta unterlegt worden.

5.4 Moral bombing

Ursprung im Ersten Weltkrieg • Bomben auf Kolonien • Die »Area Bombing Directive« • *Dresden • Fragwürdiger Erfolg • V-Waffen • Ein Blick auf die Gegenwart: Gaza*

Ursprung im Ersten Weltkrieg
Wer an den Bombenterror in den 30er und 40er Jahren des letzten Jahrhunderts denkt, kommt – neben dem Abwurf der Atombomben auf Hiroshima und Nagasaki 1945 – in erster Linie auf Guernica (1937), Coventry (1940) und Dresden (1945). Der Ursprung dieses strategischen Instruments reicht allerdings zurück in den Ersten Weltkrieg. Dort bereits wurde – wenn auch in vergleichsweise bescheidenem Ausmaß – gebombt in der Vorstellung, es ließen sich so Aufstände, Revolutionen, Destabilisierung auslösen. Dieses Ziel wurde indes nicht erreicht. Vielmehr solidarisierte sich die terrorisierte Bevölkerung mit ihrer Regierung.

Gleichwohl fand das 1921 erschienene Buch »*Dominio dell'Aria*« des italienischen Generals Giulio Douhet großes Echo. Er ging in seiner Schrift davon aus, dass ein künftiger Krieg noch weit umfassender alle Kräfte der beteiligten Nationen fordern würde und es deshalb zentral sei, nach Erlangen der Lufthoheit das feindliche Hinterland anzugreifen. Die Zerstörung der wichtigen Zentren und Großstädte würde nicht nur die Infrastruktur und Produktionsstätten des Gegners lahm legen, sondern auch die Bevölkerung demoralisieren. Diese stand in den Überlegungen

---

[432] PAULUN

Douhets im Zentrum, ja er hielt es sogar für »erlaubt und verdienstvoll, bewohnte Städte mit Giftgasbomben zu belegen«.[433]

Bomben auf Kolonien
In der Zwischenkriegszeit wurden Flugzeuge und Bomben zur Niederwerfung von Aufständen in den Kolonien eingesetzt:

- von den Franzosen und Spaniern in Marokko
- von den Briten in Indien, Ägypten, Afghanistan, Somaliland und im Iran sowie in Südafrika gegen die Hottentotten
- von den Franzosen gegen Damaskus.

Die USA setzten Bomben gegen revoltierende Bauern in Nicaragua ein, und in Kurdistan lernte der Brite Arthur Harris, von dem noch die Rede sein wird, sein Handwerk.[434] NS-Deutschland entsandte die verdeckt operierende *Legion Condor* in den Spanischen Bürgerkrieg, wo sie als erste Macht massive Luftangriffe auf die Zivilbevölkerung eines europäischen Lands flog und wo das Bombardement von Guernica, der heiligen Stadt der Basken, traurige Berühmtheit erlangte (April 1937). Das lag nicht zuletzt am Bild von Pablo Picasso, das im gleichen Jahr entstand.

Die »*Area Bombing Directive*«
Nach heftigen Bombardements ab dem Ausbruch des Zweiten Weltkriegs war der Bombenkrieg auf beiden Seiten schon stark eskaliert – Warschau, Rotterdam, Coventry –, als das britische Luftfahrtministerium im Februar 1942 die »*Area Bombing Directive*« erließ. Adressat war der bereits erwähnte Oberkommandierende der Royal Air Force (RAF), Sir Arthur Harris. In dem Papier hieß es u. a.: »*You are accordingly authorised to use your forces without restriction.*«[435] Erklärtes Ziel war es, mit diesem »*moral bombing*« die gegnerische Zivilbevölkerung zu demoralisieren, allen voran die Industriearbeiter. Die auf den britischen Vize-Luftmarschall und Befehlshaber der RAF im Ersten Weltkrieg Hugh Montague Trenchard (1873–1956) zurückgehende Doktrin gab nicht mehr Fabriken als Ziel vor, sondern Wohngebiete. Das stand in

---

[433] http://de.wikipedia.org/Luftkrieg im Zweiten Weltkrieg
[434] BERGER, Markus
[435] http://de.wikipedia.org/wiki/Area_Bombing_Directive

der Tradition des *indirect approach*, im Zuge dessen nicht die starken, sondern die schwachen Stellen des Gegners angegriffen wurden. Es wurde auch »das im Gefolge der Verstaatlichung des Krieges erreichte Niveau der Separierung von Kombattanten und Nonkombattanten aufgegeben, und die Kriegshandlungen wurden bewusst und gezielt gegen die Zivilbevölkerung gerichtet.«[436]

Dass dies nach Artikel 25 der Haager Landkriegsordnung als ein Kriegsverbrechen bezeichnet werden konnte, kümmerte niemand. Juristisch gesehen, so die eine Lesart, handelte es sich zwar um das Bombardement der Zivilbevölkerung, doch waren die Städte wegen ihrer Fliegerabwehr nicht als unbewaffnet zu betrachten. Zum andern wurden zwar 1922/23 als Erweiterung des Völkerrechts Regeln für den Luftkrieg entworfen. Sie untersagten das Bombardement »zur Terrorisierung der Zivilbevölkerung und Zerstörung oder Beschädigung von Privateigentum nichtmilitärischen Charakters«, wurden aber nie in das Gesetzeswerk aufgenommen.[437] Einem Luftwaffenoffizier, der seine Skrupel zur Sprache brachte, wurde beschieden: »*Listen, Major, this is war: w – a – r, do you understand?*«[438]

Hinter der Direktive standen zwei Beweggründe. Zum einen erforderte das Dünkirchen-Debakel vom Mai/Juni 1940 eine härtere Gangart, die dank der ab 1941 bestehenden Luftüberlegenheit auch möglich wurde, und es waren Skrupel verschwunden, die zu Beginn des Kriegs noch bestanden hatten:

> »Die Geschichte der britischen Bomberkampagne im Zweiten Weltkrieg zeigt uns, wie leicht der Krieg moralische Standards erodieren kann. In den ersten Monaten des Kriegs hatte das *Bomber Command* Angst, es könnte Zivilisten töten, und beschränkte sich auf das Abwerfen von Flugblättern und Angriffe auf Schiffe. Aber nach Dünkirchen blieben die schweren Bomber das einzige Mittel, mit dem die Briten Nazi-Deutschland in Kontinentaleuropa besiegen konnten.«[439]

Zum andern war die Zielgenauigkeit der britischen Bomber ungenügend. Lediglich jedes fünfte Flugzeug traf mit einer Genauigkeit von fünf Meilen das Ziel. Es drängte sich die Taktik des Bombenteppichs auf, des »*area bombing*«. Ab Frühjahr 1942 waren bis zu 1000 Maschinen gleichzeitig in der Luft. Anzustreben waren sogenannte Feuerstürme, die sich intensiver Forschungsarbeit und ausgeklügelter Planung verdankten. Art, Reihenfolge und Aufprallort der Bomben mussten so gesteuert werden,

---

[436] MÜNKLER, Über den Krieg 229
[437] KELLERHOFF
[438] FALASCA
[439] SIEBERT

dass sich offenes Feuer orkanartig verbreitete. Zu diesem Zweck »wurden durch Sprengbomben die Dächer abgedeckt und die Fensterscheiben zum Bersten gebracht, um brennbares Material in den Wohnungen freizulegen und eine offene Sauerstoffzufuhr zu ermöglichen. Erst in einer zweiten Welle wurde die Stadt großflächig mit Stabbrandbomben eingedeckt.«[440]

Die Folge waren *dehousing*, abertausende Tote und Verletzte, 161 größere und 850 kleinere Städte, die verwüstet wurden.[441] Tagsüber griff die US Air Force (USAF) an und nahm Kirchtürme und andere markante Gebäude in den Stadtzentren als Zielhilfe, nachts flogen die Briten ihre Bomberwellen. Es ist herausgearbeitet worden, dass diese Einsätze eine eigene Logik und Dramaturgie annahmen: »Hier fliegen nicht Flugzeuge im Sinne einer Luftschlacht um England, sondern es fliegt ein Begriffs-System, ein in Blech gehülltes Ideengebäude«, es werden »in diesen fliegenden Industrieanlagen« anonym Zerstörung und Tod produziert.[442]

Dresden
Zu einem Mahnmal der rücksichtslosen und schon lange nicht mehr kriegsentscheidenden Bomberstrategie ist Dresden geworden, obgleich es sich nicht um die schwersten Angriffe des Kriegs handelte. Unter dem Codenamen »*Chevin*« flogen USAF und RAF vom 13. bis 15. Februar 1945 Einsätze auf die deutsche Stadt. Dresden war zu diesem Zeitpunkt neben Breslau das letzte halbwegs intakte Industrie-, Wirtschafts- und Verwaltungszentrum des Deutschen Reiches sowie ein Verkehrsknotenpunkt. Zwar war in Deutschland bereits 1935 der Luftschutz voran getrieben worden, doch in Dresden waren kaum entsprechende Einrichtungen (zu denen Juden übrigens keinen Zugang hatten) gebaut worden. Die Kriegswirtschaft hatte Vorrang gehabt. Es befanden sich auch sehr viele Flüchtlinge aus dem Osten in der Stadt, die sich vor der Roten Armee in Sicherheit bringen wollten.

Noch heute ist die Wendung »*like Dresden*« geläufig, wenn es um verheerende Feuersbrünste oder die Zerstörung von Kulturgütern geht. Hier ein paar Zahlen:

- 70 % der Industriebetriebe wurden zerstört.
- Viele Versorgungseinrichtungen wie Gas-, Wasser- und Kraftwerke wurden beschädigt.

---

[440] http://de.wikipedia.org/wiki/Luftkrieg_im_Zweiten_Weltkrieg
[441] BERGER, Markus
[442] KLUGE 45f.

- Von insgesamt 222'000 Wohnungen wurden 60'000 bis 75'000 zerstört, weitere 18'000 schwer, 81'000 leicht beschädigt.
- 30 % der Einzelhandelsbetriebe wurden funktionsuntüchtig.
- 75 % der Straßenbahn-Oberleitungen waren zerstört.
- 1100 Straßen waren verschüttet oder mit Bombentrichtern übersät.
- Alle Elbbrücken waren beschädigt.
- Das Zentrum war als Verkehrsknotenpunkt unpassierbar geworden.
- Es kamen 18'000 bis 25'000 Menschen ums Leben.[443] Allerdings gaben die offiziellen deutschen Stellen aus Gründen der Propaganda zehnmal mehr Verluste bekannt.

Fragwürdiger Erfolg

Gegen Ende des Krieges wurden die kritischen Stimmen immer zahlreicher, die den Sinn und die moralische Vertretbarkeit der Bombardements anzweifelten. US-General George S. Patton hielt sie für »barbarisch« und teilte mit andern Armeeführern die Meinung, »es sei dies eine nutzlose und sadistische Art der Kriegführung«[444]. Auch Churchill, der zu den Wegbereitern des *moral bombing* gezählt hatte, nahm davon mehr und mehr Abstand. Einmal ganz abgesehen von ethischen Überlegungen ließ sich auch der Nutzen – die Demoralisierung der Bevölkerung – kaum nachweisen. Alexander Kluge hat das in seinem Text »Der Luftangriff auf Halberstadt am 8. April 1945« in einem fiktiven Interview auf den Punkt gebracht:

> »NZZ [Neue Zürcher Zeitung. T.M.]: Bombardieren Sie aus Moral oder bombardieren Sie die Moral?
>
> [Brigadegeneral. T.M.] Williams: Wir bombardieren die Moral. Der Widerstandsgeist muss aus der gegebenen Bevölkerung durch Zerstörung der Stadt entfernt werden.
> NZZ: Die Doktrin soll aber inzwischen aufgegeben worden sein?
> Williams: Gewiss. Deshalb bin ich ja selber etwas erstaunt. Man trifft mit Bomben diese Moral nicht. Offensichtlich hat die Moral ihren Sitz nicht in den Köpfen oder hier (er deutet auf den Solar-Plexus), sondern sitzt irgendwo zwischen den Personen oder Bevölkerungen der verschiedenen Städte. Das ist untersucht worden und im Stab bekannt.
> NZZ: Es wirkt sich aber auf diesen Angriff nicht aus.
> Williams: Ich könnte sagen: leider, denn unsere neuesten Erkenntnisse sind ein Sieg über die Theologie. Im Herzen oder Kopf ist offenbar gar nichts. Das ist übrigens plausibel. Denn die, die zertrümmert sind, denken oder fühlen nichts. Und die, die aus einem solchen

---

[443] http://de.wikipedia.org/wiki/Luftangriffe_auf_Dresden
[444] PATTON 208

Angriff trotz aller Vorkehrungen entkommen, tragen die Eindrücke des Unglücks offensichtlich nicht mit sich. Alles mögliche Gepäck nehmen sie mit, aber die Momenteindrücke während des Angriffs lassen sie anscheinend da.
NZZ: Ein solcher Angriff, stelle ich mir vor, z. B. wenn ich an Zürich denke, hat ja mindestens den Wert einer ›Erscheinung‹. Der ›Geist spricht aus dem brennenden Busch‹, würde ich mal sagen.
Williams: Überhaupt nicht. Einen stärkeren *Real*druck als den, den wir 20 Minuten so einer Stadt aufdrücken, gibt es gar nicht. Ich glaube schon, dass die Leute im Moment des Angriffs selber sagen: wir geben unsere Moral weg, unseren Durchhaltewillen usf. Aber was sagen sie am nächsten Tag? Wenn in einem Kilometer Entfernung von der verbrannten Stadt der Trott offensichtlich weitergeht?«[445]

Der Optimismus von Harris, durch die Zerstörung Hamburgs und Berlins würde eine Invasion in den von Deutschland besetzten Gebieten überflüssig, erwies sich als falsch; ebenfalls sein Versprechen, mit den Bombardements Deutschland bis April 1944 zum Zusammenbruch zu bringen.[446] Es sollte nicht verwundern, dass Harris nach dem Krieg keine staatliche Ehrung zuteil wurde und er erst spät in den Adelsstand erhoben wurde. Die Zahlen des Bombenkriegs sind und bleiben erschreckend: 60'000 britische Tote, 305'000 bis 600'000 deutsche und 330'000 bis 500'000 japanische.

V-Waffen
Bereits Mitte der 30er Jahre begann in Deutschland die Forschungsarbeit für Raketen. Im Dezember 1942 kam es zu ersten Tests an der Heeresversuchsanstalt in Peenemünde, einem kleinen Ort auf der Ostsee-Insel Usedom. Der Marschflugkörper *Fieseler Fi 103* erreichte eine Geschwindigkeit von 600 km/h und hatte eine Reichweite von 370 km. Die erste *V1* – »V« für »Vergeltungswaffe«, wie Goebbels sie nannte – wurde im Juni 1944 ab Nordfrankreich abgeschossen mit Ziel London. Die englische Hauptstadt sollte noch oft das Ziel der *V1* und deren Nachfolgemodelle sein; insgesamt kamen hier bei den Angriffen mit diese Waffen 6100 Zivilpersonen ums Leben, 18'000 wurden schwer verletzt. Wurde London zur Vergeltung für britische Bombenangriffe angezielt, so geschah das im Fall von Antwerpen (10'000 Verwundete oder Tote) deshalb, weil die belgische Stadt mit ihrem Hafen den Hauptanlandepunkt der Alliierten bildete. In die Tausende ging die Zahl der KZ-Häftlinge, die unter schlimmsten Bedingungen in der Produktion der V-Waffen ein-

---
[445] KLUGE 63f.
[446] Vgl. SIEBERT

gesetzt waren, u. a. im berüchtigten Lager *Dora-Mittelbau* in Thüringen.[447] Die *V1* hatte im Einsatz mäßigen Erfolg: Nur jede vierte erreichte ihr Ziel, die andern hatten Defekte oder wurden von der Fliegerabwehr abgeschossen.

Das Nachfolgemodell *A4* (»Aggregat 4«), auch *V2* genannt, wurde ab September 1944 eingesetzt. Insgesamt wurden 3200 Großraketen dieses Typs abgeschossen mit Zielen in England, Frankreich, Belgien, in den Niederlanden und im deutschen Remagen, nachdem dort eine strategisch wichtige Brücke in die Hände der Alliierten gefallen war. Die letzte *V2* wurde im März 1945 auf Antwerpen abgeschossen. Dort war es im Dezember 1944 zu über 500 Todesfällen gekommen, nachdem eine *V2* in einem Kino eingeschlagen war. Im Gegensatz zur *V1*, deren knatterndes Geräusch ihr die Übernamen »*doodlebug*« und »*buzz bomb*« eintrug, war von der heranfliegenden *V2* nichts zu hören. Sie hatte bei einer Reichweite von 400 km und einer Flughöhe von 90 km eine Geschwindigkeit von über 5000 km/h.

Diese beiden technischen Errungenschaften – ergänzt durch die *V3,* eine Fernkanone – waren von Anfang an auf die Terrorisierung der Zivilbevölkerung hin entwickelt worden. Die »Wunderwaffen« hätten, so Hitler in seiner letzten Rundfunkansprache vom Januar 1945, zum »Endsieg« beitragen sollen. Die psychologische Wirkung, die man sich von ihnen versprochen hatte, trat aber nicht ein. Anstatt die feindliche Bevölkerung zu demoralisieren, bestärkten sie diese in der Überzeugung, Nazi-Deutschland sei ein Ende zu bereiten.

Eine gewisse Nachhaltigkeit hatten die Entwicklungen des Raketentechnikers Wernher von Braun (1912–1977) insofern, als sie fast übergangslos in den USA und

---

[447] »Die Arbeits- und Lebensbedingungen im Stollen übertrafen an Schrecken fast alles, was die Häftlinge in ihrer vorherigen Lagerhaft hatten erleben müssen. Die Holzpritschen waren schon bald mit Ungeziefer und Fäkalien verdreckt. Waschgelegenheiten gab es nicht, und als Latrinen dienten halbierte Benzinfässer, die vor den Stolleneingängen im Fahrstollen A aufgestellt wurden. In unmittelbarer Nachbarschaft der Schlafstollen wurde ununterbrochen an der Fertigstellung des Fahrstollens A gearbeitet. Sprengungen und Bohrmaschinen verbreiteten einen ständigen Lärm. Die hohe Luftfeuchtigkeit, dichter Gesteinsstaub und giftige Dämpfe machten das Atmen zur Qual, und es herrschte ein unerträglicher Gestank, der von den Abortkübeln und den in dunklen Ecken verwesenden Leichen ausging. Gearbeitet und ›geruht‹ wurde umschichtig. Alle 12 Stunden wurden die Häftlinge aus den Schlafstollen gegen diejenigen ausgetauscht, die ihre Arbeitsschicht beendet hatten. Trotzdem herrschte in den Kammern eine drangvolle Enge, und zwischen den Lebenden lagen Sterbende und Tote. Üblicherweise wurden die Leichen an einer Stelle im Fahrstollen A gestapelt und nach der Registrierung abtransportiert.« (BRELOER 237)

der UdSSR fortgesetzt wurden. Mittels der Operation »*Overcast*« siedelten die USA von Braun und andere Wissenschaftler einfach zu sich nach Hause um.[448]

Ein Blick auf die Gegenwart: Gaza

Von Ende Dezember 2008 bis Anfang Februar 2009 führte Israel in Gaza eine Großoffensive gegen die *Hamas* durch (Operation »*Cast Lead*«, »Gegossenes Blei«). Nach UN-Angaben kostete diese 1340 Tote, davon 460 Kinder und 795 Frauen. Auf israelischer Seite waren 13 Tote zu verzeichnen – vier davon durch Raketen – und 84 Verletzte.[449] Aufschlussreich ist, wie unterschiedlich auf »*Cast Lead*« reagiert wurde. Der israelischen Sicht diametral entgegengesetzt war die der *Hamas* und islamisch dominierter Länder.

In der *Jewish Virtual Library,* einem *Organ der American-Israeli Cooperative Enterprise,* werden die zahlreichen Raketenangriffe auf israelisches Gebiet angeführt sowie die Tatsache, dass die *Hamas* den sechsmonatigen Waffenstillstand nicht habe verlängern wollen. Die Schuld wird eindeutig der *Hamas* zugewiesen. weblinks zu Bildern menschlicher Schutzschilder und anderer Kriegsverbrechen der *Hamas* ergänzen den Grundtenor.[450] Offizielle israelische Film- und Fotoaufnahmen des *Ministry of Foreign Affairs* untermalen die politische PR.[451] Die Darstellungen sind – man möge von ihnen halten, was man will – in sich konsistent.

Gänzlich entgegengesetzt die Stimmen der *Hamas*, anderer Länder und Teilen der Öffentlichkeit im Westen. Auch hier begegnet ein Grundmuster der Argumentation: Israel habe unter fadenscheinigen Vorwänden einen Gewaltsexzess unter der Zivilbevölkerung angerichtet. Es werden Israel vorgeworfen:

- eine konstruierte Rechtfertigung (Nicht-Verlängerung des Waffenstillstands durch die *Hamas*, Raketenangriffe auf iraelisches Gebiet)
- Massaker an der Zivilbevölkerung
- Zensur
- international konzertierte Propaganda

---

[448] Vgl. http://www.dhm.de/lemo/html1/wk2/kriegsverlauf/wunderwaffen/index.html1; http://de.wikipedia.org/wiki/V1; http://de.wikipedia.org/wiki/A4_(Rakete)
[449] Vgl. RÖTZER, Erste Bilanz
[450] http://www.jewishvirtuallibrary.org/jsource/Peace/Gazaincursion.html1
[451] http://www.mfa.gov.il/MFA/Terrorism-+Obstacle+to+Peace/Terrorism+and+Islamic+Fundamentalism-/Aerial_strike_weapon_development_center+_Gaza_28-Dec-2008.html

- Kriegsverbrechen
  . Gebrauch schlagkräftiger Munition in Wohngebieten
  . Einsatz verbotener Waffen, z. B. Phosphorgranaten
  . Nutzung palästinensischer Familien als menschliche Schutzschilder
  . Angriff auf medizinische Versorgungseinrichtungen wie Spitäler
  . Tötung von zwölf Rettungssanitätern
  . Tötung einer großen Anzahl von Polizisten
  . Anreicherung von Phosphorbomben mit Wolfram
  . Einsatz von *Flechettes* (Granaten, die zu Stahlpfeilen explodieren).[452]

Interessant ist, dass bei den anti-israelischen Stimmen mehrmals der Ausdruck »PSYOPS« fällt, so z. B. im stark subjektiv geprägten »Mein Parteibuch Blog«, wo von »zionistischen Terroristen« die Rede ist – »PSYOPS« mit eindeutig negativer Färbung. Es sei das Ziel Israels, »die Bevölkerung des angegriffenen Gebietes mit dem schlimmstmöglichen Terror zu überziehen und ihr damit größtmögliche Angst einzujagen. Im militärischen Jargon nennt man dies psychologische Kriegsführung, eine solche Operation wie die Operation ›Cast Lead‹ eine Psyop.«[453]

Es wurde auch eine Parallele zum *moral bombing* des Zweiten Weltkriegs gezogen. Dieses war, »wie auch die Angriffe im Gaza-Streifen, darauf aus, durch Zerstörung der Infrastruktur, Kultur und Wohnsubstanz einen Aufruhr der Bevölkerung gegen ihre Obrigkeit zu erzeugen. Die Geschichte lehrt uns, dass dies in der Regel ausblieb und nur der Fakt des Kriegsverbrechens zurückblieb.«[454] Die Pattsituation, die einmal mehr das Gaza-Gebiet dominiert, lässt auf kein Ende der gegenseitigen Vorwürfe und Aggressionen hoffen.

---

[452] http://www.mein-parteibuch.com/wiki/Operation_Cast_Lead
[453] www.mein-parteibuch.com/.../der-krieg-gegen-gaza-ist-eine-psyop/
[454] http://www.heise.de/tp/blogs/foren/S-Moral-Bombing/forum-150760/msg-16169118/read/

5.5 Wehe den Besiegten

Triumphzüge und Kreuzigungen • *Mord, Folter, Vergewaltigung* • *Ilja Ehrenburg: ein Intellektueller als Aufhetzer?*

»*vae victis*«: »Wehe den Besiegten« – seit dem Sieg der Veneter über Rom ein geflügeltes Wort. Ums Jahr 387 v. Chr. fielen die Veneter in Oberitalien ein und bewegten die Gallier zum Rückzug. Dabei handelten sie mit dem römischen Konsulartribunen ein Lösegeld von 1000 Pfund Gold (327,45 Kilogramm) aus. Die Legende besagt, dass die Römer bei der Auswägung dieses Lösegelds Brennus vorwarfen, falsche Gewichte zu benutzen. Daraufhin soll Brennus mit den Worten »*vae victis!*« zusätzlich noch sein Schwert in die Waagschale geworfen haben, so dass noch mehr Gold zu zahlen war. Der Ausspruch wurde sprichwörtlich.

Triumphzüge und Kreuzigungen

Dass eine Niederlage teuer bezahlt werden muss, sollte nicht zuletzt davon abschrekken, überhaupt erst in einen Krieg einzutreten. Entsprechend pompös und brutal waren in der Antike die Triumphzüge angelegt. Hier ein Beispiel aus Rom:

> »Bevor sich der Zug zum Capitol hinaufbewegte, wurden die im Triumphzug mitgeschleppten feindlichen Führer zum Kerker gebracht und dort enthauptet. In frühester Zeit geschah dies mit einem Beil. Die Liktoren hatten damals wohl deswegen beim Triumph noch das Beil mitgeführt. Später wurde nicht mehr geköpft, sondern erdrosselt. [...]
>
> Trophäen und Gefangene wurden auf rechteckige Kästen gepflanzt, die vier Tragestangen besaßen, sodass acht Träger das Gebilde wie eine Sänfte tragen konnten. Ein gutes Beispiel hierfür ist der Transport des siebenarmigen Leuchters beim Flaviertriumph des Titus. Auf eigenen kleinen fercula transportierte man Kränze, die anfangs aus Lorbeer, später aus Gold gefertigt wurden. Es handelte sich um Gaben von Unterworfenen oder Verbündeten. Beim Triumph des T. Quinctius Flaminianus wurden 114, bei dem des L. Aemilius Paulus 400 Kränze vorgeführt.«[455]

Eine andere Strategie der Abschreckung war das systematische Kreuzigen. Alexander der Große ließ 332 v. Chr. nach der Eroberung der phönizischen Mittelmeerinsel Tyros etwa 2000 Männer im wehrfähigen Alter auf diese Weise hinrichten und begründete damit eine makabre Tradition:

---

[455] http://imperiumromanum.com/militaer/triumph/triumph_06.html

»Von den Makedonen und Karthagern übernahmen die Römer das Kreuzigen. Im Römischen Reich kreuzigte man vorzugsweise Sklaven, um andere Sklaven von der Flucht oder anderen Vergehen abzuschrecken. Auch Aufständische wurden besonders in eroberten Gebieten so hingerichtet. Die Kreuzigung war demnach eine politische Strafe zur Sicherung und Aufrechterhaltung der Pax Romana nach innen und außen. [...] Nach der endgültigen Niederlage des aufständischen Sklavenheerführers Spartacus 71 v. Chr. wurden um die 6000 seiner Anhänger entlang der Via Appia von Rom bis Capua gekreuzigt. [...] Und der römische Feldherr und spätere Kaiser Titus ließ 70 n. Chr. täglich 500 und mehr vor Hunger flüchtende Juden während des jüdischen Krieges vor der Stadtmauer Jerusalems geißeln, foltern und dann kreuzigen, um die Widerstandskraft der Belagerten zu schwächen. Bald wurde laut Josephus wegen der vielen aufgestellten Kreuze sogar das Holz knapp.«[456]

Mord, Folter, Vergewaltigung

Kein Krieg ohne Gräuel. Sie demonstrativ zu begehen ist nicht zuletzt auch Usus der Sieger. Was der spanische Maler Francisco de Goya (1746–1828) in seinem grafischen Zyklus »*Desastres de la guerra*« (1810–1814) in Bezug auf die napoleonischen Kriege in Spanien schildert, steht beispielhaft für eine der dunkelsten Seiten des Kriegs. Für diese im Folgenden ein paar Beispiele.

Am 10. Juni 1944 verzeichnet die Geschichte eines der schrecklichen Massaker, wie sie in jedem Krieg begegnen. Deutsche SS-Truppen treiben Frauen und Kinder in die Kirche von Oradour-sur Glane und zünden diese an, die Männer werden erschossen. Es sind 642 Tote zu verzeichnen. Im Dorf sind Waffenlager und Kämpfer der Résistance vermutet worden, und es sollen 30 Geiseln gegen einen gefangenen deutschen General ausgetauscht werden. Der Terrorakt an der Zivilbevölkerung, dessen Hauptverantwortlicher kurz darauf fällt, ist ein Beispiel für die brutale Einschüchterungspolitik der Deutschen während des Zweiten Weltkriegs.

Quälereien, Totschlag, Massenvergewaltigungen an Frauen jedes Alters – gerade die sexuelle Gewalt gehört zum Repertoire militärischer Übermacht und Besetzung. Der antike Autor Euripides (480 v. Chr. oder 485/484 v. Chr.–406 v. Chr.) schuf mit seinen »Troerinnen« (Uraufführung 415 v. Chr.) solchem Frauenschicksal ein bleibendes Denkmal.

»Als Akt der Unterwerfung, Demütigung und Zerstörung richten sich Vergewaltigungen nicht nur gegen Frauen als die direkten Opfer, sondern auch gegen die indirekt Betroffenen – die gegnerischen Männer. Ihnen wird über den ›besiegten‹ Körper der Frau ihre Niederlage, Machtlosigkeit und Entwürdigung vor Augen geführt.«[457]

---

[456] http://de.wikipedia.org/Kreuzigung
[457] STELZL-MARX

Der deutsche Regisseur Max Färberböck widmete 2008 diesem Thema den Film »Anonyma – Eine Frau in Berlin«.

»Der Film beruht auf dem Tagebuch der Journalistin Marta Hiller, das sie Ende der Fünfzigerjahre anonym veröffentlichte. Emotionslos beschreibt sie darin ihr Leben in Berlin zwischen dem 20. April und dem 22. Juni 1945. Als die ersten Sowjetsoldaten den Luftschutzkeller ihres Hauses betraten, wurde sie das erste Mal vergewaltigt. Noch am selben Tag missbrauchte sie erneut ein Rotarmist. Nachdem sie ein weiteres Mal brutal vergewaltigt wurde, stellte sie sich einem Offizier als Sexualobjekt zur Verfügung – um vor anderen Übergriffen geschützt zu werden.

Als die Rote Armee Berlin eroberte, waren die deutschen Frauen Freiwild. Zwischen April und Juni 1945 wurden mindestens 100'000 Frauen und Mädchen vergewaltigt, viele von ihnen mehrfach. Schätzungsweise 10'000 Frauen kamen bei den Übergriffen oder in deren Folge ums Leben, etwa genauso viele wurden schwanger. Rund fünf Prozent aller Neugeborenen in der ersten Hälfte des Jahres 1946 waren sogenannte Russenkinder.«[458]

Ein deutscher Arzt, der bis Ende 1945 in einer ostpreußischen Stadt arbeitete, schildert die Zustände wie folgt:

»Die Vergewaltigungen nahmen ein unvorstellbares Ausmaß an. Nach meinen Erfahrungen darf ich behaupten, daß von den Frauen und Mädchen zwischen 50 und 15 Jahren nur 10% verschont geblieben sind. Der Russe machte vor nichts halt: Greisinnen (bis 80 Jahre), Kinder (bis 10 Jahre abwärts), Hochschwangere und Wöchnerinnen. Die Vergewaltigungen gingen unter den widerlichsten Umständen vor sich. Die Russen überfielen häufig schon tags die Frauen, vorwiegend aber nachts drangen sie durch die zerbrochenen Fenster oder durch die eingeschlagenen Türen, ja durch das abgedeckte Dach in die Häuser und stürzten sich auf die unglücklichen Frauen und Mädchen. Meist mit vorgehaltener Waffe. Häufig hielten sie die Pistolenmündung direkt in den Mund des unglücklichen Opfers. Häufig war es so (man sträubt sich, es zu schreiben), daß das weibliche Wesen von mehreren festgehalten wurde, während sich die Wüstlinge nacheinander bei der Vergewaltigung ablösten. So manche Frau ist anschließend erschossen worden (z. B. eine mir sehr gut bekannte Frau K.), eine andere (Frau D.) ist anschließend erschossen und dann noch mit dem Auto überfahren worden. Häufig wurden die Frauen bei der Vergewaltigung noch in übelster Weise geschlagen, gestochen oder sonst misshandelt.«[459]

Bis zum April 1945 waren Gewalt und Vandalismus für Stalin akzeptable Begleiterscheinungen, um die Vormacht in dieser Region zu befestigen; er revidierte dies erst nach dem Überschreiten der Oder. Das Errichten der Oder-Neiße-Linie brachte mit sich, dass die deutsche Bevölkerung für die neuen Verhältnisse zu gewinnen war. Die Soldateska indessen änderte ihr brutales Vorgehen kaum, nicht ein-

---

[458] KNABE
[459] http://www.deutscherosten.de/Russen.htm

mal nach Kriegsende.[460] Vergewaltigung ist übrigens erst 2008 von der UNO als Kriegsstrategie klassifiziert worden.

Schließlich noch ein Beispiel für die Grausamkeit der Sieger aus Afghanistan, im Zusammenhang mit der Eroberung Kabuls durch die Taliban im Jahr 1996:

>»Die Taliban holten sich als Erstes Nadschibullah. Sie schlugen ihn und den anwesenden Bruder halbtot, warfen die beiden auf einen Pick-up und fuhren zum Präsidentenpalast. Dort kastrierten sie Nadschibullah, banden ihn mit einem Strick an den Pick-up und schleiften ihn mehrere Runden um den Palast herum. Dann endlich erlösten sie ihn mit drei Kugeln. Der Bruder wurde erdrosselt. Mit einer Drahtschlinge um den Hals hängten die Taliban die beiden Körper an eine Verkehrskanzel vor dem Palast. Sie steckten ihnen Zigaretten zwischen die Finger und in die Taschen ein Bündel Banknoten. Als Zeichen ihrer Verworfenheit und Korrumpiertheit. Und als Zeichen für die Kabuler.«[461]

Im deutschen Wortschatz hat ein Ausdruck Platz gefunden, der auf die Plünderung und Zerstörung der Stadt Magdeburg im Dreissigjährigen Krieg zurückgeht: »Magdeburgisieren«. Das Wort soll laut einer zeitgenössischen Quelle auf den involvierten Johann t'Serclaes Graf von Tilly (1559–1632), den Heerführer der Katholischen Liga und namhaften Feldherr, zurückgehen. – »Wehe den Besiegten«: Mit seinem Vorgehen sendet der Sieger das klare Signal an Gegner und Dritte aus: Legt euch gar nicht erst mit mir an!

Ilja Ehrenburg: ein Intellektueller als Aufhetzer?

Der russisch-jüdische Schriftsteller Ilja Ehrenburg (1878–1953) war Autor von mehr als hundert Büchern, Träger des Leninordens (1944) und des französischen Offizierskreuzes der Ehrenlegion (1945). Seine Rolle im Zweiten Weltkrieg wie auch in der Nachkriegszeit ist schwer einzuschätzen – derart oszilliert sein Lebenswerk. Einerseits gab er mit seinem Roman »Tauwetter« dem kulturellen Erwachen nach dem Tod Stalins einen Namen (1954) und machte sich als Mitherausgeber des »Schwarzbuchs über den Genozid an den sowjetischen Juden«, der ersten Aufarbeitung der Shoa, verdient (Erstausgabe 1980, Israel). Andrerseits war er eine der treibenden Kräfte hinter der mörderischen Gewalt der Roten Armee gegenüber den Deutschen. In seiner Hass- und Abrechnungspropaganda verstieg er sich zu Formulierungen wie im folgenden Aufruf an die sowjetischen Soldaten von 1943. Dieser stammt aus seinem

---

[460] Vgl. HENKEL 1
[461] SORG / BECK 23f.

Buch »Der Krieg«, das im selben Jahr erschienen war, und wurde an der Front als Flugblatt verteilt.

»Wir wissen alles. Wir erinnern uns an alles. Wir haben begriffen: Die Deutschen sind keine Menschen. Von nun ab ist das Wort ›Deutscher‹ für uns der allerschrecklichste Fluch. Von nun ab entladet das Wort ›Deutscher‹ das Gewehr. Wir werden nicht reden. Wir werden uns nicht empören. Wir werden töten. Wenn du im Laufe des Tages einen Deutschen nicht getötet hast, ist dein Tag verloren. Wenn du denkst, daß dein Nachbar für dich einen Deutschen tötet, dann hast du die Bedrohung nicht erkannt. Wenn du den Deutschen nicht tötest, wird der Deutsche dich töten. Er holt deine Nächsten und wird sie in seinem verfluchten Deutschland quälen.

Wenn du den Deutschen mit der Kugel nicht töten kannst, töte den Deutschen mit dem Seitengewehr. Wenn es auf deinem Frontabschnitt ruhig ist, wenn du auf den Kampf wartest, töte den Deutschen vor dem Kampf. Wenn du den Deutschen leben lässt, wird der Deutsche einen russischen Menschen erhängen und eine russische Frau schänden.

Wenn du einen Deutschen getötet hast, töte noch einen – es gibt für uns nichts Lustigeres, als deutsche Leichen. Zähle nicht die Tage. Zähle nicht die Wochen. Zähle nur eins: die von dir getöteten Deutschen. Töte den Deutschen! – das bittet die alte Mutter. Töte den Deutschen! – das fleht das Kind. Töte den Deutschen! – das ruft die Heimaterde. Verfehle nicht das Ziel. Lass ihn nicht entgehen. Töte!«[462]

Ehrenburg wurde bereits zur Zeit des Zweiten Weltkriegs die Autorschaft für ein Flugblatt nachgesagt, in dem er zur Vergewaltigung deutscher Frauen aufgerufen haben soll. Das Dokument ist aber nie aufgetaucht. Es wird mitunter angenommen, das Ganze sei ein *fake* der Nationalsozialisten gewesen, die sich eh auf Ehrenburg eingeschossen hätten (Hitler nannte ihn »Stalins Hausjuden«). Diese Auffassung könnte durch die Tatsache relativiert werden, dass der Autor in seinen Texten nie groß zwischen »Deutschen« im allgemeinen und »Faschisten« bzw. »Hitleristen« im Besonderen unterschieden hat. Seine Parole »Töte den Deutschen!« wäre also durchaus auch auf die Zivilbevölkerung zu beziehen.[463] Nicht zu unterschlagen ist auch Ehrenburgs Aufruf »Brecht mit Gewalt den Rassenhochmut der germanischen Frauen, nehmt sie als rechtmäßige Beute.«[464]

Bis heute ist nicht entscheidbar, wie es um die Position Ehrenburgs tatsächlich stand. Fakt ist, dass er 1945 in Stalins Ungnade fiel. In dieses Jahr gehören auch Äußerungen des Schriftstellers, die sich gegen die »Willkür, Zerstörungen und Plünde-

---

[462] http://www.deutscherosten.de/Russen.htm
[463] Vgl. http://de.wikipedia.org/wiki/Ilja_Ehrenburg
[464] http://www.syberberg.de/Syberberg4_2005/14_Januar1.html

reien« der russischen Truppen in Ostpreußen richteten – die also das Gegenteil dessen besagten, was er kurz zuvor noch propagiert hatte.[465]

5.6 Gesichter des Terrors

Begriffsgeschichte • Formen des Terrorismus • Der digitale dschihad *• Der »radikale Verlierer« • Terrorismus als Kommunikationsprozess*

Im Gegensatz zu militärischen Operationen verfolgen terroristische Akte keine materiellen Ziele, sondern psychologische. Es ist einmal formuliert worden: »Der Guerillero beherrscht den Raum, der Terrorist die Gedanken.«[466] Die Geschichte des Begriffs »Terror« reicht weit zurück, und mit der medialen Fokussierung auf den islamistischen Terror gehen andere Formen leicht vergessen. Als einer der Urheber terroristischer Akte ist der Typus des »radikalen Verlierers« herausgearbeitet worden. Terrorismus kann als Kommunikationsprozess mit unterschiedlichen Formen und Facetten gelesen werden.

Begriffsgeschichte

»Terror« leitet sich vom lateinischen Wort *terrere* (»in Schrecken versetzen«) ab. Eine Quelle erwähnt den »*terror cimbricus*«, die Panik, die Rom 105 v. Chr. beim Aufmarsch des germanischen Cimbrerstammes ergriffen hatte. Während der Französischen Revolution 1789–1795 griffen die Jakobiner den Ausdruck auf, als sie die

---

[465] »Für Stalin war Ehrenburg ein nützlicher Idiot, den er nach getaner Drecksarbeit fallen ließ. Unter der Überschrift ›Genosse Ehrenburg vereinfacht‹ warf ihm die Prawda am 14. April 1945 vor, Abarten des Faschismus und Rassenhasses zu propagieren. Jetzt empfahl Stalin sich auf Kosten seines Handlangers als künftigen Freund der Deutschen.
Neuere Forschungen haben weitere Hintergründe dieses Artikels erhellt. Danach war Ehrenburg von einer Fahrt nach Ostpreußen ernüchtert worden. Am 21. März 1945 beklagte er vor 150 leitenden Kadern der sowjetischen Militärakademie in Frunse, dass die Kultur der russischen Truppen in Ostpreußen sehr niedrig sei und die Rotarmisten Willkür, Zerstörungen und Plündereien ausübten. Der sowjetische Abwehrchef Abakumov berichtete an Stalin: ›Außerdem sagte Ehrenburg: ›Die von Zwangsarbeit (Herv. i. Orig.) zurückkehrenden Russen sehen gut aus. Die Mädchen sind wohlgenährt und schön angezogen. Für die Soldaten sind unsere Artikel in der Presse über die versklavte Stellung der nach Deutschland verschleppten Personen nicht überzeugend.‹ Abakumov empfahl, Maßnahmen gegen Ehrenburgs ›feindliche Tätigkeit‹ einzuleiten. Zu diesen Maßnahmen gehörte die Prawda-Veröffentlichung.« (ebenda)
[466] HOLZ 163

»Herrschaft des Schreckens«, der »*Grande Terreur*«, errichteten. 18'000 Menschen hatten den Gang zur Guillotine anzutreten. In der darauf folgenden Zeit wurde der Begriff im negativen Sinn verwendet, und dies ab Mitte des 19. Jahrhunderts für die möglichst medienwirksamen Gewaltakte nichtstaatlicher Gruppen. Diese Lesart geht zurück auf den russischen Revolutionär Sergey Nechayev (1847–1882), der 1869 die terroristische Bewegung »Vergeltung des Volks« gründete. Der UN-Sicherheitsrat definierte 2004 »Terrorismus« als jegliche Handlung »mit der Absicht, Zivilisten oder Nichtkombattante zu töten oder schwer zu verletzen, mit dem Ziel, eine Bevölkerung einzuschüchtern oder eine Regierung bzw. eine internationale Organisation dazu zu bringen, eine bestimmte Handlung durchzuführen oder zu unterlassen.«[467]

Die Charakteristiken terroristischer Handlungen sind:

- Gewalt, wobei der Terrorakt und die Opfer in der Regel symbolische Bedeutung haben
- politische Zielsetzung – es geht nicht darum, den Gegner zu besiegen, sondern eine Botschaft zu verkünden
- Nichtkombattante als vorsätzlich gewähltes Ziel
- Vorgehen auf substaatlicher oder überstaatlicher Ebene
- Gesetzeswidrigkeit oder fehlende rechtsstaatliche Legitimierung.[468]

Formen des Terrorismus

Terrorismus verdankt sich unterschiedlichen Motiven, und es lassen sich entsprechende Formen definieren. Allerdings sind die Übergänge fließend. Auch begegnen Terrorgruppen, die kaum zu kategorisieren sind, z. B. radikale Tier- oder Umweltschützer. Hier ein Überblick über die wichtigsten Formen:

---

[467] http://en.wikipedia.org/wiki/Terrorism
[468] ebenda sowie KEUSCHNIG

Form	Prinzip	Beispiele
ethno-nationalistisch / separatistisch	Ethnische Minderheiten oder Volksgruppen kämpfen für ihr Selbstbestimmungsrecht und ihre eigene Kultur, z. B. Amtssprache.	ETA (baskisch für »Baskenland und Freiheit«), Spanien; IRA (*Irish Republican Army*), Nordirland
sozialrevolutionär	Errichtung einer klassenlosen Gesellschaft	RAF (Rote Armee Fraktion), Deutschland
nationalrevolutionär	rechte Vereinigungen mit dem Ziel, einen faschistischen bzw. völkisch / nationalsozialistischen Staat zu errichten	Wehrsportgruppe Hoffmann, Deutschland
vigilantistisch	Terror im Sinn des Staates oder der etablierten Ordnung	Ku Klux Klan, USA
religiös-fundamentalistisch	Begründung politischer Forderungen durch religiöse Gebote	Islamismus, international
sektiererisch	Legitimation durch eine höhere Macht	Aum-Sekte, Japan
international	internationaler Zusammenschluss nationaler Organisationen; Operieren außerhalb des ursprünglichen Konfliktgebietes; Angriff auf im Ausland befindliche Einrichtungen von Staaten; Unterstützung terroristischer Organisationen durch einzelne Staaten	islamistische Organisationen im Kampf gegen die USA, international
der »neue« Terrorismus	universal, skrupellos, anonym	*9/11*, USA

Tafel 17: Formen und Prinzipien des Terrorismus[469]

Der von George W. Bush initiierte »*war on terror*« hat sich – allen völkerrechtlichen, ja faktischen Unwägbarkeiten zum Trotz – derart tief im kollektiven Bewusstsein des Westens festgesetzt, dass Erfolgs-*fiction* wie die mehrfach ausgezeichnete und Kult gewordene TV-Reihe »*24*« in aller Selbstverständlichkeit von ihm aus-

---

[469] Vgl. http://www.friedenskooperative.de/ff/ff04/6-61.html

geht. Ihr Held Jack Bauer ist vor diesem Hintergrund das, was James Bond vor dem Hintergrund des Kalten Kriegs war.[470] Angesichts der vergleichsweise breit gestreuten Formen des Terrorismus ist festzustellen, dass sich die öffentliche Wahrnehmung v. a. auf den islamistischen Terror fokussiert hat. Dabei wird z. B. übersehen, dass die *Tamil Tigers*, weitgehend unbeachtet im globalen Rahmen, den traurigen Rekord an Selbstmordattentätern halten.[471]

Der digitale *dschihad*
Wie chemische Waffen und *dirty bombs* als »Waffen des kleinen Manns« gelten, so kann vom Internet gesagt werden, es sei dessen ideales Medium. Terrorismus lebt mit, von und in dem weltweiten Netz. IT ist der »Motor der Globalisierung des dschihad«, und es ist schon das Wortspiel »von Al-Qaida zu @Qaida« gemacht worden. So wuchs die Anzahl der *websites* mit Bezug zum *dschihad* zwischen 1998 und 2007 von zwölf auf über 5800.[472] Am Beispiel des islamistischen *dschihad* lässt sich aufzeigen, was auf elektronischem Weg mit wenig Aufwand alles machbar ist:

- Ersatz für Lager, physisches Territorium und konspirative Treffen *face to face*
- Sammlung von Informationen
- Planung von Operationen
- Organisation von Logistik (z. B. Unterkunft) bis zu Dokumenten (z. B. Pässe)
- *datamining* zur Vorbereitung von Anschlägen
- Geldsammlungen
- Rekrutieren und Mobilisieren von neuen Mitgliedern und Sympathisanten (auch Frauen und Kinder)
- Bildung (virtuelle *dschihad*-Universität)
- ortsunabhängige Vernetzung
- Informationen, z. T. interaktive Ausbildungsprogramme, Gebrauchsanweisungen z. B. für Waffen, Wegleitungen z. B. zur Herstellung von Bomben, zur Gründung neuer Gruppen oder zur Durchführung von *kidnappings*
- ideologische Indoktrination

---

[470] http://www.spiegel.de/kultur/gesellschaft/0,1518,340476,00.htmll
[471] DILLINGER 95
[472] THAMM

- virtuelles Fortbestehen von *de facto* stark dezimierten Organisationen, z. B. *Al-Kaida*
- Dokumentationen zu Handen der Medien
- Propagierungen und Erklärungen, z. B. Übernahme der Verantwortung für einen Anschlag.

Die mitunter wildwüchsige Verwendung des *web* führt auch dazu, dass dessen Eigenheiten abfärben. So ist aus dem Osama bin Laden aus Fleisch und Blut in manchen Ländern bereits eine »Pop-Ikone des internationalen Terrorismus« geworden.[473] Und ein weiterer Effekt: Erscheinen *websites* ausschließlich in arabischer Sprache, bleibt ihre Wirkung weitgehend auf deren Raum beschränkt. Entsprechend müssen Medien aus dem anderen Kulturraum als Vermittler angegangen werden (wobei sich diese kaum lange fragen lassen). Der Vorteil ist dafür, dass man für westliche Geheimdienste mit ihrem Mangel an Übersetzern weniger beobachtbar ist. An der Tagesordnung ist auch das Katz-und-Maus-Spiel mit den Behörden der Gegenseite: »Man kann in einem Internetcafé in London sitzen, einen Server in Südafrika nutzen und Mitteilungen nach Nordamerika schicken, ohne dass man dabei zurückverfolgt werden kann.«[474] So tauchen Homepages wie *7jh.7jh.com* auf und verschwinden wieder, oder führende Publikationen wie »*Saut al Jihad*« (»Stimme des *Dschihad*«) und »*Mu'askar al Battar*« (»*Battar*-Armee«) werden immer aufs neue verlinkt, manchmal innert weniger als einer Stunde. Man fühlt sich an die Überlebensstrategie von Terroristen- und Stammesführern erinnert, keine Nacht am selben Ort zu verbringen.

Nicht zu übersehen ist die Lernfähigkeit gewisser Terroristenführer im Umgang mit der Elektronik. 2005 veröffentlichte Abu Musad al-Zarqawi unter dem Titel »*All Religion Will Be for Allah*« ein Video, auf dem neben aktuellen Gräueltaten Kämpfer mit unmaskiertem Gesicht zu sehen waren. Sie gehörten zum Trainingskorps der Selbstmordattentäter. Was die Möglichkeiten digitaler Kommunikation anbelangt, wurden alle Register gezogen:

> »Eine speziell entworfene Website mit Dutzenden von Links zu den Aufnahmen ebnete Internet-Nutzern den Weg zu gleich mehreren Versionen der Videobotschaft. Es standen große Dateien mit 150 Megabyte für DSL und stark komprimierte Dateien mit 4 Megabyte für Modem-Zugänge zum Download bereit. Überdies hatten die Nutzer die Wahl zwischen

---

[473] LÖHE
[474] RÖTZER, Terror.net

dem Windows Media Player als Abspielprogramm oder dem RealPlayer. Selbst fürs Handy konnte ›*All Religion Will Be for Allah*‹ heruntergeladen werden.«[475]

Ein gutes Beispiel für ein breit gestreutes Video ist die Aufnahme des Deutsch-Marokkaners Bekkay Harrach alias *Abu Talha*. Es findet sich, jedermann zugänglich, auf *youtube*.[476] Zu sehen ist ein verhüllter Mann mit Schriftband und Kalaschnikow, zu hören eine erstaunlich junge und hohe Stimme, die allgemeine Betrachtungen und Drohungen äußert.

So klug die medialen Guerilla-Taktiken angelegt sind und so weit verbreitet gewisse einschlägige *websites* zeitweilig sein können (z. B. die »*Encyclopaedia of Preparation*«, die auf der Plattform *geocities* geschaltet und 2004–2007 mehr als 390'000 Mal aufgerufen worden war), so klar treten auch die Schwierigkeiten auf, die sich den *Dschihaddisten* wie jedem gewöhnlichen Medienunternehmen stellen. Es geht »darum, eine klare Marke zu schaffen, um im Wettbewerb der Inhalte durch Konstanz, Verständlichkeit und Glaubwürdigkeit zu bestehen.«[477] Eine Analyse von *dschihad*-Medienprodukten aus dem Jahr 2007 ergibt, dass dieses Ziel nicht erreicht wurde. Hinzu kommt, dass aus dem Kreis der Sympathisanten weniger Teile einer »*online*-Universität« als vielmehr eine »Vorschule des Jihad« bereitgestellt wird.[478]

Der »radikale Verlierer«
In seinem 2006 erschienenen Essay »Schreckens Männer. Versuch über den radikalen Verlierer«[479] entwickelt der deutsche Autor Hans Magnus Enzensberger (*1929) einen Typus, der vom amoklaufenden Gymnasiasten bis zum islamistischen Selbstmordattentäter eine ganze Zahl von Individuen abdeckt. Enzensberger bringt deren Gemeinsamkeiten wie folgt auf den Punkt: Sie sind männlich[480], Einzelgänger, »unauffällig, stumm«[481], versehen mit einer »enormen destruktiven Energie«[482], können jeden Moment »explodieren«[483] und projizieren Sündenböcke[484]. »Da sie als radikale

---

[475] http://www.naiin.org/de/content/terrorismus/s5.php
[476] Das Rettungspaket fuer Deutschland Von: Al Hafidh Abu Talha. In: http://www.youtube.com/watch?v=8UbS-pbX7II
[477] GIROUX
[478] ebenda
[479] ENZENSBERGER: Schreckens Männer
[480] a. a. O. 8
[481] a. a. O. 9
[482] a. a. O. 10
[483] a. a. O. 11
[484] a. a. O. 21

Verlierer von der Wertlosigkeit ihres eigenen Lebens überzeugt sind, ist ihnen auch das aller anderen gleichgültig; jede Rücksicht auf das Überleben ist ihnen fremd.«[485]

Nach Enzensberger ist die noch einzige gewaltbereite globale Bewegung der Islamismus[486]. Diesen führt er zurück auf die »narzisstische Kränkung«[487], sich einerseits aufgrund des Korans und der jahrhundertelangen muslimischen Vorherrschaft überlegen zu fühlen, andererseits bis in die Dinge des Alltags vom Westen abhängig, ihm unterlegen zu sein – selbst im Widerstand. Er greift auf den UN-Bericht »*Arab Human Development Report*« von 2002 bis 2004 zurück, in dem arabische Autoren Ursachen und Symptome der eigenen Unterlegenheit darlegen, und verknüpft diese mit eigenen Argumenten:

- politische Unfreiheit
- ökonomischer Rückstand
- mangelnde Wissenschafts- und Technikkultur (300 Jahre von der Erfindung des Buchdrucks bis zu dessen Einführung in die arabische Kultur)
- *double bind* im Verhältnis zu den westlichen Errungenschaften
- hohe Analphabetenquote
- einschneidender *brain drain*
- Unterdrückung der Frau.[488]

Enzensberger wirft den Islamisten einen Bruch mit dem Prinzip der Gegenseitigkeit vor[489], etwa im Zusammenhang mit dem Bau von Moscheen, den sie im Westen für sich beanspruchen, im Kontrast zu ihrer fehlenden Bereitschaft, Kirchen auf dem eigenen Boden zu erlauben. Das Selbstmordattentat ist für ihn die »reinste Form des islamistischen Terrors«[490], als dessen größte Gefahr für den Westen er die »Infektion am Gegner« sieht, wenn also Rechtsstaaten ihre Freiheitsrechte einschränken, um dem Terror zu begegnen.

Enzensbergers Text besticht durch hohe Meisterschaft des Formulierens; so attestiert er beispielsweise dem Terror »höhere Einschaltquoten als die Fußball-

---

[485] a. a. O. 23f.
[486] a. a. O. 25
[487] a. a. O. 41
[488] a. a. O. 32ff.
[489] a. a. O. 43
[490] a. a. O. 48

Weltmeisterschaft«[491], oder er formuliert: »Ohne die Einnahmen aus dem Rohöl fällt die ökonomische Leistung der gesamten arabischen Welt heute weniger ins Gewicht als die eines einzigen finnischen Telephonkonzerns.«[492] Des weiteren ist der Autor vorsichtig genug, seinen Ansatz zu relativieren: im Untertitel bereits mit dem Vermerk »Versuch«, und im Text selbst dann mit der Formulierung, nicht »alle Muslime sind Araber, nicht alle Araber sind Verlierer, nicht alle Verlierer sind radikal.«[493]

Allerdings ist Enzensberger gleich Mehrfaches vorgeworfen worden:

- Entgegen seiner Ansicht sei der Islamismus letztlich eine politische Kraft.
- Er betreibe »Küchenpsychologie«,
- mache einen unpolitischen Geist wie Syrid Qutb (1906–1966), den ägyptischen Theoretiker der Muslimbruderschaft, zur Inspirationsquelle von Terroristen,
- betreibe Zirkelschlüsse,
- sei in seiner Begrifflichkeit zu ungenau[494],
- erkläre »die Defizite der arabischen Staaten zu objektiven Mentalitäts-Merkmalen einer ganzen Zivilisation« und betreibe so »Kultur-Chauvinismus«[495].

Wenn es um die Charakteristik des »radikalen Verlierers« geht, wäre sicher auch eine Erwähnung wert gewesen, dass die *Al-Kaida*-Rekruten in der Regel nicht irgendwelche *underdogs* und *losers* waren. Vielmehr verfügten sie bei aller Entwurzelung und Marginalisierung auch über andere Eigenschaften: urbane Kultur, kosmopolitischer Hintergrund, (nicht selten westliche) Bildung, Sprachbegabung und Computerkenntnisse.[496] Unbeachtet lässt Enzensberger im Fall islamistischer Selbstmordattentäter auch die ganze religiöse Dimension sowie ihre Überzeugung, im Sinn ihrer Kultur und ihrer Gruppe zu handeln, also nicht einfach nihilistisch vorzugehen.

Bei allen Vorbehalten unterscheidet sich der Text, ohne gleich in die Gehässigkeit einer Oriana Fallaci zu verfallen (»*The Force of Reason*«, 2004), wohltuend von »politisch korrekten« Ansätzen, die sich durch eine gewisse Konfliktscheu und *appeasement* auszeichnen. Leider belässt es Enzensberger häufig bei der geschliffenen Pointe und verfolgt einmal eingeschlagene Argumentationswege nicht weiter – vielleicht ist das aber auch ein Merkmal des Feuilletons, das nicht für sich beansprucht, wissen-

---

[491] a. a. O. 27
[492] a. a. O. 34
[493] a. a. O. 44
[494] http://www.perlentaucher.de/buch/24235.htmll
[495] AGUIGAH
[496] WRIGHT 379

schaftlich fundiert das letzte Wort zu sprechen, sondern aufzuwecken, zu provozieren, sprachlich und intellektuell zu brillieren. Dass Enzensberger das Zeug zum historischen Aufarbeiten eines Gegenstands hat, bewies er nicht zuletzt mit seinem 2008 erschienenen Porträt des deutschen Generalstabschefs Kurt von Hammerstein (1878–1943).[497]

Terrorismus als Kommunikationsprozess
Wie bei jeder Organisation gilt es auch bei terroristischen Gruppierungen zu unterscheiden zwischen der internen und der externen Kommunikation. Die interne verläuft allein schon aus taktischen Gründen geheim. Es müssen also Struktur, Anschlagspläne oder Nachschubwege im Verborgenen bleiben. In einem Interview vom April 2007 betonte der deutsche Bundesinnenminister Wolfgang Schäuble,»Terroristen kommunizieren nicht über Brieftauben«, und forderte mehr Abhör- und Überwachungskompetenz für den Staat.[498] Die externe Kommunikation bedarf ihrerseits eines größtmöglichen Hebels. Es geht um »eine klandestine Gruppe, die große Öffentlichkeit braucht«.[499] Zu dieser gelangt sie durch die Tat und erst dann durch das Wort. Die auf die russischen Anarchisten Michail Alexandrowitsch Bakunin (1814–1876) und Pjotr Alexejewitsch Kropotkin (1842–1921) zurückgehende »Propaganda der Tat« lebt von Bildern, und dies nicht nur, weil sie so auch Analphabeten zugänglich ist. Je grausamer, unerwarteter, spektakulärer ein Anschlag ist, desto schneller und umfänglicher gelangt er in die Medien. Das Bekennerschreiben ist im Timing so zu platzieren, dass es mit der Tat selbst distribuiert wird; aus diesem Grund sind die großen Nachrichtenagenturen sowie globale Medien wie CNN oder *Al-Dschassira* erfolgsversprechende Adressaten. Anschläge und deren Kommunikation folgen einem ausgeklügelten Masterplan:

> »Schon im Herbst 2003 erschien auf einer al-Qaida-Internetseite ein Strategiepapier von gut 50 Seiten Länge, in dem sich Terroristen Gedanken darüber machten, in welcher Reihenfolge und mit was für Methoden man die Irak-Allianz bekämpfen könne. Das Fazit der Autoren dieser extrem zynischen ›Studie‹: Es gelte zunächst diejenigen US-Alliierten zu treffen, in deren Bevölkerung der Widerstand gegen den Krieg im Irak am größten ist. Erst wenn alle anderen Staaten durch Terror aus dem Irak vertrieben seien, bestehe eine realistische Chance, auch den Erzfeind USA ins Wanken zu bringen. Und erst vor wenigen Monaten drohte der im Irak aktive Qaida-Statthalter Abu Musab al-Sarkawi den Briten eine Anschlagswelle an.«[500]

---

[497] ENZENSBERGER: Hammerstein
[498] TICHY / SIGMUND
[499] ELTER
[500] MUSHARBASH

Für die Kommunikation des Terrorismus ergeben sich zwei Hauptelemente. Die Tat selbst bedeutet schon Kommunikation im Hinblick auf große Zielgruppen. Aber ohne Bekennerschreiben oder eine ähnlich kommunizierte Urheberschaft ist die Tat für die Terroristen nur eine halbe Sache. Deshalb machen diese mit Bekennerschreiben, Pamphleten oder Video-Botschaften auf dem Internet deutlich, was sie mit der Tat beabsichtigt haben.[501]

Die Instrumentalisierung der Kommunikation kann so weit gehen, dass in öffentliche Verlautbarungen Geheimcodes eingefügt werden. Das bekannteste Beispiel dafür ist ein Zusatz, den die »Bewegung 2. Juni« zu ihrem TV-Statement verlesen ließ, als sie 1975 im Austausch gegen den entführten Peter Lorenz Terroristen aus der Haft verhalf.

»Der CDU-Politiker wurde von der ›Bewegung 2. Juni‹ [...] als Geisel genommen, um inhaftierte Terroristen freizupressen. Der Plan gelingt, die Häftlinge werden ins Ausland geflogen. Wieder berichtet das Fernsehen. Darin kommt Berlins früherer Bürgermeister Albertz zu Wort, der in der Krise vermittelt hat. Vor laufender Kamera verliest er ein Statement der Terroristen – mit einem unerwarteten Zusatz: ›Wir werden unsere Energie daran setzen, dass für sie bald auch ein Tag so wunderschön wie heute anbrechen wird.‹ Dies ist der zuvor mit den Terroristen vereinbarte Geheimcode. Er signalisiert den Entführern vor dem Fernseher: Die freigepressten Komplizen sind in Sicherheit. Noch am gleichen Tag kommt Peter Lorenz frei.«[502]

Welch ausdifferenzierte Formen die terroristische Kommunikation annehmen kann, zeigt folgende Übersicht:

Ziel	wichtigster Adressat	erwartete Reaktion	Selektion der Gewaltopfer
Solidarisierung	Sympathisanten	Zustimmung	hoch
Rekrutierung	Bevölkerung	Interesse	hoch
Verbreitung von Unsicherheit	Bevölkerung	Schrecken	niedrig
Erpressung	Gegnergruppe (Staat)	Verhandlung	hoch
Provokation	Gegnergruppe (Staat)	Verwirrung / Überreaktion	hoch
Eliminierung von Gegnern	Gegnergruppe (Staat)	Paralyse	hoch

Tafel 18: Terrorismus als Kommunikation[503]

---

[501] Vgl. ELTER
[502] RENYE
[503] DILLINGER 75

Zur Schlagkraft terroristischer »Öffentlichkeitsarbeit« trägt ein geschicktes Timing viel bei. Es erlaubt, einen »doppelten Medieneffekt« zu erzielen.

»Die ›Medienpolitik‹ der RAF war durchdacht: Bekennerschreiben schob die RAF am liebsten den Nachrichtenagenturen zu. Auf diese Weise wurden praktisch alle Zeitungen, Radio- und Fernsehsender erreicht. Die Herausgabe an die Agenturen war in vielen Fällen ganz offensichtlich getimt, sprich: die Bekennerschreiben wurden bewusst ein bis zwei Tage nach der Tat verschickt. Dies war genau der Zeitpunkt, zu dem ein Bekenntnis immer noch aktuell war, ›andererseits war auch noch ein bisschen Zeit vergangen, so dass das Ereignis erneut reproduziert werden musste in den Medien, weil es ja jetzt ein Bekennerschreiben gab‹, erklärt der Kölner Medienwissenschaftler Andreas Elter, der dies den ›doppelten Medieneffekt‹ nennt.«[504]

Schließlich wird sowohl intern als auch extern im Hinblick auf mythische Muster kommuniziert (vgl. Kap. 4.4): der Kampf der Gläubigen gegen die Ungläubigen, der gerechte Krieg gegen den »Satan«, die religiöse Überhöhung beispielsweise von Selbstmordattentätern. Die »wissenschaftliche Methode des Narrativen« bezieht sich auf solche Erzählmuster und eignet sich gut für ein Verständnis dessen, in welche Zusammenhänge Terrorakte gerade von Islamisten eingeordnet werden.

»Diese Forschung [die Methode des Narrativen. T.M.] widmet sich den Legenden und Mythen eines Landes, den traditionellen Geschichten, die in den Familien von Generation zu Generation weitergegeben werden und auch von den Helden in den einzelnen Familien selbst handeln. Diese Erzählungen sind im Islam nicht nur Geschichten der Vergangenheit, sondern Pläne für zukünftige Aktionen zur Verteidigung oder Bewahrung kollektiver Werte. Die Geschichten erzählen Menschen, wie sie ein ideales Leben führen könnten und auch sterben müssten, um ihrer Gemeinschaft für deren Zukunft zu dienen. Der islamistische Terror besitzt also eindeutig historische Wurzeln, sonst könnte er nicht in der Gesellschaft Rückhalt und Unterstützung finden. Der Terrorismus produziert somit neue Helden für alte Geschichten.«[505]

---

[504] RENYE
[505] HÖFLING

Amerikanische *Commando-Solo*-Maschine für mobile Radio- und TV-Sender.[506]

Montgomery in seinem mobilen Gefechtsstand während des Afrikakriegs (1940–1943). Im Hintergrund links das Porträt von Generalfeldmarschall Rommel: »Versetze dich in deinen Gegner!«[507]

---

[506] http://en.wikipedia.org/wiki/Psychological Operations (United States)
[507] MOOREHEAD 142

Saddam Hussein als Billy Idol, Zsa Zsa Gabor und Elvis Presley. Die Fotomontagen wurden von einem amerikanischen Infanterie-Offizier zusammengestellt – ein Beispiel dafür, dass auch von der Truppe aktiv PSYOPS betrieben werden.[508]

---

[508] http://www.psywarrior.com/PSYOPMistakes.html

Deutsches Flugblatt: Churchill als Chicago-Gangster. Angriff auf gegnerische Exponenten.[509]

Flugblatt der Koalitionskräfte in Afghanistan: Rechts ein *Taliban*, links zwei rennende Napalmopfer im Vietnamkrieg. Die Leserichtung verläuft von rechts nach links. – Klassische *fear-arousing*-Strategie.[510]

---

[509] http://www.psywarrior.com/dissemination.html
[510] http://www.psywarrior.com/DDTheme.html

Zeitschrift »*Mirko*« für Jugendliche in Bosnien und Herzegowina. Man beachte die deutlich platzierte Ursprungsbezeichnung ›*Product of* ...‹«[511]

Amerikanisches Flugblatt aus dem Irakkrieg mit der Information: »Heute Flugblätter mit der Möglichkeit, die Waffen niederzulegen – morgen Bomben.«[512]

---

[511] http://www.soldatentreff.de/modules.php?name=News&file=article&sid=154
[512] http://www.psywarrior.com/HerbDStorm3.html

Alliierte Schriften aus dem Zweiten Weltkrieg mit Anleitungen zum Simulieren, zum Herbeiführen einer Erkrankung und zur Selbstverstümmelung: *managebility* für die Befehlsempfänger.[513]

---

[513] http://www.psywarrior.com/malingering.html

Über Vietnam abgeworfenes US-Rundfunkgerät mit voreingestelltem Kanal. Die richtige Wahl des Mediums ist ein Erfolgsfaktor für psychologische Kriegsführung.[514]

Einen Keil zwischen die Truppe und die Führungsgremien treiben. US-Flugblatt aus dem Koreakrieg.[515]

---

[514] http://www.psywarrior.com/RadioLeaflet.html
[515] FRIEDMAN, Sex and Psychological Operations

Am 23. April 1999 bombardierte die Nato das serbische Staatsfernsehen RTS im Zentrum Belgrads und begründete dies mit der Aussage, der Sender hätte Propaganda verbreitet. Präsident Slobodan Milosevic hatte über RTS verlauten lassen, die albanischen Flüchtlingsströme rührten nicht von Verfolgung und Massakern des serbischen Militärs her, sondern von den Nato-Bombardements. – Gutes Beispiel für das Bestreben, mit allen (auch physischen) Mitteln die Dominanz im Informationsraum zu erlangen.[516]

Wissen, was auf einen zukommt, und sich dieses Bewusstsein zunutze machen. Odysseus hat sich an den Mast fesseln lassen, weil er weiß, dass er den Versuchungen der Sirenen nicht standhalten könnte (griechisches Vasenbild, um 450 v. Chr.).[517]

---

[516] http//www.y-punkt.de/portal/a/ypunkt/archiv/2007?ywcontentURL=/01DB131000000001/W2 72NDE5639INFODE/content.jsp
[517] http://de.wikipedia.org/wiki/Datei:Furtwaengler1924009.jpf

Die gestellte Szene, welche die Nachrichtenagentur Reuters zum Foto des Jahres 2006 kürte. Mit solchen Bildern scheint der Verein *Islamic Relief* in Deutschland und weltweit Spenden von den Moslems zu sammeln.[518]

Die Schlacht am Little Big Horn 1876: alkoholisierte Verlierer? So oder so bis heute ein Mythos.[519]

---

[518] Vgl. http://www.kybeline.com/2009/02/05/gefalschte-fotos-aus-gaza-fur-spendensammlung/
[519] http://de.wikipedia.org/w/index.php?title=Datei:SchlachtamLittleBighornRiver.jpg&filetimestamp=

Eine umstrittene Fotografie aus dem Jugoslawienkrieg (1992). Was als Blick in ein serbisches KZ gehandelt wurde, entpuppte sich 1996 aufgrund von Recherchen für den Internationalen Gerichtshof als etwas ganz anderes: Die abgebildeten Männer befinden sich außerhalb des Stacheldrahtzauns. Auffällig an der Aufnahme ist die formale Ähnlichkeit mit kollektiv verankerten Bildern aus NS-Konzentrationslagern.[520]

Gardesoldat des 19. Jahrhunderts. Epauletten verbreitern die Schultern, die Kopfbedeckung lässt den Mann größer erscheinen.[521]

---

[520] http://www.kefk.org/politik/massenmedien/manipulationen/serbische konzentrationslager
[521] http://upload.wikimedia.org/wikipedia/commons/0/04/Soldat-der-Alten-Garade.png

Vom Trommelfeuer dem Erdboden gleichgemacht: Fort Douaumont bei Verdun, Ende 1916.[522]

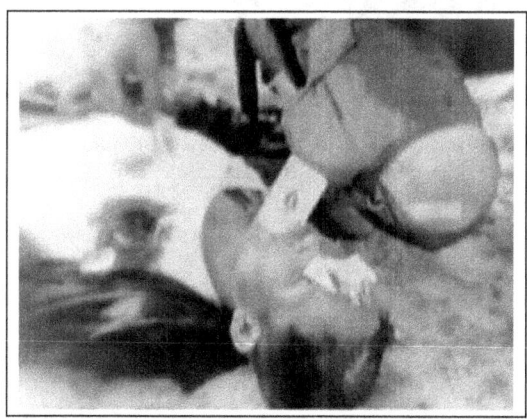
Vietnam 1967: Ein US-Infanterist hat einem toten Vietcong eine *death card* in den Mund gesteckt.[523]

---

[522] http://de.wikipedia.org/wiki/Erster Weltkrieg
[523] http://www.psywarrior.com/DeathCardsAce.html

Russische Militärparade: Demonstration von militärischer Macht nach außen, Selbstvergewisserung nach innen.[524]

Manöver »*Unitas Gold*« zum 50. Jahrestag dieser Marine-Übungen (April 2009). Beteiligt waren Argentinien, Brasilien, Kanada, Chile, Kolumbien, Equador, Deutschland, Mexico, Peru, die USA und Uruguay.[525]

---

[524] SCHEPP
[525] http://www.defencetalk.com/unitas-ships-begin-at-ssea-training-operations-18174

Die Widerstandskraft der Bevölkerung brechen: »*moral bombing*« *avant la lettre*. Während des Ersten Weltkriegs wurden in Deutschland über 80 Zeppeline gebaut, mit einer Länge zwischen 150 und 225 m sowie einer Steighöhe von anfänglich 2500 bis schließlich 8500 m. Die Luftschiffe wurden vornehmlich für Bombeneinsätze über England eingesetzt.[526]

Die zerstörte Innenstadt von Dresden im Februar 1945. Im Vordergrund Leichenberge.[527]

---

[526] http://www.pilotundluftschiff.de/LZ107.html
[527] http://de.wikipedia.org/wiki/Luftangriffe_auf_Dresden

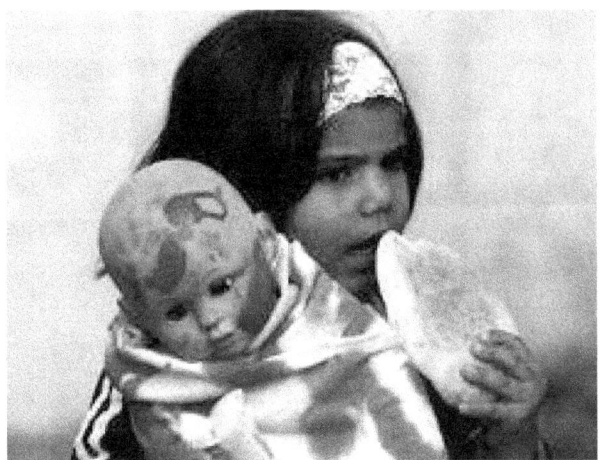

Die Weltöffentlichkeit auf seine Seite bringen. – Ein Mädchen hält eine Puppe im Arm. Ein öfters aufgegriffenes Motiv von hoher Emotionalität, das indessen – betrachtet man es für sich – überall hätte aufgenommen worden können. Zugerechnet wird es der palästinensischen Bevölkerung in der West Bank, doch lässt sich das nicht belegen. Und handelt es sich wirklich um Blut? Der Betrachter ist überfordert, die Aufnahme lässt unterschiedliche Lesarten zu.[528]

Videobotschaft vom September 2009: Erstmals meldet sich Osama bin Laden in deutscher Sprache. Zwei Tage vor der Bundestagswahl drängt der *Al-Kaida*-Chef in einer Video-Botschaft auf einen Abzug der europäischen Truppen aus Afghanistan und rechtfertigt die verheerenden Terroranschläge von Madrid und London.[529]

---

[528] Die Herkunft des Bildes ist unbekannt.
[529] LACHMANN / FLADE

»›Der Enkel, Abu Talha, der Deutsche‹. Er bewundert Osama bin Laden. Er ist entschlossen zu töten. Und er liebt es, sein Ego und seine Cleverness zur Schau zu stellen. Lässig jongliert der vermummte Terrorist mit Begriffen aus der Mathematik und versucht, die Strategien des Verfassungsschutzes beim Durchleuchten der militanten Islamisten-Szene ins Lächerliche zu ziehen. Kurzum: Der deutsche El-Kaida-Nachwuchs, der sich an diesem Wochenende erstmals im Internet mit einem Video voller Hass und Drohgebärden zu Wort gemeldet hat, ist der fleischgewordene Alptraum jedes deutschen Terrorfahnders.«[530]

Pornografische Bildsprache. Flugblatt des italienischen Widerstands. Mussolini: »Wer anhält, hat verloren.« Hitler: »Ich habe große Lust, anzuhalten.«[531]

---

[530] Fokus online vom 18.1.2009. In: http://www.focus.de/politik/ausland/deutscher-el-kaida-enkel-albtraum-fuer-deutsche-terrorfahnder_aid_363155.html
[531] http://psywarrior.com/sexandprop.html

Die japanische Delegation bei der Kapitulationsunterzeichnung am 2. September 1945. Im Hintergrund betont locker gekleidete US-Offiziere. – Kommunikation über das Auftreten: großer Unterschied zwischen dem hochformellen Erscheinungsbild der Japaner und der legeren Kleidung der Amerikaner.[532]

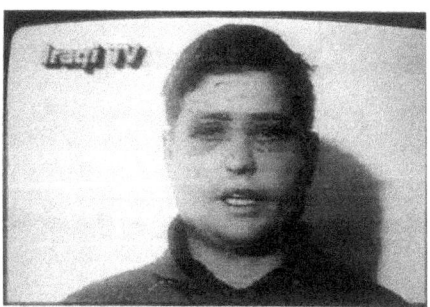

Spuren von Misshandlungen: Der gefangene US-Pilot Jeffrey Zaun 1991 im irakischen Fernsehen. Die Aufnahme sorgte im westlichen Ausland für weit mehr Empörung, als dass sie im Irak Begeisterung weckte.[533]

---

[532] http://commons.wikimedia.org/wiki/File:Mamoru Shigemitsu,19450902.jpg
[533] http://www.google.ch/search?client=safari&rls=en&q=Jeffrey+Zaun&ie=UTF-8&oe=UTF-8&redir_esc=&ei=ovQpTc2_L4SXOs6mjIcD

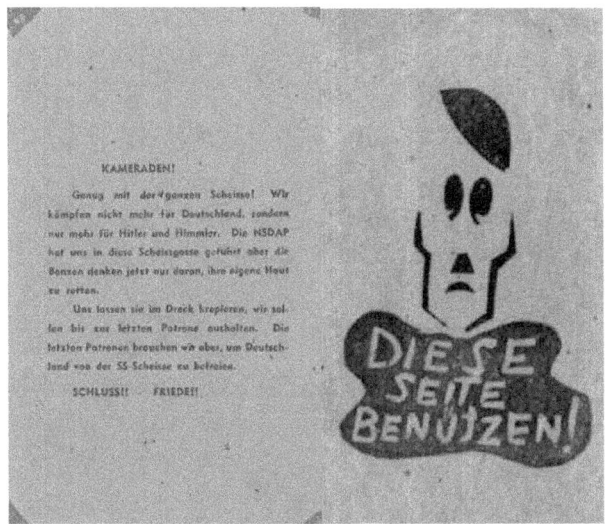

Drastisch: alliierte Flugblätter in Form von Toilettenpapier für die deutschen Soldaten.[534]

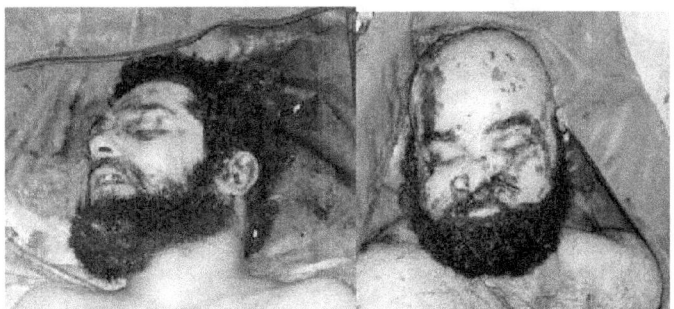

Saddam Husseins Söhne auf einem US-*handout*: Beweis an die verunsicherte irakische Bevölkerung, dass es mit dem Hussein-Clan vorbei ist.[535]

---

[534] http://www.psywarrior.com/GiftsFromAbove.html
[535] http://www.psywarrior.com/DDTheme.html

Winning the hearts and the minds: Zur Feier des beendeten Ramadan kalifornische Datteln für die afghanische Bevölkerung. *good-will*-Kampagne der Koalitionskräfte.[536]

Somalischer Junge mit einem *shakehands*-Flugblatt. Der Text auf der Rückseite: »Die UN-Streitkräfte sind hier, um die internationalen Hilfsbestrebungen zu unterstützen. Wir sind bereit, unsere Waffen einzusetzen, um unsere Operationen und unsere Soldaten zu schützen. Wir werden keine Störung der Lebensmittelverteilung oder anderer Aktivitäten zulassen. Wir sind hier, um Ihnen zu helfen.«[537]

---

[536] http://www.psywarrior.com/GiftsFromA
[537] http://www.psywarrior.com/SomaliaHerb.html

6 Aufhetzen und schlecht machen

> *Strategische* PSYOPS *hat die Vereinigten Staaten und ihre Koalitionspartner befähigt, den Gegner zu isolieren und ihm die Akzeptanz der Weltgemeinschaft zu versagen.*
>
> US-General Carl Stiner (*1936, *Commander-in-Chief* US *Special Operations Command* 1990–93)[538]

In diesem Kapitel

Kontroverse und provokative Veröffentlichungen wie die dänischen Mohammed-Karikaturen aus dem Jahr 2005 können Prozesse mit großer Eigendynamik auslösen. Dabei kommt es zu Eskalationen und anderen gefährlichen Effekten, die durchaus im Sinn gewisser Kreise sind. Auch die offiziellen Aufnahmen aus Guantànamo sind vor diesem Hintergrund lesbar.

Aus dem vertrackten Verhältnis zwischen den einzelnen Parteien eingängige Schwarz-Weiß-Bewertungen zu schaffen, gehört zum umstrittenen Handwerk der spin doctors *auf der einen und der Hassprediger auf der anderen Seite. Es sollen »Schurken« und »Teufel« geschaffen werden. Die Feindbilder schaukeln sich gegenseitig hoch. Dabei können auch Skandale in den Vordergrund treten, die von Einzelnen ausgelöst worden sind: Der* strategic corporal *gehört zum Personal heutiger Konflikte.*

---

[538] http://www.bigjoint.org/blogs/r5o1.txt

6.1 *Self-fulfilling prophecy* oder: Die Bombe in Mohammeds Turban

Bewusster Affront • Provozierte Eskalation

Die US *Navy* ließ 2002 ein offizielles Foto aus Guantànamo an die Medien gehen, das Gefangene in sonderbarer Aufmachung zeigte: Die Männer steckten in orangen Overalls, mit Blenden über den Augen, mit Hörschutz, Nasen- und Mundmaske sowie Handschuhen, und sie waren in Hand- und Fußschellen gelegt. Man hatte sie jeder Sinneswahrnehmung beraubt – zweifellos eine Form von Folter. Doch wozu wurde das Ganze den Medien kommuniziert? Es ging offensichtlich nicht um die Behandlung der Gefangenen an sich, sondern um die Publikation der Aufnahmen. Es ging darum, eine Botschaft zu übermitteln.

Bewusster Affront
Eine Überlegung leuchtet zweifellos ein: Es ging darum, die Haftbedingungen im rechtsfreien *Camp Delta* nicht etwa zu beschönigen, sondern vielmehr plakativ zur Schau zu stellen. Aus dem Namen der kubanischen Karibik-Bucht »Guantànamo« war schon lange ein gängiger Begriff geworden für die dortigen Gefängnisse. Kritiker bezeichnen ihn als »Ort furchtbarer Gräueltaten« und nehmen an, dass er von der Regierung Bush »nur deshalb [gewählt worden ist. T.M.], weil sie diesen Ort mit legalistischen Winkelzügen als außerhalb jedes nationalen und internationalen Rechts liegend definieren konnte«[539]. Dieser Un-Ort wurde nicht wie andere – z. B. Geheimgefängnisse in Osteuropa – vor der Weltöffentlichkeit versteckt gehalten. Das Ziel bestand vielmehr darin, durch diese Veröffentlichung im »*war on terrorism*« unmissverständlich auf Konfrontationskurs zu gehen.

> »Guantànamo ist nicht einfach ein Folterzentrum, das wäre an sich ja schon schlimm genug. Es ist schlimmer und weit, weit finsterer. Jedermann weiß, dass sich mit Folter keine verlässliche Information erzwingen lässt. Der Gefolterte sagt dem Folterer, was dieser zu hören bereits entschieden hat, bevor er mit der Folter beginnt. Der Folterer weiß das, er kennt aber auch die psychologische Macht der Folter: Sie löst Angst, Hass und Widerstand bei denen aus, die der Folterer als ›Die Anderen‹ dämonisiert hat und die sich mit dem Gefolterten identifizieren aufgrund von Rasse, Religion, Nationalität oder schlicht im Namen

---

[539] CHOMSKY, Der gescheiterte Staat 60

der Menschlichkeit. Folter ist sehr wirksam, wenn es darum geht, sich Feinde zu verschaffen.«[540]

Feinde verschafften sich auch die bekannten Mohammed-Karikaturen vom September 2005, publiziert in der »*Jyllands-Posten*«, der größten dänischen Zeitung. Durch die islamische Welt ging ein Sturm der Entrüstung. Hier ein paar Beispiele: Libanesische Demonstranten setzten das dänische Konsulat in Beirut in Brand. Rund 20'000 Menschen protestierten in der libanesischen Hauptstadt. Die Armee hinderte sie mit Tränengas, Wasserwerfern und Warnschüssen daran, in Richtung der dänischen Botschaft im Osten der Stadt vorzudringen. Die Demonstranten bewarfen die Polizisten mit Steinen und skandierten: »Es gibt keinen Gott außer Allah, und Mohammed ist sein Prophet.« Mindestens 28 Menschen wurden verletzt und wegen Rauchvergiftungen und Knochenbrüchen behandelt. Schon am Vortag waren mehrfach europäische Vertretungen im Nahen Osten wegen des schwelenden Karikaturenstreits attackiert worden. Syrische Demonstranten griffen am folgenden Samstag die norwegische und die dänische Botschaft in Damaskus an und steckten sie in Brand. Laut Augenzeugenberichten durchbrachen die Demonstranten die Polizeiabsperrungen, stürmten das Gebäude, warfen Möbel und Akten aus den Fenstern und legten Feuer. In Pakistan boykottierten muslimische Ärzte Medikamente aus europäischen Staaten. Im Iran erschienen Holocaust-Karikaturen. Extremistische Kreise riefen den Heiligen Krieg, den *dschihad,* aus. Und die Wirkung hielt an. Der dänische Premier Anders Fogh Rasmussen musste noch im April 2009 um seine Wahl zum Generalsekretär der Nato bangen, weil sich die Türkei aufgrund seines damaligen Verhaltens querzustellen drohte. Im Frühjahr 2010 konnte einer der Zeichner einen Attentäter in die Flucht schlagen, der sich in sein Haus geschlichen hatte – bewaffnet mit Axt und Messer. Und schließlich gelang es Ende Dezember des gleichen Jahres der Polizei, in Schweden und Dänemark fünf Männer aus radikalislamistischen Kreisen zu verhaften, kurz bevor diese einen Anschlag auf die Redaktion der »*Jyllands-Posten*« durchführen konnten.

Provozierte Eskalation
Eine der brisanten Zeichnungen zeigte Mohammed mit einer Bombe im Turban. Was immer deren Urheber bezweckt hatte: War er sich der Tragweite dessen bewusst, was er tat? Gut, die »*Jyllands-Posten*« entschuldigte sich in der Folge. Was sich aber

---
[540] http://outsidethegates.blogspot.com/2006/03/psy-ops-and-strategy-of-fear.htmll

nicht mehr aus der Welt schaffen ließ, das war ein manifester Konflikt zwischen christlich-westlicher und islamischer Welt. Das Gewaltpotential der von Scharfmachern noch angepeitschten Massen in den islamischen Ländern war deutlich zu Tage getreten. Gleichgültig, ob sich die Bombe schon zuvor in Mohammeds Turban befunden hatte: Jetzt war sie unübersehbar drin. Indem sich der Fokus der westlichen Medien auf die fundamentalistisch-gewalttätigen Reaktionen konzentrierte, sah man den Islam als das agieren, wofür ihn gewisse Kreise schon immer gehalten hatten. Sollte der Feind nicht schon von vornherein einer gewesen sein, jetzt gebärdete er sich unübersehbar als solcher. Äußerungen von Osama bin Laden machten die Runde:

> »In einem islamistisch-terroristisch geprägten Internet-Forum wurden im März mehrere Verlautbarungen von Osama bin Laden und seinem Stellvertreter Aiman al-Zawahiri verbreitet. In einer Botschaft vom 20. März [2006. T.M.] wurde hauptsächlich die neuerliche Veröffentlichung der Muhammad-Karikaturen in Europa thematisiert.
> Bin Laden betrachtet diese Darstellungen als Teil eines von der westlichen Welt geführten neuen Kreuzzuges gegen den Islam. Er wirft der westlichen Welt vor, einen erbitterten Vernichtungskrieg gegen den Islam und die Muslime zu führen. Der Krieg der USA gegen die islamische Welt werde mit Unterstützung westlicher Staaten geführt, womit alle europäischen Länder angesprochen werden, die in Afghanistan und im Irak den Koalitionskrieg führen bzw. unterstützen.
> Bin Laden ruft die islamische Welt auf, der ›Hetzkampagne‹ durch Aktionen gegen die betroffenen westlichen Länder zu begegnen. Wörtlich heißt es u. a.: ›Wir werden unseren Worten Taten folgen lassen.‹ Und: ›So sollen uns unsere Mütter verlieren, wenn wir den Propheten nicht unterstützen.‹ Dieser Satz ist auch Titel der Verlautbarung. Die Botschaft endet mit der Einblendung: ›Seid Opfer für den Gesandten Gottes.‹«[541]

Es ist auch die Rede davon, dass *agents provocateurs* erfolgreich Aufstände und gewalttätige Demonstrationen herbeiführten. In ihnen wurden nicht selten Angehörige des israelischen Mossad vermutet, deren Ziel es sei, »Muslime in der öffentlichen Meinung generell als unberechenbare Bedrohung erscheinen zu lassen, die nicht integrationsfähig seien.«[542]

Dieser *self-fulfilling prophecy* entsprachen allerdings nicht alle Reaktionen auf der muslimischen Seite. Im Gegenteil: Die große Mehrheit fasste die Karikaturen als das auf, was sie waren – eine bloße Provokation –, und antwortete nicht mit Gewalt. Gleichwohl bewirkten die Aufstände und Todesdrohungen, dass sich die liberalen

---

[541] http://www.verfassungsschutz.sachsen.de/824.html
[542] ULFKOTTE 82

Kreise Europas gegen einen Islam wandten, der freie Meinungsäußerung und Menschenrechte abzulehnen schien. So kann man letztlich Kriege rechtfertigen.

6.2 »Schurken« schaffen

Gut und Böse wie im Western • *Die Kunst des* spin • *Medien-Wirklichkeit*

Die gegnerische Seite in der internationalen Staatenwelt zu diskreditieren und zu isolieren sowie die eigene Agenda in ein möglichst gutes Licht zu stellen gehört zur Kriegs-PR. Dieser Begriff ist hier bewusst gewählt, denn »Kriege und bewaffnete Interventionen werden von vornherein als Public-Relations-Ereignisse geplant, Fragen ihrer dramaturgischen Inszenierung erlangen beinahe dieselbe Bedeutung wie die eigentliche politisch-militärische Planung.«[543]

Gut und Böse wie im Western
Die mediale Überlegenheit ist mindestens so wichtig geworden wie die militärische Luftüberlegenheit. Die *goodies* und die *baddies*, in der Schwarzweiß-Zeichnung eines Western, werden in möglichst eingängigen Bildern einander gegenübergestellt. Zeigen amerikanische und britische TV-Sender Aufnahmen von Saddam Husseins vermeintlichen geheimen Anlagen zur Herstellung von Atomwaffen, blenden zurück auf seine Giftgasangriffe auf Kurden und berichten sonst von seinem Schreckensregime, so lässt dieser so lange Bilder verstümmelter Kinder und verletzter Zivilisten zeigen, bis diese Dokumente ihr Ziel – Diskreditierung und Isolierung der USA bzw. der westlichen Koalitionsstaaten – erreicht haben. In Anlehnung an eine Formel Präsident Bushs kreiert jede Seite ihre *axis of evil,* ihre »Achse des Bösen«, und es ist nicht nur Amerika, wo laut skandierend Fanatiker Nationalflaggen verbrennen oder das Gesicht des Gegners in einen Steckbrief à la Wildwest-*wanted* hineinmontiert ist. Die Arena der Weltpolitik gehört den Manichäern, für die es zwischen Schwarz und Weiß keine Zwischentöne gibt und die Vernichtung des Geächteten oberstes Ziel ist, sie gehört den *spin doctors* und den Hasspredigern. So kommt es zu den »Schurken« und »Teufeln«.

»Schurken« und »Schurkenstaaten« (*rogue states*) zu schaffen benötigt solides PR-Know-how und kostet viel Geld. 2001 wurde Charlotte Beers US-Staatssekretärin

---
[543] BUSSEMER

für *Public Diplomacy* und *Public Affairs*. Sie brachte wertvolle Berufserfahrung mit. Als frühere Produktmanagerin für *Uncle Ben's Rice* und als Chairman der Werbeagentur J. Walter Thompson zeichnete sie verantwortlich für eine umfassende US-Kulturkampagne im arabischen Raum; zu dieser zählte ein 15 Mio. US-Dollar schweres Programm mit dem Titel »Gemeinsame Werte«. Eine Hochglanzbroschüre verhieß: »Irak – von der Angst zur Freiheit«. Sie berichtete über Saddam Husseins Einsatz von C-Waffen, ließ aber unerwähnt, dass es die USA waren, die den Irak kurz zuvor mit solchen hochgerüstet hatten.

Die Kunst des *spin*
In regelrechten *think tanks* von Politikern, Militärs, Diplomaten, PR-Profis und *spin-doctors* wurde an einem Design des Gegners so lange herumgefeilt, bis es in einem einfachen, schlagkräftigen *wording* Platz fand. Die Aufgabe bestand darin, die »Elastizität von Wahrheit« auszureizen und »Differenzmanagement«[544] zwischen Fakten und Fiktion zu betreiben und keine – um einen Ausdruck aus dem Kalten Krieg aufzugreifen – *credibility gaps* entstehen zu lassen[545]. Eine Übersicht über die PR-Leistungen, die sich Akteure in den Balkankriegen eingekauft haben, zeigt mitunter horrende Honorare und zeugt vom Zugzwang, denen sie ausgesetzt gewesen sind.

Anti-serbische Kriegsparteien	Zahl der Verträge laut Justizministerium	Zeiträume	Bekannte Honorare (gerundet in US-$)
Kroatien	30	1991–95; 1997–2002	50'013'000
Kosovo-Albaner	24	1992–2002	1'315'000
Bosnien und Herzegowina	10	1992–93; 1997–99	923'100
Slowenien	19	1992–93; 1995–96; 1998–2002	187'300
Montenegro	21	1997–2002	2'409'900

---

[544] KLAWITTER
[545] GADDIS 215

Serbische Seite	Zahl der Verträge laut Justizministerium	Zeiträume	Bekannte Honorare (gerundet in US-$)
Republika Strpska (Bosnien)	13	1995–2000	50'000
Bogoljub Karic	1	1997	60'000
Botschaft der BR Jugoslawien (unter Milosevic)	1	1998	450'000
Botschaft der BR Jugoslawien	8	1998–2002	–
Regierung der BR Jugoslawien (unter Kostunica)	6	2000–2001	350'000
Serbische Regierung (unter Dijndijc)	4	2001	40'700
Vereinigung freier und unabhängiger Gewerkschaften	1	2002	-
Mazedonien	11	1992; 1992–2002	446'000

Tafel 19: Aktivitäten von US-amerikanischen PR-Agenturen während der Balkankriege 1991–2002[546]

Die PR- und *spin*-Profis leisteten ganze Arbeit. Nach der erfolglosen Jagd auf Osama Bin Laden eignete sich Saddam hervorragend als Symbol des Bösen. Bush verglich ihn bekanntlich mit Hitler (vgl. Kap.1.1). Es wurde von amerikanischer und britischer Seite behauptet, der Irak verfüge über Massenvernichtungswaffen, die er innert 45 Minuten startklar machen könne, er habe versucht, in Niger angereichertes Uran zu kaufen, und er führe mobile Biowaffenlabors. Als der US-Außenminister und frühere General Colin Powell (*1937) das erste Mal von solchen Anschuldigungen hörte, soll er mit einem Wort geantwortet haben: »*bullshit*«. Amerika benötigte »nicht unbedingt einen guten Kriegsgrund, sondern vor allem eine gute Kriegsbegründung«.[547] Und dies nicht nur im Inland, sozusagen an der »Heimatfront«, wo der Vietnamkrieg verloren worden war, sondern auch im Rahmen der internationalen Staatenwelt und in den Augen der irakischen Bevölkerung. Dazu brauchte es die Medienüberlegenheit, der Informationsraum musste möglichst vollständig unter Kontrol-

---

[546] BECKER, Jörg: Kriegsmarketing
[547] BUSSEMER

le sein. Das bedeutete auch die physische Zerstörung von irakischen Kommunikationseinrichtungen. Im Irak hatten die Koalitionsmächte hierin ein ziemlich leichtes Spiel. General Norman Schwarzkopf (*1934), während des Zweiten Golfkrieges Oberbefehlshaber der US-Truppen am Golf, fasst wie folgt zusammen:

»Wegen des hoch zentralisierten Systems von *command and control* war Saddam das, was Militärtheoretiker einen feindlichen Schwerpunkt nennen – ein Aspekt, der bei dessen Zerstörung dazu führt, dass der Gegner keinen Kampfwillen mehr hat. [...] Für unsere Zwecke genügte es, Saddam zum Schweigen zu bringen – seine Fähigkeit zu vernichten, die gegen uns gerichteten Truppen zu befehligen. Wäre er dabei getötet worden, so hätte ich keine Tränen vergossen. Wir nahmen auch Kommunikationsanlagen zum Ziel sowie TV- und Radiosender, um Saddam davon abzuhalten, an seine Truppen Befehle abzugeben.«[548]

Der Gegner, der seiner Sende- und Empfangseinrichtungen beraubt wird, ist taub, stumm und blind. Zusätzlich zur physischen Vernichtung von Medien war ein »*feeding the media*« angesagt, mit Mitteln wie

- Briefings
- Interviews
- Reden
- Medien-Events
- Pressekonferenzen
- Ausflügen zu Flüchtlingscamps
- effizienter Koordination von militärischen und politischen Bekanntmachungen
- Medienbeobachtung im Feindstaat und bei den Alliierten
- Widerlegung von Falschinformationen
- Reaktion auf unvorteilhafte Berichterstattung
- Schreiben von Artikeln und Debattenbeiträgen für bekannte Medien.[549]

Schließlich galt es, jegliche medial vermittelte Kommunikation unter Kontrolle zu bringen, die Distributionskanäle der Medien für die eigene Sache zu nutzen und die Gegenseite mit eigenen Botschaften in Beschlag zu nehmen. Im Irak geschah das mit dem Abwurf unzähliger Flugblätter, mit E-Mails, die irakische Offiziere zur De-

---

[548] SCHWARZKOPF 370
[549] BUSSEMER

sertion bewegen sollten, und mit Rundfunksendungen der *Commando Solos*, die von EC-130E-Maschinen aus übertragen wurden.

Medien-Wirklichkeit
Über die Medienhoheit lassen sich Wahrnehmungen steuern. Das Fernsehen besitzt die »Macht des politischen Agenda-Settings«[550]. Wer in den Medien dominiert, bestimmt, was der Fall ist – und was nicht. Er kann also auch graue oder schwarze PSYOPS praktizieren, vermag zu täuschen. Hinter gouvernementaler Kommunikation stehen die PR-Profis, sie zeichnen verantwortlich für das »*shaping of the message*«. 2003 wurden die Kriegsberichterstatter jeweils am Morgen durch den Sprecher des Weiß Hauses, Ari Fleischer, gebrieft, am Mittag durch das CENTCOM in Doha und nachmittags an der Pressekonferenz des Pentagons. Der irakische Informationsminister trat seinerseits auf dem staatlichen Sender »Irak-TV« auf und in den ausländischen Sendern in Bagdad.[551] Um die Tragweite dieser Beeinflussung zu verstehen, muss man sich zweierlei vergegenwärtigen: die Bedeutung der Medienwirklichkeit und die Dominanz des Bilds über das geschriebene und gesprochene Wort. Dass die *Multi-National Force Iraq* (MNFIRAQ) im März 2007 einen eigenen *youtube*-Auftritt lanciert hat, vermag vor diesem Hintergrund nicht zu erstaunen.[552]

Der Stellenwert der Medien kann nicht hoch genug eingeschätzt werden. Es lohnt sich, einen Seitenblick auf die Politikwissenschaft zu werfen. In ihr wird unterschieden zwischen der Alltagswirklichkeit, der Operationswirklichkeit und der Medienwirklichkeit. Die Alltagswirklichkeit entspricht dem individuellen Erleben. Mit Operationswirklichkeit »werden jene Ausschnitte der Welt beschrieben, in denen die Gesamtheit der Menschen handeln, demnach stellt die eigene Alltagswirklichkeit zwar einen Teil der Operationswirklichkeit dar, aber: [...] der größte Teil der Operationswirklichkeit liegt *außerhalb* der eigenen Lebenswelt«.[553] Medienwirklichkeit schließlich ist »jene Wirklichkeit [...], die in den Massenmedien als ›Status quo der Welt‹ ausgewiesen und als sekundäre Erfahrung der RezipientInnen definiert wird.«[554] Diese Unterscheidung bringt mit sich, dass der Einzelne, da in seiner Wahrnehmung auf seine Alltagswirklichkeit beschränkt, angewiesen ist auf die Vermitt-

---

[550] ABEGGLEN 18
[551] SONNBICHLER
[552] Vgl. MULTINATIONAL FORCE IRAQ: Der MNFIRAQ-Kanal.
[553] PATZELT in SONNBICHLER
[554] SONNBICHLER

lung von Operationswirklichkeit. Diese kann *face to face* erfolgen, oder aber medial. Da v. a. Medien in ihrer Wirkungsweise eine *per se* angenommene Objektivität haben – »so steht es in der Zeitung« –, werden sie zur entscheidenden Größe. Sie stellen Wirklichkeit her. Vergessen geht dabei schnell, dass auch sie ihren ideologischen Hintergrund, ihren Subtext haben. Kein Wunder, dass die deutsche Tagesschau auf einer islamistischen *website* als »Märchenschau« bezeichnet wird.[555]

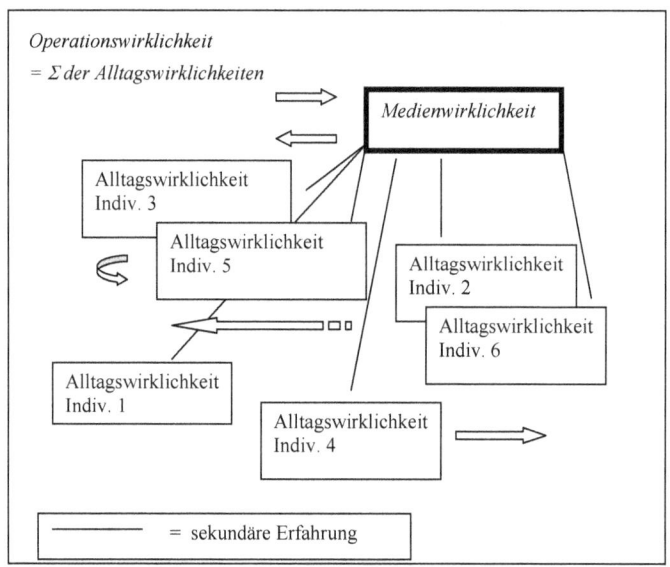

Tafel 20: Alltags-, Operations- und Medienwirklichkeit – ein dynamisches Gefüge

Im Zusammenhang mit den Medien kommt die Überlegenheit des Bilds über das Wort zur Geltung. Gegenüber der »Buchstabenwüste« und der monotonen Diktion des Nachrichtensprechers entfaltet das Bild in unserer durch und durch visuell geprägten Welt eine intensivere und weit nachhaltigere Wirkung. Es ist das zentrale Element des *staging,* der »bühnenreifen« Inszenierung. Dabei können unterschiedliche Codes bedient werden – von »*sex sells*« (vgl. Kap. 3.2) bis zum traditionellen Bildungskanon. So wird die Schlacht bei den Thermophylen (480 v. Chr.; vgl. Kap.

---

[555] http://islamicrevolutionservice.wordpress.com/category/verdeckte-kriegsfuhrung/

3.3) zur Referenz für den *war on terror,* oder ein berühmtes Gemälde des deutschen Romantikers Caspar David Friedrich (1774–1840) dient als Vorlage für eine Aufnahme von *ground zero.*

Wie sehr der mediengerechte Aufbau eines Feindbilds Methode hat, zeigt die Strategie, mit der die USA seit 2003 den Iran zu isolieren und zu diskreditieren versuchen. Es »werden iranische Waffen im Irak gefunden, iranische Kämpfer im Irak geortet und irakische Terroristenführer sollen Zuflucht in Iran gefunden haben. Die Stimmen mehren sich, die hinter diesen Meldungen den Versuch sehen, einen Fall Iran zu konstruieren – in Analogie zum Fall Irak.«[556] In diesen Zusammenhang gehört ebenfalls der Auftritt von US-Außenminister Powell vor den Vereinten Nationen, in dem er Grafiken und Bilder als vermeintliche Beweise für Irans Massenvernichtungswaffen vorlegte. Auch die Begründung, die US-Präsident Harry Truman 1945 für die beiden Atombomben auf Japan gab, fußt auf dem Bild der »Bestie« Japan, der anders gar nicht beizukommen ist: »Die einzige Sprache, die sie zu verstehen scheinen, ist jene, die wir verwendet haben, als wir sie bombardierten. Wenn man es mit einer Bestie zu tun hat, hat man sie als Bestie zu behandeln. Das ist bedauerlich, aber nichts desto weniger wahr.«[557]

6.3 Die Spirale der Eskalation

Feindbild vs. Feindbild • Verzerrte Wahrnehmung • Vom Einzelfall zum internationalen Skandal

Im Mai 2004 enthaupteten Islamisten im Irak vor laufender Kamera den amerikanischen Geschäftsmann Nick Berg.[558] Der *Al-Kaida*-Terrorist Mussab el Sarkawi behauptete, aus Rache für die Folterungen in Abu Grahib durch GIs dem Mann eigenhändig den Kopf abgetrennt zu haben. Die Aufnahmen wurden auf einer islamistischen Website in Umlauf gebracht und riefen wenn auch kontroverse, so auf jeden Fall heftige Reaktionen hervor. Es fehlte auch nicht an Stimmen, die auf einen *fake* hinwiesen; dass es in der Tat anderweitig solche gab[559], unterstützte diese An-

---

[556] PUTZ
[557] FRIEDMAN: Vilification 8
[558] Videostill in http://www.digitalvoodoo.de/blog/archives/off-topic/hinrichtung-das-nick-berg-video.php
[559] Vgl. den Danforth-*fake* in www.sueddeutsche.de/politik/678/362500/text/

sicht ebenso wie die Perfektion der Regie. Es war u. a. die Rede davon, dass Berg bereits tot gewesen sei, als man zur Köpfung schritt. Zudem bestanden Zweifel über die Urheberschaft Al-Sarkawis oder gar über die Echtheit des Videos als solchem.[560] Was Bergs Schicksal bei seinen privaten und Geschäftsfreunden, allen voran bei seiner Frau auslöste, zeigt in einer Art Kammerspiel Michael Winterbottom's Film »*A Mighty Heart*« (USA 2007).

Feindbild vs. Feindbild
Diese fraglichen Punkte einmal dahingestellt, steht der Fall Berg stellvertretend für eine klassische Eskalation – beruhe diese nun auf Fakten oder auf einem medialen *hype*. Deutlich hat das die junge Bagdaderin Riverbend auf ihrem Legende gewordenen Blog »*Bagdad Burning*« herausgearbeitet:

> »Als ich das Video zum ersten Mal auf irgendeinem Nachrichtensender sah, wurde mir ganz anders. Ich stand wie angewurzelt, starrte auf den Bildschirm und betete, sie würden es nicht bis zum Ende zeigen, denn aus irgendeinem Grund konnte ich die Augen nicht abwenden. Ich fühlte mich schrecklich. War ich schockiert? Überrascht? Kaum. Seit der Veröffentlichung der ersten Bilder mit gefolterten irakischen Häftlingen haben wir mit so etwas gerechnet. Viele Leute sind so wütend, dass es beängstigend ist. Da ist ein gewisses Verlangen, ein Bedürfnis nach Rache, das Bushs fadenscheinige Entschuldigungen und Rumsfelds Überraschungsbesuche nicht besänftigen können.
>
> Ich glaube, man hat Enthauptung als ›Exekutionsmethode‹ gewählt, um die Amerikaner und die westliche Welt so stark wie möglich zu schockieren.«[561]

Es liegt in der Natur jeglicher Eskalation, dass sie eine Eigendynamik entwickelt, die sich kaum mehr bremsen lässt. Die Feindbilder schaukeln sich gegenseitig hoch. Zu ihren Merkmalen gehören

- die grundsätzlich negative Bewertung des Gegners: Der »Feind« wird als böse, grausam, hinterhältig und minderwertig dargestellt.
- Tendenzen zu Dehumanisierung: Dem »Feind« wird die Menschlichkeit abgesprochen, das Leiden anderer wird gleichmütig hingenommen, Töten wird erlaubt oder sogar gefordert.
- einseitige Schuldzuweisungen: Der »Feind« wird zum alleinig verantwortlichen Sündenbock. All seinen Handlungen wird mit Misstrauen begegnet.

---

[560] Vgl. http://www.topplerummy.org/berg/
[561] RIVERBEND 347

- die Wahrnehmung des Konfliktes als Nullsummenspiel: Politische und militärische Aktionen werden nach dem einfachen Schema bewertet, dass für die eigene Seite all das schlecht ist, was dem Gegner nützt, und umgekehrt.
- Gruppendenken: Der ausschließliche Umgang mit Personen, die Meinungen und Ideologien teilen, führt zu Isolation, verzerrter Bewertung des Gegners, eingeengten Lösungsvorschlägen, Selbstzensur und einem starken Gruppendruck zu Konformität.
- Spiegelbilder: Feindbilder können sich wechselseitig negativ entwickeln. Die beteiligten Gruppierungen nehmen sich gegenseitig vergleichbar negativ wahr. Die Argumente und Bilder werden austauschbar.[562]

Von großer Bedeutung ist in der Eskalation die Sinn-Dimension:

»Der entscheidende Punkt für die Aufrechterhaltung von Kriegsbereitschaft ist das gleichzeitige Bestehen von Gefühlen der Bedrohung durch den Feind und Zuversicht in den Ausgang des Krieges, Vertrauen in die eigene Führung etc. Um dies zu erreichen, muß der Feind so bösartig wie möglich und so gefährlich wie möglich erscheinen. Aber die Dämonisierung des Feindes darf nicht so weit gehen, die eigene Bevölkerung zu entmutigen und ihr den Glauben an den eigenen Sieg zu nehmen.

[...] Die Polarisierung der Kriegsparteien in den Medien verhilft den Rezipienten zur Orientierung in einer vertrauten Welt, wo Gut und Böse gegeneinander streiten. Sie reduziert Gefühle des Unbehagens über kriegerische Auseinandersetzungen. Sie verschärft den subjektiv erlebten Handlungsdruck (›es muß etwas geschehen‹) und gibt ihm eine Richtung (›dem Bösen muß Einhalt geboten werden‹). So kommt es, daß der Krieg per se nicht mehr als absurd erscheint, sondern in einem übergeordneten Sinnzusammenhang steht, dessen Auflösung nicht bloß ein kognitiver Akt ist, sondern ein sozialer Prozeß, der grundlegende Wertorientierungen berührt: wer sich der Logik des Krieges verweigert läuft Gefahr sich mangelnder Solidarität schuldig zu machen, unterlassener Hilfeleistung etc.«[563]

Verzerrte Wahrnehmung

Die Akteure kommunizieren im Rahmen einer Eskalation nicht nur *pro domo* im Sinn der Propaganda für die eigenen Reihen, sondern immer auch gegenüber Dritten, z. B. der internationalen Staatenwelt, wo es Verbündete zu finden und die Legitimation des eigenen Vorgehens zu postulieren gilt. Zu diesen Dritten hinzu kommen die Medien, deren Involvierung das Eskalieren der Verhältnisse noch beschleunigt, solange sie Konflikte konkurrenzbetont darstellen und nicht kritisch-kooperationsbetont. Wir ha-

---

[562] Vgl. http://www.whywar.at/feindbilder
[563] KEMPF

ben es also mit einer doppelten Eskalation zu tun: mit der faktischen infolge des Verhaltens der Konfliktparteien und mit der medialen. Zwischen diesen beiden Größen besteht eine positive Rückkoppelung. Konflikte bringen als solche bereits »naturwüchsige Tendenzen der Wahrnehmungsverzerrung« mit sich: »Diese Tendenzen haben ihren Ursprung in der systematischen Perspektivendivergenz zwischen den Konfliktparteien: Während man seine eigenen Handlungen vom Innenstandpunkt des Blicks auf die damit verfolgten Intentionen wahrnimmt, werden Fremdhandlungen von einem Außenstandpunkt, d.h. von den Handlungsfolgen her erfahren.«[564] Durch Fokussierung, Selektion, Auslassungen, Betonung und Marginalisierung tragen die Medien das Ihre zur Wahrnehmungsverzerrung bei. Ein paar Beispiele im Zusammenhang mit *9/11*:

- »Der Angriff trägt alle Züge einer Hass-Attacke.« (»Frankfurter Rundschau«, 12.9.01)
- »Die Terroristen [...] [hassen die. T.M.] westliche Zivilisation [...] mit mörderischer Inbrunst. [...] Ein vergleichbarer Zivilisationsbruch lässt sich nur an den Namen Hitler, Stalin und Pol Pot festmachen.« (»Die Zeit«, 13.9.01)
- »Der Angriff auf das World Trade Center [...] ist eine Negation unserer Lebensweise und Zivilisation.« (»Frankfurter Rundschau«, 20.9.01)[565]

Neben die interstaatliche Eskalation kommt auch eine innerstaatliche zu stehen, die sich in gesellschaftlichen Auswirkungen niederschlägt:

- »Meinungsmanipulation und Verlust von Demokratie
- Stärkung militärischen Denkens und Handelns
- Emotionalisierung von Konflikten und damit Legitimation von Aggression bis hin zur Vernichtung des ›Feindes‹
- Vereinfachung von real komplexen Sachverhalten, z. B. internationalen Problemen
- Stabilisierung von Herrschaft im Inneren
- Missbrauch von Werten.«[566]

---

[564] ebenda
[565] Vgl. SOMMER
[566] ebenda

Vom Einzelfall zum internationalen Skandal
Es kommt schließlich noch eine weitere Form von Eskalation hinzu: der Einzelfall, der zum Skandal gerät – zu einem Skandal, der schnell ins Allgemeine erhoben und von der Gegenseite entsprechend ausgeschlachtet wird. Im Zusammenhang mit dem Irakkrieg sind das mustergültig die Vorfälle in Abu Grahib vom April und Mai 2004 sowie das Massaker von Haditha, dem »My Lai des Irak«, vom November 2005. Im Vergleich zum vietnamesischen My Lai im März 1968 gelangten beide Ereignisse schnell an die Öffentlichkeit. Das hat nicht allein mit der Allgegenwart der Medien zu tun, die sich selbst durch striktes *embedding* der Journalisten nicht aus der Welt schaffen lässt, sondern auch mit den modernen Kommunikationsmöglichkeiten beispielsweise des *youtube*-Amateurs.

Enorm gestiegen ist die Bedeutung des einzelnen Akteurs. Gerade der *strategic corporal* (sh. Kap. 4.5) steht im Rampenlicht unterschiedlichster Teilöffentlichkeiten mit je ganz eigener Wahrnehmung und spezifischen Interessen. Im Fall von Abu Grahib und Haditha sind das die Iraker, alle Muslime außerhalb des Irak, die Amerikaner zu Hause und letztlich die ganze Weltöffentlichkeit.[567] Besondere Erwähnung verdienen hier auch *Non-Governmental Organisations* (NGOs) wie *The Monitoring Net of Human Rights in Iraq (*MHRI*)*, die in den letzten Jahren bedeutende Akteure im Weltgeschehen worden sind und ein wachsames – wenn nicht überempfindliches – Auge auf die Vorgänge in Krisenregionen werfen.[568] Wenn das krasse Fehlverhalten von 24 *marines* zu einem Skandal in der Weltöffentlichkeit und gar zur Vorlage für einen Spielfilm wird (»*Battle for Haditha*«, USA 2007), zeigen sich die mediale Exponiertheit und Verwundbarkeit des Einzelnen in aller Deutlichkeit – und die der Konfliktpartei, der er angehört. Zu Recht ist angeführt worden, dass die einschlägigen Bilder »zu einer weiteren Radikalisierung in der arabischen Welt führen und für al-Qaida eine glänzende PR abgeben, die kein Bin-Laden-Video jemals ersetzen kann«.[569] Schauergeschichten wie die um den amerikanischen Staff Sgt. Calvin Gibbs, der 2010 aus purem Spaß afghanische Zivilisten umgebracht haben soll, gehören in denselben Zusammenhang.[570] Das Reizthema Folter, verbunden mit unerhörten Vorwürfen, ist übrigens bereits 2004 zur Sprache gekommen, wenn es damals auch weniger hohe Wellen geschlagen hatte: Es kursierte die Medienmeldung, deutsche

---

[567] BRANDMAIER
[568] Vgl. JAMAIL
[569] EL-GAWHARI
[570] Vgl. YARDLEY

Soldaten seien in Ex-Jugoslawien an Folterungen beteiligt gewesen. Zu einer Verifizierung ist es allerdings nie gekommen.[571]

---

[571] http://www.spiegel.de/politik/ausland/0,1518,301592,00.htmll

7 Demütigen und verspotten

> *Die »New York Post« bot wie üblich das niederträchtigste Beispiel von Gossenjournalismus und kommentierte, Hussein habe* [nach seiner Gefangennahme. T.M.] *»wie ein Penner ausgesehen, als seine Haare von einem Sanitäter nach Läusen abgesucht wurden... Selbst nachdem er gewaschen und rasiert war, war es offensichtlich, dass er den Willen zu kämpfen verloren hatte: Seine Augen waren ausdruckslos und sein Gesicht zeigte eine unterwürfige Miene.«*
> David Walsh, *World Socialist Web Site*[572]

> *Das Bild von Saddam Hussein* [bei seiner Gefangennahme. T.M.] *vereinigte in sich Muster wie: ein erniedrigter Tyrann, ein gezähmtes Monster, ein Raufbold, der sich als Feigling herausstellt.*
> Dibyesh Anand, *Department of Economics and International Development, University of Bath*[573]

In diesem Kapitel
Zu den am meisten verbreiteten Sujets von Flugblättern gehören Verunglimpfungen des Gegners, meist von dessen Führer. So finden sich von alters her Darstellungen als Tiere, Perverse, Scheusale, die der Lächerlichkeit preisgegeben werden.

Wer aus einem Konflikt als Sieger hervorgeht, gestaltet gern eine demütigende Dramaturgie, welcher er den Verlierer aussetzt. Dafür gibt es Beispiele von großer Raffinesse. Den Unterlegenen öffentlich vorzuführen gehört ebenso zum Repertoire des Kriegsgewinners – Kriegsvölkerrecht hin oder her.

---

[572] WALSH
[573] ANAND

7.1 Von Donald Duck bis zur Pornografie: Hitler, Mussolini und andere

Affen, Ratten, Skelette: der Zweite Weltkrieg • Drastisch und makaber • Zunehmende Professionalisierung • Spott und Häme

Der Zweite Weltkrieg ist reich an Beispielen, wie die Gegenseite lächerlich gemacht und entstellt werden kann. Man denke an Charly Chaplins »*The Great Dictator*« von 1940 – ein Film, den die US-Konservativen erst verbieten lassen wollten, da sie in Hitler zu der Zeit noch den Bekämpfer des Bolschewismus sahen. Oder an eine Walt-Disney-Produktion von 1943, in der Donald Duck Hitler mit dem Song »*The Fuehrer's Face*« verspottet und ihm eine Tomate ins Gesicht wirft. Auch bissige Satiren wie Ernst Lubitschs »*To be or not to be*« (USA 1942) gehören in diesen Zusammenhang. Das alles war Propaganda *pro domo*.

Affen, Ratten, Skelette: der Zweite Weltkrieg
Für die Gegenseite gedacht waren Karikaturen von Hitler und Mussolini, vom japanischen Kaiser und von Heinrich Himmler, die von den Alliierten in unzähligen Varianten gedruckt und in die feindlichen Linien verbracht wurden. Aus den angegriffenen Personen wurden Unmenschen, Affen, Ratten, Skelette. Das Lächerlich-Machen ist eine starke Waffe: Es trifft ins Schwarze, sein Ziel kann sich nicht wehren, es ist kaum zu unterdrücken, entwickelt ein Eigenleben und zehrt an der Moral. Interessant ist, dass direkte Angriffe auf Exponenten der Achsenmächte in der Regel in der Form schwarzer psychologischer Kriegsführung begegnen. So heißt es auf einer amerikanischen Postkarte im Impressum »OKW Offsetdruck Leipzig«.

Dass von weißer und grauer psychologischer Kriegsführung abgesehen wurde, mag seinen Grund darin haben, dass sich der Durchschnittslandser mit Hitler durchaus verbunden fühlte – weit mehr als mit seinen Generälen oder andern Vertretern der Staatsmacht wie Feldmarschall Göring. In einem vertraulichen US-Papier »*Psychological Warfare Branch Combat Team*« von 1944 heißt es explizit, Hitler sei auf der Stufe taktischer Propaganda tabu, er dürfe aber auf strategischer Ebene angegriffen werden. Auch der japanische Kaiser Hirohito wurde von seinem Volk zu sehr verehrt, als dass er Gegenstand weißer oder grauer psychologischer Kriegsführung hätte werden können. Dem japanischen Soldaten galt es zu kommunizieren, dass man nicht den Kaiser angriff, sondern Politiker und Militärs. Es wäre wegen der engen Verbundenheit von Volk und Kaiser kontraproduktiv gewesen, Hirohito zu demontieren.

Schließlich dachte man an die Zeit nach dem Krieg, die einfacher zu bewältigen war, wenn man gewisse Strukturen aufrechterhielt.

Drastisch und makaber

War in der weißen und der grauen psychologischen Kriegsführung also eine ausgesprochene Zurückhaltung zu beobachten, so fiel die schwarze in ihrem Lächerlichmachen und ihrer Makabrität um so drastischer aus:

- In einer Auflage von mehr als einer Million drucken die Alliierten Briefmarken, auf denen Hitlers Kopf in Form eines Totenschädels abgebildet ist und die unten nicht den Schriftzug »Deutsches Reich« tragen, sondern »Futsches Reich«.
- Zuhanden der Partisanen in deutsch besetzten Gebieten drucken die *British Special Operations* Puzzles: Aus vier Schweinen wird Hitlers Konterfei; das Motto: »Finde das fünfte Schwein!« Gleiches wird auch mit Mussolinis Bild gemacht.
- Auf russischen Flugblättern fließt massenweise Blut; Hitler wird als Massenmörder dargestellt, als Tod mit der Sense, als Scheusal mit einer Kette von Totenschädeln um den Hals.
- Hitler als Affe hinter Gittern: »Da kommt er her, da gehört er hin!«
- Goebbels als spitzmäuliger Affe am Mikrofon
- Hitler als selbstzufriedener Totengräber – und auf dem gleichen Flugblatt zwei Passierscheine für sicheres Geleit, eins auf russisch, eins auf deutsch
- Hitlers Bild auf dem Rücken einer Laus
- Hitler als hässliches Baby
- Über den deutschen Linien werden Flugblätter im Format von Toilettenpapier abgeworfen mit dem aufgedruckten Porträt Hitlers.

Nicht selten begegnen sexuell konnotierte Darstellungen. So wird Hitler eine der umfangreichsten Pornographiesammlungen Europas unterstellt. Er wird 1945 als Homosexueller dargestellt, der lüstern herumtänzelt. Auf bestimmten Abbildungen hat er seinen Penis in der Hand. Oder er rennt in einer Karikatur halbnackt, mit erigiertem Glied, mit Mussolini im Kreis; das Motto: »Wer zuerst stehen bleibt, hat verloren.«

Zunehmende Professionalisierung
Auf den deutschen wie den alliierten Produktionen des Zweiten Weltkriegs kommt die Technik der Fotomontage häufig zur Anwendung. Gegenüber den Flugblättern des Ersten Weltkriegs ist eine deutliche Professionalisierung im grafischen und sprachlichen Know-how zu beobachten. Neu sind auch riesige Auflagen, die in die Millionen gehen können, und die Distribution durch Flugzeuge, die jetzt zur Tagesordnung gehört.

Gleichwohl bedeutete der Erste Weltkrieg einen Quantensprung in der psychologischen Kriegsführung:

> »Diese umfassende Kriegspropaganda war, wie so vieles, neu im Ersten Weltkrieg, einfach deshalb, weil es zum ersten Mal die technischen Möglichkeiten einer solchen Massenpropaganda gab. Mit mehr Raffinesse wird diese Methode noch heutzutage in jedem Krieg praktiziert. Heute kennt man die Gefahren der Propaganda – und fällt trotzdem darauf herein. Damals aber, 1914 bis 1918, hatten die meisten Menschen noch keine Erfahrung mit einer solchen Maschinerie und waren gewohnt, das zu glauben, was geschrieben stand.«[574]

Spott und Häme
Verspotten und Makabres liegen oft nah beieinander. Eingang in die Medien fanden im Jahr 2006 deutsche Soldaten, die in Afghanistan mit Totenschädeln posierten. Einer von ihnen ging so weit, den Schädel neben seinen entblößten Penis zu halten. Ein Verhaltensbiologe erkennt darin »Gesten, die es schon ungezählte Male in der Menschheitsgeschichte gegeben hat«, die auf »archaische, biophysisch begründbare Verhaltensmechanismen« zurückzuführen seien. Das männliche Geschlecht sei »auch ein Dominanzorgan«, und die Erektion sei »bei etlichen Primaten ein Zeichen der Wehrhaftigkeit«. Das Nebeneinanderhalten von Schädel und Penis könne als »Dominanzverhöhnung des andern« aufgefasst werden.[575] Auch Verhöhnung und Exkrementelles begegnen immer wieder nah beieinander – vom russischen Soldaten, der sich 1945 in einer deutschen Wohnstube erleichtert, bis zu den Amerikanern, die im Mai 2005 in Abu Grahib aus einem Koran Seiten herausreißen und in einer Toilette verteilen, ja gar einen Koran im WC hinuntergespült haben sollen. Auch wenn Letzteres angezweifelt und dementiert worden ist[576], bleibt es angesichts der an ähnlichen Beispielen reichen Tradition der Schändung denkbar.

---

[574] HAMANN 13
[575] FISCHER
[576] http://www.spiegel.de/politik/ausland/0,1518,356663,00.htmll

Der Spott über den Gegner findet nicht selten Eingang in Lieder – über Jahrhunderte ein Leitmedium für die mündliche Tradition. Gegenstand des Spotts wurde etwa der Innerschweizer General Joseph Leonz Andermatt (1740–1817), der 1802 einen Feldzug gegen Zürich anführte. Spärliche Munition und ebenso spärliche Schießkünste machten dieses Unternehmen aber zum Misserfolg. Die Geschichte fand Niederschlag in einem Spottlied, das bis heute zum festen Bestand schweizerischer Volkslieder gehört.[577]

Ein besonderes Faible für die Verspottung des Gegners hatte der britische Feldmarschall Bernard Montgomery. Er benannte seine beiden Welpen nach deutschen Größen – den Jack Russel »Rommel«.[578] Zudem legte er sich den Araberschimmel zu, der zuvor Rommel gehört hatte und auf dem dieser hatte in Kairo einmarschieren wollen; auch das Pferd erhielt den Namen »Rommel«.[579]

7.2 McArthur's Hemdkragen oder: Inszenieren und Demütigen

Die Dramaturgie der Sieger • Gezielte Erniedrigung • Das Kalkül geht nicht immer auf

Der Sieger inszeniert seinen Triumph mit der Demonstration der eigenen Überlegenheit und der Ohnmacht des Verlierers. Es geht nicht nur um den rückwärtsgewandten

---

[577] »Schnurre, schnurre, um und um / Redli, trüll di ume. / Öiseri Sach staht schüüli chrumm / tLeue tüend scho brumme. // Chume jetz grad uss der Stadt, / hei zu Wiib und Chindre: / Ha mit em General Andermatt / Züri wele go plündre. // Wunder hei is Cheleland / Hämmer wele hole: / Gold und Silber und Demant / alli Seck ganz volle. // Doch vergäbis vor der Stadt / Simmer alli gsässe. / Will die Chleechue Andermatt / tChugle hät vergässe. // Mini Seck die träg i hei, / läär vo-n-alle Schätze: / Langi Nase, müedi Bei / und die alte Fätze. // Schnurre, schnurre, um und um, / Redlli, trüll di ume. / Söllid anderi Chälber nun / Züri ga biribumme.« (»Schnurre, schnurre, um und um, / Rädchen, dreh dich um / Unsere Sache steht gar krumm / die Löwen brummen schon. // Ich komme jetzt gerade aus der Stadt, / heim zu Weib und Kindern; ich wollte mit dem General Andermatt / Zürich plündern gehen. // Wir wollten heim ins Kellenland / Wunder holen: / Gold und Silber und Diamanten / alle Säcke voll. // Doch vergebens vor der Stadt / sind wir alle gesessen, / weil die Kleekuh Andermann / die Kugeln vergessen hat. // Meine Säcke trage ich heim / leer von allen Schätzen; / Lange Nase, müde Beine / und die alten Fetzen. // Schnurre, schnurre, um und um, / Rädchen, dreh dich um. / Es sollen andere Kälber nun / Zürich heimsuchen gehen.«) (TREICHLER 51) – Vgl. auch »Die Kummerbuben«: »Andermatt« in http://www.youtube.com/watch?v=cup3yyUYW0
[578] BRIGHTON 275
[579] a. a. O. Abb.59

Blick auf den Erfolg, es geht vorwärtsgewandt auch darum, potentielle Gegner abzuschrecken. Die Demütigung soll sitzen und ist nicht nur an den Unterlegenen adressiert.

Die Dramaturgie der Sieger
1871, nach dem Ende des Deutsch-Französischen Kriegs, wurde Wilhelm I. im Spiegelsaal des Schlosses Versailles zum deutschen Kaiser gekrönt. Seine Proklamation an diesem Ort war für Frankreich eine Demütigung sondergleichen. Doch sie war nur der Beginn eines mit großer Hartnäckigkeit geführten Hickhack gegenseitiger Erniedrigung. Im Wald von Compiègne bei Paris diktierte der französische General Foch 1918 in einem Eisenbahnwaggon den Deutschen unter Reichsfinanzminister Matthias Erzberger (1875–1921) die Kapitulationsbedingungen. Im selben Waggon mit der Nummer 24 19 D inszenierte Deutschland im Juni 1940 die französische Kapitulation: Hitler auf Fochs, Pétain als der französische Oberbefehlshaber auf Erzbergers Platz. Im Januar 1945 wurde der Waggon in Hitlers letztem Hauptquartier von einem SS-Kommando zerstört.[580] Ins gleiche Kapitel gehört die umstrittene Kranzniederlegung Hitlers am Grab von Napoleon im *Dôme des Invalides*. Heute wird sie nicht mehr als Hommage an den *Empereur* betrachtet, sondern als gezielte Demütigung, nicht zuletzt als eine Revanche für Napoleons Sieg über die preußische Armee in den Schlachten von Jena und Auerstedt im Jahr 1806 und die Niederlage von 1918.[581]

Ein weiteres Beispiel für die bewusste Inszenierung einer bedingungslosen Kapitulation ist General McArthurs Empfang der japanischen Delegation am 2. September 1945 auf der USS *Missouri*. Die Japaner erscheinen in voller Uniform, formell bis ins Letzte. McArthur und sein Stab dagegen kommen mit offenem Hemdkragen, betont locker – der Kontrast könnte größer nicht sein.[582] Von McArthur wird überdies erzählt, er habe fünf verschiedenfarbige Füllfederhalter für die Unterzeichnung verwendet, die er später verschenkte, u. a. einen roten an seine Frau. Und er hatte »gegenüber des Tisches mit den Kapitulationsurkunden eine besondere US-Flagge aufhängen lassen: Unter genau diesem Sternenbanner war 1854 Commodore Matt-

---

[580] Vgl. GERSTENBERG
[581] Vgl. MÖNNINGER
[582] Bilder hierzu in: http://commons.wikimedia.org/wiki/Category:Surrender_of_Japan?uselang=de

hew Perry auf der USS *Powhatan* zum ersten Mal in der Bucht von Tokio eingelaufen.«[583]

Gezielte Erniedrigung

Die auf dem Netz abrufbaren Folteraufnahmen aus Abu Grahib sind sattsam bekannt und haben weltweit zu Diskussionen Anlass gegeben.[584] Mittlerweile gilt als erwiesen, dass die amerikanischen Soldaten nicht ohne Befehl von oben gehandelt haben. Aber die eigentliche Tragweite der Vorfälle ist noch zu wenig bewusst: Es wurde von Lynndie R. England und ihren amerikanischen Kameraden nicht gefoltert, um Erkenntnisse oder Geständnisse aus den Häftlingen herauszupressen. Vielmehr ging es darum,

> »die Gefangenen zu demütigen. Muslimen gelten Hunde als unreine Tiere [ein Verweis auf Aufnahmen, in denen Irakis auf allen Vieren an einer Hundeleine herumgeführt wurden. T.M.], und Nacktheit – obendrein vor Soldatinnen – ist ein Tabu. Die kulturell-religiöse Würde der Gefangenen sollte demonstrativ verletzt, und diese selbst erniedrigt werden, um mit der eigenen Überlegenheit aufzutrumpfen. Dasselbe gilt für die Schändung eines Friedhofs mit Panzern.«[585]

Im bereits erwähnten Blog »*Bagdad burning*« schreibt die Autorin Riverbend dazu: »Die Folterer von Abu Grahib und anderswo wählten sexuelle Erniedrigung, weil sie wussten, dass nichts die Iraker und Muslime mehr verletzen und abstoßen würde als diese schrecklichen sadistischen Übergriffe. Ein Iraker wäre unendlich lieber tot als Opfer einer Vergewaltigung oder sexuellen Missbrauchs. Manche Dinge sind schlimmer als der Tod, und auf den Bildern waren sie zu sehen.«[586] Indem die damals 21jährige US-Soldatin Lynndie England und ihre Kameraden nicht nur die inkriminierten Rechtsverletzungen begingen, sondern diese zusätzlich medial streuten, setzten sie auf der Folterskala noch eine Stufe hinzu.

In den Kontext der Demütigung gehört auch der »Krieg um Herrscherbilder und Bildbeherrschung«[587]. Gekippte Statuen von Herrschern, anstößige *graffiti*, Verulkungen und Verunzierungen sind Beispiele für diesen mitunter kreativ geführten

---

[583] KELLERHOFF, Hier gingen die USA
[584] http://www.taz.de/index.php?id=bildergalerie&tx_gooffotoboek_pi1[fid]=1&tx_gooffotoboek_pi1[srcdir]=Abu-Ghraib&tx_gooffotoboek_pi1[func]=combine&no_cache=1
[585] WALTHER
[586] RIVERBEND 347
[587] MAAK

Kampf. Ein besonderes Stück ist das Konterfei von George Bush sen., auf den Boden bei einem Hoteleingang in Bagdad gemalt, versehen mit der Inschrift »*Bush is criminal*«.

Das Kalkül geht nicht immer auf

Was als Demütigung gedacht war, kann sich aber in eine ganz andere Richtung als die erwünschte entwickeln. Das zeigt das Beispiel von PLO-Führer Arafats Hauptquartier:

> »Die schweren zertrümmerten Betonplatten und die eingestürzten Mauern von Arafats Hauptquartier im Zentrum Ramallahs haben nicht zuletzt eine symbolische Kraft – allerdings nicht in dem Sinne, wie es sich die israelischen Befehlshaber vorgestellt haben. Die Zerstörung der Muquata, während Arafat und seine Begleiter sich darin aufhielten, sollte eine öffentliche Demütigung sein, so wie der Tomatenketchup, den die Armee bei ihren Durchsuchungen und Plünderungen in Privatwohnungen auf Kleidern, Möbeln und Wänden verschmierte – eine private Warnung, dass Schlimmeres folgen wird. Noch immer repräsentiert Arafat sein Volk, die Palästinenser, glaubwürdiger als jeder andere Herrscher der Welt. Nicht auf demokratische, sondern auf tragische Weise. Daher die symbolische Kraft.«[588]

7.3 Das Vorführen von Gefangenen

Von der Antike bis Vietnam • *Iran und Irak* • *Verletzung des Völkerrechts* • *Mechanismen der Medienwelt*

Zum Standardrepertoire psychologischer Kriegsführung gehört das Vorführen Gefangener. Seit 1991, als ein britischer *Tornado* mit zwei Piloten über dem Irak abgeschossen wurde, haben sich entsprechende Ereignisse gehäuft. Interessant ist, dass der Anblick erniedrigter – und nicht selten gefolterter – Landsleute nicht wie erwartet demoralisierend wirkt, sondern im Gegenteil Mitgefühl mit den Gefangenen und Aggression gegen den Urheber erweckt. Im Zusammenhang mit der Medialisierung solcher Vorkommnisse stellen sich schwer steuerbare Mechanismen ein, z. B. der, dass sie trotz klarer Verletzung der Genfer Konventionen mehr und mehr als Normalität betrachtet werden.

---

[588] BERGER, John

Von der Antike bis Vietnam
Bereits in der Antike gehörte das Vorführen Gefangener im Rahmen von Triumphzügen zum festen Kanon kriegerischer Symbolik (vgl. Kap. 5.5). Nachdem es über die Jahrhunderte hinweg fortgeführt worden war, erlangte es im Zweiten Weltkrieg traurige Berühmtheit dank Iva Ikuko Toguri D'Aquino, im GI-Jargon eine der »*Tokyo Rose*« genannten Moderatorinnen von »*The Zero Hour*«. Die in den USA geborene Frau wurde nach dem Angriff auf Pearl Harbour in Tokyo verhaftet und zum *broadcasting* in japanischer Sache gezwungen. Sie führte eine Doppelexistenz. Zum einen moderierte sie als »*Orphan Ann*« japanische Propagandasendungen, wo sie gefolterte und ausgehungerte Kriegsgefangene interviewte, und zum andern unterstützte sie tatkräftig die Amerikaner. Sie wurde zum Mythos. Nach mehreren unterbrochenen Jahren Haft und unterschiedlichen Prozessen wurde sie 1977 von US-Präsident Gerald Ford (1913–2006) begnadigt.[589]

Im Vietnamkrieg erlangte Trinh Thj Ngo Berühmtheit, die sich selbst Thu Huong (»Duft des Herbstes«) nannte und bei den *GIs* als »*Hanoi Hannah*« kursierte (es gab wie bereits bei »*Tokyo Rose*« mehrere Damen dieses Namens) oder als »*the Dragon Lady*«. Sie wurde zwar nie in dem Maß ernstgenommen, dass etwa Desertionen auf sie zurückzuführen gewesen wären; in ihren Radiosendungen verblüffte sie jedoch mit Detailkenntnissen über amerikanische Stellungen und Verluste. Ein Beispiel gibt ein Veteran:

> »Wir hatten einen jungen Leutnant, der gerade 22 Jahre alt wurde, und wir wollten, dass er zu uns kommt und seinen Geburtstag in unserem Stützpunkt feiert. Er kam auf einem Sampan mit ein paar Wachen, und sie fuhren den Fluss hinunter. Ein Gegner griff sie mit einer Granate an, die zwei von ihnen im Boot tötete. Wir fanden das Boot später, und an seiner Brust war eine Geburtstagskarte aus einem PX [*Post Exchange*, Laden auf dem Stützpunkt. T.M.] geheftet, auf der stand: ›Happy birthday, Leutnant, ... das wird dein letzter sein.‹ Ein paar Tage später hörten wir Hanoi Hannah, die sagte: ›Glückwunsch an Leutnant so und so, es ist zu schade, dass er seinen 23. nicht begehen kann!‹«[590]

Viel Gehör fanden ihre Sendungen mit Kriegsgefangenen. Allerdings polarisierten die TV-Beiträge unter den US-Soldaten derart, dass die Diskussionen über Einschalten oder Nicht-Einschalten zu handfesten Schlägereien führten. Dem historischen Radiomann Adrian Cronauer und dessen Verballhornung von *Hanoi Hannah* hat Bar-

---

[589] Vgl. NORTH, Don
[590] http://www2.iath.virginia.edu/sixties/HTMLL_docs/Texts/Scholarly/North_Hanoi_Hannah_01.htmll

ry Levinson in seinem Spielfilm »*Good Morning, Vietnam*« (USA 1987) ein Denkmal gesetzt.

Irak und Iran

Im Januar 1991 wurde der *Tornado* der RAF-Piloten John Nichol und John Peters mit einer schultergestützten SAM-SA-14-Rakete über dem Irak abgeschossen. Nach seiner Gefangennahme wurde er zusammengeschlagen und im irakischen Fernsehen gezeigt. Er wurde im *Abu Grahib*-Gefängnis gefoltert und am Ende des Golfkriegs von den Irakern wieder freigelassen. Zusammen mit Peters berichtete er 1992 im Buch »*Tornado Down*« von seinen Erlebnissen. Der Jet des US-Piloten Jeffrey Zaun wurde ebenfalls 1991 getroffen, und auch Zaun wurde in irakischer Gefangenschaft misshandelt.

Nichol hat in eindrücklicher Weise die Umstände seiner Gefangenschaft und der Darbietung im irakischen Fernsehen geschildert. Er spricht von »Gefühle[n. T.M.] der Schuld und der Scham«.

> »Das Schlimmste? Nicht so sehr die Qualen als die Angst davor, was kommen mochte. Die Qualen tun weh, aber sie haben den bizarren Vorteil, dass du weißt, wo du stehst. Der harte Teil kommt dann, wenn du allein im Dunkeln bist und hörst, wie die andern gefoltert werden, und dir Gedanken über deine unmittelbare Zukunft machst. Ich wusste, ich würde zusammenbrechen, ich wusste einfach nicht wann. Mein einziger bedeutsamer Gedanke war: ›Was werden sie mir antun, damit ich aufgebe?‹
> [...] Man hielt mir ein AK47-Sturmgewehr an den Kopf und zwang mich vor die Kamera. Ich wurde aufgefordert, gerade und stolz dazusitzen und das Schreiben der Iraker zu verlesen, was ich auch tat in der Hoffnung, die grauenvolle Grammatik zeige, dass man mich unter Druck gesetzt hatte. Dann warfen sie mich in Ketten und mit verbundenen Augen zurück in meine Zelle. Als ich auf dem kalten Boden lag, überkam mich die Schwere meiner Situation. Was würden meine Eltern sagen, wenn sie die TV-Aufnahmen in voller Länge sahen, und wie würden sie damit umgehen? Die Gefühle überkamen mich wie ein Wasserfall, und Tränen traten mir aus den verbundenen Augen, rannen mein Gesicht hinunter und tropften auf den Betonboden.«[591]

Ebenfalls im Irak gefangen genommene Amerikaner sorgten 2003 in den Medien für Aufsehen. Verstörte und verängstigte Gesichter wurden zum *scoop* im 35-Millionen-Sender *Al-Dschassira*. Aus arabischer Sicht sprachen die Bilder eine deutliche Sprache und wirkten durchaus als Propaganda. Die Journalisten hatten klar Partei bezogen, die Bilder sorgten auf der einen Seite für Befriedigung, ja offenen Jubel,

---

[591] http://www.johnnichol.com/The%20Beginning.html

auf der andern schockierten und entrüsteten sie. Der energische Protest von Präsident Bush ließ nicht lange auf sich warten. Der Krieg der Bilder – spezifisch der Bilder von Gefangenen – kam in vollen Gang. Als einzigem westlichem Sender war es CNN erlaubt worden, in Baghdad zu bleiben – wohl mit der Absicht, ihn für den Propagandakrieg in den amerikanischen Wohnzimmern zu instrumentalisieren. Das ließ CNN indessen nicht mit sich machen, ebenso wie *Fox News* verzichtete man auf eine Ausstrahlung. Andere Sender griffen diese *news* nicht 1:1 auf; die Fernsehgesellschaft ABC zum Beispiel zeigte zwar die Bilder der Gefangenen, übertrug aber nicht die Worte, die ihnen von den Irakern in den Mund gelegt worden waren.

Im Juli 2004 brachte die iranische Marine im Schatt el Arab drei britische Patrouillenboote auf und nahm acht Soldaten fest. Die Männer wurden einer Scheinexekution ausgesetzt und mit verbundenen Augen für die Medien vorgeführt. Nach ihrem Auftritt im iranischen TV wurden sie drei Tage später wieder freigelassen.

Im März 2007 schließlich zeigte das iranische Fernsehen 15 britische Kriegsgefangene beim Essen. Die einzige Frau unter ihnen, Faye Turney, trug ein Kopftuch. Die Briten sagten vor laufender Kamera aus, sie seien »offensichtlich« in iranische Gewässer eingedrungen, und entschuldigten sich dafür. Turney lobte die gute Behandlung und nannte die Iraner »nette, gastfreundliche und nachdenkliche« Leute.[592] In der internationalen Staatenwelt – London hatte sich an den Weltsicherheitsrat gewandt – wurde Irans Vorgehen als Zeichen der Provokation gewertet. Nach zwölf Tagen wurden die mittlerweile als »Geiseln« bezeichneten Marine-Angehörigen wieder freigelassen.

Verletzung des Völkerrechts

Im Hinblick auf Turney und ihre Kameraden äußerte ein Vertreter von *Amnesty International* (AI), es seien »die Grenzen klar überschritten«. Es werde versucht, politischen Druck aufzubauen – zulasten der Menschen. »Diese Menschen werden vorgeführt. Es ist erniedrigend.«[593] Das ist ein (sicher angebrachtes) moralisches Urteil. Im Hinblick auf die rechtlichen Verhältnisse kann auf Artikel 13 der dritten Genfer Konvention zurückgegriffen werden. Er besagt, dass Kriegsgefangene zu schützen seien, v.a. gegen Gewaltanwendung, Einschüchterung, Beleidigungen und öffentliche Neugierde. Neben dem Kriegsvölkerrecht (KVR) gilt auch die Regelung, dass Ge-

---

[592] http://www.welt.de/welt_print/article784516/London_wendet_sich_in_Geiselkrise_an_Weltsicherheitsrat.htmll
[593] SPURZEM

fangene konsularischen Schutz genießen – was im vorliegenden Fall ebenfalls nicht befolgt wurde. Schließlich wurde gegen geltendes Menschenrecht verstoßen, das Videoaufnahmen dieser Art verbietet.

Mechanismen der Medienwelt

Ein fataler Mechanismus in der Rezeption solcher Geschehnisse bringt mit sich, dass mit zunehmendem Medienboom die Bezugnahme auf die Genfer Konvention abnimmt – eine schleichende Brutalisierung und Ent-Gesetzlichung. Zudem zeigt sich ein gewisser Zynismus gerade auch der westlichen Medien darin, dass sie, nach einer Begriffsbildung von Noam Chomsky und Edward S. Herman, zwischen »*worthy victims*« und »*unworthy victims*« unterscheiden.[594] »Wertvolle Opfer« sind jene, die der eigenen Ideologie entsprechen und sich vor den eigenen Propagandakarren spannen lassen. Die andern sind gar nicht erst erwähnenswert, weil sich ihr Fall nicht entsprechend verwenden lässt. Zu den medialen Vorgehensweisen gehört auch die *human-interest story*, die gezielte Lancierung von Rührgeschichten.[595] Schließlich verlagern sich die politisch-militärischen Fronten in die Berichterstattung: CNN vs. *Al-Dschassirah*.

---

[594] HERMAN 1996
[595] KEMPF / PALMBACH / REIMANN

8   Ausblick

> [Der ideale Offizier. T.M.] *soll alles können, das heißt, er muss das ganze Spektrum eines Konflikts begreifen, nicht nur in seinen Kriegshandlungen, er muss die Hintergründe kennen und die große Palette der Reaktionsmöglichkeiten. Denn wenn es gegen Aufständische geht, helfen Ihnen die Erfahrungen aus Kampfeinsätzen nicht allzu viel, es geht um einen Mix aus offensiven, defensiven und stabilisierenden Techniken. Und das kann eben auch heißen, Brunnen zu bohren, Fußbälle zu verschenken, reden, Tee trinken, was auch immer.*[596]
> US-General David Petraeus in einem »Spiegel«-Interview vom 18.12.2006

In diesem Kapitel
Strategische, politische und militärökonomische Faktoren führen dazu, dass die Bedeutung von PSYOPS noch weiter zunehmen wird. Das gilt insbesondere für postwar conditions. PSYOPS bewegen sich in einer Welt, deren Vernetzung viele althergebrachte Grenzen räumlicher, zeitlicher, juristischer und anderer Art aufhebt. Auf diese neuen Rahmenbedingungen hin müssen sie ausgerichtet werden. Unterschiedlich gelagerte und noch nicht vollauf geregelte Schnittstellen und Einflussfaktoren wie Medien und PR führen zu einem heiklen Terrain, auf dem sich PSYOPS bewegen. Sie werden eine noch anspruchsvollere Disziplin als bisher.

Es ist ein allgemeiner Trend zur Privatisierung von Bereichen festzustellen, auf die der Staat vormals ein Monopol gehabt hat. Auch an den PSYOPS ist diese Entwicklung nicht spurlos vorbeigegangen. Die Resultate sind allerdings nicht über jeden Zweifel erhaben.

---

[596] http://www.spiegel.de/spiegel/print/d-49929796.html

PSYOPS: *zunehmende Bedeutung* • *Die Welt vernetzt sich noch mehr* • *Heikle Spannungsfelder* • *Privatisierung auch bei den* PSYOPS • *Nachkriegs-Operationen gewinnen noch an Gewicht* • PSYOPS – *auch eine Waffe des kleinen Mannes* • State of the art

Die PSYOPS der Zukunft werden eng mit den Entwicklungen des Kriegs bzw. des bewaffneten Konflikts verbunden sein. Teilweise beeinflussen sich die beiden Größen auch gegenseitig. Im Folgenden kommen sechs Aspekte zur Sprache. Es besteht dabei kein Anspruch auf Vollständigkeit, vielmehr geht es um einzelne erhellende Schlaglichter.

PSYOPS: zunehmende Bedeutung
Hintergrund ist dabei stets, dass PSYOPS noch an Bedeutung zunehmen werden. Das liegt u. a. daran, dass

- die Politik der westlichen Demokratien sich immer vehementer gegen Verluste auf Seiten der eigenen Truppen sperrt, gleichwohl aber die Initiative im Weltgeschehen zum Ziel hat (politischer Aspekt)
- traditionelle Kriege zwischen einzelnen Staaten unwahrscheinlicher werden, asymmetrische Auseinandersetzungen mit nichtstaatlichen Gegnern hingegen zunehmen; dieser *fourth generation warfare* erfordert weniger klassische Waffengänge mit entsprechendem Know-how und Material als vielmehr *counterinsurgency*-Kompetenz und *operations other than war* (operativer Aspekt)
- PSYOPS aufgrund jüngster Erfahrungen z. B. in Bosnien und im Kosovo den Status einer eigenwertigen Konfliktlösungsmethode erlangt haben (strategischer Aspekt)
- bei der Zivilbevölkerung um die Akzeptanz von Einsätzen gerungen werden muss (Aspekt der *public diplomacy*)
- in der PSYOPS-Doktrin noch Entwicklungspotential besteht, z. B. in der Hinwendung von traditionellen Mitteln wie Lautsprecher und Flugblatt zu elektronischen Medien und einem kommunikativen Ansatz, der auf Dialog *face to face* beruht (Aspekt der Kommunikation)

- angesichts angespannter Staatshaushalte die eingesetzten militärischen Mittel mit *force multipliers* einen größeren Hebel erhalten müssen (militärökonomischer Aspekt).

Die Welt vernetzt sich noch mehr
Nationale und andere »offizielle« Grenzen werden durch das Internet immer noch stärker ausgehebelt. Netzwerke sind die Erfolgsmodelle, nicht mehr Zollstationen. Selbst harsche Repressions- und Zensurapparate vermögen den elektronischen Informationsfluss nicht vollauf zu regulieren bzw. zu unterbinden. Gab es 2001 noch 375 Mio. Internetnutzer, so stieg deren Zahl 2005 auf 840 Mio. und wird Schätzungen zufolge 2010 über 1,8 Mia. erreicht haben. Breitbandverbindungen, Web-Handys, Web-TV und andere Errungenschaften treiben die Entwicklung exponentiell voran. Auch in früher kaum erschlossenen Weltgegenden kann jetzt mit dem *global village* kommuniziert werden – und umgekehrt. In der Formulierung des amerikanischen Journalisten Thomas L. Friedman: »Die Welt ist flach.« Es wird »das Spielfeld eingeebnet«[597], die Globalisierung schafft in der digitalen Welt gleiche Voraussetzungen auch für Länder wie Indien, die traditionellerweise nicht zu den *global players* gezählt haben. Für die Militärs bedeutet das insbesondere:

- Informationstechnologien können eine ebenso große Gefahr darstellen wie die klassische Waffe, und es kann ihnen, sieht man von der physischen Zerstörung der Hardware oder von der Elektronischen Kriegsführung ab, auch nicht mit klassischen Mitteln begegnet werden. Nochmals in den Worten von Friedman:

    »Meine persönlichen Ängste speisten sich aus der unbestreitbaren Tatsache, dass in einer flachen Welt nicht nur die Programmierer und Computerexperten in die Lage versetzt werden, global zu kooperieren, sondern auch Al-Qaida und andere Terrornetzwerke. Das Spielfeld wird nicht nur in dem Sinne eingeebnet, dass es neue Innovatoren anzieht und zu großartigen Leistungen befähigt. Es erlaubt auch einer ganz neuen Schicht zorniger, frustrierter und gedemütigter Männer und Frauen, mitzumischen und ihre Kräfte zu bündeln.«[598]

- Der Informationsfluss lässt sich nicht bis ins Letzte steuern und kontrollieren.
- Das Auge der Weltöffentlichkeit ist omnipräsent.

---

[597] FRIEDMAN, Thomas L. 21
[598] a. a. O. 19

- Hergebrachte Definitionsmuster wie »Ländergrenzen« oder »Staatsbürger vs. Bürger von Drittländern« sind überholt.
- Kriterien der Medienpsychologie können mehr Gewicht erhalten gegenüber Maßeinheiten einer traditionellen Mitteltabelle mit Truppenbeständen, Bewaffnung, Motorisierung usw. Das Kommunikationskonzept (KOK) ist integrierter Bestandteil von Stabsarbeit und Führung.
- Hochexpansive Medien wie *facebook, youtube* oder *twitter* haben ihre eigene, kaum steuerbare Dynamik. Das musste beispielsweise das iranische Regime zum Jahresende 2009 erfahren, als trotz aller Abschirmversuche Handy-Fotos von Zusammenstößen zwischen Demonstranten und Sicherheitskräften aufs globale *net* und von dort in die Medien gelangten. In die gleiche Kategorie fallen die Aktivitäten der *web-* bzw. *warbloggers*. Diese sind ein »Gegengift zur Propaganda« (»aber noch kein allgemeiner Impfstoff«[599]), denn »Warblogging ist gelebte Skepsis«[600]:

> »Blogs und Mailinglisten lassen tatsächlich jeden interessierten Internet-Nutzer mit minimalem Aufwand zum Sender neben den herkömmlichen Redaktionen werden. Sie schaffen die Möglichkeit, einen neuen, personalisierten Blick auf die medienvermittelte Wirklichkeit und Alltagsrealität zu werfen. Jede dieser einzelnen Stimmen ist vernetzt mit anderen Perspektiven, so dass sich ein umfassendes Bild der Welt öffnet. Wer in diese Infosphäre eintaucht und sich nur halbwegs auf sie einlässt, dem wird es schwer fallen, den offiziellen Propagandabemühungen Glauben zu schenken. Vor allem macht es das Infouniversum leichter, die rhetorischen Finten und psychologischen Tricks der Kriegstrommler überhaupt als Propaganda zu erkennen, da sie beim gemeinschaftlichen und verlinkten Filtern nie lang verborgen bleiben. Kritische Blogs, Mailinglisten, Online-Foren und die sich aus vielen anderen Quellen und Publikationsräumen speisende Gesamtheit der vernetzten Öffentlichkeit stellen so ein Gegengift zur zunehmenden Propaganda der traditionellen Mächte dar.«[601]

In diesen Zusammenhang gehört auch die *website* wikileaks.org. *Whistleblower* und Insider-Informanten liefern brisantes Material, z. B. über geplante Maßnahmen der US-Armee gegen unbotmäßige Journalisten, die Ausrüstung der amerikanischen Truppen im Irak und in Afghanistan, Interna aus Guantánamo oder die Aktivitäten einer CIA-eigenen Denkfabrik, die zum Ziel hat, in Deutschland und Frankreich für den Nutzen des Afghanistan-Einsatzes Stimmung zu machen.[602]

---

[599] KREMPEL 226
[600] a. a. O. 219
[601] a. a. O. 225f.
[602] Vgl. KILIAN

2010 hat wikileaks mit groß angelegten Aktionen auf sich aufmerksam gemacht. Den Anfang machte die Agentur mit dem Video »Colateral Murder« im April; von einem Helikopter aus wurde der Beschuss von Zivilisten in Bagdad gefilmt, und die Aufnahmen gelangten ins web. Im Juli trat Wikileaks mit über 90'000 Dokumenten auf den Plan, die ein ungeschöntes Bild der westlichen Afghanistan-Einsätze vermitteln und in einer geschickt orchestrierten Kampagne zuerst dem »Spiegel«, dem »Guardian« und der »New York Times« zugespielt wurden. Es folgte im Oktober die Veröffentlichung von 400'000 klassifizierten US-Dokumenten, aus denen u. a. hervorgeht, dass 15'000 Iraki mehr den Tod gefunden haben, als es die offizielle Statistik ausweist. Ende 2010 eskalierte nach weiteren Veröffentlichungen der Konflikt zwischen *wikileaks* und einzelnen Staaten bzw. Unternehmen (vgl. Einführung, Kap. III).

Aus diesen Gegebenheiten ergeben sich verschiedene Schlussfolgerungen:

- Es muss nachhaltig in *information warfare* und insbesondere PSYOPS investiert werden: Hard- und Software, Ausbildung und Image.
- Die strategische Dimension muss dabei ebenso abgedeckt sein wie die operative und die taktische. Das ist noch lange nicht in allen Streitkräften der Fall. Gerade die Nato hat hier Nachholbedarf. Die Mitgliedstaaten stehen in dieser Hinsicht gut da – die USA, aber auch Belgien, Deutschland, Polen, Spanien, die Tschechische Republik und das UK haben viel investiert –, als Dachorganisation allerdings verfügt sie über wenig Ressourcen.[603]
- Zensur greift nicht selten ins Leere und erfolgt meist reaktiv statt aktiv. Entsprechend muss die Dominanz im Informationsraum zunehmend durch Überzeugungsarbeit angestrebt werden. Das *human terrain* kann nicht mit Waffengewalt erobert werden.
- Der globale Informationsraum ist pluralistisch; man kann nie davon ausgehen, über die einzig gültige Version eines Sachverhalts zu verfügen. CNN muss mit *Al-Dschassirah* rechnen und umgekehrt. Hier kommt erschwerend hinzu, dass der Konsument jenes Medium wählt, mit dem er seine vorgefasste Meinung am ehesten teilt.

---

[603] Vgl. COLLINS, Nato and Strategic PSYOPS

- Die in den USA und anderen westlichen Demokratien gesetzlich verankerte Regelung, dass keine PSYOPS auf die eigene Bevölkerung bzw. Truppe ausgeübt werden dürfen, ist insofern realitätsfremd, als alles überall von jedermann empfangbar ist – vorausgesetzt, er verfügt über die entsprechenden technischen Voraussetzungen. Für den Gegner gedachte PSYOPS oder für Drittstaaten eingesetzte flankierende Kommunikationsmaßnahmen können je nachdem auch die Leute zu Hause erreichen – und deren Medien reichen u. U. um die halbe Welt. In anderen Worten: Es lassen sich immer weniger zwei getrennte Öffentlichkeiten aufrechterhalten; wir haben nur eine, die Weltöffentlichkeit.
- Es ist angesichts von Foren wie *facebook, youtube, twitter* sowie von *blogs* darauf zu achten, möglichst keine klassifizierten sowie inkriminier- und skandalisierbare Inhalte zu bieten, die im Nu auf dem weltweiten Netz sind und sich in dieser Form jeglicher Kontrolle entziehen. Sollte es wie Ende 2009 im afghanischen Kundus zu Zwischenfällen kommen, so ist proaktives Informieren bedeutend besser als ein Stück für Stück erfolgendes Einräumen und Zugeben.

Heikle Spannungsfelder

In Staaten mit egalitärem Selbstverständnis und hohen demokratischen Standards ist es immer weniger vorstellbar, im Dienst einer übergeordneten Sache – zum Beispiel der Kriegsräson – Intransparenz und Desinformation walten zu lassen. Das *Office of Strategic Influence*, mit dem in den USA 2002 »schwarze« PSYOPS institutionalisiert wurden, musste aufgrund weltweiter Proteste wieder geschlossen werden. Es fand aber, das bleibe nicht unerwähnt, im *Office of Global Communications* einen würdigen Nachfolger. PSYOPS bewegen sich diesbezüglich auf heiklem Terrain.

Hinzu kommen Probleme, die sich aus Schnittstellen ergeben. Zum einen ist die zwischen Politik und Militär z. T. ungenügend geregelt. Zum andern hat sich die Schnittstellenproblematik in den *battle groups* bei internationalen Operationen als nur schwer bewältigbar herausstellt. Dafür sind Unterschiede der Doktrin, der materiellen sowie der Ausbildungsbereitschaft und -interoperabilität oder der Sprachregelung verantwortlich.

Im Informationsraum entfalten neben den PSYOPS zwei Kräfte ihre Wirkung: die von *spin-doctors* und PR-Agenturen gegängelte öffentliche Meinung sowie die auf *scoops*, exklusive Nachrichten, ausgerichteten Medien. Informationen gehen heute nahezu in Echtzeit durch Äther und Kabel, ohne in größere Zusammenhänge eingeordnet bzw. verifiziert zu werden. Sie können eine nicht mehr kontrollierbare Eigendynamik entwickeln.

In diesem Rahmen ergibt sich das folgende Gesamtbild: Das Primat hat in den westlichen Demokratien immer die Politik – vor dem Militär. Entsprechende Einschränkungen, ja aus der Sicht des Militärs kontraproduktive Beschneidungen der Handlungsfreiheit sind hinzunehmen. Die Politik gibt die Minimierung von Kollateralschäden vor, verlangt das Vermeiden eigener Verluste, fordert aber zugleich rasch sichtbare Erfolge. Sie spricht als oberste staatliche Instanz die zahlenmäßige Begrenzung bzw. spezifische Zusammensetzung der eingesetzten Truppen, wobei Kompetenz in militärischen Fragen nicht immer gegeben ist. Schließlich benötigt sie Zeit für die Entscheidungsprozesse, bevor es zum Einsatz von Streitkräften kommt – auch dies eine Tatsache, die den Gefechtsgrundsätzen diametral entgegengesetzt sein kann. Gleichwohl gilt: »Die Vorstellung, dass in Militäreinsätzen ausschließlich nach militärischen Erfordernissen und ohne Einmischung der Politik gehandelt werden könnte, verkennt die grundsätzlich politische Natur [der. T.M.] Einsätze. Auch künftig wird also politisches Makro- und Mikro-Management von militärischen Konflikten der Regelfall sein.«[604] Gerade für die Handhabung »schwarzer« PSYOPS müssen Politik und Militär in den demokratischen Staaten des Westens eine Einigung betreffend diese besondere Art von Kummunikation erzielen.

In puncto Schnittstellenproblemtik innerhalb der Nato-*Partnership for peace* (PFP) gilt es denn die Interoperabilitätsziele (*partnership goals*) umzusetzen, »welche die Zusammenarbeit in struktureller, materieller, verfahrensmäßiger und ausbildungsmäßiger Hinsicht verbessern sollen«[605].

Was die von professionalisierter, zumeist kommerzieller Kommunikation geprägte Umwelt anbelangt, sind zwei Aspekte maßgeblich. Einerseits sind PSYOPS im Bewusstsein zu konzipieren und durchzuführen, dass sie sich in einem schwer berechenbaren, ihnen nicht immer günstigen Feld bewegen und deshalb höchste Professionalität gefordert ist. Entsprechend sind die Stabsstellen personell zu besetzen. Andrerseits können die Omnipräsenz und investigative Ausrichtung der Medien einen Schwindel früher oder später auffliegen lassen. Es wird also allein aus Gründen der Opportunität angezeigt sein, sich soweit wie nur möglich der Wahrheit zu verpflichten. Allerdings steht dem das Prinzip der militärischen Klassifikation entgegen, z. B.

---

[604] HOCH
[605] KRATZWALD 117

der Geheimhaltung. Bislang galt häufig der Grundsatz, nicht alles zu sagen, aber das, was man sagt, solle wahr sein. Es ist fraglich, ob sich die Medien mit Bruchstücken der Gesamtinformation weiterhin zufrieden geben werden.

Privatisierung auch bei den PSYOPS
Die US-Streitkräfte outcourcen ihre Logistik; private Sicherheitsfirmen wie der 1997 gegründete Marktführer *Blackwater*, der heute unter der Marke *Xe Services* firmiert, bieten Regierungen, Behörden und Bürgern ihre Dienste an, die bis zu hochsensiblen Operationen gehen können; im Irak bewegen sich rund 20'000 Söldner im Auftrag der britischen und US-Regierung; der groß angelegte, 22 Mio. US-Dollar schwere Einsatz privatwirtschaftlich organisierter Spione in Afghanistan und Pakistan führte im Frühjahr 2010 zu internen Untersuchungen des amerikanischen Verteidigungsministeriums. Das Outsourcing von Armee-Aufgaben an private Unternehmen, sog. *Private Military and Security Companies* (PMSC), hat mittlerweile Tradition. Es geht um Kommando-Einsätze, Spitalbau oder die Nahrungsversorgung für ganze Brigaden. Auch für nichtstaatliche PSYOPS-Akteure ist heute ein Markt im Entstehen begriffen. Das Engagement von PR-Firmen ist nichts neues, neu sind aber Unternehmen wie *Strategic Communications Laboratories Ltd.* (SCL), die explizit PSYOPS in ihrem Kompetenzen-Portfolio führen.

> »Während Werbung sich nur darum bemühe, die Einstellung der Menschen zu ändern und deren Aufmerksamkeit auf ein Produkt zu erhöhen, sei die von SCL angebotene Kommunikation sehr viel effizienter. Sie werde nicht daran gemessen, ob ein Branding besser als das andere ist, sondern strikt nach ›Ergebnissen‹, wozu beispielsweise [...] das Sich-Ergeben von Truppen gehöre. Wichtig sei strategische Kommunikation vor allem ›in der Politik‹, bei militärischen Operationen und humanitären Programmen, wo die Ergebnisse oft aus dem Unterschied zwischen Leben und Tod bestehen.«[606]

Weshalb PSYOPS outsourcen? Die Vergabe von Aufträgen an private, kommerzielle Kontraktoren kann darin begründet sein, dass das Militär seine PSYOPS-Aufgabe nicht in der gewünschten Qualität zu meistern vermag, oder es kann politisch opportun scheinen, bei heiklen (völker-)rechtlichen Verhältnissen über einen Prügelknaben zu verfügen, bei der kleinsten Unstimmigkeit den privaten Partner feuern und jede Verantwortung von sich weisen zu können. Zum ersten Argument ist festzuhalten, dass die *after-action review* der Operation *Iraqi Freedom* Unterbestände

---

[606] RÖTZER, Strategische Kommunikation

und qualitative Mängel bei den PSYOPS-Truppen feststellte – ein Moment, das nach Verstärkung geradezu ruft. In den gleichen Zusammenhang gehört die Tatsache, dass das amerikanische Militär in der taktischen und operativen PSYOPS-Arbeit in der Regel gut abschneidet, auf der strategischen Ebene aber große Defizite aufweist. Kein Wunder, dass private Anbieter den Plan betreten; sie bieten ganze Dienstleistungspakete an:

- Erarbeitung eines strategischen Ansatzes
- Entwicklung von Prototyp-Produkten
- Entwicklung eines kommerziellen Qualitätsprodukts
- Distribution des Produkts
- Wirkungsanalyse.

Die Honorare bewegen sich zwischen 250'000 $ in den Anfängen und einem Wachstumspotential von 100 Mio. $. Man verspricht sich einen Boom. Allerdings ist es bereits mehr als einmal vorgekommen, dass Mandate wegen krassen Ungenügens widerrufen worden sind.[607]

Nachkriegs-Operationen gewinnen noch an Gewicht
Die Operation *Iraqi Freedom* hat einen befremdlichen Gegensatz an den Tag gebracht: Die PSYOPS vor den Kampfhandlungen erfüllten einerseits ihren Zweck, indem sie die irakischen Soldaten auf ihren Überlebenstrieb hin ansprachen und sie zur Aufgabe aufforderten – was viel Zeitgewinn mit sich brachte. Und sie hielten die Zivilbevölkerung dazu an, vor Ort Schutz zu suchen und das Ende der Kampfhandlungen abzuwarten – was das Elend und die Komplikationen von Flüchtlingsströmen verhinderte. Andererseits aber ist der Kampf um die Herzen und Köpfe jetzt, im Nachkriegs-Irak, schlichtweg ein Debakel. Ob er jemals gewonnen werden kann, wird für eine historische Beurteilung der gesamten Operation maßgeblich sein.[608]

Der Grund für diese Malaise liegt darin, dass man sich gar nicht ernsthaft mit dem Nachkriegsszenario beschäftigt hat. Besonders im Südirak hatte dies zur Folge, dass irakische Agenten das Vakuum füllten. Die USA setzten daraufhin kommerzielle Sender ein, um »praktisch alles zu senden, was verfügbar war, und so Abhilfe zu

---

[607] VEST
[608] Vgl. COLLINS, Psychologische Operationen

schaffen. Dies führte gelegentlich zu unfreiwilliger Komik, als die amerikanischen Sender dem Irak nicht mehr so viel Aufmerksamkeit schenkten und die unter Vertrag genommenen Sender ihre verwunderten irakischen Zuhörer mit amerikanischen Provinznachrichten bedachten.«[609] Lernen können die US-Verantwortlichen gewiss einiges von der Nato, die in Bosnien und der Herzegowina wie auch im Kosovo gute Arbeit geleistet hat. In den Führungsstäben von SFOR und KFOR ist eine große Kompetenz und Sensibilität entstanden, von der sich profitieren ließe.

PSYOPS – auch eine Waffe des kleinen Mannes
Der *low intensity conflict*, wie ihn van Crefeld als die maßgebliche Konfliktform der Zukunft sieht, macht die gigantisch hochgerüsteten Armeen untauglich: Es »wird sich auch das Aussehen der Streitkräfte verändern, ihre Größe wird schrumpfen, und sie werden nach und nach verschwinden.«[610] Einen Hinweis darauf gibt der Erfolg, mit dem die Serben bei den Nato-Einsätzen mit professionellen PSYOPS zurückschlugen – und dies weit mehr als mit herkömmlichen militärischen Mitteln, wo große Assymmetrie bestand. Die Serben versuchten u. a. über das Internet, die Unterstützung der internationalen Staatenwelt zu gewinnen, was ihnen etwa im Fall Russlands auch gelang. Ihre damals einschlägig ausgerichtete Website *www.serbia-info.com* ist mittlerweile wieder auf zivile Zwecke hin angelegt, genau so wie die damalige *www.kosova.com* der *Kosova Liberation Army* und später dann ähnlich, aus einem anderen Konflikt hervorgehend, jene der Tschetschenen (*www.kavkaz.org*).

Man könnte von »Guerilla-PSYOPS« sprechen, die mit kleinem Budget, großer Flexibilität, unbehindert von Militärbürokratie und politischen Skrupeln, gezielt zuschlägt. Es braucht keine große logistische Basis, ein Laptop mit Modem genügt im hintersten Hindukusch, um sich weltweit bemerkbar zu machen. Um nochmals auf die Serben zurückzukommen: Sie wichen militärischer Konfrontation weitgehend aus und brachten es fertig, durch offensive PSYOPS und Medienarbeit das Primat des Handelns an sich zu reißen und die Nato-Generalität in den Part des Reagierens zu drängen. Anstatt sich auf ihre operative Hauptaufgabe konzentrieren zu können, musste diese einen großen Teil ihrer Zeit dazu benützen, medialen Operationen der Serben zu begegnen. Für die Zukunft lässt sich also folgern, dass die traditionellen Militärmächte ihrerseits zu erhöhter Flexibilität gelangen und nicht nur defensiv,

---

[609] ebenda
[610] VAN CREFELD 303

sondern auch klar offensiv PSYOPS betreiben müssen – mit der gleichen Entschiedenheit, wie sie auch die andern Disziplinen der Info Ops einsetzen.

State of the art

Aus den jüngsten Konflikten haben sich wegweisende Konsequenzen für *state-of-the-art* PSYOPS ergeben. Allgemein besteht eine Tendenz weg von traditionellen Mitteln wie Flugblatt und Lautsprecher hin zu den elektronischen Medien. Diese haben *in puncto* Zeitverzug zwischen Ereignis und Berichterstattung, im Hinblick auf Produktion, Distribution und Rezeptionsgewohnheiten des Zielpublikums eindeutig den Vorrang. Es sind dabei die bestehenden, vorwiegend zivilen Medien zu verwenden und weniger die militäreigenen, wenn die *target audience* aus Zivilisten besteht. Ob diese oder das Militär: In der Sprache und Kultur des Zielpublikums zu sprechen, zu schreiben, zu senden ist unerlässlich. Das erfordert entsprechende Know-how-Träger in den PSYOPS-Truppen.

Neben den Medien ist es die *face-to-face*-Kommunikation, mit der sich nachhaltig auf die lokale Bevölkerung einwirken lässt. Sie ist, das Beispiel Irak zeigt es deutlich, durch nichts ersetzen. Die hohen – mitunter vielleicht fast zu hohen – Ansprüche an ein solches Vorgehen und die kaum vermeidbaren Kommunikationsfallen sollen dabei nicht entmutigen.

Es hat ein Mentalitätswandel stattzufinden. Zum Pflichtenheft der Kommandeure muss zählen, das mediale Umfeld in die Beurteilung der Lage einzubeziehen und PSYOPS als wichtiges Element der Aktionsplanung und -führung zu erkennen und einzusetzen. PSYOPS sind als unabdingbare Aufgabe im Führungsgrundgebiet 3 (Operationen) und als eigenständiger Punkt in der Befehlsgebung zu betrachten. Die Tatsache, dass PSYOPS nicht zum Grundhandwerk des Kommandeurs zählen, soll nicht als Hindernis betrachtet werden, sondern vielmehr als Hinweis darauf, dass entsprechende Fachkräfte zu involvieren sind. Es hat bei PSYOPS höchste Sensibilität zu gelten: Die Unterscheidung zwischen strategischer, operativer und taktischer Ebene ist heute nichtig geworden. Informationen und Nachrichten sind schnell und überall send- und empfangbar. »Ein Flugblatt, das ein PSYOPS-Soldat in Bosnien verteilt, kann problemlos in den Abendnachrichten in den Hauptstädten der Nato-Partner gezeigt werden.«[611]

---

[611] COLLINS, Nato and strategic PSYOPS

Selbstverständlich bewegen sich PSYOPS meist in einem Konfliktraum und bilden *force multiplier* für kombattante Aktionen. Das soll auch so bleiben. Entscheidend ist aber, dass herkömmliche antagonistische Denkmuster relativiert werden. Konfrontative Strategien sind zu ergänzen: Die gesamte Truppe hat ebenso das soziale, kulturelle und religiöse Umfeld im Informationsraum zu kennen und zu berücksichtigen. Gefragt ist *cultural awareness*. Ebenfalls in den Vordergrund rückt die – *per se* dialogische – Kommunikation, die an die Stelle der Einweg-Information tritt.

Es soll zudem in der Dimension von Handlungsspielräumen gedacht werden. Dafür ist das Bild des Schachbretts mit den verschiedenen Bewegungsmöglichkeiten der Figuren verwendet worden – eine stimmige Metapher für die Komplexität heutiger Lagen.[612] Schließlich haben PSYOPS in zwei Richtungen zu zielen: auf den einsatzspezifischen Informationsraum und die Weltöffentlichkeit. Dass es in dieser immer weniger Geheimnisse gibt – und wenn, dann nicht sehr langlebige –, wird die Akteure über kurz oder lang in Richtung auf Transparenz und Ehrlichkeit führen. Wie weit sie sich diesem Ziel nähern, bleibe freilich dahingestellt. Zum gleichen Resultat gelangt, wer sich einer entsprechenden Ethik im Handwerk der PSYOPS verpflichtet. Die deutsche Bundeswehr hat sich mit ihrer Doktrin der Info Ops eine solche aufs Banner geschrieben.

---

[612] JANDESJEK et al. 1

Tafeln

#	Titel	Seite
1	Begriffsgeschichte	23
2	PSYOPS: Definition	24
3	Sprachregelung	24
4	Die Bandbreite möglicher UN-Aufträge	26
5	Strategische Schwerpunkte der psychologischen Kriegsführung	34
6	Motive übergelaufener malaysischer Untergrundkämpfer	36
7	Kommunikationsoperationen im Informationsraum	36
8	Kommunikationsmodell der PSYOPS	38
9	Kriegstypen 1945–2000	59
10	Kulturelle Unterschiede nach Kluckhohn und Strodtbeck	71
11	Anhaltspunkte zur *Arab Cultural Awareness*	72
12	*Social Network Analysis*	73
13	Formel für den Gefechtswert der Truppe	137
14	Übernahme des gegnerischen Informationsraums	145
15	Formel für die Stärke eines Gerüchts	163
16	Aktivitäten von PR-Agenturen in ausgewählten Kriegen 1967–2008 (ohne Balkankriege)	212
17	Formen und Prinzipien des Terrorismus	257
18	Terrorismus als Kommunikation	264
19	Aktivitäten von US-amerikanischen Public-Relations-Agenturen während der Balkankriege 1991–2002	289
20	Alltags-, Operations- und Medienwirklichkeit	292

Abkürzungen

A	(intern.) Air / Luftwaffe; z. B. A3 = Chef Operationen der Luftwaffe (vgl. FGG 3)
ABC-Waffen	(deutschspr. Raum) atomare, biologische und chemische Waffen (vgl. NBC weapons)
ACO	(Nato) Allied Command Operations
AFCENT	(Nato) Allied Forces Central Europe
AFRICOM	(USA) African Command
AI	(intern.) Amnesty International
AMGOT	(Alliierte, 2. Weltkrieg) Allied Military Government of the Occupied Territories
AO	(USA) Area of Operations
ASW	(D) außersinnliche Wahrnehmung
BiH	(UN) Bosnia-Herzegovina
CA	(USA) Civil Affairs
CALCM	(USA) Conventional Air Launched Cruise Missile
CENTCOM	(USA) United States Central Command
CIA	USA) Central Intelligence Agency
CIDG	(USA) Civilian Irregular Defense Group
CIMIC	(intern.) Civil-military Co-operation
CINCSOC	(USA) Commander-in-Chief Special Operations Command
CNO	(USA) Computer Network Operations
COIN	(USA) Counterinsurcency
COMOPS	(F) Commandement des Opérations
CTU	(USA) Counter Terror Unit
CW	(intern.) Cyber Warfare
C2	(intern.) Command and Control
C2I	(intern.) Command, Control and Intelligence
C4I	(intern.) Command, Control, Communications, Computers, and (military) Intelligence
C4ISTAR	(UK) C4 (Command, Control, Communications, Computers), I (military intelligence) and STAR (Surveillance, Target Acquisition and Reconnaissance)
C^2W	(intern.) Command and Control Warfare
DEFCON	(USA) Defense Condition (Verteidigungsbereitschaft)
DOD	(USA) Department of Defense
DPA	(UN) Dyton Peace Accord (1995)
D & D	(intern.) Denial and Deception

EKF	(CH) Elektronische Kriegführung (vgl. EW)
EMF	(F) Etat-major des Forces
EUCOM	(USA) European Command
EUPM	(EU) Polizeimission der Europäischen Union
EW	(USA) Electronic Warfare (vgl. EKF)
FGG	(D/CH) Führungsgrundgebiet (= intern. staff cell)
FGG 1	" Personelles
FGG 2	" Nachrichten
FGG 3	" Operationen
FGG 4	" Logistik
FGG 5	" Planung
FGG 6	" Führungsunterstützung
FGG 7	" Ausbildung
FGG 8	" Finanzielles
FGG 9	" CIMIC (Civil Military Cooperation)
FM	(intern.) Field Manual
FUSAG	(USA, 2. Weltkrieg) First United States Army Group
FWFs	(USA) Former Warring Fractions
G	(intern.) Ground / Heer; z. B. G4 = Chef Logistik Heer (vgl. FGG 4)
GI	(USA) ungewisse Herleitung; Varianten: GI für Galvanized Iron (metallene Mülleimer), Government Issue (Regierungseigentum), General Infantry, Ground Infantry, General Invasion und Government Inductee
GIO	(F) Groupement d'information opérationelle
GPS	(intern.) Global Positioning System
GUS	(intern.) Gemeinschaft Unabhängiger Staaten
HQ	(intern.) Headquarter(s), Hauptquartier
HTS	(USA) Human Terrain System
IADB	(intern.) Inter-American Defense Board
IDF	(intern) Israel Defense Forces
IF	(UN) Implementation Forces
InfoOps	(intern.) Information Operations
INFOSYS	(USA) Information Systems
IntkulEinsber	(D) Interkultureller Einsatzberater
IO	(USA) Information Operations
IW	(intern.) Information Warfare
J	(intern.) Joint / Vereinigte Stäbe / Teilstreitkräfte; z. B. J1 = Chef Personelles der Vereinigten Stäbe / Teilstreitkräfte (vgl. FGG 1)
JUSPAO	(USA) Joint United States Public Affairs Office

KOK	(CH) Kommunikationskonzept
KVR	(D/CH) Kriegsvölkerrecht
LIC	(intern.) low intensity conflict
MHRI	(intern.) The Monitoring Net of Human Rights in Iraq
MILDEC	(USA) Military Deception
MND-N	(UN) Multi-National Division-North
MNF-I	(UN) Multi-National Force Iraq
MOB	(USA, 2. Weltkrieg) Morale Operations Branch
MOOTW	(intern.) Military Operations Other than War
MPOC	(UK) Military PSYOPS Planners Course
Nato	(intern.) North Atlantic Treaty Alliance
NBC weapons	(intern., englischsprachiger Raum) Nuclear, biological and chemical weapons (vgl. ABC-Waffen)
NGO	(intern.) Non-Governmental Organisation
NMD	(USA) National Missile Defense
NS	(deutschspr. Raum) Nationalsozialismus, nationalsozialistisch
OAF	(intern) Operation Allied Forces
OCB	(USA) Operations Coordinating Board
OJE	(UN) Operation Joint Endeaver
OJG	(UN) Operation Joint Guard
OKW	(NS-D) Oberkommando der Wehrmacht
OMI	(F) Opérations militaires d'influence
OODA	(USA) orientation, observation, decision, action
OOTW	(UN) Operation other than War
OpInfo	(D) Operative Information
OPSEC	(USA) Operations Security
OSS	(USA, 2. Weltkrieg) Office of Strategic Services
OSZE	(intern.) Organisation für Sicherheit und Zusammenarbeit in Europa
OWI	(USA, 2. Weltkrieg) Office of War Information
PA	(USA) Public Affairs
PACOM	(USA) Pacific Command
PCI	(I) Partitio Comunista Italiano
PI	(intern.) Public Information
PIO	(intern.) Public Information Officer
PfP	(Nato sowie 23 europ. und asiat. Staaten) Partnership for Peace
PLA	(China) People's Liberation Army
PMSC	(intern.) Private Military and Security Company
POB	(USA) Psychological Operations Battallion
PR	(intern.) Public Relations

PSK	(D) Psychologische Kriegsführung (1959–1970)
PSMC	(USA) Private Security and Military Company
PX	(USA) Post Exchange (militäreigene Läden auf den Truppenbasen)
RAF	(UK) Royal Air Force
RII	(USA) Relevant Information and Intelligence
RIMPAC	(USA) Rim of the Pacific (Manöver)
RMA	(intern.) Revolution in Military Affairs
ROB	(intern.) Rules of behaviour
ROE	(intern.) Rules of engagement
ROG	(intern.) Reporter ohne Grenzen
S & A	(USA) Shock and Awe
SCL	(USA) Strategic Communications Laboratories
SDI	(USA) Strategic Defense Initiative
SERE	(USA) Survival, evasion, resistance and escape (Training)
SFOR	(UN) Stabilisation Force, 1996-2004 Nato-Schutztruppe für Bosnien und Herzegowina
SHAPE	(Nato) Supreme Headquaters Allied Powers Europe
SISMI	(I) Servizio per le Informazioni e la Sicurezza Militare (bis 2007)
SNA	(USA) Social Network Analysis
SOC	(psycholog. Fachbegriff) Sense of coherence
SOP	(intern.) Standard Operating Procedure
SS	(NS-D) Organisation »Schutzstaffel«
TAA	(UK) Target Audience Analysis
TAAC	(UK) Target Audience Analysists Course
TLAM	(USA) Tomahawk Land Attack Missile
TPT	(UK) Tactical PSYOPS Team
TPTT	(UK) Tactical PSYOPS Team Training
UAV	(intern.) Unmanned Aerial Vehicle
UÇK	(Ex-Jugoslaw.) Ushtria Çlirimtare e Kosovës, dt.: »Befreiungsarmee des Kosovo«, albanische paramilitärische Organisation
UNHCR	(UN) Flüchtlingshilfswerk der Vereinten Nationen
UNIFIL	(UN) United Nations Interim Force in Lebanon
UNITAS	(intern.) 1959 gegründetes jährliches Manöverprogramm im Atlantik mit Argentinien, Brasilien, Kanada, Chile, Kolumbien, Equador, Deutschland, Mexico, Peru, den USA und Uruguay
USACAPOC	(USA) US Army Civil Affairs and Psychological Operations Command
USAF	(USA) US Air Force
USIA	(USA) United States Information Agency
UXO	(intern.) Unexploded Ordnance (Blindgänger)

WAPA	(intern.) Warschauer Pakt
ZInFü	(D) Zentrum Innere Führung
ZOpInfo	(D) Zentrum Operative Information
ZOS	(UN) Zone of Separation
4GW	(intern.) Fourth Generation War

Personen- und Sachregister

1

11/9 55

4

4th *Psychological Operations Regiment* 46

9

9/11 31, 46, 55, 155, 186, 257, 296

A

Achilles 129, 132, 133
Afghanistan 11, 13, 15, 17, 28, 30, 40, 41, 46, 49, 51, 74, 75, 78, 86, 90, 108, 117, 131, 176, 177, 182, 191, 199, 203, 220, 242, 253, 278, 286, 302, 314, 318
Al-Dschassira 143, 171, 172, 175, 179, 263, 310, 315
Al-Kaida 32, 39, 114, 191, 259, 262, 278, 293
Angst 47, 54, 68, 83, 96, 109, 131, 184, 228, 237, 243, 249, 284, 288, 308
Ängste 66, 90, 112, 123, 141, 156, 158, 163, 313
Anthrax 31, 32
Antonovsky, Aaron 134
Arnett, Peter 180
as-Sahhaf, Muhammad 194

B

Balkan 27, 160, 167
Bevölkerung 11, 12, 13, 20, 22, 23, 24, 29, 34, 36, 42, 43, 45, 47, 48, 49, 50, 53, 66, 67, 68, 74, 76, 77, 79, 88, 90, 102, 105, 106, 108, 143, 146, 148, 150, 160, 172, 173, 184, 189, 199, 241, 245, 247, 249, 252, 256, 263, 264, 277, 278, 281, 282, 289, 295, 316, 321
bin Laden, Osama 191, 259, 278, 279, 286, 289
black clandestine 161, 166
Blog 31, 40, 174, 193, 197, 198, 294, 305, 314, 316
Bogart, Humphrey 148, 154
Bosnien-Herzegowina 17, 27, 44, 51, 105, 106, 109, 110, 111, 113, 269, 288, 289, 312, 320, 321, 328
Boston Symphony Orchestra 22

Buchdruck 41, 171, 261
Bundeswehr 27, 30, 49, 50, 199, 223, 322
Bush, George sen. 306
Bush, George W. 31, 32, 65, 189, 193, 204, 210, 257, 284, 287, 289, 294, 309

C

C4ISR 30
C4ISTAR 29, 325
Capra, Frank 148
Casablanca 100, 148
Cäsar, Julius 42
Chaplin, Charly 147, 300
China 43, 53, 54, 160, 174, 201, 214, 235, 327
Churchill, Winston 105, 150, 216, 217, 245, 268
CIA 32, 44, 88, 100, 160, 199, 314, 325
Civil Military Cooperation 25
Clausewitz, Carl von 20, 35, 57, 70, 75, 76, 88, 91, 92, 171
Clinton, Bill 164, 194
collateral damage 27, 199
conflict prevention 25
cultural awareness 12, 79, 110, 322
cultural turn 16, 65, 70, 76, 77, 91

D

Delmer, Sefton 162, 165, 166, 167, 168, 169
Desert Shield 51, 122
Desert Storm 5, 27, 51
Deutschland 23, 24, 43, 48, 50, 69, 93, 97, 98, 101, 102, 103, 104, 150, 153, 160, 166, 183, 186, 191, 205, 216, 235, 236, 242, 243, 244, 246, 247, 260, 273, 276, 304, 315, 328
Dietrich, Marlene 69
disaster relief assistance 26
Dolchstoßlegende 188
Douhet, Giulio 241, 242
Dschingis Khan 228

E

Echtzeitkrieg 15
Eisenhower, Dwight D. 137, 192
Ellsberg, Daniel 198
E-Mail 40, 52, 290

331

Eskalation 33, 192, 237, 284, 285, 293, 294, 295, 296, 297
ethical turn 27

F

face-to-face-Kommunikation 321
fear-arousing appeal 83
Fernsehkrieg 15
fog of war 66, 163, 216
Fonda, Jane 69
force multiplier 16, 24, 47, 56, 82, 313, 322
Ford, John 141, 148
Foto des Jahres 2006 173, 273
Fotografie 41, 136, 142, 172, 177, 232, 273, 274
Fourth Generation Warfare 55, 62, 312
Frankreich 43, 50, 98, 100, 101, 103, 104, 166, 231, 235, 236, 247, 304
Frenton, Roger 175, 178
friendly fire 132, 203, 204
Führung 13, 28, 97, 134, 151, 152, 168, 230, 236, 237, 295, 314, 329
Fuller, John F.C. 22

G

Gaddafi, Muammar 32
Gaza 13, 52, 225, 241, 248, 249
Gefangenschaft 21, 67, 92, 137, 168, 204, 308
Gefechtswert 129, 137, 323
Georgien 203, 208, 209, 210, 212
Golfkrieg 15, 16, 51, 66, 80, 115, 138, 174, 179, 204, 217, 290, 308
grand narratives 192
Greenpeace 38
Gregor XV. 21
Großbritannien 43, 51, 104, 168, 201, 237
ground zero 186, 293
Guderian, Heinz 154, 230

H

Hamas 38, 172, 175, 248
Handy 52, 197, 260, 313, 314
Hannibal 186
hearts and minds 16, 79, 86, 139
Hemingway, Ernest 148, 175, 178
Hisbollah 52, 169, 172, 173
Hitler, Adolf 32, 65, 94, 95, 96, 97, 102, 103, 130, 140, 150, 165, 168, 188, 201, 247, 254, 279, 289, 296, 300, 301, 304
Holzschnitt 41

Homer 16, 132, 213
humanitarian aid assistance 26
Hussein, Saddam 46, 65, 66, 76, 106, 122, 161, 186, 189, 217, 267, 287, 288, 290, 299

I

Info Ops 11, 12, 13, 24, 25, 43, 44, 321, 322
Informationsraum 19, 36, 37, 48, 143, 144, 194, 272, 289, 315, 316, 322, 323
Internet 13, 29, 37, 41, 43, 147, 157, 164, 169, 171, 174, 182, 218, 258, 259, 264, 279, 286, 313, 314, 320
Internetkrieg 15
Irak 13, 16, 17, 30, 32, 40, 65, 69, 76, 78, 89, 92, 105, 106, 117, 131, 149, 162, 176, 178, 179, 181, 182, 186, 189, 198, 203, 210, 212, 214, 217, 263, 280, 286, 288, 289, 290, 293, 297, 306, 308, 314, 318, 320, 321
Iran 52, 75, 174, 191, 230, 232, 234, 242, 285, 293, 306, 308
Islam 75, 286, 287
Islamismus 58, 257, 261, 262, 265, 279, 293
islamistisch 255, 257, 258, 260, 261, 262, 285, 292, 293
Israel 43, 51, 52, 53, 58, 107, 169, 172, 173, 174, 208, 230, 234, 238, 248, 326

J

Japan 23, 160, 257, 293
Journalismus 181, 182, 198
Journalist 52, 86, 157, 176
Junkers Ju 87 239
Jyllands-Posten 285

K

Kalter Krieg 31, 32, 55, 68, 70, 77, 109, 130, 131, 214, 223, 225, 232, 233, 258, 288
KGB 32, 236
Kohärenz 129, 135
Kommunikation 15, 29, 30, 36, 68, 70, 75, 85, 90, 92, 108, 110, 117, 143, 150, 158, 162, 176, 181, 193, 194, 195, 196, 197, 210, 231, 259, 263, 264, 280, 290, 291, 312, 317, 318, 322, 323
Kongo 28, 49, 58
Korea-Krieg 44, 143, 155
Kosovo 17, 27, 40, 44, 49, 51, 58, 106, 109, 110, 146, 190, 192, 206, 207, 209, 288, 312, 320, 328
Krakauer, John 204
Krieg 2.0 61, 62

Kultur 34, 39, 50, 68, 70, 75, 79, 89, 92, 95, 134, 149, 207, 249, 255, 257, 261, 262, 321
Kupferstich 41

L

Lasswell, Harold D. 37, 81
Libanon 52, 114
Libyen 32
Lorenz, Peter 264
low intensity conflict 55, 60, 62, 320, 327

M

Mao Zedung 21
Mark Anton 16
maskirowska 214
Maximilian 16, 42
Médecins sans frontiers 38
Medien 15, 30, 36, 38, 41, 47, 51, 62, 85, 104, 110, 146, 150, 155, 157, 169, 170, 171, 172, 173, 174, 175, 177, 179, 190, 191, 204, 206, 208, 209, 218, 259, 263, 284, 286, 287, 290, 291, 292, 295, 297, 302, 308, 309, 310, 311, 312, 314, 316, 317
Medium 16, 36, 38, 40, 41, 42, 48, 80, 81, 85, 147, 150, 171, 258, 315
miles protector 107
mind control 27, 156
Mohammed 190, 283, 284, 285, 286
Monroe-Doktrin 22
Montgomery, Bernard 66, 151, 153, 154, 266, 303
moral bombing 28, 225, 241, 242, 245, 249, 277
Mossad 53, 157, 286
Motivation 129, 137
Muslimbruderschaft 39, 262
Mussolini, Benito 93, 140, 279, 300, 301
Mythen 154, 158, 182, 184, 186, 191, 192, 265

N

Napoleon 5, 20, 21, 62, 154, 231, 304
narrative 193, 194, 195, 196, 197, 198, 199
Nato 17, 27, 50, 61, 110, 143, 146, 191, 192, 203, 205, 209, 218, 233, 236, 237, 285, 315, 317, 320, 327, 328
neuer Krieg 55, 57, 62
NGO 11, 327

O

operations other than war (OOTW) 24, 25, 312, 327

P

Pakistan 12, 51, 285, 318
Palästinenser 53, 75, 306
Patton, George S. 138, 245
peace building 26
peace enforcement 24, 26
peace keeping 17, 24, 26, 80, 105, 106, 107, 197
peace making 25
perception warfare 30
Petraeus, David 5, 16, 91, 219, 311
pictorial turn 192
postheroische Gesellschaft 131, 132
PR 15, 30, 31, 52, 157, 161, 162, 172, 173, 190, 191, 203, 208, 209, 212, 248, 287, 288, 289, 291, 297, 311, 316, 318, 323, 327
preventive diplomacy 25
Propaganda 16, 19, 20, 21, 22, 23, 24, 27, 36, 37, 43, 44, 49, 67, 69, 81, 87, 100, 129, 137, 143, 144, 145, 146, 147, 148, 149, 150, 154, 165, 170, 172, 183, 186, 188, 189, 199, 202, 205, 206, 208, 211, 212, 225, 245, 248, 263, 272, 295, 300, 302, 308, 314
Propagandafilm 82, 143, 147

R

Reagan, Ronald 31, 32, 236, 237
Regierung 12, 31, 32, 33, 40, 53, 57, 72, 74, 77, 94, 99, 103, 106, 160, 164, 167, 169, 170, 177, 193, 195, 197, 204, 212, 220, 230, 236, 241, 256, 284, 289, 318
Religion 34, 66, 72, 75, 89, 133, 220, 259, 260, 284
remote controlled electronic paper 41
Revolution in Military Affairs 55, 61, 77
Rommel, Erwin 66, 154, 166, 217, 266, 303
Russland 43, 47, 48, 101, 209, 212

S

Schwarzkopf, Norman H. 19, 35, 152, 290
Schweiz 24, 94, 98, 99, 212, 235, 236
Selbstverstümmelung 35, 138, 270
Sender 36, 37, 38, 39, 47, 48, 69, 81, 82, 84, 110, 111, 143, 144, 159, 161, 165, 167, 168, 171, 172, 173, 179, 201, 204, 206, 210, 220, 266, 272, 287, 291, 308, 314, 319

sense of coherence 134, 328
Sergeant York 147
Sex 89, 118, 129, 139, 141, 142, 174, 271
shock and awe 28, 179, 225, 228
Simulation 138
SMS 40, 52
Somalia 27, 49, 73
Sowjetunion 47, 102, 160, 203, 231
spin doctors 15, 283, 287
Stalingrad 102, 105, 185
strategic cameraman 198
strategic corporal 12, 197, 283, 297
Strategic Defense Initiative 236, 328
Suizidfälle 131
Sun Zi 16, 20, 21, 54, 65, 134
surgical warfare 27

T

Terrorismus 60, 184, 189, 221, 225, 255, 256, 257, 258, 259, 263, 264, 265, 323
The Great Dictator 147, 300
think tanks 15, 211, 288
threat-appeal 83, 115
Tod 44, 68, 74, 83, 92, 135, 139, 169, 199, 220, 240, 244, 253, 301, 305, 315, 318
Troja 213
trojanische Pferd 46, 122
TV 29, 36, 40, 41, 45, 46, 47, 48, 69, 85, 143, 144, 155, 171, 173, 175, 177, 206, 218, 257, 264, 266, 287, 290, 291, 307, 308, 309, 313

U

UN 25, 26, 27, 38, 49, 111, 192, 206, 237, 248, 256, 261, 323, 325, 327, 328, 329
USA 15, 16, 31, 32, 38, 43, 56, 60, 61, 67, 69, 74, 75, 76, 78, 79, 87, 94, 95, 96, 98, 100, 104, 109, 110, 131, 143, 144, 147, 155, 158, 159, 160, 161, 170, 172, 173, 175, 177, 181, 183, 186, 192, 204, 205, 208, 212, 214, 219, 230, 236, 241, 242, 247, 257, 263, 276, 286, 287, 288, 293, 294, 297, 300, 305, 307, 308, 315, 316, 319, 325, 326, 327, 328

V

Vietcong 35, 87, 88, 118, 241, 275
Vietnam 35, 44, 69, 86, 129, 132, 142, 163, 232, 240, 241, 271, 275, 306, 307, 308
Vietnamkrieg 15, 16, 69, 79, 86, 116, 127, 131, 134, 198, 199, 268, 289, 307

W

war on terrorism 55, 75, 284
Warschauer Pakt 203, 237, 329
Wayne, John 148, 154
Weltkrieg, Erster 22, 41, 43, 62, 130, 137, 147, 148, 151, 184, 188, 191, 225, 226, 228, 235, 241, 242, 277, 302
Weltkrieg, Zweiter 48, 62, 69, 74, 75, 80, 94, 99, 100, 112, 120, 123, 125, 128, 130, 134, 137, 138, 139, 140, 141, 147, 151, 154, 159, 164, 165, 178, 183, 185, 192, 201, 204, 216, 225, 239, 242, 243, 249, 251, 253, 254, 270, 300, 302, 307, 325
Westmoreland, William C. 35, 86
Whistleblower 198, 314
Why We Fight 147
Wikileaks 37, 197, 198, 314
Wilder, Billy 148
Wilson, Woodrow 22
Wochenschau 149, 150, 241

X

Xenophon 228

Z

Zacharias, Ellis M. 23
Zivilbevölkerung 11, 15, 16, 24, 25, 26, 28, 35, 43, 45, 54, 58, 79, 86, 87, 88, 90, 102, 112, 132, 151, 161, 191, 199, 220, 242, 243, 247, 248, 251, 254, 312, 319

Literatur / Links / Filmografie

1 **Bibliografien**

1.1 Print

BLEWETT, Daniel K.: American military history: a guide to reference and information sources. Westport 2000.
CALDER, James D.: Intelligence, espionage, and related topics. A annotated bibliography of serial, journal, and magazine scholarship 1844–1998. Westport 1999.
HACKER, Barton C.: World military history annotated bibliography. Leiden 2005.
INTERNATIONAL COMMITEE OF HISTORICAL SCIENCE: Bibliographie internationale d'histoire militaire. Bern 1975/77.

1.2 Websites

1.2.1 Unter Google
»Bibliographie PSYOPS«
»Bibliographie psychologische Kriegsführung«
»Bibliographie Propaganda«

»bibliography PSYOPS«
»bibliography psychological warfare«
»bibliography propaganda«

1.2.2 Sonstige auf www
»Behavioral Influences Analysis Center«. Abgerufen am 30.11.2010 unter http://www.au.af.mil/bia/
»Behördliche und andere Dokumente UK«. Abgerufen am 30.11.2010 unter http://www.iwar.org.uk/psyops/
CIA bounty leaflets of the War in Afghanistan (2001–present). Abgerufen am 13.12.2010 unter http://commons.wikimedia.org/wiki/Categry:CIA_bounty_leaflets_of_the_War_in_Afghanistan_(2001–present)
Detecting Deception: A Bibliography of Counterdeception across Time, Cultures, and Disciplines. Abgerufen am 30.11.2010 unter http://mountainrunner.us/files/whaleybibliographycounterdeceptionsecondedition.pdf

»Flugblätter«. Abgerufen am 30.11.2010 unter http://www.doew.at/service/bibliothek/alliier te/lit.html

»Intelligence, Propaganda, Security Studies, Forschung und Lehre«. Link-Verzeichnis. Abgerufen am 30.11.2010 unter http://www.acipss.org/forschung_und_lehre/news.htm

»Medien«. Abgerufen am 30.11.2010 unter http://www.sgipt.org/politpsy/ krieg/medien/inf med.html

»Nato – Grundlagen«: Abgerufen am 10.12.2010 unter http://www.bits.de/main/archive/nato _strategy.htm

»Psychological Operations (als Teil der Special Operations)«. Abgerufen am 30.11.2010 unter http://www.specialoperations.com/Army/PSYOP/default.html

Psychological Operations Bibliography and recommended Reading List. List compiled by Herbert Friedman and Edward Rouse. Abgerufen am 30.11.2010 unter http://www. psywarrior.com/books.html

»Psychological Operations Video«. Abgerufen am 30.11.2010 unter http://www.psywar rior.com/video.html

»PSYOP and Military. Links«. Abgerufen am 30.11.2010 unter http://www.psywarrior.com/ links.html /

»Videos online – Thema Irakkrieg«. Abgerufen am 30.11.2010 unter http://dokumentarfilme. wordpress.com/2008/03/22/videos-online-krieg/

»Videos online – Thema Medien, Manipulation«. Abgerufen am 30.11.2010 unter http://doku mentarfilme.wordpress.com/2008/03/22/videos-online-medien/

2 Wörterbücher / Abkürzungsverzeichnisse

http://www.all-acronyms.com, insbesondere »category military«. Abgerufen am 30.11.2010.

MILVOC Wörterbuch militärischer Begriffe German to English Translation Glossary from Eidg. Departement für Verteidigung, Bevölkerungsschutz und Sport (VBS) [Schweizer Verteidigungsministerium. T.M.]. Abgerufen am 30.11.2010 unter http://www. proz.com/translation-glossary-post/German-to-English/8594

3 Texte / Links

Sofern nicht anders angegeben, stammen alle Übersetzungen vom Englischen ins Deutsche vom Verfasser.

ABEGGLEN, Christoph M. V.: Information Warfare – Ein strategisches Mittel der Zukunft. Darstellung der Mittel, Möglichkeiten und Einsatzarten. Diplomarbeit an der ETH Zürich, Abteilung für Militärwissenschaften. Pfaffhausen 1996.

AGUIGAH, René: Der flüchtige Robert. Warum Hans Magnus Enzensberger in seinem Essay über den »radikalen Verlierer« kaum mehr bietet als gepflegtes Ressentiment. Abgerufen am 30.11.2010 unter http://literaturen.partituren.org/de/archiv/2006/070806/index.html

AIR UNIVERSITY. Socio-cultural and Language Resources. Needs for studies. Abgerufen am 8.12.2010 unter http://www.au.af.mil/culture/need.html

ALEXANDROVA, Larisa / DASTYCH, David: Die »schwarzen Orte" der CIA in Polen. Übers. von Isolda Bohler. Abgerufen am 30.11.2010 unter http://www.tlaxcala.es/pp.asp?lg=de&reference=2445

ALLPORT / POSTMAN: sh. NEUBAUER 216f. und BUCKNER

AMAR-DAHL, Tamar: Die Lavon Affäre – Operation Susanna. namo Heft 52 – Berichte & Analysen – Winter 2007. Berlin 2007. S. 56–57.

ANAND, Dibyesh: Reporting the Capture of Saddam Hussein: »Let there be Light« in Iraq. Abgerufen am 30.11.2010 unter http://www.picosearch.com/cgi-bin/ts.pl

BAMM, Peter: Die unsichtbare Flagge. Ein Bericht. Zürich o. J.

BANNER, Helene / KISSLER, Vera: Russlands Medienlandschaft: Zwischen Repression und Selbstzensur. Euros du Village, 17.3.2008. Abgerufen am 30.11.2010 unter http://www.eurosduvillage.eu/spip.php?page=forum&id_article=1371&lang=de

BARCELO, Pedro: Hannibal. Ein karthagischer Kriegsherr. In: FÖRSTER, Stig / PÖHLMANN, Markus / WALTER, Dirk: Kriegsherren der Weltgeschichte. 22 historische Porträts. München 2006. S. 48–61.

BARNES, Eddie: Petraeus: it's the human terrain that wins the war. In: Scotland on Sunday, 25. 10. 2009. Abgerufen am 30.11.2010 unter http://scotlandonsunday.scotsman.com/afghanistan/Petraeus-it39s-thehumanterrain.5579643.jp

BAR-ON, Dan: Einigkeit ist nur eine Parole. Abgerufen am 30.11.2010 unter http://www.nahost-politik.de/zionismus/einigkeit.html

BARTELS, Klaus: August. Cassius Dio, 51, 10. Abgerufen am 30.11.2010 unter http://www.eduhi.at/gegenstand/latein/data/August_Word_Mac.doc

BAUMANN, Dieter: Armeeaufträge aus militärethischer Sicht. In: Military Power Revue der Schweizer Armee Nr. 1-2008. (= Beilage zur Allgemeinen Schweizerischen Militärzeitschrift 4/2008 und zum »Schweizer Soldat« 4/2008)

BAUMANN, Dieter: Militärethik. Theologische, menschenrechtliche und militärwissenschaftliche Perspektiven. Stuttgart 2007. (= Theologie und Frieden Bd. 36; zugleich: Diss. Bern, 2006)

BECKER, Jörg: Kriegsmarketing. Wie PR-Agenturen Kriege vorbereiten und begleiten. Abgerufen am 30.11.2010 unter http://www.hintergrund.de/20090518401/globales/kriege/kriegsmarketing.html

BECKER, Jörg: Produktion von Feindbildern. Abgerufen am 30.11.2010 unter http://www.schattenblick.de/infopool/medien/altern/ossie574.html

BECKER, Rolf: »An die serbischen Enklaven«. Peter Handke reicht den Berliner [sic! T.M.] Heinrich-Heine-Preis weiter. Neue Rheinische Zeitung, 15.8.2006. Abgerufen am 30.11.2010 unter http://www.nrhz.de/flyer/beitrag.php?id=10046

BEEVOR, Antony: D-Day. The Battle for Normandy. London 2009.

BEEVOR, Antony: sh. GEHRIGER

BELLINGER, Joseph: Schwarze Kriegspropaganda der Alliierten im Zweiten Weltkrieg. Abgerufen am 30.11.2010 unter http://www.wfg-gk.de/geschichte17.html

BERGER, Jens: Psychologische Kriegsführung. In: Der Spiegelfechter vom 15. 8. 2008. Abgerufen am 1.12.2010 unter http://www.spiegelfechter.com/wordpress/388/psychologische-kriegsf uhrung

BERGER, John: Strassensperren, Porträtfotos und abgesägte Olivenbäume. Augenblicke in Ramallah. Abgerufen am 1.12.2010 unter http://www.nahost-politik.de/palaestina/ramalla-2003.html

BERGER, Markus: Sie nannten es »moral bombing«. Abgerufen am 8.12.2010 unter http://www.dietagepost.de/suche/?gs%5Bautostart%5D=true&gs%5Bparameter%5D%Bearchfi eld%5D=moral+bombing

BERNAYS, Edward L.: The Marketing of National Policies: A Study of War Propaganda. In: American Marketing Association, New York 1942. S. 236. Abgerufen am 1.12.2010 unter http://links.jstor.org/sici?sici=00222429(194201)6%3A3%3C236%3AT.M.ON PA%3E2.0.CO%3B2-H

BERTHOUD, Jean-Michel: Vom Chaos zur Nachkriegsordnung. Abgerufen am 1.12.2010 unter http://www.swissinfo.ch/ger/index.html?siteSect=105&sid=1757765

BETSCHON, Stefan: Katz-und Maus-Spiel im Internet. Die Webserver von Wikileaks werden geschlossen, nur um anderswo wieder aufzutauchen. In: Neue Zürcher Zeitung vom 4.12.2010, S. 3.

BIDDER, Benjamin: Nato-Übung in Georgien: Manöverpläne provozieren Russland. Abgerufen am 1.12.2010 unter http://www.spiegel.de/politik/ausland/0,1518,621510,00.html

BINDSCHEDLER, Georges / FRICK, Bruno / ZWYGART, Ulrich: Alexander oder Die Aufforderung an Führungskräfte, Grenzen zu überwinden. Bern / Stuttgart / Wien 1998.

BLAIR, Tony: Mein Weg. München 2010.

BLANCKE, Stephan: Information Warfare. Bundeszentrale für politische Bildung: Aus Politik und Zeitgeschichte (APuZ 30-31/2005). Abgerufen am 1.12.2010 unter http://www.bpb.d e/publikationen/YAPI1Y,0,Information_Warfare.html

BOEING, Niels: abschied vom schlachtfeld. Abgerufen am 1.12.2010 unter http://www. bpb.de/publikationen/YAPI1Y,0,Information_Warfare.html

BORRMAN, Brigitte: Auszug aus dem Skript »Antonovskys Salutogenesemodell«. Abgerufen am 1.12.2010 unter www.gesundheit-nds.de/downloads/salutogenese.pdf

BOWDISH, Randall G.: Information-Age Psychological Operations. Abgerufen am 1.12. 2010 unter www.c4i.org/bowdish.pdf

BRANDMAIER, Frank: »Auf alles schießen, was sich bewegt«. Abgerufen am 1.12.2010 unter http://nachrichten.t-online.de/c/14/53/49/40/14534940.html

BRELOER, Heinrich: Speer und er. Hitlers Architekt und Rüstungsminister. Berlin 2005.

BREMM, Klaus-Jürgen: »Staatszeitung« und »Leichenfabrik«. Die In- und Auslandspropaganda Deutschlands und Großbritanniens während des Ersten Weltkriegs im Vergleich. In: Österreichische Militärische Zeitschrift. XLVI. Jahrgang, Januar / Februar 2008. S. 11–24.

BREUER, Ingeborg: Wie gedenken demokratische Staaten ihrer militärischen Toten? Eine Tagung am Wissenschaftszentrum Berlin. Abgerufen am 1.12.2010 unter http://www.dradio.de/dlf/sendungen/studiozeit-ks/692526/

BRICKENSTEIN, R.: Spezielle Wehrpsychiatrie. In: REBENTISCH, E. (Hg.): Wehrmedizin. München / Wien / Baltimore 1980. S. 431–465.

BRIGHTON, Terry: Masters of Battle. Monty, Patton and Rommel at War. London 2008.

BRODER, Hendryk M.: Die offizielle Homepage von Hendryk M. Broder. Abgerufen am 1.12.2010 unter http://www.hendryk-broder.de

BUCHBENDER, Ortwin: Der Mölders-Brief. Abgerufen am 1.12.2010 unter http://www.feldpostarchiv.de/08-x-buchbend-moelders.html

BUCHBENDER, Ortwin / SCHUH, Horst: Heil Beil! Flugblattpropaganda im II. Weltkrieg. Bonn–Bad Godesberg 1974.

BÜCHELER, Heinrich: Carl-Heinrich von Stülpnagel. Frankfurt a. Main 1989.

BÜCHMANN, Georg: Geflügelte Worte. München 1967.

BUCKNER, Taylor H.: A Theory of Rumor Transmission. Abgerufen am 12.12.2010 unter http://www.tbuckner.com/Rumor.htm

BUSSEMER, Thymian: Kriegspropaganda: Eine Analyse der amerikanischen Militärpropaganda im Irak-Krieg. Abgerufen am 1.12.2010 unter http://vorort.bund.net/suedlicher-oberrhein/medien-als-kriegswaffe.html

CAHLINK, George: The Fog of War. In: NEWS+ANALYSIS The Fog of War. Abgerufen am 8.12.2010 unter http://www.govexec.com/features/0704-01/0704-01newsanalysis5.htm

CAREY, Benedict: U.S. Troops Suffer More Stress Than Britons, Study Says. In: The New York Times online, 16.5.2010.

CARL, Sascha: Krieg der Köpfe. Medien als Waffe im Kampf um Meinungen, Haltungen und Ideologien. Diss. Universität der Bundeswehr München, Fakultät für Pädagogik, 2005-06-30.5. Abgerufen am 1.12.2010 unter http://137.193.200.177/ediss/carl-sascha/meta.html

CASSIUS DIO: sh. BARTELS, Klaus

CHALFONT, Alun: Montgomery. Rommels Gegenspieler. Wiesbaden / München 1977.

CHEF DU GROUPEMENT D'INFORMATION OPÉRATIONNELLE LANDSTREITKRÄFTE F: Military PsyOps within the Framework of Information Operations. In: Doctrine, Oktober 2008. S. 52.

CHICLET, Christophe: Die UÇK - eine militärische Karriere. Abgerufen am 1.12.2010 unter http://www.hamburgerbildungsserver.de/welcome.phtml?unten=/ethno/kosovo/kosvo-630.html

CHOMSKY, Noam: Der gescheiterte Staat. München 2006.

CHOMSKY, Noam: sh. HERMAN, Edward S.

CLAUSEWITZ, VON, Carl: Vom Kriege. Hamburg 2008.
COLLINS, Steven: Mind Games. Abgerufen am 10.12.2010 unter http://ics.leeds.ac.uk/papers/vp01.cfm?outfit=pmt&folder=16&paper=62
COLLINS, Steven: NATO and Strategic PSYOPS: Policy Pariah or Growth Industry? Abgerufen am 1.12.2010 unter http://www.psywarrior.com
COLLINS, Steven: Psychologische Operationen. In: Nato-Brief Sommer 2003. Abgerufen am 1.12.2010 unter http://www.Nato.int/docu/review/2003/issue2/german/summaries.html
COUNTERINSURGENCY FM: The US Army / Marine Corps Counterinsurgency Field Manual. Mit Vorworten von PETRAEUS, David / AMOS, James F. / NAGL, John A. Chicago / London 2007.
CPT TRAV: How to win in Anbar. Abgerufen am 1.12.2010 unter http://www.geardo.com/docs/how_to_win_in_anbar.pdf
CRANE, Stephen: Die rote Tapferkeitsmedaille. Zürich 1985.

DAMM, Maike: Lawrence von Arabien. 007 der Wüste. Abgerufen am 1.12.2010 unter http://www.focus.de/wissen/bildung/Geschichte/tid6806/lawrencevonarabien_aid_66122.html
DANIEL, Ute (Hg.): Augenzeugen. Kriegsberichterstattung vom 18. zum 21. Jahrhundert. Göttingen 2006.
DAVIS, Kristina: Psychological Operations: The battlefield's human dimension. In: The Maple Leaf vom 24.8.2005. Vol. 8, Nr. 29. Abgerufen am 8.12.2010 unter http://www.forces.gc.ca/site/Commun/ml-fe/article-eng.asp?id=2743
Die Heilige Schrift des Alten und des Neuen Testaments. Zürich 1972.
DILLINGER, Johannes: Terrorismus. Wissen was stimmt. Freiburg 2008.
DREIST, Peter: Aufgabenwandel für den Rechtsberater in den Streitkräften: Rechtsberatung für Auslandseinsätze und beim Zielwesen [sic! T.M.]. Abgerufen am 1.12.2010 unter http://www.deutsches-wehrrecht.de/Aufsaetze/UBWV_2006_329.pdf
DRÖSSER, Christoph: Parapsychologie. Die Suche nach dem Übersinnlichen. Abgerufen am 1.12.2010 unter http://www.focus.de/intern/archiv/parapsychologie-die-suche-nach-dem-uebersinnlichen_aid_153983.html

EL-GAWHARI, Karim: Globale entwürdigende Botschaft. Abgerufen am 1.12.2010 unter http://www.taz.de/index.php?id=archivseite&dig=2004/05/11/a0211
ELTER, Andreas: Terrorismus und Kommunikation. Abgerufen am 1.12.2010 unter http://www.a-elter.de/files/Leseprobe_RAF.pdf
ENZENSBERGER, Hans Magnus: Hammerstein oder Der Eigensinn. Frankfurt a. Main 2008.
ENZENSBERGER, Hans Magnus: Schreckens Männer. Versuch über den radikalen Verlierer. Frankfurt a. Main 2006.
ESCH, Christian: Saakaschwili glaubt, im Land sei alles gut. In: Berliner Zeitung, 23.6.2009. Abgerufen am 1.12.2010 unter http://www.berlinonline.de/berlinerzeitung/archiv/.bin/dump.fcGI/2009/0512/politik/0053/index.html

FALASCA, Stefania: Clemens August von Galen. A Bishop under the *moral bombs*. Abgerufen am 1.12.2010 unter http://www.30giorni.it/us/articolo.asp?id=5985

FALLACI, Oriana: The Force of Reason. New York 2004.

FEST, Joachim: Hitler. Eine Biografie. Berlin [10]2008.

FEUILHERADE, Peter: Israel Steps up »psy-ops« in Lebanon. Abgerufen am 1.12.2010 unter news.bbc.co.uk/2/hi/5217484.stm

FICK, Nathaniel: Ohne Bullet away. The Making of a Marine Officer. London 2007.

FISCHER, Sebastian: Macho-Macker, Mutproben, Totenköpfe. Abgerufen am 1.12.2010 unter http://www.spiegel.de/politik/deutschland/0,1518,445139,00.html

FLAVIUS VEGETIUS RENATUS: Epitoma rei militaris. Das gesamte Kriegswesen. Hg. Von WILLE, F. Aarau / Frankfurt a. Main / Salzburg 1986.

FORSTER, Peter: Aber wahr muss es sein. Information als Waffe. Frauenfeld / Stuttgart / Wien 1998.

FRIEDMAN, Herbert A.: Psywarrior = http://www.psywarrior.com. Abgerufen am 1.12.2010.

FRIEDMAN, Herbert A.: Sex and Psychological Operations. Abgerufen am 1.12.2010 unter http://www.psywarrior.com/sexandprop.html

FRIEDMAN, Herbert A.: The Vilification of Enemy Leadership in WW II. Abgerufen am 1.12.2010 unter http://www.psywarrior.com/links.html

FRIEDMAN, Thomas: Die Welt ist flach. Eine kurze Geschichte des 21. Jahrhunderts. Frankfurt a. Main 2006.

FÜSSEL, Stefan: Johannes Gutenberg. Reinbek b. Hamburg [3]2003.

GADDIS, John Lewis: Der Kalte Krieg. Eine neue Geschichte. München 2007.

GARCIA, José: Der grosse Diktator. Abgerufen am 1.12.2010 unter http://www.textezumfilm.de/sub_detail.php?id=254

GAUTSCHI, Willi: General Henri Guisan. Die schweizerische Armeeführung im Zweiten Weltkrieg. Zürich 1989.

GEHRIGER, Urs: »Hitler wäre explodiert«. [Interview mit Antony Beevor. T.M.] In: Die Weltwoche Nr. 37.10. S. 42–46.

GERSTENBERG, Frank: 22.6.1940: Waffenstillstand in Compiègne. Abgerufen am 1.12.2010 unter http://www.kalenderblatt.de/index.php?what=thmanu&manu_id=930&tag=22&monat=6&weekd=&weekdnum=&year=2009&dayisset=1&lang

GIROUX, Jennifer Anna: Eine weltweite Vorschule zum Jihad. Wie islamistische Extremisten im Internet Propaganda betreiben und den Terrorismus einführen. In: Neue Zürcher Zeitung vom 8.8.2008, S. 63.

GLUCKSMANN, André: Krieg um den Frieden. Mit einem Nachwort von Helmut Kohlenberger. Berlin 1998.

GRAF, Urs: Aktive Maßnahmen. Eine Einführung in die sowjetischen Techniken der Beeinflussung. Zürich 1989.

GROH, Christian: Pforzheim – 23. Februar 1945. Abgerufen am 1.12.2010 unter http://www.bombenkrieg.historicum-archiv.net/themen/pforzheim.html

GUNTHER, John: Eisenhower. Zürich 1952.

HAAS, Franz: Das Doppelleben eines Italieners. Kein Ende im Streit um den Schriftsteller Ignazio Silone. In: NZZ online, 1.7.2005.

HAEFLIGER, Markus M.: Uno-Bericht kritisiert Somalias Regierung. Disziplinlosigkeit und Verwicklung in kriminelle Aktivitäten als Hindernisse für einen Neubeginn. In: Neue Zürcher Zeitung vom 18.3.2010, S. 5.

HAMANN, Brigitte: Der Erste Weltkrieg. Wahrheit und Lüge in Bildern und Texten. München / Zürich 2008.

HAMBLING, David: Why is the antiquated leaflet still a key psy-ops tool? In: News Politics vom 1.10.2009. Abgerufen am 1.12.2010 unter http://www.wired.co.uk/news/archive/2009-10/01/why-is-the-antiquated-leaflet-still-a-key-psy-ops-tool.aspx

HANDKE, Peter: Was ich nicht sagte. Abgerufen am 1.12.2010 unter http://www.faz.net/s/RubCF3AEB154CE64960822FA5429A182360/Doc~EB46CE7B1046740BD8FE2809954 2D7443~ATpl~Ecommon~Scontent.html

HARTWIG, Stefan: Konflikt und Kommunikation. Berichterstattung, Medienarbeit und Propaganda in internationalen Konflikten vom Krimkrieg bis zum Kosovo. Münster / Hamburg / London 1999. (= Publizistik Bd. 4)

HEINZEL, Sebastian / YANNI, Dina: Die Kriegführung niedriger Intensität (Low Intensity Warfare) als politisch-militärisches Konzept. Abgerufen am 1.12.2010 unter http://evakreisky.at/2003-2004/staat-krieg/referat03_d.pdf

HEMBUS, Joe: Der Stoff, aus dem die Western sind. Die Geschichte des Wilden Westens 1540–1894, Chronologie – Mythologie – Filmographie. München 1997.

HENKEL, Christoph: Die Rote Armee auf dem Weg nach Berlin. Gewalt als Mittel der Roten Armee bei der Eroberung Deutschlands. In: suite101. Das Netzwerk der Autoren vom 31.10.2008. Abgerufen am 8.12.2010 unter http://www.suite101.de/content/die-rote-armee-auf-dem-weg-nach-berlin-a49313

HERMAN, Edward S.: The Propaganda Model Revisited. In: Monthly Review, July 1996. Abgerufen am 1.12.2010 unter http://www.chomsky.info/onchomsky/199607--.html

HERRE, Franz: Napoleon. Eine Biographie. Kreuzlingen / München 2006.

HIPPLER, Jochen: Vom Krieg zum Bürgerkrieg im Irak? Probleme, Lehren und Perspektiven des Wiederaufbaus. Abgerufen am 1.12.2010 unter http://www.jochen-hippler.de/neu/pdf-Dokumente/Irak%20Wiederaufbau.pdf

HOCH, Martin: Krieg und Politik im 21. Jahrhundert. Aus »Politik und Zeitgeschichte« B [sic! T.M.] 20/2001. Abgerufen am 1.12.2010 unter http://www.bpb.de/publikationen/VKE3AO,3,0,Krieg_und_Politik_im_21_%A0Jahrhundert.html

HOFER, Walther: Die Entfesselung des Zweiten Weltkrieges. Frankfurt a. Main 1967.
HOFFMAN, Bruce: »Wenn du deinen Gegner und dich selber kennst . . . « Perspektiven auf den radikalen Islamismus. In: Neue Zürcher Zeitung online vom 7.8.2008.
HOHLFELD, Johannes (Hg.): Dokumente der Deutschen Politik und Geschichte von 1848 bis zur Gegenwart. Band V: Die Zeit der nationalsozialistischen Diktatur 1933–1945: Deutschland im zweiten Weltkrieg 1939–1945, Berlin o. J., S. 430ff.
HOLLAND, Tom: Persisches Feuer. Das erste Weltreich und der Kampf um den Westen. Stuttgart 2008.
HOLZ, Daniel: Terror in Afghanistan – Acht Jahre Enduring Freedom am Hindukusch. In: NICK-MILLER S. 163–184.
HOMER: Odyssee. Aus dem Griechischen von Johann Heinrich Voss. Zürich 1980.
HÖFLING, Siegfried: Schwerpunktthema »Die Psychologie des Terrorismus«. In: Politische Studien Nr. 386. Nov./Dez. 2002. Abgerufen am 4.12.2010 unter http://www.hss.de/fileadmin/migration/downloads/politische_studien_386.pdf
HUNTIGTON, Samuel P.: Der Kampf der Kulturen. The Clash of Civilizations. Die Neugestaltung der Weltpolitik im 21. Jahrhundert. München / Wien [6]1997.

JAMAIL, Dahr: Countless My Lai Massacres in Iraq. Abgerufen am 1.12.2010 unter http://www.truthout.org/article/countless-my-lai-massacres-iraq
JANDEJSEK, Petr / NOVOTNY, David / EERVINKOVA, Michal / SYKORA, Jaroslav: PSYOP as a Challenge for Military Operations in the 21th Century. Paper for the IAMPS in Prague 2001. Abgerufen am 1.12.2010 unter http://ics.leeds.ac.uk/papers/pmt/exhibits/676/czech.pdf
JOHNSON, Mark / MEYERAAN, Jessica: Military Deception: Hiding the Real – Showing the Fake. Joint Forces Staff College. Joint and Combined Warfighting School, Class Number 03-11, 7.3.2003. Lieutenant Colonel Kim Hawthorne, USAF, Seminar 1. Abgerufen am 1.12.2010 unter http://www.au.af.mil/au/awc/awcgate/ndu/deception.pdf
JUNG, Hermann: Zum Nachdenken: Änderung des Kriegsbildes – Folgen für die Streitkräfte. In: Truppendienst Folge 276, Ausgabe 3/2004. Abgerufen am 1.12.2010 unter http://www.wehrdienst.at/truppendienst/ausgaben/artikel.php?id=190

KAMBER, Peter: Die Masken des Ignazio Silone. In: Die Zeit online 18/2000. Abgerufen am 1.12.2010 unter http://www.zeit.de/2000/18/Die_Masken_des_Ignazio_Silone
KAMBER, Peter: »Geheime Agentin«. Abgerufen am 1.12.2010 unter http://peterkamber.de/index.php?option=com_content&view=category&layout=blog&id=44&Itemid=2
KAMBER, Peter: Ignazio Silone. Abgerufen am 1.12.2010 unter http://peterkamber.de/index.php?option=com_content&view=category&layout=blog&id=41&Itemid=59
KELLERHOFF, Sven F.: Hier gingen die USA mit den Japanern milde um. Abgerufen am 1.12.2010 unter http://www.welt.de/kultur/article4439951/Hier-gingen-die-USA-mit-den-Japanern-milde-um.html

KELLERHOFF, Sven F.: Warum der Luftkrieg ein Kriegsverbrechen war. Abgerufen am 1.12.2010 unter http://www.welt.de/printwelt/article715809/Warum_der_Luftkrieg_ein_Kriegsverbrechen_war.html

KEMPF, Wilhelm: Konfliktberichterstattung zwischen Eskalation und Deeskalation. Ein sozialpsychologisches Modell. Abgerufen am 1.12.2010 unter http://www.friedenspaedagogik.de/content/download/5084/28459/file/M4%20Dr.%20Burkhard%20B

KEMPF, Wilhelm / PALMBACH, Ute / REIMANN, Michael: Kriegsschauplatz Deutschland. Die bundesdeutsche Presseberichterstattung im Golfkrieg. Abgerufen am 8.12.2010 unter http://www.ub.uni-konstanz.de/kops/volltexte/2008/6426/pdf/Kriegsschauplatz_Deutschland.pdf

KENNEDY, Harold: Psyops Units Encouraged to Modernize Their Equipment. In: IWS –The Information Warfare Site. Abgerufen am 1.12.2010 unter http://www.iwar.org.uk/psyops/resources/national-defense/psyops-units.htm

KEUSCHNIG, Gregor: Louise Richardson, Was Terroristen wollen. Abgerufen am 1.12.2010 unter http://www.glanzundelend.de/glanzneu/richardson.html

KEY, Joshua: Ich bin ein Deserteur. Hamburg 2007.

KILIAN, Martin: Wiki gegen die starken Männer. In: Tages-Anzeiger vom 30. März 2010, S. 9.

KLAWITTER, Nils: Lizenz zum Täuschen. Abgerufen am 1.12.2010 unter http://www.spiegel.de/wirtschaft/0,1518,584750,00.html

KLEINHANS, Bernd: Die Wochenschau als Mittel der NS-Propaganda. Abgerufen am 1.12.2010 unter http://zukunft-braucht-erinnerung.de/drittes-reich/propaganda/112-die-wochenschau-als-mit Propaganda

KLUGE, Alexander: Der Luftangriff auf Halberstadt am 8. April 1945. Frankfurt a. Main 2008.

KNABE, Hubertus: Als die Russen kamen. Aus Anlass des »Anonyma«-Films: über die sowjetischen Massenvergewaltigungen in Deutschland. Abgerufen am 1.12.2010 unter http://www.berlinonline.de/berliner-zeitung/archiv/.bin/dump.fcgi/2008/1025/feuilleton/0010/index.html

KNILL, Marcus: Der Einfluss der Medien im Krieg. Abgerufen am 1.12.2010 unter http://www.rhetorik.ch/Aktuell/Aktuell_Mar_22_2003.html

KOESCH, Sascha / STADLER, Robert: Handys im Libanon. Psychokrieg per Telefon. Abgerufen am 1.12.2010 unter http://www.spiegel.de/netzwelt/mobil/0,1518,429077,00.html

KORFMANN, Manfred: Die Waffe Davids. Ein Beitrag zur Geschichte der Fernwaffen und zu den Anfängen organisierten kriegerischen Verhaltens. In: Saeculum 37 (1986). S. 129–149.

KRANE, Jim: Selling America: U.S. units try to win Iraqi hearts and minds. Abgerufen am 1.12.2010 unter http://www.peace.ca/sellingamerica.htm

KRATZWALD, Johann: Psychologischer Kampf in der österreichischen Bundeswehr. Grundlagen, Verfahren und Strukturen. Abgerufen am 1.12.2010 unter www.bmlv.gv.at/wissen.../publikation.php

KREMEIER, Klaus: Krieg der Interpretationen. In: DISS-Journal / KultuRRevolution [sic! T.M.], Sonderheft Mai 1999: Im Auge des Tornados. Abgerufen am 1.12.2010 unter http://www.diss-duisburg.de/DJ_99_4/Beitraege/Krieg_der_Interpretationen.html

KREMPEL, Stefan: Krieg und Internet: Ausweg aus der Propaganda? Hannover 2004.

KRENN, Rosi: Medien und Krieg: Krieg und Geschlechterverhältnis. Abgerufen am 1.12.2010 unter http://www.contextxxi.at/context/content/view/344/114/

KRUGMAN, Paul: Winning the Narrative. In: Conscience of a Liberal. Abgerufen am 1.12.2010 unter http://krugman.blogs.nytimes.com/2009/07/16/winning-the-narrative/

KRUMEICH, Gerd: Schlachtenmythen: Ereignis – Erzählung – Erinnerung. Köln 2003. (= Europäische Geschichtsdarstellungen Bd. 2)

LACHMANN, U. / FLADE F.: Al-Qaida-Chef bin Laden warnt die Völker Europas. In: Die Welt online vom 26.9.2009.

LANDRY, John: Artillery Unit becomes Civil Affairs in new Iraq. In: www.army.mil. The Official Homepage of the US Army. Abgerufen am 8.12.2010 unter http://www.army.mil/-news/2009/07/28/25018-artillery-unit-becomes-civil-affairs-in-new-iraq/index.html

LAURIE, Clayton D.: The Propaganda-Warriors: America's Crusade Against Nazi Germany. University Press of Kansas 1996.

LEPRECHT, Christian / HATALEY, Todd / MOSKALENKO, Sophia / McCAULEY, Clark: Winning the Battle but Losing the War? Narratives and Counter-Narratives Strategy. In: Perspectives on Terrorism Vol. III, Issue 2. Abgerufen am 1.12.2010 unter http://www.terrorismanalysts.com/pt/index.php?option=com_content&view=articl&id=114

LÖHE, Fabian: Der »Medien-Dschihad« der Islamisten. Abgerufen am 1.12.2010 unter http://www.focus.de/politik/deutschland/cyber-terror_aid_50512.html

LÜDERS, Michael: Der falsche Krieg. Abgerufen am 1.12.2010 unter http://www.fr-online.de/top_news/1592353_Der-falsche-Krieg.html

MAAK, Niklas: Saddam und Amerika. Der Krieg der Bilder. Abgerufen am 8.12.2010 unter http://www.faz.net/s/Rub117C535CDF414415BB243B181B8B60AE/Doc~E795EE0CBA7EB4C20BEB24A5670E9C306~ATpl~Ecommon~Scontent.html

MACINTYRE, Ben: Operation Mincemeat. The True Spy Story that changed the Course of World War II. London / Berlin / New York 2010.

MACINTYRE, Ben: Zigzag. Die Geschichte des Doppelagenten Eddie Chapman. Köln 2008.

MALZAHN, Claus Christian: Die Signatur des Krieges. Berichte aus einer verunsicherten Welt. Berlin 2005.

MANCHESTER, Josh: The Strategic Corporal vs. The Strategic Cameraman. Abgerufen am 2.12.2010 unter http://smallwarsjournal.com/blog/2007/05/the-strategic-corporal-vs-the/

MANN, Thomas: Bruder Hitler. In: Das Neue Tage-Buch. 7. Jg., Heft 13. Paris / Amsterdam 25. März 1939. S. 306–309.
MANN, Thomas: Deutsche Ansprache. Ein Appell an die Vernunft. Rede, gehalten am 17. Oktober 1930 im Beethovensaal zu Berlin. Berlin 1930.
MANN, Thomas: Deutsche Hörer! Fünfundfünfzig Radiosendungen nach Deutschland. Stockholm 1945.
MANN, Thomas: Eine Antwort. In: Du. Kulturelle Monatsschrift. 28. Jg., Juli 1968, S. 542.
MANN, Thomas: Literatur und Hitler. Rückübersetzt von DE MENDELSON, Peter. In: Gesammelte Werke. Frankfurter Ausgabe. Hg. DE MENDELSON, Peter. Bd. Die Forderung des Tages. Abhandlungen und kleine Aufsätze über Literatur und Kunst. Frankfurt a. Main 1986. S. 298–303.
MANN, Thomas: Offener Brief an Eduard Korrodi. Abgerufen am 2.12.2010 unter http://www.exil-club.de/dyn/9.asp?Aid=19&Avalidate=444240748&cache=26208&url=54 446%2Easp
MANN, Thomas: Warum ich nicht nach Deutschland zurückgehe. In: Neue Schweizer Rundschau. Oktober 1945, Heft Nr. 6. S. 358–365.
MARSHALL, S.L.A.: Soldaten im Feuer. Biel 1966.
MARTIG, Charles: Kampf der Bilder. Der Irak-Krieg in den Kanälen der Fernsehsender. In: Medienheft vom 24. März 2003. Abgerufen am 2.12.2010 unter http://www.medienheft.ch/kritik/bibliothek/k19_MartigCharles_3.html
MEGARGEE, Geoffrey P.: Hitler und die Generäle. Das Ringen um die Führung der Wehrmacht 1933–1945. Paderborn / München / Wien / Zürich 2006.
MERTEN, Klaus: Die Konstruktion der Macht durch Kommunikation – am Beispiel von Propaganda. Abgerufen am 2.12.2010 unter http://www.sjschmidt.net/konzepte/texte/merten1.htm
MICHLIN, Vera: Winning the Battle of the Narrative. Working Paper for the 2010 Herzliya Conference. Abgerufen am 2.12.2010 unter http://www.herzliyaconference.org/_Uploads/3051winning.pdf
MIYOSHI JAGER, Sheila: On the Uses of Cultural Knowledge. O. O. 2007 (ISBN 1-58487-330-2)
MOELLER, Felix: Der Filmminister. Goebbels und der Film im Dritten Reich. Mit einem Vorwort von Volker Schlöndorff. Berlin 1998.
MÖNNINGER, Michael: War Napoleon ein Vorbild für Hitler? Fragen, Irrtümer, Kontroversen: Noch immer erhitzt der französische Kaiser die Gemüter. Ein Gespräch mit dem Napoleon-Forscher Jean Tulard. Abgerufen am 2.12.2010 unter http://www.zeit.de/online/2006/34/zeitgeschichte-jean-tulard?page=1
MOOREHEAD, Alan: Montgomery. London 1967.
MORELLI, Anne: Die Prinzipien der Kriegspropaganda. Springe 2004.
MULTI-NATIONAL FORCE-IRAQ. Operation Iraki Freedom. Official website of MNFI: Media Embed Process. Abgerufen am 2.12.2010 unter http://www.mnf-iraq.com/index.php?option=com_content&task=view&id=10215&Itemid=144

MULTI-NATIONAL FORCE IRAQ. Der Kanal der MNFIRAQ. Abgerufen am 2.12.2010 unter http://www.youtube.com/user/MNFIRAQ?blend=3&ob=1

MÜLLER, Albrecht: Programm – Lebensweise verstehen. Abgerufen am 2.12.2010 unter http://www.bundeswehr.de/portal/a/bwde/kcxml/04_Sj9SPykssy0xPLMnMz0vM0QjzKLd 4w3tHQ0BMmB2KaepvqREIYlTMzQzQ8iBlbo65Gfm6oflJKq760foFQGxp7uioCADLU Xm/delta/base64xml/L2dJQSEvUUt3QS80SVVFLzZfQV8xOUEx?yw_contentURL=%2 F01DB131000000001%2FW26Z4JRN811INFODE%2Fcontent.jsp

MÜNCH, Matti: Verdun. Mythos und Alltag einer Schlacht. München 2006. (= Forum Deutsche Geschichte Bd. 11)

MÜNGER, Christof: »Wir töteten Unschuldige«. In: Tages-Anzeiger vom 15.9.2009.

MÜNKLER, Herfried: Der Wandel des Krieges. Von der Symmetrie zur Asymmetrie. Weilerswist 2006.

MÜNKLER, Herfried: Die neuen Kriege. Reinbek b. Hamburg 2002.

MÜNKLER, Herfried: Die neuen Kriege. Kriege haben ihre Gestalt fundamental verändert. In: Der Bürger im Staat. 54. Jahrgang, Heft 4, 2004. S. 179-184. Abgerufen am 2.12.2010 unter http://www.friedenspaedagogik.de/content/download/1813/8771/file/muenkler.pdf

MÜNKLER, Herfried: Über den Krieg. Stationen der Kriegsgeschichte im Spiegel ihrer theoretischen Reflexion. Weilerswist 2002.

MURRAY, Laura K.: China's Psychological Warfare. In: Military Review Sept./Okt. 1999. Abgerufen am 2.12.2010 unter http://www.au.af.mil/info-ops/psyops.htm

MUSHARBASH, Yassin: Terroristen haben ihr Top-Ziel getroffen. Abgerufen am 2.12.2010 unter http://www.spiegel.de/politik/ausland/0,1518,364167,00.html

MUSHTARE, Jeremy S.: PSYOP in Stabilization and Reconstruction Operations: Preparing for Korean Reunification. Abgerufen am 2.12.2010 unter http://www.toodoc.com/psywar-ebook.html

NAEF, Wanja Eric: Psychological Operations Interview with Larry Dietz, London, 29th April 2003. Abgerufen am 2.12.2010 unter http://www.iwar.org.uk/infocon/psyop-dietz.htm

NAKAMURA, David: Afghans blame civilian deaths on U.S. despite spike from insurgent violence. In: The Washington Post vom 14.8.2010. Abgerufen am 2.12.2010 unter http://www.washingtonpost.com/wpdyn/content/article/2010/08/13/AR2010081305821.html?wpisrc=nl_headline

NARULA, Sunil: Psychological Operations (PSYOPs): A Conceptual Overview. In: Strategic Analysis, Vol. 28, No. 1, Jan–Mar 2004. © Institute for Defence Studies and Analyses. Revised paper received on March 21, 2004. Abgerufen am 2.12.2010 unter http://www.idsa.in/strategicanalysis/PsychologicalOperations%28PSYOPs%29_snarula_0 104

Nato: ACO DIRECTIVE NUMBER 95-2: Strategic Communications. Supreme Headquarters Allied Powers Europe. Belgien 15.9.2008. S. 2-2. Abgerufen am 10.12.2010 unter

http://ics.leeds.ac.uk/papers/pmt/exhibits/3109/NATOstratcom_15sep2008.pdf
Nato: MULTIFORCE FUTURES PROJECT – Navigating towards 2030. Findings and Recommendations. April 2009. Abgerufen am 10.12.2010 unter http://www.irisfrance.org/docs/pdf/up_docs_bdd/20090511-112552.pdf
Nato: MULTIPLE FUTURES PROJECT – Navigating towards 2030. Final Report. April 2009. Abgerufen am 10.12.2010 unter https://transnet.act.nato.int/WISE
Nato: THE JOINT OPERATING ENVIRONMENT 2008. Challenges and Implications for the Future Joint Force. Abgerufen am 10.12.2010 unter http://www.jfcom.mil/newslink/storyarchive/2008/JOE2008.pdf
NEITZEL, Sönke: Abgehört. Deutsche Generäle in britischer Kriegsgefangenschaft 1942–1945. Mit einem Geleitwort von Ian Kershaw. Berlin 2007.
NEUBAUER, Hans-Joachim: Fama. Eine Geschichte des Gerüchts. Berlin 1998.
NEUJAHR, Martin: Transformation des sicherheitspolititschen Instrumentariums. In: BORCHERT, Heiko: Vernetzte Sicherheit. Leitidee der Sicherheitspolitik in 21. Jahrhundert. S. 38–52. Abgerufen am 8.12.2010 unter http://www.vernetzte-sicherheit.net/files/Vernetzte_Sicherheit_Bd_1.pdf
NICK-MILLER, Claudine: Strategisches versus humanitäres Denken: das Beispiel Afghanistan. Zürich 2009.
NORA, Pierre: Sites of Memory. Abgerufen am 2.12.2010 unter https://tspace.library.utoronto.ca/citd/holtorf/2.6.html
NÖRING, Hermann / SCHNEIDER, Thomas F. / SPILKER, Rolf (Hg.): Bilderschlachten. 2000 Jahre Nachrichten aus dem Krieg. Technik – Medien – Kunst. Göttingen 2009.
NORTH, Andrew: US psy-ops play it loud. Abgerufen am 2.12.2010 unter http://news.bbc.co.uk/2/hi/middle_east/2855269.sTM
NORTH, Don: The Search for Hanoi Hannah. Abgerufen am 2.12.2010 unter http://www.psywarrior.com/hannah.html

OESTMANN, Rainer: Rückgrat des Heeres. Handbuch für Unterführer. Prinzipskizzen – Nato-Standardvokabular – Befehlsschemen. Regensburg / Berlin 2000.
OETTING, Dirk W.: Motivation und Gefechtswert. Vom Verhalten des Soldaten im Kriege. Frankfurt a. Main / Bonn 1988.
OPALL-ROME, Barbara: Israeli Psyops Fuel Angst Over Iran Attack. Abgerufen am 2.12.2010 unter http://www.defensenews.com/story.php?i=3734943
OTTEN, Christina: Blairs Berater Campbell. Die unheimliche Macht der Spin-Doctors. Abgerufen am 2.12.2010 unter http://www.spiegel.de/politik/ausland/0,1518,258190,00.html

PATTON, George S.: Krieg, wie ich ihn erlebte. Bern 1950.
PATZELT, Werner J.: Einführung in die Politikwissenschaft. Passau [4]2001.
PAUL, Gerhald: Der »Picturial Turn" des Krieges. Zur Rolle der Bilder im Golfkrieg von 1991 und im Irakkrieg von 2003. Abgerufen am 2.12.2010 unter http://www.

springerlink.com/content/mx8571435l802621/. Vgl. auch die youtube-Dokumentation »Es begann mit einer Lüge – Deutschland im Kosovokrieg 1999«. Abgerufen am 2.12.2010 unter http://www.wahrheiten.org/blog/2008/11/12/es-begann-mit-einer-luege-deutschland-im-kosovokrieg-1999/.

PAUL, Gerhard: Der Bilderkrieg. Inszenierungen, Bilder und Perspektiven der »Operation Irakische Freiheit«. Göttingen 2005.

PAULUN, Paul: Auf die Ohren. Das Gehör im Visier des Militärs. In: Neue Zeitung für Musik 2007 [keine näheren Angaben. T.M.]. Abgerufen am 12.12.2010 unter http://paulpaulun.de/txt/Soundgun.html

PLATON, Marie / MASSIE, Romain: Umerziehung zur Demokratie am Beispiel des CALPO. Referat an der Universität Toulouse Le Mirail, Sommersemester 2001. Abgerufen am 2.12.2010 unter http://www.gdw-berlin.de/tri/pdf/platon.pdf

PLATZER, Christian: Taktik im Kosovo. Konsequenzen nach den Märzunruhen. Abgerufen am 3.12.2010 unter http://www.bmlv.gv.at/truppendienst/ausgaben/artikel.php?id=325

PORTER, Patrick: Good Anthropology, Bad History: The Cultural Turn in Studying War. Abgerufen am 3.12.2010 unter http://search.bluewin.ch/bw/search/web/de/result.jsp?service=search&mode=simple&region=world&query=PORTER%2C+Patrick%3A+Good+Anthropology%2C+Bad+History%3A+The+

PRICE, Jay: Army's »PSYOPS" media center a special kind of weapon. Abgerufen am 3.12.2010 unter http://ics.leeds.ac.uk/papers/vp01.cfm?outfit=pmt&folder=64&paper=355

PRICKARZ, Albert: Von der Kriegslogistik und dem Trosse. Abgerufen am 3.12.2010 unter http://geschichtsirrtuemer.teucom.net/wp/konflikte/1227

PRÜMM, Karl: Die Definitionsmacht der TV-Bilder. Zur Rolle des Fernsehens in den neuen Kriegen nach 1989. In: DANIEL S. 217–229.

PUTZ, Ulrike: Die Anti-Mullah-Achse. In: Spiegel online vom 19.2.2007. Abgerufen am 8.12.2010 unter http://www.spiegel.de/politik/ausland/0,1518,467213,00.html

REBER, Alex / ABEGGLEN, Christoph: Sechs Grundbilder des modernen Einsatzfeldes. In: Allgemeine Schweizerische Militärzeitschrift 04/2010. S. 27.

REMARQUE, Erich Maria: Im Westen nichts Neues. Mit Materialien und einem Nachwort von Tilman Westphalen. Köln 2007.

RENYE, Christiane: Die RAF und die Medien. So vermarktete die RAF den Terror. Abgerufen am 3.12.2010 unter http://www.swr.de/nachrichten/deutscher-herbst/-/id=2070672/nid=2070672/did=2404132/ejzskm/index.html

RICKS, Thomas E.: Fiasco. The American Military Adventure in Iraq. New York 2006.

RICKS, Thomas E.: The Gamble. General David Petraeus and the American Military Adventure in Iraq. New York 2009.

RIEDESSER, Peter / VERDERBER, Axel: Aufrüstung der Seelen. Militärpsychologie und Militärpsychiatrie in Deutschland und Amerika. Freiburg i. Br. 1985.

RIVERBEND: Bagdad Burning. Ein Tagebuch. Reinbek b. Hamburg 2007.

ROBB, John: Global Guerillas. Saturday, 8 May 2004. 4GW – Fourth Generation Warfare. Abgerufen am 3.12.2010 unter http://globalguerrillas.typepad.com/globalguerrillas/2004/05/4gw_fourth_gene.html

RÖTZER, Florian: Erste Bilanz der Schäden des Krieges im Gaza-Streifen. In: Telepolis vom 20.1.2009. Abgerufen am 3.12.2010 unter http://www.heise.de/tp/blogs/8/122021

RÖTZER, Florian: Regierung plant Ausweitung von Afghanistan-Einsatz. Abgerufen am 3.12.2010 unter http://scoop.at/Chronik/Regierung-plant-Ausweitung-von-Afghanistan-Einsatz/related_links

RÖTZER, Florian: Strategische Kommunikation mit »geprüften wissenschaftlichen Methoden«. In: Telepolis vom 6.10.2005. Abgerufen am 12.12.2010 unter http://www.heise.de/tp/r4/artikel/21/21077/1.html

RÖTZER, Florian: Terror.net: »Online-Terrorismus« und die Medien. Abgerufen am 3.12.2010 unter http://www.heise.de/tp/r4/artikel/17/17886/1.html

ROHDE, David: Army Enlists Anthropology in War Zones. Abgerufen am 3.12.2010 unter http://www.nytimes.com/2007/10/05/world/asia/05afghan.html?_r=1

RUDOLF, Peter: Das »neue« Amerika. Außenpolitik unter Barack Obama. Berlin 2010.

RUPP, Rainer: Krieg um jeden Preis? Abgerufen am 3.12.2010 unter http://www.jungewelt.de/2007/06-22/018.php

RUTSCKY, Michael: Die Macht der Inszenierung. Abgerufen am 3.12.2010 unter http://www.cicero.de/dossier_detail.php?ress_id=1&item=2217?

SCHÄFER, Christoph: Die Psycho-Schlacht. Abgerufen am 3.12.2010 unter http://www.sueddeutsche.de/politik/711/421473/text/

SCHEPP, Matthias: Panzer-Protzparade auf dem Roten Platz. Abgerufen am 3.12.2010 unter http://www.spiegel.de/politik/ausland/0,1518,552484,00.html

SCHLEGEL, Johann Ulrich: Ernstfall der bewaffneten Neutralität. 1914 – Mobilmachung zur Selbstbehauptung der Schweiz. In: Neue Zürcher Zeitung online, 27.7.2004.

SCHLEIFER, Ron: Psychological Warfare in the Intifada. Israeli and Palestinian Media Politics and Military Strategies. Brighton / Portland 2006.

SCHWALBE, Carol B.: Jacqueline Kennedy and Cold War propaganda. Abgerufen am 10.12.2010 unter http://www.entrepreneur.com/tradejournals/article/132050821_2.html

SCHWARZKOPF, H. Norman: It doesn't take a Hero. Written with Peter Petre. New York 1992.

SEARLE, Alaric: Architekt des alliierten Sieges im Zweiten Weltkrieg? Winston Churchill. In: FÖRSTER, Stig / PÖHLMANN, Markus / WALTER, Dierk: Kriegsherren der Weltgeschichte. 22 historische Porträts. München 2010. S. 305–323.

SEITZ, Josef: Krieg im Irak. »Eine neue Qualität«. Abgerufen am 3.12.2010 unter http://www.focus.de/politik/ausland/krieg-im-irak-eine-neue-qualitaet_aid_195397.html

SHAY, Jonathan: Achill in Vietnam. Kampftrauma und Persönlichkeitsverlust. Hamburg 1998.

SIEBERT, Detlef: British Bombing Strategy in World War Two. Abgerufen am 3.12.2010 unter http://www.bbc.co.uk/history/worldwars/wwtwo/area_bombing_03.shtml

SIEGENTHALER, Urban: Die Rolle des Soldaten. Gestern – Heute – Morgen. Abgerufen am 3.12.2010 unter http://www.bmlv.gv.at/pdf_pool/publikationen/siegenth.pdf

SILONE, Ignazio: Wein und Brot. Köln 2003.

SOLOMON, Norman: Terrorismus, »Krieg gegen den Terror", Botschaften des Schreckens. Abgerufen am 3.12.2010 unter http://zmag.de/artikel/Terrorismus-Krieg-gegen-den-Terror-Botschaften-des-Schreckens

SOMMER, Gert: Terrorismus, Afghanistankrieg und westliche Feindbilder. In: Wissenschaft und Frieden 2001-1: Terror – Krieg – Kriegsterror. Abgerufen am 3.12.2010 unter http://www.wissenschaft-und-frieden.de/seite.php?artikelID=0150

SONNBICHLER, Natalie: Neue Kriege und mediale Inszenierung. Abgerufen am 3.12.2010 unter http://evakreisky.at/onlinetexte/neue_kriege_sonnbichler.pdf

SORG, Eugen / BECK, Nathan: Unbesiegbar. Reportagen. München 2007.

SPURZEM, Julia: Psychologische Kriegsführung mit Gefangenen-Videos. Abgerufen am 3.12.2010 unter http://www.spiegel.de/politik/ausland/0,1518,474614,00.html

STAFFORD, David: The Chieu Hoi Program. Abgerufen am 3.12.2010 unter http://pacer.calpoly.edu/tri/pacer/chuhoi1.html

STELZL-MARX, Barbara: Der Krieg gegen die Frauen. Abgerufen am 3.12.2010 unter https://www.wienerzeitung.at/DesktopDefault.aspx?TabID=3946&Alias=wzo&cob=390663&currentpage=0

STENDHAL [= Marie-Henri Beyle. T.M.]: Die Kartause von Parma. München 2007.

STRITTMATTER, Kai: Spannungen zwischen China und Taiwan. Wettrüsten in der Meerenge. In: Süddeutsche Zeitung vom 28.6.2002. Abgerufen am 8.12.2010 unter http://www.taiwan-info.de/html/deutsch/militaer-nzz.htm

STRUTYNSKI, Peter: Krieg und Frieden im neuen Millenium. Nichts Neues unter der Sonne? Die Kriege des 21. Jahrhunderts. Abgerufen am 3.12.2010 unter http://www.werkstatt.or.at/EuroMil/Broschuere/Kriege.pdf

SUN ZI: Die Kunst des Krieges. Hg. GRIFFITH, Samuel B. Köln 2006.

SUPP, Barbara: Lizenz zum Töten. Abgerufen am 3.12.2010 unter http://www.spiegel.de/spiegel/print/d-26856141.html

TAGLIAVINI, Heidi: Brennpunkt Kaukasus. Rede, gehalten am 20.4.2010, im Programm des Schweizerischen Instituts für Auslandforschung (SIAF): Podcast. Abgerufen am 3.12.2010 unter: http//www.siaf.ch/audio/100420-tagliavini.mp3

TAYLOR, Phil: Phil Taylor's Web Site. The Institute of Communications Studies. University of Leeds, UK. Abgerufen am 3.12.2010 unter http://ics.leeds.ac.uk/papers/index.cfm?outfit=pmt

THAMM, Berndt G.: Von al-Qaida zu @Quaida – IT: Motor der Globalisierung des Djihad. Abgerufen am 3.12.2010 unter http://krieg-und-friedendigital.de/info/Programmheft.pdf

THOMAS, David C.: Essentials of International Management. A cross-cultural perspective. Thousand Oaks 2002.

THOMAS, Timothy L.: New Developments in Chinese Strategic Psychological Warfare. Abgerufen am 3.12.2010 unter http://www.encyclopedia.com/doc/1P3-385845861.html
THOMAS, Timothy L.: Russian Information-Psychological Actions: Implications for U.S. PSYOP. In: »Special Warfare«, Bd. 10, No. 1, Winter 1997, S. 12–19. Abgerufen am 3.12.2010 unter http://www.au.af.mil/au/awc/awcgate/fmso/psyop.htm
TICHY, Roland / SIGMUND, Thomas: Terroristen kommunizieren nicht über Brieftauben. Abgerufen am 3.12.2010 unter http://wolfgang-schaeuble.de/fileadmin/user_upload/PDF/070405handelsblatt.pdf
TITTEL, Silke: Grauzone. In: prmagazin 3/2006. Abgerufen am 3.12.2010 unter http://www.dprg.de/upload/downloads_372upl_file/PR03.06.pdf
TOBLER, Andreas: Treu bis in den Untergang – und darüber hinaus. Der Zürcher Historiker Raphael Gross untersucht in seinem neuen Buch die Moral der Nationalsozialisten. In: Tages-Anzeiger vom 12.10.2010, S. 31.
TRAV, Captain: How to Win the War in Al Anbar. Abgerufen am 3.12.2010 unter http://abcnews.go.com/images/us/how_to_win_in_anbar_v4.pdf
TREICHLER, Hans Peter (Hg.): Z'underst und z'oberst. Die schönsten Lieder und Balladen aus der alten Schweiz. Zürich 1978.

ULFKOTTE, Udo: Der Krieg im Dunkeln. Die wahre Macht der Geheimdienste. München 2008.
US ARMY TRAINING AND DOCTRINE COMMAND: Arab Cultural Awareness. Fort Leavenworth 2006. Abgerufen am 3.12.2010 unter http://www.fas.org/irp/agency/army/arabculture.pdf
US DEPARTMENT OF DEFENSE: Capstone Concept for Joint Operations. Version 3.0. Januar 2009. Abgerufen am 7.12.2010 unter http://www.jfcom.mil/newslink/storyarchive/2009/CCJO_2009.pdf
US JOINT DOCTRINE FOR MILITARY DECEPTION. Joint Pub 3-58, 31.5.1996. Abgerufen am 8.12.2010 unter http://www.bits.de/NRANEU/others/jp-doctrine/jp3_58(96).pdf
US JOINT FORCES COMMAND: Challanges and Implications for the Future Joint Force. Abgerufen am 7.12.2010 unter http://www.jfcom.mil/newslink/storyarchive/2008/JOE2008.pdf

VAN CREVELD, Martin: Die Zukunft des Krieges. München 1998.
VERGIL: Aeneis. Sh. BUECHMANN 525.
VERNEZ: Libanonkrieg = VERNEZ, Gérald; Libanonkrieg 2006: Der psychologische Krieg. Führungsstab der Schweizer Armee, J3, Sektion InfoOps, 2007.
VERNEZ, Gérald / BURKART, Thierry: Psychologische Operationen. Überragender strategischer Faktor. Abgerufen am 8.12.2010 unter http://www.protect-it.ch/fileadmin/DTA_Autoren/Dokumente/Magazin_PDF/06_07/24_25_Psycholog_Operation_N.pdf
VEST, Jason: The Booming Business for Psy/Ops. In: Phil Taylor's Web Site. The Institute of Communications Studies. University of Leeks, UK. Abgerufen am 12.12.2010 unter http://ics.leeds.ac.uk/papers/vp01.cfm?outfit=pmt&folder=16&paper=2551

VIRILIO, Paul: Krieg und Kino. Logistik der Wahrnehmung. Frankfurt a. Main 1989.
VON HENTIG, Hartmut: Lili Marleen. »Wenn sich die späten Nebel drehn«. In: VON HENTIG, Hartmut / NADOLNY, Sten u. a.: Deutsche Gestalten. München 2004, S.190–194
VON OETINGER, Bolko / VON GHYZY, Tiha / BASSFORD, Christopher: Clausewitz. Strategie denken. Hg. Vom Strategieinstitut der Boston Consulting Group. München 2005.
VON ROSENSTIEL, Lutz / NEUMANN, Peter: Einführung in die Markt- und Werbepsychologie. Darmstadt 1991.
VON SENGER, Harro: Strategeme. Bern / München / Wien [8]1992.

WAECHTER, Matthias: Die Schlacht von Bir Hakeim (Juni 1942) und der Mythos des Gaullismus. In: KRUMEICH S. 165–182.
WALDE, Karl J.: Guderian. Frankfurt a. Main / Berlin / Wien 1976.
WALSH, David: Die offizielle Reaktion der USA auf die Gefangenname Saddam Husseins: ein erniedrigendes Schauspiel. In: World Socialist Web Site vom 19.12.2003. Abgerufen am 12.12.2010 unter http://www.wsws.org/de/2003/dez2003/huss-d19.shtml
WALTHER, Rudolf: Der Stachel des Befehls. Abgerufen am 3.12.2010 unter http://www.frei tag.de/2004/22/04221101.php
WARRICK, Joby: Little Blue Pills Among the Ways CIA Wins Friends in Afghanistan. The Washington Post vom 26.12.2008, S. A01. Abgerufen am 3.12.2010 unter http://www.washingtonpost.com/wp-dyn/content/article/2008/12/25/AR2008122500 931.html
WATSON, Peter: Psychokrieg. Möglichkeiten, Macht und Missbrauch der Militärpsychologie. Düsseldorf / Wien 1982.
WEINER, Debra: Veterans Reaching Out for Help Online. Abgerufen am 3.12.2010 unter http://www.nytimes.com/2010/10/22/us/22cncvets.html?_r=1&emc=tnt&tntemail1=y
WENGER, Andreas / MÄDER, Markus: Interoperabilität – Schlüssel zur militärischen Handlungsfähigkeit. In: SPILLMANN, Kurt / WENGER, Andreas (Hg.): Bulletin 2000 zur schweizerischen Sicherheitspolitik. Zürich 2000. S. 89–107. Abgerufen am 8.12.2010 unter http://www.ssn.ethz.ch/Themendossiers/DossierArchiv/Auslandseinsaetze-der-Armee/Publ ikationen#a727
WHITENECK, Peter A.: An Analysis of Gulf War PSYOPS and their Applicability to Future Operations. Abgerufen am 3.12.2010 unter http://www.globalsecurity.org/military/ library/report/1993/WPA.htm
WIEGOLD, Thomas: Die Rückkehr der Propagandakompanie. Abgerufen am 8.12.2010 unter http://wiegold.focus.de/augen_geradeaus/2008/11/die-rückkehr-derpropagandakompanie.ht ml
WOLFF, Tobias: In der Armee des Pharaos. Erinnerungen an einen verlorenen Krieg. Frankfurt 1996.
WRIGHT, Lawrence: Der Tod wird euch finden. Al-Quaida und der Weg zum 11. September. München 2006.

YARDLEY, William: Young Soldier Both Revered and Reviled. In: The New York Times, 4.10.2010. Abgerufen am 3.12.2010 unter http://www.nytimes.com/2010/10/05/world/asia/05gibbs.html?_r=1&th&emc=th

ZECHMEISTER, David: Die Erosion des humanitären Völkerrechts in den bewaffneten Konflikten der Gegenwart. Baden-Baden 2007. (= Veröffentlichungen aus dem Institut für Internationale Angelegenheiten der Universität Hamburg Bd. 30)
ZOPInfo: Interkulturelle Einsatzberatung im Auslandseinsatz – Eine Aufgabe für Spezialisten. Mayen, 6.4.2009. Abgerufen am 3.12.2010 unter http://www.opinfo.bundeswehr.de/portal/a/opinfo/unsere_l/zopinfo/abteinsa/dezint

3 Ton- und Fotodokumente

3.1 Tondokumente
MANN, Thomas: Deutsche Hörer! DHV Hörverlag, ISBN 3-89940-398-3
NATIONALKOMITEE FREIES DEUTSCHLAND: Originalaufnahmen. Abgerufen am 7.12.2010 unter unter http://www.78record.de/platten/aud-zeit.htm#nkfd
VON EINSIEDEL, Heinrich Graf: Rede »Nationalkomitee Freies Deutschland«. Abgerufen am 3.12.2010 unter http://www.youtube.com/watch?v=fRXfuRKkExY

3.2 Fotodokumente
(FOLTERBILDER VON ABU GRAHIB) Abgerufen am 3.12.2010 unter http://www.antiwar.com/news/?articleid=8560
(JANE FONDA) Abgerufen am 3.12.2010 unter http://www.1stcavmedic.com/jane_fonda.htm
(JAPANS KAPITULATION) Abgerufen am 3.12.2010 unter http://commons.wikimedia.org/wiki/Category:Surrender_of_Japan?uselang=de
(USS LIBERTY) Abgerufen am 3.12.2010 unter http://www.gtr5.com/maps.html

3.3 Podcasts
(OFFIZIELLE PODCAST-WEBSITE DER US-ARMY) Abgerufen am 3.12.2010 unter http://www.army.mil/rss/podcasts/
TAGLIAVINI, Heidi: Brennpunkt Kaukasus. Rede, gehalten am 20.4.2010, im Programm des Schweizerischen Instituts für Auslandforschung (SIAF): Podcast. Abgerufen am 3.12.2010 unter: http//www.siaf.ch/audio/100420-tagliavini.mp3

3.4 Sonstige Dokumente

(FLUGBLÄTTER) Österreicher! Alliierte Flugschriften mit Österreichbezug 1939–1945. Aus den Beständen der Flugblattsammlung des DÖW. Zusammengestellt von Herbert Exenberger. Abgerufen am 3.12.2010 unter http://www.doew.at/service/bibliothek/alliierte/lit.html

OSS – The Psychology of War. Morale Operations Branch. Abgerufen am 3.12.2010 unter http://www.icdc.com/~paulwolf/oss/oss.htm

3 Filmografie

4.1 Filmdokumente

Jessica Lynch: The real video. Abgerufen am 3.12.2010 unter http://www.youtube.com/watch?v=77LWHHjVwao

Paul Tilman Tribute. Aus urheberrechtlichen Gründen am 3.12.2010 nicht mehr abrufbar unter http://www.youtube.com/watch?v=DIb7zW_okto

Tribute to the 7th Cavalry – from the frontier to Bagdad. Am 3.12.2010 aus urheberrechtlichen Gründen nicht mehr abrufbar unter http://www.youtube.com/watch?v=-V0Y1sGTRas

4.2 Propagandafilme

BACON, Lloyd: Action in the North Atlantic. USA 1943
CAPRA, Frank: Why We Fight. USA 1942–45
CURTIZ, Michael: Casablanca. USA 1942
CURTIZ, Michael: Mission to Moscow. USA 1943
DMYTRYK, Edward: Back to Bataan. USA 1945
FORD, John: The Battle of Midway USA 1942
FORD, John: They Were Expendable. USA 1945
HARLAN, Veith: Jud Süß. D 1940
HAWKS, Howard: Sergeant York. USA 1941
HITCHCOCK, Alfred: Lifeboat. USA 1944
JENNINGS, Humphrey: The True Story of Lili Marleen. USA 1944
LANG, Fitz: Hangmen also Die. USA 1943
RIEFENSTAHL, Leni: Olympia. 1938
RIEFENSTAHL, Leni: Sieg des Glaubens. D 1933
RIEFENSTAHL, Leni: Tag der Freiheit – Unsere Wehrmacht. D 1935
RIEFENSTAHL, Leni: Triumph des Willens. D 1934
WILDER, Billy: Deathmills. USA 1945
WILDER, Billy: Five Graves to Cairo. USA 1943

WOOD, Sam: For Whom the Bell Tolls. USA 1942

4.3 Dokumentarfilme
DAVIS, Peter: Hearts and Minds. USA 1974
FREI, Christian: War Photographer. CH 2001
MORE, Michael: Fahrenheit 9/11. USA 2004
MORRIS, Errol: The Fog of War. Eleven Lessons from the Life of Robert S. McNamara. USA 2003

4.4 Klassische Spielfilme
CHAPLIN, Charly: The Great Dictator. USA 1940
FORD, John: She wore a Yellow Ribbon. USA 1949
LUBITSCH, Ernst: To be or not to be. USA 1942
MILESTONE, Lewis: Pork Chop Hill. USA 1959
WILDER, Billy: A Foreign Affair. USA 1948

4.5 Gegenwartsfilme
AKAR, Serdar: Tal der Wölfe – Irak. Türkei 2006
BAY, Michael: Pearl Harbour. USA 2001
BROOMFIELD, Nick: Battle for Haditha. USA 2007
CLINTWOOD, East: Flags of Our Fathers. USA 2006
CLINTWOOD, East: Letters from Iwo Jima. USA 2006
COPPOLA, Francis Ford: Apocalypse Now. USA 1979
DEMME, Jonathan: The Manchurian Candidate. USA 2004
DONALDSON, Roger: Thirteen Days. USA 2000
FÄRBERBÖCK, Max: Anonyma – Eine Frau in Berlin. D 2008
FRANKENHEIMER, John: The Manchurian Candidate. USA 1962
GREENGRASS, Paul: Green Zone. USA 2010
HESLOV, Grant: The Men Who Stare at Goats. USA 2009
HOOD, Gavin: Rendition. USA 2007
LEVINSON, Barry: Good Morning, Vietnam. USA 1987
LIMAN, Doug: Fair Game. USA 2010
LUCAS, George: Star Wars. USA 1977–1983
MENDES, Sam: Jarhead. USA 2005
RUSSEL, David O.: Three Kings. USA 1999
SCOTT, Ridley: Black Hawk Down. USA 2001
SNYDER, Zack: 300. USA 2007
SPIELBERG, Steven: Saving Private Ryan. 1998
WINTERBOTTOM, Michael: A Mighty Heart. USA 2007

4.6 TV-Produktionen

BELLISARIO, Donald P.: JAG – Defending His Honor. USA 1995–2005
CASSAR, Jon / TURNER, Brad / HOPKINS, Stephen, TOYNTON, Ian u. a.: 24. USA 2001ff.
HANKS, Tom / SPIELBERG, Stephen: The Pacific. USA 2010
ROBINSON, Phil Alden / LONCRAINE, Richard / SALOMON, Mikael / NUTTER, David / HANKS, Tom u. a.: Band of Brothers. USA 2001
– : The Unit. USA 2006-2009

Dank

Ich danke den folgenden Personen, die mein Buchprojekt großzügig mit Wissen, Zeit und Geduld unterstützt haben:

Oberstlt i Gst* Dieter Baumann (Militärethik, *strategic corporal*, strategische Lage); David Bailey (Kriegs- und Nachkriegs-PSYOPS, Erfahrungen aus Afghanistan, Somalia, Bosnien und dem Kosovo); Oberst i Gst Sylvain Curtenaz (*battle of the narratives*); Heinz Ernst (Vermittlung von Auskunftspersonen); Ivo Ernst (Nato- und UN-spezifische Informationen, Hinweis auf das Schweizerische Institut für Auslandforschung); Brigadegeneral a. D. Dieter Farwick (D), ehem. *Chief Operations* HQ *Allied Forces Central Europe* (AFCOM) (bereitwillige Übernahme des Geleitworts); *Sergeant-Major (retired)* Herbert A. Friedman, US-*Army* (unermüdlich und geduldig in unserem spannenden Dialog, freigebiger Beistand mit zwanzig Jahren PSYOPS-Erfahrung); Divisonär a. D. Hans Gall, ehem. Kommandeur Territorialdivision 4 (CH) (unkomplizierte und entgegenkommende Vermittlerdienste); Peter Hostettler (Kriegsvölkerrecht); Dr. Peter Kamber (Ignazio Silone); Stefan Kern (gestalterische Hinweise); Tom Kleiber, ehemaliger *Chief* PSYOPS Multinationale Brigade Süd der KFOR (Nachkriegs-PSYOPS); Philippe Matter (Vermittlung von Auskunftspersonen); Peter Müller (unbestechlicher, aber stets diplomatischer Lektor, cineastische, historische und philologische Hinweise); Ferdinand Schmid (arabischer Kulturkreis); Doris Schor (Jericho, Spartaner); Marcel Paul Signer (geschichtliche Hinweise, IT und Satz); Oberst i Gst Pascal Varesio (PSYOPS im allgemeinen und die Schweizer Entwicklung der Info Ops im besonderen); Oberst i Gst Pascale Vernez (dito und PSYOPS im Libanon); Oberstlt i Gst Harry Vogler (allgemeine Militärwissenschaft, Doktrinfragen)

Valerie Lange und Christian Schön vom ***ibidem***-Verlag für die ebenso professionelle wie angenehme Zusammenarbeit

sowie allen anderen, die auf die eine oder andere Weise zu diesem Buch beigetragen haben.

---

* Gst (CH) = G. (D), Generalstab

ibidem-Verlag

Melchiorstr. 15

D-70439 Stuttgart

info@ibidem-verlag.de

www.ibidem-verlag.de
www.ibidem.eu
www.edition-noema.de
www.autorenbetreuung.de

www.ingramcontent.com/pod-product-compliance
Lightning Source LLC
Chambersburg PA
CBHW072120290426
44111CB00012B/1717